e 互联网与金融系列丛书

U0678944

互联网金融

理论与实践

Theory and Practice of
Internet Finance

主　编：杨涛
副主编：程炼

中国社会科学院金融研究所支付清算研究中心文库

文库主编：杨涛

经济管理出版社
ECONOMY & MANAGEMENT PUBLISHING HOUSE

图书在版编目（CIP）数据

互联网金融理论与实践/杨涛主编. —北京：经济管理出版社，2015.1（2016.3 重印）
ISBN 978-7-5096-3556-8

Ⅰ.①互…　Ⅱ.①杨…　Ⅲ.①互联网络—应用—金融—研究　Ⅳ.①F830.49

中国版本图书馆 CIP 数据核字（2015）第 288858 号

组稿编辑：宋　娜
责任编辑：宋　娜
责任印制：黄章平
责任校对：超　凡

出版发行：经济管理出版社
　　　　　（北京市海淀区北蜂窝 8 号中雅大厦 A 座 11 层　100038）
网　　址：www. E-mp. com. cn
电　　话：（010）51915602
印　　刷：三河市延风印装厂
经　　销：新华书店
开　　本：720mm×1000mm/16
印　　张：19.5
字　　数：318 千字
版　　次：2015 年 1 月第 1 版　2016 年 3 月第 2 次印刷
书　　号：ISBN 978-7-5096-3556-8
定　　价：68.00 元

主要编撰者介绍

中国社会科学院金融研究所支付清算研究中心，是由中国社会科学院批准设立的所级非实体性研究单位，由中国社会科学院金融研究所作为主管单位，专门从事支付清算理论、政策、行业、技术等方面的重大问题研究。研究中心的名誉理事长、学术委员会主席为中国社会科学院副院长、学部委员李扬研究员，理事长为中国社会科学院金融研究所所长、学部委员王国刚研究员，常务副理事长为中国社会科学院金融研究所副所长殷剑峰研究员，主任为中国社会科学院金融研究所所长助理杨涛研究员。

研究中心成立于 2005 年，为适应支付清算理论和实践的发展需要，2012 年进行了全面重组和完善。研究中心的团队由专职研究人员、特约研究员和博士后等组成。主要宗旨是：跟踪研究国内外支付清算领域的前沿问题和动态、支付清算行业发展新状况、法规政策的变化，围绕支付清算体系的改革与发展开展各类学术研究、政策研究，推动支付清算市场的创新活动，通过举办研讨会、开展课题研究、咨询和培训等形式来促进支付清算系统及监管的改革与发展。研究中心每年组织编写《中国支付清算发展报告》，每月组织编写《支付清算评论》，并且不定期组织编写《中国社会科学院金融研究所支付清算研究中心文库》系列，选择支付清算、互联网金融等方面的热点选题，持续推出具有一定理论与实务价值的专业书籍。中心网站：http：//www.rcps.org.cn/。

杨涛：男，1974 年生，山东淄博人，研究员，博士生导师。现任中国社会科学院金融研究所所长助理、产业金融研究基地主任、支付清算研究中心主任。主要研究领域为货币与财政政策、金融市场、产业金融、政策性金融、支付清算等。

程炼：男，1976 年生，江西德兴人，经济学博士，副研究员。现任中国社会科学院金融研究所《金融评论》编辑部主任、支付清算研究中心副主任。主要研究领域为国际金融、金融地理与金融监管、支付清算等。

费兆奇：男，1980 年生，黑龙江哈尔滨人，经济学博士，副研究员。现任中国社会科学院金融研究所货币理论与政策研究室副主任，支付清算研究中心秘书长。主要研究领域为货币理论与政策、国际金融等。

郑联盛：男，1980 年生，福建永春人，经济学博士，副研究员。现任中国社会科学院金融研究所金融法律与金融监管基地副主任。主要研究领域为资本市场、金融创新和金融监管等。

董昀：男，1980 年生，江西吉安人，经济学博士，金融学博士后，副研究员。现任中国社会科学院金融研究所支付清算研究中心副秘书长。主要研究领域为发展经济学、经济政策、支付清算、互联网金融等。

林楠：男，1982 年生，天津人，经济学博士，金融学博士后，副研究员。现供职于中国社会科学院金融研究所国际金融与国际经济研究室。主要研究领域为汇率理论与政策、开放经济货币政策、国际货币体系改革等。

胡薇：女，1977 年生，北京人，法学博士。现为中国社会科学院金融研究所博士后。主要研究领域为中小企业融资、信用担保制度、互联网金融等。

李鑫：男，1983 年生，河北石家庄人，中国社会科学院研究生院博士生。主要研究领域为经济发展理论、宏观经济理论、支付清算理论与政策。

前　言

当前，随着互联网金融的热潮已经引起种种"审美疲劳"，政策层、业界和学界对其认识也逐渐趋于理性。无论是过分夸大互联网金融对现有金融体系的颠覆作用，还是因为P2P网络借贷平台的"跑路"事件而对各种相关创新"一棍子打死"，都不符合互联网信息技术发展与金融结构变迁带来的新趋势与新需求。

在互联网金融的相关争论中，我们认为首先需解决三个问题，即互联网金融通常能够做什么？其内涵是什么？在我国有什么作用？

首先，要明白互联网金融能够做什么，这仍然需要回到其对金融功能的影响上来，也就是互联网金融对于货币的功能，对于现代金融的支付清算、资金与资源配置、风险管理、信息管理等功能的影响。其次，要弄清楚互联网金融的概念和内涵，则需看到其体现在互联网对于金融制度、金融机构、金融工具、金融市场和调控机制等金融基本要素所产生的影响与改变。

此外，虽然互联网在全面影响着现代金融体系与金融运行，但是在迄今为止的各国实践中，现有的某些完全创新型的互联网金融模式仍然主要起功能补充作用。另外，我国的互联网金融发展动因，除了国外通常具有的技术层面的因素，还多了制度层面的原因。之所以要认清这些，是因为二者所引致的互联网金融创新，具有不同的特征与前景，后者更多是经济金融市场化改革过渡期的中短期现象。

如果针对互联网金融在我国当前的功能作用，还需要围绕"缺什么补什么"的思路，找出当前中国金融体系中的"短板"，这就是通常所说的"小微金融服务"领域。

目前，以P2P网络借贷平台为例，在"做大做强"式的传统企业与金融文化影响下，国内许多互联网金融组织也走上了"求大"的路径，这既是因为互联网金融领域拥有相对模糊而宽松的监管与制度环境，也是因为互联网金融组织期望在日益激烈的市场竞争中获得先机，更希望在市场规则明确下获得"大而不倒"的先手地位。

当然，从本质上看，虽然很多互联网金融模式具有分散化、去中心化的特点，并且能够通过特有的信息发掘出优势更好地为"小微客户"提供服务，但是客观上说，互联网金融并非一定是服务小微客户的。在发展到一定程度之后，互联网金融领域同样会出现"傍大户"的"超大机构"和"小微机构"的并立。例如，据报道，当前国外的P2P网络借贷行业已经在发生一些变化。美国最大的市场贷款平台Lending Club总裁Renaud Laplanche曾在2014年5月的一次会议上建议将行业名称改为"市场贷款"（Marketplace Lending）。《纽约时报》此前也借用了第二大贷款平台Prosper Marketplace总裁Rob Suber对该行业的另一说法——"在线消费者金融"。再如，据报道，专做学生贷款的美国P2P平台Sofi在2013年底就宣布开展首个P2P资产证券化项目，总额达1.53亿美元且面向机构投资者，2014年7月和11月，其又分别发布了2.51亿美元和3.03亿美元的资产证券化产品。

可以看到，国外部分典型的P2P网络借贷平台逐渐放弃了"PEER"的提法，个人借贷或者投资者发挥的作用逐渐变弱，而包括对冲基金和银行在内的大型机构则逐渐成为游戏主角。

但是在我国，金融体系中"高大上"仍然居于主流，在小微企业、居民的金融需求仍难以得到有效满足的背景下，我们并不需要互联网金融带来更多"大而全"的平台组织并着眼于服务大客户，而更需要其满足"小而美"的特征。究其原因，一是因为小微领域通常是最典型的普惠金融，也是当前我国金融体系发展中的最大"短板"，无论是小微企业融资，还是居民财富管理、消费金融服务等，都亟须支持；二是我国的技术创新最缺少的是自下而上的"草根创新"，而草根企业和个人的创新，又需要多元化的小微金融支持；三是随着产业升级与经济结构优化，与大工业、大企业相应的金融体系已经逐渐不适应经济发展的需要，先进制造业和服务业变得愈加重要，而小企业将来会逐渐成为解决就业的主体，这也需要包括融资、投资、支付、风险管理等在内的小微金融服务成为与经济转型相配套的新型金融体系的重要组成部分。

由此来看，一方面，在互联网金融推动投融资模式的创新与发展中，中小互联网金融组织、服务小微的功能定位，都是较长一段时期内互联网金融发展的重要根本。另一方面，支付和信用信息环境是重要的金融基础设施，对此，互联网对于零售支付创新的巨大推动作用深刻改变着个人的消费行为与习惯；源于互联网和大数据的信息处理与信用发掘技术，能够为整个社会信用体系建设奠定"草根"基础，这些同样也是重要的互联网"微金融"创新。

无论如何，未来随着制度环境的完善，我国的互联网金融组织发展或许也会出现某些"巨无霸"，但无论是大是小，我们认为，在将来较长一段时期内，服务小微企业和个人仍然是互联网金融在我国最主要的服务对象。

当然，互联网金融能否真正融入我国经济社会发展与金融改革的主线中，并在风险可控的前提下，为改善企业融资结构、居民消费与财富管理服务等作出更大贡献，还有赖于我们结合国情、参照国外实践素材，对其进行系统的理论梳理和甄别。迄今为止，研究对象、思路与范式的混乱和无序，实际上已经影响了互联网金融实践创新的可持续演进。

有鉴于此，我们试图从概念分析、文献综述和理论框架设定入手，以国内外的发展状况及监管特征比较考察为补充，以国内外的典型案例分析为点缀，努力使互联网金融的研究线索更加清晰，从而使互联网金融在人们脑海中有更统一的"镜像"。

本书共分为八章，其中前三章是理论分析部分，主要包括：互联网金融的概念辨析与研究背景；互联网金融的发展探究：基于文献综述的视角；互联网金融的理论基础分析。其后的两章是基于全球和海外视角进行比较分析的部分，主要包括：全球互联网金融的发展状况考察；国外互联网金融的法律基础与监管模式。最后三章则是围绕我国的现实展开研究，主要包括：中国互联网金融发展的基本格局；中国互联网金融的监管现状及改革方向；互联网金融发展的总结与展望。

本书在写作过程中得到了中国社会科学院李扬副院长，金融研究所王国刚所长、殷剑峰副所长的指导和帮助。本书的写作也得到了浙江省宁波市金融办的积极支持和资助，结合宁波市的互联网金融发展实践，宁波市政府副秘书长、金融办主任姚蓓军女士也为本书提供了许多宝贵建议。此外，在出版过程中还得到经济管理出版社的大力支持，在此一并表示真挚感谢。本书由杨涛担任主编，负责全书的组织编写、统稿和审定；程炼担任副主编，负责本书的撰写和部分统编。各部分主要执笔人分别为：前言（杨涛），第一章（杨涛），第二章（董昀、李鑫），第三章（程炼），第四章（林楠、胡薇），第五章（郑联盛、胡薇），第六章（李鑫、胡薇），第七章（费兆奇、胡薇），第八章（杨涛、董昀）。

总的来看，互联网金融的发展对于传统金融观念产生了非常深远的影响，有许多重大命题值得我们进一步思考。例如，在互联网金融监管方面是分业与机构监管，还是综合及功能监管；互联网金融是否改变了传统金融业态；直接金融与间接金融是否出现融合；互联网金融带来了怎样的效率和风险；等等。所有这些，都是我们通过全书的写作，试图能够直接或间接加以回答的主要问题。当然，由于研究储备有限和时间准备不足，本书可能会出现一些不足或需完善的地方，书中提出的一些观点和认识也可能值得商榷。但我们期盼来自各界同仁的批评和建议，并希望以此书来"抛砖引玉"，促使互联网金融研究的学术氛围更浓些，从理论层面、宏观层面、制度层面多考虑问题，而不仅限于技术层面和商业模式层面，从而使得相关学术研究能对互联网金融在我国的持续健康发展有所裨益。

目　录

第一章　互联网金融的概念辨析与研究背景 ……………………… 1

●　第一节　互联网金融的发展历程 ……………………………… 1

　　一、20世纪八九十年代：前互联网金融时代 ………………… 1

　　二、21世纪初叶：互联网金融时代的到来 …………………… 3

●　第二节　互联网金融的概念与内涵 …………………………… 4

　　一、互联网金融能够"做什么" ……………………………… 4

　　二、互联网金融究竟"是什么" ……………………………… 7

●　第三节　我国互联网金融的"本土"特征 …………………… 9

　　一、国内互联网金融的动因及问题 …………………………… 9

　　二、需要进一步关注和思考的重点 …………………………… 13

第二章　互联网金融的发展探究：基于文献综述的视角 ………… 17

●　第一节　引论 …………………………………………………… 17

●　第二节　概念探究："互联网金融"的演进脉络 …………… 18

●　第三节　文献综述 I：基于互联网的金融创新 ……………… 22

　　一、互联网货币 ………………………………………………… 24

　　二、新的金融中介或机构 ……………………………………… 28

　　三、新的金融运营方式或产品 ………………………………… 35

　　四、新的支付手段与模式 ……………………………………… 39

　　五、新的金融与商业实体结合方式 ·················· 43

　● 第四节　文献综述Ⅱ：互联网金融的产业与政策效应 ··· 44

　　一、对金融市场与金融制度的影响 ················· 44

　　二、对金融监管的影响 ·························· 46

　　三、对宏观经济运行与宏观经济政策的影响 ········· 47

　● 第五节　结语：互联网金融的发展前景与理论含义 ····· 49

第三章　互联网金融的理论基础分析 ···················· 59

　● 第一节　现代信息技术及其对经济金融活动的影响 ····· 59

　● 第二节　互联网金融中的市场结构 ·················· 62

　　一、信息效率与进入成本的交互作用 ··············· 62

　　二、信息技术进步与金融深化 ····················· 65

　● 第三节　互联网金融与经济组织形态的变化 ·········· 68

　　一、搜索成本与"去中介化" ····················· 68

　　二、信用信息与新型产融结合 ····················· 71

　● 第四节　电子支付与电子货币 ····················· 75

　　一、第三方支付的兴起 ·························· 76

　　二、电子货币的产生与存续 ······················ 80

　● 第五节　互联网金融与金融发展 ··················· 85

　　一、金融发展的"后发优势" ····················· 86

　　二、互联网金融的适宜技术性质 ··················· 88

　● 第六节　互联网金融创新与市场规则 ················ 94

第四章　全球互联网金融的发展状况考察 ················ 101

　● 第一节　全球视野下互联网金融创新发展趋势 ········ 102

　　一、在新的金融中介和机构方面，互联网金融模式呈现
　　　"中介替代"趋势 ··························· 102

　　二、在新的运营方式和产品方面，以网络银行为代表呈现
　　　多元化转型趋势 ··························· 103

三、在新的支付模式方面，非银行机构推动的网络支付
创新日益重要 ……………………………………………… 104

● 第二节　互联网"人人分享"精神的体现：P2P 网络借贷
与众筹 ……………………………………………………… 106

一、共同消费理念在金融领域的延伸：P2P 网络借贷 …… 106

二、P2P 网络借贷在全球发展的主要类型 ……………… 108

三、对 P2P 平台代表 Lending Club 的再分析 …………… 112

四、互联网上的股权和类股权融资：众筹模式 ………… 116

● 第三节　互联网金融的基础设施：第三方支付与支付手段
创新 ………………………………………………………… 123

一、国外第三方支付平台代表：以美国为例 …………… 123

二、科技进步推动下的支付手段多元化 ………………… 129

● 第四节　互联网对传统金融的改造：货币金融的互联网化 …… 132

一、比特币代表的虚拟货币 ……………………………… 133

二、互联网证券与互联网银行 …………………………… 136

三、互联网对于货币金融体系的其他影响 ……………… 140

第五章　国外互联网金融的法律基础与监管模式 ……………… 145

● 第一节　美国互联网金融的监管经验 ……………………… 146

一、美国对 P2P 网络借贷平台的监管 …………………… 147

二、美国对众筹融资的监管 ……………………………… 152

三、美国对第三方支付的监管 …………………………… 161

● 第二节　英国的互联网金融监管经验 ……………………… 164

一、英国对 P2P 网络借贷平台的监管 …………………… 164

二、英国对股权众筹的监管 ……………………………… 169

三、英国对第三方支付的监管 …………………………… 171

● 第三节　其他经济体对互联网金融监管的经验分析 ……… 173

一、对虚拟货币的监管 …………………………………… 173

二、对 P2P 网络借贷平台的监管 ………………………… 175

三、对众筹的监管 ………………………………………… 178

四、对第三方支付的监管 …………………………………………… 195

第六章　中国互联网金融发展的基本格局 ……………………… 199
　● 第一节　互联网货币 …………………………………………… 199
　　一、互联网货币在我国的发展简介 …………………………… 199
　　二、国内主要的互联网货币 …………………………………… 200
　　三、互联网货币的中国特色发展道路 ………………………… 204
　● 第二节　互联网融资中介 ……………………………………… 207
　　一、P2P 网络借贷平台 ………………………………………… 208
　　二、众筹融资平台 ……………………………………………… 211
　　三、互联网融资中介的中国特色发展道路 …………………… 220
　● 第三节　新的运营方式和产品
　　　　　　——金融的互联网化 ………………………………… 222
　　一、中国的金融互联网化简介 ………………………………… 222
　　二、主要业务的互联网化进展 ………………………………… 223
　　三、金融互联网化的中国特色发展道路 ……………………… 228
　● 第四节　互联网支付手段和模式 ……………………………… 230
　　一、中国互联网支付发展简介 ………………………………… 230
　　二、主要的互联网支付模式创新 ……………………………… 231
　　三、互联网影响支付的中国特色发展道路 …………………… 236
　● 第五节　与商业实体或流程的更紧密结合
　　　　　　——大数据金融 ……………………………………… 238
　　一、中国大数据金融简介 ……………………………………… 238
　　二、主要的大数据金融业态 …………………………………… 239
　　三、如何看待国内的大数据金融探索 ………………………… 242

第七章　中国互联网金融的监管现状及改革方向 …………… 247
　● 第一节　互联网金融的风险类别 ……………………………… 248
　　一、互联网金融风险的产生 …………………………………… 248
　　二、传统金融风险在互联网金融中的体现 …………………… 249

三、互联网金融的特殊风险及其表现形式 …………… 251

四、主要互联网金融业态的风险识别 …………… 253

● 第二节　互联网金融的监管现状 …………… 256

一、虚拟货币的监管现状 …………… 256

二、P2P 网络借贷平台的监管现状 …………… 257

三、股权众筹的监管现状 …………… 258

四、基于互联网的新金融运营方式或产品的监管现状 ……… 263

五、新的互联网支付手段或模式的监管现状 …………… 266

● 第三节　互联网金融监管的制度设计与模式构建 …………… 268

一、完善与互联网金融监管相关的法律法规 …………… 268

二、互联网金融监管模式的构建 …………… 271

第八章　互联网金融发展的总结与展望 …………… 277

● 第一节　全球互联网金融的本质特征与发展前景 …………… 277

一、互联网金融的本质特征 …………… 277

二、互联网金融的基本发展前景 …………… 279

● 第二节　主要互联网金融形态或要素在我国的趋势展望 …………… 281

一、比特币不应与理想主义渐行渐远 …………… 281

二、P2P 网络借贷需要进行价值回归 …………… 283

三、促使众筹成为小微金融试验田 …………… 285

四、互联网财富管理时代带来金融运营方式的挑战 ……… 288

五、新的支付手段和模式改变经济与生活 …………… 291

六、大数据金融的挑战与信用重构 …………… 295

第一章

互联网金融的概念辨析
与研究背景

第一节　互联网金融的发展历程

我们看到，虽然"互联网金融"是一个富有中国特色的名词，发达国家金融体系中并没有与中国互联网金融准确对应的概念；但是，中国现阶段几乎所有的互联网金融模式都能够在美国等发达经济体中找到"样板"。因此，理解中国的互联网金融发展，首先需要从全球视角和历史演进视角来审视各类互联网金融业态发展的共同动因、机制以及其现状和影响力，其次根据中国的发展阶段和体制特征，找到中国互联网金融发展进程中存在的具有特殊性的问题，并逐一加以分析，进而从体制改革和金融发展的角度提出应对举措。为了实现这一目标，本节将首先对全球与中国互联网金融的发展做一个鸟瞰式的概览。

一、20 世纪八九十年代：前互联网金融时代

作为 20 世纪人类最伟大的发明之一，互联网正逐步成为信息时代人类社会发展的战略性基础设施。1969 年在美国国防部高级研究计划署制定的协议下，加利福尼亚大学洛杉矶分校、斯坦福研究所、加利福尼亚大学和犹他州大学的四台主机连接起来，这成为了互联网诞生的标志性事件。至今互联网已经历了 40 余年的发展历程，在这 40 余年中，不仅互联网的技术经历了突飞猛进的发展，

而且互联网也在不断浸入人们的生产与生活。尤其自 20 世纪 90 年代以来，互联网本身的发展以及互联网对世界的改变可谓日新月异。

计算机及通信技术最早被引入金融领域时主要包括两个方面。一方面是所谓的"金融电子化"。金融电子化是在 20 世纪八九十年代随着金融业开始采用先进的计算机技术而发展起来的。例如，各种电子数据处理系统、金融信息管理系统和决策支持系统等都属于金融电子化的范畴。另一个更为重要的方面是电子支付系统的建立。电子支付系统是指由提供支付服务的中介机构、管理货币转移的法规以及实现支付的电子信息技术手段共同组成的，用来清偿经济活动参加者在获取实物资产或金融资产时所承担的债务。银行卡的出现、计算机技术的发展以及各种电子资金转账系统的建立和推广，促使纸币发展为电子账户和电子货币，通过资金流和信息流这两种电子信号流将资金支付活动的双方有机地联系起来，形成各种电子支付系统（不仅包括 ATM、POS 等客户与金融机构间的电子支付系统，SWIFT、CHIPS 等金融机构之间的电子支付清算系统，还包括支付信息管理系统等）。虽然上述金融电子化与电子支付系统的建立主要依托的还是银行专用网络，但是却实现了金融机构内部以及金融机构之间甚至是不同国家金融市场之间的互联，为互联网与金融的进一步融合奠定了基础。

进入 20 世纪 90 年代，伴随着电子商务的蓬勃发展，网络信息技术的高速发展，尤其是网络支付的发展，以及国际金融法规和国际金融组织的建立和完善，网络金融逐渐进入人们的视野，这是互联网与金融真正结合的开始。1995 年 10 月，全球第一家网络银行"安全第一网络银行"在美国诞生，标志着银行网络金融业务的诞生。同年，花旗银行率先在互联网上设立站点。1997 年 7 月，美国白宫发布《全球电子商务框架》报告，对网络银行发展至关重要的跨国交易、网络支付和交易安全等领域的活动给出了框架性的指导意见。自此，发达国家和地区的网络金融发展迅猛，出现了从网络银行到网络保险，从网络个人理财到网络企业理财，从网络证券交易到网络金融信息服务的全方位、多元化网络金融服务。

第一，发达经济体的主要银行普遍对推进网络银行业务持积极态度，力图借助互联网平台建立和完善客户管理信息系统、实现量化管理和科学决策、提高资金使用效率、提升银行服务水平、提供全方位服务、拓展银行服务渠道、提高银行整体效能、降低银行运营成本。第二，经过 20 世纪 90 年代早期部分证券经纪商的网络化尝试，到 1996 年，西方国家有更多的证券交易商和基金公司开始提供网上交易平台，开创了现代意义上基于互联网的交易模式，交易量和交易账户激增。1998 年，纯网基证券商开启了基于互联网的交易，以低佣金、大折扣吸引客户。1999 年，传统证券公司开始全面开展网上交易业务，提供全面、个性化、"一揽子"的金融服务。当时，全球四大证券交易所中的两个已经全面启用了电子交易系统。第三，网络保险为保险提供了新的销售平台，销售产品多为标准化的汽车保险等。尤其是近年来，在互联网上提供保险咨询和销售保单的网站在欧美大量涌现，网上保险业务激增。用户在网上购买保险或保险公司在网上开展业务成为了保险市场新的发展趋势。

网络金融在中国的发展相比发达国家来说也并不迟到很久。在网络银行方面，1996 年 10 月中国银行率先"上网"，2000 年 6 月 29 日，由中国人民银行牵头，国内 12 家商业银行联合共建的中国金融认证中心全面开通，开始正式对外提供发证服务；在网络保险方面，2000 年 8 月，太平洋保险公司和平安保险公司几乎同时开通了自己的全国性网站，从此专业保险电子商务网站纷纷涌现；在网络证券方面，1997 年 3 月，中国华融信托投资公司湛江营业部推出了多媒体公众信息网上交易系统，揭开了我国网络证券的帷幕，2000 年中国证监会公布了《网络证券委托暂行管理办法》。虽然伴随着电子商务的发展，网络金融也在高速发展，业务创新频出，覆盖面越来越广，安全性越来越高，制度法规越发健全，金融一体化的程度不断加强，但是网络金融终究只是传统的金融机构或传统的金融服务向互联网的延伸，作为内核的传统的金融媒介功能并未受到实质性的冲击，只是在互联网的平台上降低了交易的成本，增进了金融服务的可达性。

二、21 世纪初叶：互联网金融时代的到来

虽然世纪之交"新经济"泡沫的破灭给全球宏观经济运行造成了震荡，但互联网发展的步伐并未停歇，互联网经济也逐渐展露出其独特的技术特点和运行模式。互联网不再甘于仅仅作为传统金融机构降低运营成本的工具，而是逐渐将其自身"开放、平等、协作、分享"的精神向传统金融业态渗透，特别是通过移动支付、社交网络、搜索引擎和云计算等技术的发明、扩散和商业化，对全球金融模式的创新产生了根本的影响。此时，以 P2P 网络借贷、第三方支付、众筹融资、移动金融等有代表性的互联网金融业态，成为学界和业界关注的焦点。

3

尤其是近年来，以互联网为代表的新技术已经开始对既有金融模式产生巨大冲击。2013 年也被许多人冠以我国"互联网金融元年"的称号。目前，互联网金融已经成为最"时髦"的词汇之一，不仅有许多基于互联网的新融资模式开始涌现，而且传统金融机构也在压力下试图探索转型道路。但需要注意的是，迄今为止，许多令人眼花缭乱的所谓互联网金融创新，实际上只是把线下传统金融模式披上了"互联网外衣"。无论"互联网金融是个筐，什么都能往里装"的情况，还是刻意炒作互联网金融与现有金融体系的对抗，都无助于厘清思路，为新技术条件下的金融演进创造健康环境。

第二节　互联网金融的概念与内涵

作为研究的起点，我们首先需要对互联网金融的概念内涵进行界定，这也是"风风火火"的互联网金融研究热潮中最缺乏的基础性工作。从根本上看，在现代互联网金融的发展中，实际上体现了技术和制度两大主线的影响。在发达经济体中出现的互联网金融形态或要素，更多反映了互联网信息技术的冲击；然而，在我国这样面临发展与转轨双重任务的经济体中，除了技术动力之外，制度方面的因素可能同样占据重要的地位。这就需要我们认识清楚，基于技术动力产生的互联网金融创新，可能是长期、持久且具有生命力的，而基于市场化改革过渡期因素产生的互联网金融创新，或许也只具有"昙花一现"的过渡期特征。

一、互联网金融能够"做什么"

需要认识到的是，由于概念思路的混乱，使得人们对于互联网金融的内涵、功能、业态往往有完全不同的看法。正是由于缺乏理论支撑，也使得互联网金融的产业形态、盈利模式、风险收益特征都难以明晰，使互联网金融相关的投资热潮充满了泡沫，更使得监管机制建设和制度完善无从下手。

我们认为，互联网金融的概念，主要是用来描述互联网技术在金融活动中的运用与创新，其中需要注意的是，技术革命是"触发"条件，而不是主导，更重要的是金融体系功能与理念转变，如传统金融机构加速脱媒、资金供给与需求者的选择自由化、有利于弱势群体的普惠金融等。虽然人们对互联网金融有着令人眼花缭乱的解释和定义，每个人脑海中也都有一个自己认知的互联网金融，但是我们坚持认为，要真正认清其背后的创新价值和风险特征，就必须从金融理论研究的角度着手加以分析。

我们知道，与金融要素研究相关的学科体系可以大致分为货币经济学与金融经济学，前者研究的是货币的功能、形式、货币制度、货币供给与需求，后者则研究经济主体的跨期资源配置，金融资产特性、金融资产的供给与需求等。随着现代金融业的纵深发展，在组织机构、产品等方面的创新不断突破，但背后总是依托于一种或几种金融功能或要素。只看表面，往往使人看不清观察对象的实质，无法把握其内在的金融特性。基于货币经济学与金融经济学两大视角，我们认为当前值得研究和关注的互联网金融形式主要包括五个方面内容：互联网货币、互联网支付、互联网资金配置、互联网金融风险管理和互联网金融信息管理。只有明确了这些概念基础，才能进一步探讨相应的产业形态和盈利模式，以及政策及监管的应对环境。

由此我们看到，在谈到互联网金融的时候，首先应当从学科研究的角度，把握互联网对于金融体系基本功能的影响，进行适当的对号入座，才能更好地把握主线。无论从货币经济学还是金融经济学角度来看，相关金融领域的变化并非是一蹴而就的。自从20世纪末信息革命的突飞猛进式发展对于经济社会结构产生巨大影响以来，金融运行、金融组织、金融产品就更加紧密地与信息技术结合在一起。例如在传统金融体系中，无论是电子银行的发展，还是资本市场的高频交易，都是互联网金融带来的革命性变化。

具体而言，可从以下两方面剖析互联网金融的概念内涵。

第一，从货币经济学角度看互联网金融。互联网使电子货币逐渐演变出虚拟货币形式，进而深刻影响货币的概念及流通。通常认为，电子货币是指以计算机或其他存储设备为存在介质、以数据或卡片形式履行货币支付流通职能的"货币符号"，其具体形式包括卡基、数基存款货币，电子票据，等等。以我国为例，证券期货保证金、第三方支付企业的备付金、单用途预付卡等都具有初级电子货币的特征，但只有到了各类虚拟货币的出现，才在某种程度上影响央行的货币发行权。比特币（Bitcoin）是迄今为止最为高级的虚拟货币形态，但正如2013年美国一名联邦法官在一起案件中表示的，比特币是"一种货币或一种形式的资金"，目前其金融属性或许要高于货币属性，因此对于整个货币体系的冲击还非常有限。

由此来看，从货币经济学范畴关注的互联网金融形态主要是比特币、莱特币（Litecoin）、瑞波币（XPR）等新型的虚拟货币。对此，客观地说，比特币及其各类模仿者，虽然在现实中遇到多国监管者的"狙击"，并且沦为投机者猎食炒作的对象，但在某种程度上，确实体现了虚拟时代的货币"去央行化"尝试。就此来看，2013年国内互联网金融发展中不可缺少的一环，就是比特币造富热在国人中的蔓延，以及被央行突然严格叫停而"黯然离场"的戏剧性。

第二，从金融经济学角度看互联网金融。就金融经济学来看，互联网则使传统金融体系的功能实现出现了更多新的模式、承载主体和路径。如罗伯特·默顿在《金融学》教科书中所言，金融体系的主要功能包括：资金供求的配置（融通资金和股权细化、为在时空上实现经济资源转移提供渠道、解决金融交易中的激励问题）、风险的管理与分散、提供支付清算服务、发现与提供信息等。此外，还应加上传递金融政策效应、改善公司的治理和控制。可以看到，互联网代表的新技术发展，使得这些传统金融功能的实现发生了深刻变革，这也构成了互联网金融的具体功能和类型。

一则，从资金配置来看，基于互联网的低成本金融创新和应用抵消了主流金融机构在资金规模和网点上的优势，促使传统金融组织不断采用新技术来改善服务渠道。这就出现了电子银行、电子证券、电子保险等，还使得直接金融与间接融资的边界更加模糊，出现了更加自由化、分散化的投融资模式，如P2P网络借贷和众筹融资等。互联网不仅使得金融子行业间的混业经营加速，而且出现了金融企业与非金融企业间的融合趋势。在互联网金融模式下，金融功能从"求大做强"，转向重视"以小为美"，即更关注居民和小企业的金融诉求。

二则，互联网技术的发展，使得现代支付清算体系的效率不断提高，以电子支付新工具和模式为代表的零售支付融入了人们的生活。同时，我们通过研究发现，在新技术的影响下，现代支付体系的变化与GDP和CPI之间有密切的相关性，而且能够通过大额资金流动对区域经济与金融格局产生影响，还可以对货币流通速度、货币政策工具、货币政策中介目标等有所影响，成为央行追求金融稳定过程中不可忽视的要素。

三则，从风险角度来看，互联网金融模式下的风险对冲需求可能会下降，对信用风险的控制加强，单个主体的风险更易被分散，而复杂的衍生品或许不再成为主流。但是也要看到，互联网同样带给金融市场以新的系统性风险，如康奈尔大学教授 Maureen O'Hara 和 David Easley 曾经研究指出，[①] 大数据时代的信息给整个金融市场带来了巨大威胁，尤其以高频交易最为明显。再如，在缺乏制度环境保障的新兴经济体中，互联网金融更容易引发市场风险失控或投资者保护缺失。

四则，互联网环境下的电子商务、社交网络等，能够发掘和集聚全新的信息资讯，而在搜索引擎和云计算的保障下，又可以低成本地建设金融交易信息基础。实际上，基于互联网数据挖掘而产生的征信手段创新，能够培育新的信贷客户。从此意义上讲，互联网有助于以信息支撑新型信用体系的建设。例如，互联网金融企业之所以能够做好小微企业贷款，是因为对于小企业来说，由于缺乏信用评估和抵押物，往往难以从传统金融机构获得融资支持，而在电子商务环境下，通过互联网的数据发掘，可以充分展现小企业的"虚拟"行为轨迹，从中找出评估其信用的基础数据及模式，由此为小微企业信用融资创造条件。

五则，作为补充性的功能，从政策传递和公司治理看，一方面，互联网改变了宏观政策的实施条件，如在新型、高效的支付技术支撑下，许多国家在货币政策中引入了"利率走廊"模式，即在全额实时支付系统中，设置参与者在中央银行存款和向中央银行贷款的两个不同利率，从而将同业拆借利率限定在两个利率之间。另一方面，互联网技术的普及化，不仅有助于从新的层面促进产业与金融的结合，而且可以通过推动传统金融、传统企业与新型技术的结合，从而改善对公司管理机制的外部约束，达到更广泛意义上的金融市场"用脚投票"。

无论如何，互联网金融并没有改变货币和金融的基本功能，只是冲击和影响着这些功能的实现过程和形式，并在其中产生了一些新的要素、技术和组织等。从根本上看，对于互联网金融能够"做什么"，迄今为止，仍然是在现有金融理论框架内展开的。但是需要承认的是，货币与金融体系在实现既有功能的过程中，由于互联网所代表的信息技术的高速发展与深度介入，很有可能因此达到更高的交易效率和经济社会效益。

二、互联网金融究竟"是什么"

在明确了互联网金融在经济生活中能够做些什么之后，还需进一步回到如何

---

① 慕阳：《"大数据"风险威胁金融市场》，华尔街见闻（http：/wall.streetcn.com/），2013 年 5 月 22 日。

把握其概念上，这就需要重新追溯金融本身的概念边界。首先，在《新帕尔格雷夫经济学大辞典》①中，关于金融的定义是："金融的中心点是资本市场的运营、资本资产的供给和定价，其方法论是使用相近的替代物给金融契约和工具定价。"据此定义，互联网金融的重点是互联网介入到资本市场的形态、资本市场的运营、交易的达成与记录、资产的持有方式、金融中介、资本与资产的供给等方面所导致的变化和不同。

其次，作为中国金融学的主要奠基人，黄达教授②给予金融的相关定义是："金融，可以理解为凡既涉及货币，又涉及信用，以及以货币与信用结合为一体的形式，生成、运作的所有交易行为的集合；换一个角度，也可以理解为凡涉及货币供给，银行与非银行信用，证券交易，商业保险，以及以类似性质进行运作的所有交易行为的集合。""金融体系包括一些基本构成要素：制度、机构、工具，市场和调控机制。"

我们看到，后一定义更为清晰，互联网金融的作用实际上体现在互联网对于金融制度、金融机构、金融工具、金融市场和调控机制所产生的影响与改变方面。在这些影响中，有些仅仅是由于互联网的存在使得金融体系需要为之服务或作出改变（如由于互联网推动商业活动而带来的融资与支付需求数量与特征的改变），有些则是互联网直接构成了金融运营的一个部分（如基于互联网进行的支付与 P2P 网络融资），互联网金融应该更多地指后一方面。

同时需要关注的是，互联网金融中的"互联网"概念也需要加以厘清，如银行运营的网络化（包括银行间的支付系统），其依托的是内部网，与互联网不同。所以如果严格意义上讲，互联网金融的概念与更一般性的"电子金融"或"网络金融"概念应有所区别。但是在现有理论研究和具体实践中，它们的边界似乎并不是那样清晰。而且，从发展的逻辑来看，互联网金融也是从这些早期的概念逐渐演进过来的。

由此，从互联网对上述金融内涵的影响角度，我们认为通常所讨论的互联网金融形态或要素可以分为两大类：基于互联网的金融创新，以及互联网金融的产业与政策效应（见表 1-1）。

---

① 斯蒂芬·罗斯：《金融》，载于《新帕尔格雷夫经济学大辞典》，经济科学出版社，第二卷，第 345-359 页。

② 黄达：《金融》，《金融评论》，2009 年，创刊号，第 119-121 页。

表 1-1　本书讨论的互联网金融形态与要素

基于互联网的金融创新	新的货币或金融资产形式	互联网货币（比特币、莱特币、瑞波币等不由央行发行的电子货币或虚拟货币）
	新的金融中介/机构	P2P 网络借贷，众筹融资
	新的运营方式/产品	——传统存款货币类机构与产品+互联网（如电子银行，无实体的网络银行） ——传统保险机构或产品+互联网（无实体的网络保险机构，网络保险产品等） ——传统证券类机构或产品+互联网（包括：货币市场基金+互联网支付=余额宝；其他理财产品+互联网；还有无实体的网络证券公司）
	新的支付手段或模式	——基于互联网的支付创新（主要是 PC 互联网支付+移动互联网支付，即不依托特定的专有网络的、主要以第三方支付为代表的零售支付的创新；当然银行也是推动零售支付创新的重要主体，此外还包括 Ripple 这种跨境支付清算模式创新）
	与商业实体或流程的更紧密结合	——互联网企业（或电商企业）设立金融机构或开展金融业务（根据网络经济的发展需求，利用互联网平台经济和商业大数据的支持，进行资源配置类金融服务，包括针对平台产业链客户和消费者的融资或信用支持服务等） ——基于互联网的多层次金融信用体系建设、信用数据的积累，基于大数据的金融信息企业发展与信息服务创新
互联网金融的产业与政策效应	对市场结构的影响	对于市场交易与组织形态的影响（分为货币市场和资本市场，主要针对资本市场）
	对市场制度的影响	对于金融制度的影响（宏观、中观、微观，包括法与金融制度等）
	对金融监管的影响	政府的新监管措施
	对宏观经济政策的影响	对货币政策的冲击等

第三节　我国互联网金融的"本土"特征

一、国内互联网金融的动因及问题

1. 发展动因

近两年来，面对日益火爆的互联网金融，可能很多人都心存疑问，究竟为什么会出现这种状况？我们认为，归根结底，有几方面因素不容忽视。

首先，对传统金融体系的不满对于互联网金融的热情起到支撑作用。虽然近年来我国金融体系发展迅速，但无论是商业银行难以放下的"高大上"姿态，还是股市的"赌场"效应，都使得许多实体部门主体抱有怨言。一方面，多数资金供给者，难以找到有效的投资产品、财富管理渠道、资产配置模式；另一方面，大量的资金需求者，包括小微企业和居民，仍然难以得到有效的资金支持。在这种结构性金融供给与需求严重失衡的前提下，互联网金融的"横空出世"与铺天盖地的宣传激发了国人对于传统金融体系脱离实体的不满，也为满足其迫切的金融需求既提供了可行的模式，又"画了新的大饼"。

其次，民间资本的积累与投资热点缺乏，共同为互联网金融推波助澜。我们看到，一方面，国内民间财富积累迅速，而各种各样的资金也流入到"民间资本"的大范畴里，共同形成拥有短期逐利性的"热钱"。另一方面，实体部门的生产效率下降、边际资本收益率增长乏力，以及金融投资市场的容纳力有限，使得大量"饥渴"的资金期望寻找新的"蓝海"。可以说，互联网金融具有巨大的想象空间、处于金融活动的"边缘地带"、拥有监管部门相对"友好"的观望态度、概念模糊到能够融合众多业态与商业模式、能够抓住具有创新和探索心态的新一代金融消费者等，这些元素都使得互联网金融成为了资本追逐的"宠儿"。在日益浮现的泡沫中，正如2000年的互联网热潮一样，所有投资者都相信自己比别人更聪明，不会成为退潮后的"裸泳者"。

再次，民间融资与互联网结合产生了新形态。当前，民间融资对正规金融体系的补充作用更加突出，在金融市场化改革不断加速的背景下，政府对于民间融资的容忍度近年来不断上升。然而，包括《放贷人条例》在内的民间融资市场的"顶层法律设计"一直缺位，导致没有有效的游戏规则，地方民间融资规章的探索也成效不显著。在此背景下，与互联网有关的创新，总是会被人们在潜意识中放到"新经济"领域，否则就是不具有"互联网思维"的老顽固，因此如P2P网络借贷平台的"华丽面纱"更容易使政府，尤其是地方政府迷惑乃至迷信。

最后，实体部门的金融热情不断提升，传统金融部门的边界正在变得模糊。与西方产生于"大树下"的草根金融逐渐演变为"高富帅"有所不同，我国的金融体系一开始就是在"顶层设计"下完成的，是自上而下推动发展的，长期形成了"高高在上"的心态。然而，各国金融发展更多表现出根源于实体部门的内生性特征，如信用卡的发行、证券化的创新等，在许多国家最早都是实体企业自发推动的。互联网的发展带动了电子商务的飞跃、服务业结构的变化、产业结构的提升等，由此使得各类具有产业链集中性特征的新型企业出现，并且有可能高效率、风险可控地自发提供或运用金融资源，而不再必须完全依靠传统金融机构或资本市场。这种根植于实体部门需求的互联网金融创新，往往是相对健康的，也是最有生命力的。

2. 存在的问题

需要注意的是，发展互联网金融的口号之一是使得以传统银行为代表的金融业"走下神坛"，但要同时避免制造新的"金融神话"。一方面，金融业毕竟不是人人都能涉足的领域，金融产品也不是人人都能卖的"大白菜"，它需要有特定的专业技术、行业积累与监管环境。另一方面，迄今为止，在全球金融发展中，我们脑海中定义的互联网金融模式，仍未创造出一个全新的、替代传统金融的体系架构，只是出现了一些新的金融功能实现形式、一些新的金融组织与产品模式。

我们注意到，虽然国内的互联网金融炒得火爆，但是在大家惯用的借鉴国外经验方面，相对于日益庞大的现代金融体系来说，相关的素材却非常乏善可陈。无论是大家耳熟能详的欧美P2P网络借贷企业，还是在美国日益兴盛的众筹融资，以及让人捉摸不透的比特币，或是昙花一现的直销银行、PayPal版"余额宝"等，都还只是金融发展中的朵朵"浪花"，而未呈现为汹涌的、集中性的大浪潮。可以说，在多数金融发展与竞争相对完全的经济体中，我们所关注的互联网金融模式，或者是传统金融体系早就一直就在演变的，如金融电子化，或者只是多元化金融体系中的一点补充或新意，如P2P网络借贷等。可以预期，在较长一段时间内，互联网对金融体系的颠覆性改变，还只是一个梦想。当然，我们不否认将来的可能性，但其前提是整个经济与社会组织模式的进一步虚拟化、网络化，以及政府及央行地位的普遍削弱。

20世纪末以来，曾经有诸多喧嚣一时的经济热点概念，迎来多个"元年"，但最终消失在茫茫人海之中。展望更长远的将来，互联网金融要避免这一命运，就需要从短期的浮躁中跳出来，关注更加根本性的问题。

第一，就现有混乱的概念体系来说，无助于明确认识互联网金融的真正内涵及特征，了解其发展的潜力及存在的价值。我们认为，还是应该从理论着手，以互联网给金融概念内涵带来的新变化为基础，以其对不同金融功能的冲击为主线，系统梳理在金融运行中出现了哪些与互联网相关的新的组织、产品、规则等，然后再分析不同的金融运行机理及产品风险收益特征，最后剖析特定的监管原则及制度变化前景。应该说，现代金融的本质自形成以来并没有变化，技术改变的只是组织、手段和渠道。正如1855年电报的发明大幅改变了股市交易的效率，同样也是那个时代令人震撼的"互联网金融"。如果只是基于营销层面的各种表象，炒作于各类产品、组织等，只能使互联网金融的热潮变得"沉渣泛起"，直到销声匿迹带来"一地鸡毛"，短期内无助于金融体系的环境完善与服务创新，只能成为将来真正的金融变革的"前车之鉴"。

第二，需要有效定位服务对象。对于传统金融体系来说，被人诟病的问题之一，就是更注重资金需求者，尤其是大的资金需求者，而对中小资金需求者，以及资金供给者的服务严重缺失。互联网金融活动则走向不同的侧面，一方面，无论从各类模式及产品设计，还是宣传方面，现有各方焦点都过于注重服务资金供给者，尤其是为居民提供高回报的理财和财富管理产品等方面；另一方面，对于小微企业融资的真实作用，以及与包括小贷在内的线下非互联网融资模式的实质性区别，在现实中的研究和关注还非常不足，而对于居民消费金融支持等方面来说更是相对空白的领域。由此来看，互联网金融创新旨在强调避免传统弊端的同时，也要有效实现服务资金供给与需求者的平衡，找出真正符合商业原则、可持续且能实现普惠金融目标的路径。

第三，必须认清的是，现有的很多所谓互联网金融模式，包括本土化的P2P网络借贷等，之所以能够获得如此大的发展空间，除了政策宽松之外，更是因为目前利率市场化尚未真正完成，资金价格的"多轨制"仍存在。就此意义上讲，现有许多互联网金融模式所谓的"革传统金融体系的命"，实际上也在革自己的命，一旦利率市场化深入推进，金融要素流动壁垒不断消除，结构性金融供求失衡的局面改变，则现有许多模式的可持续性也会大大弱化。正如在美国，新兴互联网融资企业发挥的作用仍然有限，资金需求者多数都能从现有体系中获得满足。因此，无论是互联网金融的践行者、投资者、受益者还是关注者，都需要从整体上、从长远来认识其模式的可持续性所在，把握中长期发展轨迹。

第四，互联网金融创新的源泉在于推动实体部门"内生"的金融创新，加速传统金融"脱媒"。随着金融创新的演变和信息技术的腾飞，原有依靠银行或资本市场的资金配置方式，实际上一直在被"脱媒"，只不过，近年来伴随"虚拟一代"生活方式的演变，这种冲击更加突出。对于实体部门，尤其是服务业部门来说，可以跳出对传统金融体系的依赖，自发地推动相应的金融服务功能实现。当然这有赖于监管部门的宽容，但是却符合了金融回归实体的主流，应该说，与电子商务相联系的供应链金融、产业链金融创新都是其中的代表。

第五，金融业怎么面对互联网金融的挑战？应该说在我国，以商业银行为代表的传统金融业，其面临的挑战并非仅来自于互联网金融，而是在经济产业结构变迁、市场化改革推进、国际化挑战加剧、政府"父爱主义"弱化、消费者主权增强等多种因素影响下面临的二次改革压力的总体现。互联网金融借助几十年信息技术革命扑面而来的活力，只是为这些危机和压力提供了一个令人感兴趣的引领主题。人们喜欢谈及的是，比尔·盖茨在1994年接受《新闻周刊》采访时将银行比作恐龙，认为银行客户将在未来流失到其他高科技金融服务提供商。如果做另类解读，我们会发现恐龙存活了2亿年且一直在食物链的顶端，而商业银行的历史不过几百年，由此来看，银行的地位似乎仍然长久。我们想强调的是，一方面，传统金融机构没有必要或者妄自菲薄，或者非要去赶时髦搞电商平台或P2P网络借贷，或者以互联网金融为名重启表外的影子银行业务，或者夸大其词来继续寻求政府的"父爱"支持，而是应积极稳妥地推进和修正已经实施的互联网技术创新策略。另一方面，透过互联网金融的表象，要认清我国金融业面临的真正危机与挑战，包括：可能与全球同步的下一个经济衰退周期；准备适应市场化和国际化带来的竞争加剧；面对金融消费者主权时代的来临，更强调客户导向，而非神坛之上的"供给创造需求"；新的产融结合时代，金融与非金融部门的边界进一步模糊，创新型合作模式不断出现等。

二、需要进一步关注和思考的重点

1.明确互联网金融的发展思路

必须承认，面对互联网技术对传统金融体系的冲击，各国监管部门都感到难以把握其中日新月异的变化，并且都在通过"补课"来完善法律和监管机制。监管者最为关注的问题是，游离于传统金融之外的这些新型金融活动是否会危及金融体系的稳定，能否大幅削弱金融调控能力。无论在发达国家还是中国，未来政府和监管者的认识和思路都是影响各类互联网金融业务发展前景的核心因素。

互联网金融时代，既不能安于"野蛮生长"的市场状况，也不应该由政府简单进行行政干预或实施"父爱主义"式的产业促进。应该说，理论基础、概念范畴的模糊和混乱，制约了人们的认识，也使得政府难以推动政策和制度保障机制建设。作为起点，最为重要的是跳出原有纯粹基于金融或技术的单一分析视角，从信息与金融学科融合的角度，努力构建足以支撑互联网金融的基础理论体系和政策研究框架。另外，一方面，考虑到我国的金融创新最终都会体现为自上而下的政府主导型特征，因此加强金融与信息部门的监管协调、金融与信息企业的跨行业协调显得非常重要。另一方面，在全球互联网金融模式都尚未形成定式之时，政府部门的工作切入点应是重视基础设施建设，包括硬件设施，如安全和保障、技术标准规范统一等，以及软件设施，如政策和支持、金融生态环境、系统性风险防范机制等。

归根结底，互联网金融不是颠覆传统金融，而是提升和优化了现有金融体系的功能展现，带来了更面向客户需求及个人体验的时代，并且以新型互联网金融思想为主导，以新型互联网金融技术为支撑。对于发达经济体来说，互联网金融昭示了"打击"传统金融权威的自由化梦想，而对中国来说，更表现为加快利率与机构市场化改革、提升民营资本的"金融话语权"、扭转"资金双轨制"的重要契机。为了迎接这一新金融时代的到来，需要推动培养全新的互联网金融文化，如更关注小微企业及个体、强化信用与安全意识、鼓励和支持自下而上的创新等。

面对互联网金融的挑战，不同市场主体理应调整自己的思路和对策。例如，对于传统金融企业，需要加快理念变化，运用信息技术，促进业务渠道模式变革；对于非金融企业，应该在新技术条件下考虑推动产融结合；对于各类"互联网新兴金融组织"，应跳出短视，不沉溺于用互联网面纱来掩盖线下金融的实质，而应真正引领技术推动的"草根"金融创新与消费金融服务；对于支付企业、技术后台企业，则应利用比较优势，加快向金融中前台的延伸，并且探索与现有金融机构的合作共赢模式。

对于"大而不强"、创新缓慢、缺乏服务导向的中国金融体系来说，互联网金融浪潮的最大意义，是使得金融"拥抱实体"，回归市场经济的常态，并强调开放、民主、普惠与透明，并且以新技术来激发现代金融功能的"新气象"。在此过程中，要抑制对互联网金融的无序狂热，也不应过于贬低现有金融体系，刻意追求营造非此即彼的新"金融神话"。

总之，清醒地认识正在发生的互联网金融大戏，积极、理性地参与其中，是监管者、业界、学界、消费者的合理选择。同时，透过互联网金融的热流，更要看到背后的经济、社会挑战才是主线索，由此才能推动互联网金融成为历史潮流的重要部分，而非转眼即逝的浪花。

2. 不断完善监管模式

对于处于边缘地带的互联网金融创新，一方面监管者要有容忍度，看到互联网信息技术对于金融业的深刻影响；另一方面纯粹依靠企业和行业自律来进行信用构造，也只能是"镜花水月"。

对于互联网金融创新采取相对宽松而友好的态度，并不意味着监管部门可以无所作为。将来的改革重点，一是监管部门要深入研究互联网金融的理论基础、体系框架、风险所在等，否则就会出现"瞎子摸象"的情况；二是由于在互联网金融时代，金融混业经营更加突出，这就需要监管理念的转变，从过去的机构监管逐渐转向功能监管，而且加强监管部门的协调配合，来适应这些新兴金融模式监管的跨市场、跨时空、跨种类特点；三是尽快加强金融消费者保护，例如2014年初证监部门对于网络销售理财产品的混乱状况予以警示，即便是银行理财线下销售都经历了多年的"磕磕绊绊"，才使得各种信息误导、披露不足等现象有所减少，更不用说无序的线上理财市场，更容易成为消费者的投资"陷阱"。

当然，对于监管规则的完善来说，也可从几方面着手。首先，针对传统金融产品与网络渠道的结合，应落实线下已有规则，同时结合线上特点适当完善标准和细则；其次，对于P2P网络借贷、众筹等新兴模式，应尽快出台专门的新规则；再次，应对互联网金融中的非法投融资活动"灰色"和"黑色"地带，则需从根本上真正加快民间融资法律制度的完善，如"放贷人条例"等，从而为网络投融资的健康发展奠定基础；最后，金融消费者保护原本就是薄弱环节，互联网金融时代的消费者面临着更多风险和挑战，因此针对网络时代的技术特点，应该加快制定面向互联网和移动支付、投融资产品、风险管理产品等的消费者保护规则。

参考文献

李扬：《完善金融的资源配置功能——十八届三中全会中的金融改革议题》，《经济研究》，2014 年第 1 期。

［美］默顿、博迪：《金融学》，中国人民大学出版社，2000 年。

杨涛：《冷眼看互联网金融热潮》，《银行家》，2014 年第 3 期。

杨涛：《正视互联网金融带来的挑战》，《中国党政干部论坛》，2014 年第 7 期。

第二章
互联网金融的发展探究：
基于文献综述的视角

第一节　引论

创新理论的鼻祖熊彼特在刻画技术创新对市场结构的巨大冲击效应时曾有一段精彩论述："在市场中真正占据主导地位的并非价格竞争，而是新技术、新产品的竞争；它冲击的不是现存企业的盈利空间和产出能力，而是它们的基础和生命。这就好比用大炮轰一扇门，是打开它的最好方式。"①

由此可见，从经济发展理论的视角来看，大规模、集群式的科技创新对经济发展和市场运行有着大象无形般的根本性影响。18 世纪末以来 4 次经济长周期的动态变迁过程也已证明，技术创新周期持续影响着社会经济周期和金融结构的变迁。故而惟有充分把握重大科学技术变革及其产业化的基本方向和态势，方可准确解释实体经济以及为其服务的金融体系的种种基本格局性的变化。

近年来，互联网金融的迅猛发展又一次生动地诠释了熊彼特上述名言的内涵。作为 20 世纪最伟大的科技发明之一，互联网正在逐步改变着金融体系的旧有运行模式和市场结构。自 20 世纪 90 年代以来，随着网络技术的快速发展，互联网在降低金融服务交易成本、增进金融服务可得性方面的优势也逐渐显现。金

---

① 引自 Schumpeter（1942）。

融机构开始利用互联网技术改造传统服务，互联网技术与金融的融合发展趋势初现端倪。特别是移动支付、社交网络、搜索引擎和云计算等技术，对金融业运营模式产生了根本的影响，网络借贷、众筹融资、互联网支付、比特币等名词已经被大众所熟知。不过，由于互联网金融并非一个基于理论研究而衍生出的名词，而是近年来伴随着中国金融实务的发展变迁出现的新事物，因此固然已出现了讨论互联网金融定义、运行机制和经济后果的各类文献，但目前尚缺乏对各种文献进行全面理论综述的成果。本章力图填补这一空白，系统地梳理已有文献，厘清这些文献的贡献与局限性，为今后的理论探索提供基本线索。我们所做的仅仅是一次初步尝试，力图收到抛砖引玉之效。

本章内容按如下线索展开：第二节根据国内外文献，对互联网金融概念的起源和演进历程进行梳理，并评析各类相关文献。第三节讨论各类学术文献对互联网金融各种业态的研究，重点考察作为金融创新的互联网金融的各种形态。第四节梳理研究互联网金融对金融与经济体系的影响与冲击的文献。第五节是一个简要的总结评论。

第二节　概念探究："互联网金融"的演进脉络

计算机及通信技术被引入金融领域的早期阶段，可被称为金融电子化阶段。金融电子化是在 20 世纪 90 年代随着金融业开始采用先进的计算机技术而发展起来的。各种电子数据处理系统、金融信息管理系统和决策支持系统等都属于金融电子化的范畴。与此同时，在电子支付系统和支付信息管理系统等方面的创新和演变不断加速。于是，在金融实务的迅猛发展大潮之下，便产生了网络金融和电子金融的概念。

网络金融，又称电子金融，是指基于金融电子化建设成果在国际互联网（Internet）上实现的金融活动，包括网络金融机构、网络金融交易、网络金融市场和网络金融监管等方面，是适应电子商务发展需要而产生的网络时代的金融运行模式（狄卫平、梁洪泽，2000）。网络金融是网络信息技术与现代金融相结合的产物，网络金融服务通常是由金融服务商通过互联网平台提供的，最典型的代表就是网络银行和网络证券。被国外学界更广泛采用的术语是电子金融（Electronic Finance，E-finance）。电子金融在国外以不同的方式被定义，但总体来讲大同小异，其中一个被普遍接受的定义来自于 Banks（2001）：电子金融（E-finance）是指在互联网或其他公共电子媒介上被提供的金融服务，包括货币、银行、支付、交易、经纪（Broking）、保险等，通常也被称为数字金融（Digital Finance）。在发达国家的金融业务中，E-finance 通常可与 Online Finance，Internet Finance，Virtual Finance 以及 Cyber Finance 互换使用。事实上，网络金融或电子金融的概念在其兴起时，更多指的是传统的金融机构或传统的金融服务向互联网的延伸，其主要功能是在互联网的平台上降低了交易的成本，增进了金融服务的可得性。

2001~2002 年，美联储纽约分行、巴塞尔银行、世界银行以及国际货币基金组织先后召开了多次关于电子金融发展的研讨会，学者们从不同方面探讨了互联网技术与传统金融行业的融合问题。此后，国际学术界和监管部门对电子金融的热情似乎突然消失了，关于电子金融的讨论几乎是戛然而止（殷剑峰，2014）。不过，21 世纪以来，互联网技术发展的步伐并未停下，互联网经济也逐渐展露出其自身的特点。互联网不再甘于仅仅作为传统金融机构降低运营成本的工具，而是逐渐将其自身"开放、平等、协作、分享"的精神向传统金融业态渗透，从供求两端对金融业发展产生了重要影响。在中国，这种影响尤为明显。一方面，2005 年 7 月，中国互联网网民数量首次突破 1 亿大关，到 2013 年 6 月，则已达到 5.91 亿，高居世界第一位，互联网普及率也达到了 44.1%。互联网使用群体的扩张催生了人们对金融服务的大量新需求。另一方面，云计算、社交网络、移动支付等新技术取得突破性进展，大数据[①]成为新发明、新服务和新价值的源泉，互联网和移动通信网络的融合进程加速。这些 IT 技术的新变革从供给面引领金融服务模式的变迁，并开始对既有金融模式产生巨大冲击。在需求与供给两端力量的共同推动下，以互联网技术为支撑平台的各类非传统金融机构大量涌现。最先对传统机构形成冲击的是属于金融基础设施领域的第三方支付，随后，互联网对金融体系的影响力旋即从支付清算领域扩展到金融资源配置、风险管理等金融体系的核心功能领域。

[①] 所谓大数据，即运用新的信息处理技术，对纷繁复杂的海量数据进行分析处理，从而探究事物之间的相关关系，并在此基础上对未来作出预测，并获得有巨大价值的产品和服务，或者深刻的洞见（舍恩伯格、库克耶，2013）。

新的重大经济现象常常催生出新的理论概念。2012 年 8 月 24 日，中国平安的董事长马明哲在中期业绩发布会上证实正在与阿里巴巴的马云、腾讯的马化腾筹划成立互联网金融公司，从此正式掀起了互联网金融概念的狂潮。2012 年以来，持续升温的互联网金融热浪引起了国内学界的广泛关注，"互联网金融"作为一种学术概念开始频繁出现在各种中文研究文献当中。中国人民银行发布的 2013 年第二季度"中国货币政策执行报告"首次在官方文献中使用了"互联网金融"一词，随后该名词也被写入了 2014 年国务院政府工作报告，标志着互联网金融的概念正式得到官方的认可。与中国的情况形成鲜明对照的是，国际上对互联网与金融业务的结合有多种提法，包括：世界银行的电子金融（Electronic Finance 或者 E-finance）、在线银行（Online Bank）、电子支付（Electronic Payment）；美国的电子银行服务（Electronic Banking Service）；英国的电子支付（Electronic Means of Payment）；德国的网络银行（Direct Banking，又称直销银行）、直接销售保险商（Direct-selling Insurers）；美英及欧盟的电子货币（Electronic Money）等；但此前还鲜有"互联网金融"的提法。

按常理说，金融是高度国际化的经济活动，在中国迅速发展的互联网金融也理应在其他国家备受关注，更何况在中国风行的各种互联网金融服务几乎都是借鉴欧美经验发展起来的舶来品。但有趣的是，在中国金融界和学术界热议互联网金融话题的早期，国外各界对这一概念几乎没有关注，"互联网金融"成为了一个富有中国特色的新名词。在欧美业界人士看来，网络支付、P2P 网络借贷、众筹融资、PayPal 版"余额宝"产品等各类基于互联网的金融服务并不新鲜，只不过是金融创新进程中泛起的一些耀眼浪花，是其多元化金融体系的有益补充，并不会像在中国这样掀起滔天巨浪。这就使得我们在研究互联网金融概念的基本内涵时应格外小心谨慎，要注意在认真研究国外各种新兴金融业态发展和文献进展的前提下，努力摆脱既有西方理论框架的羁绊，转而依托于中国体制转轨与金融发展的特殊背景，直面纷繁复杂的现象，去伪存真，抓住互联网金融的基本特性进行剖析。

在众多国内学术文献中，谢平等（2012）较早地提出了具有代表性的看法，他们指出，互联网金融模式是既不同于商业银行间接融资，也不同于资本市场直接融资的第三种金融融资模式。吴晓求（2014）更为细致地指出，互联网金融指的是以互联网为平台构建的、具有金融功能链且具有独立生存空间的投融资运行结构。不过值得注意的是，国内金融界所称的"互联网金融"涉及支付、信贷、基金等各类金融业态，由本质特征截然不同的多种金融服务构成，并不构成第三种独立的投融资模式，其功能也不仅仅局限于投融资。有鉴于此，谢平等（2014）提出了一个更为宽泛的定义，认为互联网金融是一个具有前瞻性的谱系概念，涵盖受到互联网技术和互联网精神影响，从各类金融中介和市场，到瓦尔拉斯一般均衡对应的无金融中介或市场情形之间的所有金融交易和组织形式，是一个弹性很大、极富想象空间的概念。杨涛（2014）则认为，可以从货币经济学与金融经济学两个层面来研究互联网金融，重点分析典型的互联网金融业态和要素对于现有金融功能的影响，互联网金融的研究重点，也跳不出两大学科体系的既定框架，要真正认清其背后的创新价值和风险特征，必须从货币金融体系的基本功能着手加以分析。

当然，也有一些学者对"互联网金融"作为一个独立概念的必要性提出了质疑。殷剑峰（2014）指出，"互联网金融"是"电子金融"的一类，其本质无非是利用互联网来提供金融服务；互联网金融概念被热炒的背后是一些互联网企业希冀进入金融行业的强烈诉求。周宇（2013）则指出，从广义上讲，通过或依托互联网进行的金融活动和交易均可划归互联网金融，既包括通过互联网进行的传统金融业务，也包括依托互联网创新而产生的新兴金融业务。戴险峰（2014）更是明确指出，中国的所谓"互联网金融"业务，只是传统金融在监管之外的一种生存形态，互联网只是一种工具。金融的本质没有变，也没有产生可以叫做"互联网金融"的新金融，"互联网金融"的提法并不科学。

虽然国内的所谓互联网金融业态往往良莠不齐，尤其是在 P2P 网络借贷及众筹融资等领域，与国外规范的业务形式相比甚至全然变形；但是，互联网金融毕竟拥有透明度高、参与广泛、中间成本低、支付便捷、信用数据丰富和信息处理效率高等传统金融机构所不具备的一系列比较优势，可以支撑更富有效率的资金配置、信息提供、风险管理和支付清算，从而能够更好地履行金融功能。因此，我们还是有必要从学理上对其进行界说和分析。抓住互联网金融的技术特征和载体是对其进行准确界说的关键所在。

根据 2013 年第二季度"中国货币政策执行报告"的相关表述和部分学者（如李扬等，2014；霍学文等，2013）的分析，可以将"互联网金融"大致理解为，在新的技术条件下，各类传统金融机构、新兴金融机构和电商企业依托于其海量的数据积累以及强大的数据处理能力，通过互联网渠道和技术所提供的信贷、融资、理财、支付等一系列金融中介服务。若要简单概括互联网金融的基本特征，就可称其为基于大数据的、以互联网平台为载体的金融服务。若要进一步深入追溯互联网金融的根本功能和概念内涵，我们认为，则需回到本书第一章的理论剖析思路上。

互联网金融虽然只是新近产生的一个概念，而且其复杂性使得其内涵界定十分困难，但这并未影响学者们对其的研究热潮。通常认为，这一研究热潮开始于2013 年，从期刊文献来看，截至 2013 年 7 月，中国知网上以"互联网金融"为主题的文章仅 100 余篇，而到 2014 年 10 月，这个数量则飙升至 1000 余篇。在下面的文献综述中，我们将以上述基本定义为出发点梳理相关文献。

第三节　文献综述 I：基于互联网的金融创新

由于互联网金融并非一种特定的事物，而是多种新事物的加总，因此在国外并没有一个类似的综合性的概念，但也有许多与之相关的研究。早在互联网金融尚未出现的电子金融时代，一些学者便基于网络经济和电子商务的特点，提出了对未来金融创新发展的一些设想。例如，Sato 和 Hawkins（2001）认为互联网企业有可能打破银行对客户信息的垄断，它们有可能为客户提供"一站式"金融服务，显著地降低成本，提升客户的地位，并通过智能管理为客户提供更好的服务；Claessens、Dobos、Klingebiel 和 Laeven（2003）认为随着金融服务越来越依赖于网络，网络经济所具有的明显的规模经济特点将改变金融行业的竞争格局；Nagurney 和 Ke（2003）对存在电子交易的金融网络建立了数理模型并求得均衡解及动态调整过程。

就国内文献而言，起初的文献多是对互联网金融的介绍及简要的评论。谢子门（2013）指出互联网金融的思想是资源共享；巴曙松和谌鹏（2012）认为互联网可以降低金融体系运营成本，提高服务覆盖率，金融企业应顺应互联网发展趋势；王思宁等（2012）认为以移动支付为代表的第一波互联网金融发展的关键在于规模，而以 P2P 网络借贷为代表的第二波互联网金融发展的关键则在于控制风险；由曦等（2013）则从金融脱媒、银网竞争合作、模式创新等多个方面对这个新生业态进行了解析；高汉（2013）则着重强调了互联网金融打破地域时间限制、实现碎片化理财、创新速度快以及低成本的特点。随着互联网金融热潮的升温，对该主题的探讨也逐步深入到理论层面，实证研究也越来越丰富。以谢平等（2012）为标志，中国学者开始从金融创新的角度对互联网金融进行深入的探讨，认为互联网金融模式能通过提高资源配置效率、降低交易成本来促进经济增长。

在互联网金融时代，我们可以沿着金融创新的视角出发，分别从货币与金融两个层面来梳理与之相关的各类繁杂文献，探究各类互联网金融创新的基本机制。

第一，互联网金融的兴起对货币理论和货币政策构成了根本性挑战。当人类社会告别纯金属货币之后，货币的定义就变得含混不清了，互联网技术的发展则使得这一问题更加复杂了。网络支付体系根本就不创造货币，但是却充分、完整地发挥着货币的功能（董昀等，2012）。例如，比特币、Q 币、亚马逊币、游戏币、论坛币等虚拟货币在一定范围内发行，发挥着交易媒介和计价单位的作用，阿里巴巴的支付宝账户也逐渐被越来越多的人视为一种交易媒介，它们的数据产品乃至实物产品都可以交易且被接受的范围在不断扩大，具备了部分货币属性。因此，如何定义货币变得愈加困难。这一现象还表明，在正规的金融体系之外，有一个民间的、私人化的货币供应体系正在携高科技之力逐步发育，而这一进程与中央银行完全无关；这些新型货币对实体经济发展有着切实的影响，但却未能体现在央行的货币总量统计之中。假以时日，上述新变化或许会颠覆既有的传统货币体系，削弱央行对货币总量的控制力，从而对宏观调控的有效性构成严重挑战（董昀，2014）。货币当局和经济学家如何根据新现象来重构货币理论与货币政策，已经成为一个至关重要的核心问题。因此，我们将重点梳理互联网货币的已有文献，为解决这一问题提供文献支撑。

第二，互联网金融的兴起对已经提供到市场上的货币的有条件转移过程构成了全方位的冲击。这是因为，基于实体经济运行而形成的大数据在一定程度上克服了信息不对称，非传统金融机构能够在交易过程中创造信用，从而使得互联网金融拥有许多传统金融机构所不具备的一系列比较优势，可以支撑更富有效率的资金配置、信息提供、风险管理和支付清算。于是，在一系列互联网金融产品"创造性破坏"式的冲击之下，金融市场竞争加剧，银行的负债端资金成本急速攀升，垄断利润开始大幅度缩水，各类既有金融机构的"奶酪"正在被新兴的互联网金融机构蚕食，加速推动了金融脱媒进程。这一进程中，新的金融中介、新的金融产品、新的支付手段层出不穷，我们也将分门别类对这些领域的文献进行整理和评析。

一、互联网货币

1. 有关电子货币概念的讨论

在"互联网货币"概念盛行之前，有关"电子货币"的文献已经十分丰富。以往的研究者们从各自不同的角度对电子货币的概念进行了界说，有代表性的定义包括：

姜建清（2000）认为"电子货币就是将现金价值通过二进制数码（0，1）的排列组合在集成电路芯片内的一种货币"。

岩崎和雄和左藤元则（1999）从数字化角度对电子货币进行了较宽泛的定义："电子货币是指'数字化的货币'，举凡付款、取款、通货的使用、融资存款等与通货有关的信息，全部经过数字化者，便叫电子货币。"

根据 BCBS[①]（1998）的定义，电子货币是指通过销售终端、设备直接转账或电脑网络来完成支付的储存价值或预先支付机制。

周光友（2009）认为应该从广义上定义电子货币，电子货币"应该是指以计算机网络为基础，以各种卡片或数据存储设备为介质，借助各种与电子货币发行者相连接的终端设备，在进行支付和清偿债务时，使预先存放在计算机系统中的电子数据以电子信息流的形式在债权债务人之间进行转移的，具有某种货币职能的货币"。

以上各种定义均刻画了电子货币的某些重要特征。我们赞同从不同角度对电子货币的特性进行刻画，但过多着眼于电子货币的特殊性也会"过犹不及"。我们认为，定义电子货币既要着眼于其"电子化"的特殊性，又不应该脱离其作为货币的本质属性。据此，董昀、辛超（2013）提出，电子货币是指以计算机或其他存储设备为存在介质、以数据或卡片形式履行货币支付流通职能的"货币符

---

① Basle Committee on Banking Supervision，巴塞尔银行监管委员会。

号"，其具体形式包括卡基、数基存款货币，电子票据等。① 欧洲央行（ECB，2013）的定义对这一思路有着更为深入的阐述：电子货币就是"存储于技术设备中的电子化的货币价值，可以广泛地用于向除了发行者之外的其他方进行支付，作为一种预付工具在交易中不必要与银行账户相关联"。

　　早期文献讨论的电子货币主要是基于传统银行信用、受到政府部门监管的电子现金，主要包括：①活期存款和活期储蓄；②证券、期货的交易保证金；③支付机构在商业银行备付多账户的客户备付金。李东荣（2014）指出，电子货币的最主要形式是电子现金（Electronic Cash），即基于电子支付渠道的货币形态。世界各国的实践表明，电子现金具有资金来源属性真实、使用安全便捷、全国联网通用、管理规范等优势。

　　根据谢平等（2014）的定义，以虚拟货币为蓝本发展起来的互联网货币则更是由某个网络社区发行和管理，不受或少受央行监管的，以数字形式存在的，被网络社区成员普遍接受和使用的货币。ECB（2012）也指出，"虚拟货币是一种不受监管的电子货币，它们通常由开发者发行，在一个特定的虚拟社区内被成员们使用和接受"。由此可见，虚拟货币和互联网货币是包含在电子货币概念范畴内的事物。贝多广等（2013）提出的一个分类法比较清晰地展示了二者之间的关系，该文指出，在电子货币中，银行电子货币（包括电子支票）受到政府监管，属于法定货币范畴；而以互联网货币为主体的虚拟货币不受政府监管，属于补充性货币范畴；补充性货币的出现，不再简单是法定货币内部纸币与电子货币的替代，而是法定货币被补充性货币替代，而中央银行难以监控补充性货币的发行。可见，以互联网货币为主体的虚拟货币是"去中央银行化"的。以下两部分将重点梳理与属于补充性货币范畴的两类虚拟货币有关的研究文献。

　　2. 有发行中心的虚拟电子货币

　　根据欧洲中央银行的定义，互联网上所有的发行商用来购买各种网络虚拟产品或相关增值服务的支付媒介均可被称为有发行中心的类法定货币虚拟货币（ECB，2012）。以Q币等游戏币为代表，这类虚拟货币由互联网运营商发行，在某一特定范围内充当一般等价物（Shin，2008），具备有限的流通和支付功能。曹红辉（2008）描绘的虚拟货币是"一般通过购买、赠送、奖励等方式获得，对

---

① 该文较全面地归纳了研究电子货币对货币体系及宏观经济的冲击的英文文献，本书不再赘述。

发行人提供的物品或服务不依赖于现实货币而独立地充当价值尺度的计量单位",这大体上就是指这类虚拟货币。包括腾讯的 Q 币,魔兽世界的 G 币,亚马逊的 Coins、Facebook Credits 等,这些虚拟货币在网络社区中被用于与应用程序、虚拟商品及相关服务有关的交易,形成了复杂的运行机制。

根据 Reid 和 Harriga(2013)、Barber 等(2012)的分类,虚拟货币的运行机制包括发行、交易和回收三个环节。祁明等(2014)以 Q 币为例,对有发行中心的虚拟货币的运行机制进行了剖析,并指出中国境内流通的有发行中心的虚拟货币都是由发行商发行,单向流通不可回兑,无法在不同账户之间互相转账,并且只能在发行商服务体系内使用而发挥其作为货币的职能。

董昀、辛超(2013)发现,网络中还存在不依赖货币发行人的虚拟货币——以网络游戏为例,玩家可以通过杀死"野怪"来获得从野怪身上掉落的钱——一定数量的"金、银币",游戏玩家用这些"货币"进行交易,交易的对象则为虚拟产品,例如武器、装备、衣着等,而这些产品有的是玩家花时间"制作"的,也就是说,有些虚拟产品也要付出时间和成本。[①]

谢平等(2014)对互联网货币的经济学含义进行了初步分析,并特别强调,由于在网络经济活动中,用户未必接受法定货币且互联网技术的发展使得支付活动可以在央行系统之外发生,故而未来将进入法定货币与互联网货币并存的时代。

3. 去中心化的虚拟电子货币

根据吴洪等(2013)的描述,去中心化的类金属(黄金)虚拟货币主要是指比特币、莱特币、瑞波币(XRP)等不由央行发行的虚拟货币,这些货币的去中心化设计使其不再依赖中央银行或政府等机构的担保,而取决于种子文件在 P2P 对等网络中达成的网络协议。尽管比特币等货币自问世以来便备受关注、饱受争议,但当前对这一类虚拟货币的经济学研究尚不多见,少量有价值中英文文献的分析焦点集中于比特币的运行机理及其对货币金融体系的影响上。

比特币发明者中本聪于 2008 年写下了题为《比特币:一种点对点的电子现金系统》的文章(Nakamoto,2008),该文既开启了一种新的货币体系,也是去中

---

① 有趣的是,因为游戏世界里的货币可以从"野怪"身上无限获得,所以"通货膨胀"几乎存在于所有的网络游戏世界里。

心化的虚拟电子货币研究的开山之作。根据中本聪的设计，比特币本质上是一套通过开源的算法产生的密码编码体系，所有感兴趣的人都可以自行发掘。该系统不属于任何一个国家，没有中央服务器或者托管方，完全去中心化，所有一切都是基于参与者的自愿参与。

国内文献对比特币的基本原理、运行机制及其经济影响已有较为详细的分析。贾丽平（2013）指出，比特币基本上具有货币的功能，拥有货币的部分属性，但不一定是真正的货币，它未来能否过渡为真正的货币取决于人们对比特币的信任、对一整套机制所营造的信心。杨晓晨等（2014）提出了三个基本观点：第一，作为货币发展史上的重大革新，比特币在设计中使用的一系列创新思想和方法是值得借鉴的。它是解决当前国别货币面临问题的积极尝试。第二，由于比特币在寻求以创新途径解决问题的同时，引入了一些难以调和且关键的新问题，导致市场对目前形式的比特币能否持续发展持怀疑态度。第三，比特币的发展前景取决于其自身能否顺利完成转型。姚国章等（2014）发现，比特币一定程度上已具备了实体货币功能，与实体货币的关联变得越来越紧密，参与面也在不断扩大，国际认可度正不断提高。但与此同时，比特币对现有金融体系造成了较大冲击，为各类非法活动提供了温床，独特的发行机制造就了畸形的产业，保障机制的缺失使参与者的利益受损，而淘金的强烈冲动也让不少参与者执迷不悟。

在英文文献中，对比特币的潜在风险的分析较多。Woo（2013）既对比特币的内在价值高度肯定，同时也意识到过度的投机行为可能导致比特币价格的强幅波动，影响其发展前景。Yermack（2013）将比特币视为一种投机工具，其既无法用于风险管理和套期保值，又无法为消费信贷或其他贷款合同计价。

Jacobs（2011）、Grinberg（2012）对比特币的相关法律问题进行了分析，他们均认为比特币面临了较大的法律风险。

与比特币相比，对瑞波币的研究文献更为罕见。祁明等（2014）是比较严谨的一篇分析文献，该文指出，Ripple 币属于支付清算系统型交易体系，Ripple 体系是开放源码的 P2P 支付网络，Ripple 币则是在 Ripple 体系下依照一定的加密算法发行的虚拟货币。该文认为，Ripple 交易体系实现了一个去中心化的全货币的金融交易体系，实现了用户之间网络支付兑换、P2P 网络借贷、现实货币与虚拟货币的双向流通。

二、新的金融中介或机构

如前所述，本书认为互联网金融的本质特征是基于大数据的、以互联网为平台的金融中介。由于金融服务实体经济最主要的功能就是媒介资源配置、提高资源配置效率（李扬，2014），因此新技术推动的新型金融中介自然是互联网金融创新的重要内容。根据国内外的实践，以 P2P 网络借贷为代表的网络借贷、众筹融资是互联网平台上最为重要的两种金融中介业务创新。下面分别对这两种新业务的相关研究文献进行综述。

1. P2P 网络借贷

网络融资模式是对传统金融信贷业务模式的重大变革，通过互联网和信息技术手段来缓解业务办理效率低和信息不对称难题。网络融资既包括网上银行信贷业务，也包括网络借贷业务（李海峰，2013）。本书研究的重点是新技术条件下基于大数据的金融中介服务，而网上银行信贷本质上只是传统信贷业务在网络平台上的拓展，因此在此我们集中梳理研究网络借贷业务的经济学文献。

P2P 网络借贷（Peer to Peer Lending）是当前最流行的网络借贷形式，它是指借款人和出借者之间通过网络借贷平台而不是金融机构产生的无抵押小额贷款模式（Lin 等，2009）。Hulme（2006）和 Meyer（2007）曾断言随着在线交易市场发挥的作用越来越大，网络借贷将有可能以中介的形式逐渐取代传统银行。从国内研究方面看，有学者认为，P2P 网络借贷被认为是一种能够为用户提供比传统金融机构更加简单、快速、方便的贷款服务的新型金融中介，在一定程度上解决了中低收入人群的资金短缺问题，同时也部分满足了大众理财需求，故而是发展普惠金融的重点之一（李扬等，2013；波士顿咨询，2014）。

国外早期的研究通常以案例为基础，例如 Hulme 和 Wright（2006）通过 Zopa 的案例详细介绍了社会借贷（Social Lending）的发展历程及未来走向。近年来国外学者对于网络融资的研究集中于 P2P 网络借贷平台，大多为实证研究，实证所用数据多来源于 Prosper 平台，研究主题则主要是分析影响 P2P 网络借贷行为的各种因素。当前的国外研究主要集中于以下几类因素：借款人财务状况、人口特征、社会资本、借款人自我陈述。

在个人财务状况因素的研究方面，Klafft（2008）利用 Prosper 平台上的数据，证明了对借款利率影响最大的因素为借款人的信用评级，而借款人的债务收入比的影响虽然显著，但是影响力度却小得多。其他信息，如经过核实的借款人的银行账户或经过验证的借款人是否自有房产等因素对借款利率几乎没有影响。该文的另一个结论出人意料：当研究的因变量变成借款是否成功时，借款人的银行账户的存在与否，却是决定借款能否成功的最重要因素，甚至连借款人的信用评级的影响力也只能排到第 2 位。由于借款人的信用评级是一项更加复杂的，包含了银行账户信息的变量，故以上结论难以找到合理的解释。

同样基于对 Prosper 平台上的数据的分析，Freedman 和 Jin（2008）发现，该平台上的平均借款成功率从 2005 年 11 月至 2006 年 6 月期间的 8.51%上升到 2007 年 3 月至 2008 年 7 月期间的 10.14%。他们对此现象的解释是，借贷平台要求借款人更多地提供自己的财务信息，使得借款人借贷成功率得以上升。[①]

Iyer 等（2009）研究发现，最高评级 AA 的借款人和最低评级 HR 之间借款人的借款利率的差异原因，有 28%不能由金融机构提供的信用等级进行说明，而是由借款人的其他信息解释的。他们的研究表明，出借人可以通过借款人在借款列表中透露的其他信息，正确区分出具有相同信用评级但信用评分不同的借款人。Puro 等（2010）利用 Logistic 回归模型和查询方法，以借款人信用等级、借款金额、借款率、债务收入比以及当前逾期金额等自变量，开发出预计借款人完成借款可能性的工具，辅助借款人进行借款决策。

总体而言，对借款人财务状况因素的研究既有该因素对单个借款人借款可能性、借款利率影响的探索，也有对整个平台平均借款可能性的跟踪，还有以实用为导向的借款人完成借款可能性的工具的设计。但是，这些文献对于某个总体财务指标对于借款的影响结果与某个个别财务指标对于借款的影响的结果不一致的矛盾的解释却是不足的。

例如，在人口特征因素研究方面，Herzenstein 等（2008）发现，非裔美国人确实比其他种族的人得到资助的概率更小。但是，借款人的人口特征（种族和性别）相比于借款人的财务资本能力而言，对贷款成功所起的作用是微不足道的。根据该文的分析，财务因素的影响才是 P2P 网络借贷研究的主要方面，人口特征因素充其量只是配角，而且人口特征因素也是通过影响财务因素，进而影响到借

---

① 2007 年 2 月 12 日，Prosper 平台增加了更多地需要借款人填写的财务信息，如尽可能地要求借款人报告其当前的收入、就业状况和职业信息等。

款可能性和借款利率的。

不过，大多数文献并未意识到这一点。Ravina（2007）的研究表明，在同等信用条件下长相较好的借款人和长相普通的借款人相比，前者比后者借款成功的可能性高 1.41%，得到借款的利率也比后者低 0.81%。种族歧视主要体现在被歧视种族的借款人必须支付更高的借款利率才能获得贷款。

Pope 和 Sydnor（2008）表明，首先，非裔美国人借贷成功的可能性要比那些具有相近信用评级的白人低 25%~34%，同时非裔美国人贷款的利率比白人贷款的利率高 0.6%~0.8%。然而就预期回报率而言，非裔美国人的贷款要明显差于白人的贷款。因此，非裔美国人较高的借款年利率并不足以弥补其更高的违约概率。其次，借款人的年龄对于借款成功率有影响，研究得出的结论是：同 35~60 岁的群体相比，35 岁以下的人借款成功的可能性要比其高 0.4~0.9 个百分点，而 60 岁及以上的人要比 35~60 岁群体借款成功的可能性低 1.1~2.3 个百分点；没有照片或者照片上的人表现得不开心对于个体借款成功有负面的影响。最后，单身女性比类似条件的男性要少支付 0.4 个百分点的利率，尽管就贷款的预期收益率而言，单身女性比男性少约 2 个百分点。

Barasinska（2009）等的研究结果发现，放款人的性别会影响他们对借款人的选择；通常情况下，女性比男性更倾向于选择风险小的借款人，并要求相对较高的借款利率；同时也指出女性由于善良，倾向于为他人着想等非理性和被同情心理驱动，在信贷选择时，比男性更易出现逆向选择问题，把资金放贷给信用较低的借款人。

Durate 等（2012）的研究得出长相更可靠的人更有可能获取贷款且获取贷款的利率也更低。另外，信贷员和贷款人的特质也会对借款人的贷款可获得性产生影响。

在社会资本因素的研究方面，Freedman 和 Jin（2008）发现有朋友"背书"（Endorsement）或朋友投标的贷款，有较少的逾期率和明显较高的回报率。另外，在大多数 P2P 贷款平台，会员可以自发形成特殊群组。如果群组是因为正确的动机而形成的话，是能够清除一些信息障碍的。

Lin 等（2009）的研究发现，借款的竞标者中如果有借款人的朋友，那么该借款人的违约率就会显著降低；他们认为如果借款人的朋友在借款中占有一定份额，借款人就有更大的压力来还款，这也是社会资本之所以能够降低违约率的最主要原因。

Iyer 等（2009）利用 Prosper 平台上的交易数据，研究了社会资本在提高借款成功率和降低借贷成本上的影响。该文的结论显示，虽然结构性社会资本影响有限，但由强关系网络和经过第三方认证的关系网络构成的关系型社会资本，可以大幅降低由信息不对称带来的逆向选择的风险。

Greiner 和 Wang（2009）认为社会资本可以对借款人能否借款成功产生积极的影响，可降低借款人获得贷款的利率，并且对具有较低信用评级的借款人影响更大。

最后，在借款人自我陈述因素的研究方面，Sonenshein 等（2011）有一篇代表性文献。该文发现，信用等级较低的借款人可以通过合理的解释赢得出借人的信任，从而影响出借人的借出决定。但是，往往这些对借款目的和自身情况描述详细的借款更可能发生逾期还款的行为，因此他们认为，出借人从解释内容来判断是否出借给借款人，可能并不是一种合理的方法。

值得注意的是，除了对 P2P 网络借贷行为的影响因素分析之外，还有一些文献研究了 P2P 网络借贷过程中的若干特征性问题和有趣现象。

Freedman 和 Jin（2008）发现在 P2P 借贷市场，借贷双方可以直接交易，消除了传统金融机构的中介作用，中介部分的交易成本可以大幅降低，但 Prosper 借款人由于信息不对称问题面临着逆向选择的风险，而且该问题可能比传统借贷市场更严重。此外，大部分 P2P 贷款的出借人缺乏金融专业知识以及在虚拟网络中的贷款经验。但是他们也注意到社交网络中的一些"软信息"，可以在一定程度上帮助出借人识别借款人潜在的风险，以补偿 P2P 借贷中"硬信息"的不足。

Freedman 和 Jin（2010）着眼于分析 P2P 网络借贷和传统借贷的关系，认为贷款人的"边干边学"在缓解借贷双方的信息不对称方面发挥了重要作用，早期的贷款人并不能低估市场风险，但之后贷款人会认识到自己的错误，清除较差的借款人，P2P 网络借贷平台的借款人群体会与传统借贷市场趋同。

Puro 等（2011）还通过实证分析，证明了投标人的投标行为是异质化的，不同的投标人的投标策略也会随着时间和投标人的学习经验而变化。

Lee 和 Lee（2012）研究证实了 P2P 网络借贷中的羊群效应，表明投标的参与度越高，借款人与投标者之间的互动越多，越容易吸引更多的出借人参与投标。

对国外研究动态更加详细的梳理可参见 Bachmann 等（2011）的综述。

与数量众多的国外文献相比，大多数国内文献都是以描述的方法介绍 P2P 网络借贷平台的运营模式以及存在的问题，缺少系统深入的研究。此类文献中比较有代表性的如下：孙之涵（2010）总结了国内外有代表性的小额贷款网站的运营特色，进而针对网站运营及发展的机遇与风险提出了若干建议。李东荣（2011）对拉美国家小额信贷业务的发展及监管经验进行了总结，并探讨了对我国小额贷款业务的启示。郭阳（2012）以拍拍贷市场为例，对其借款订单的基本属性进行了统计学研究。第一财经金融研究中心著的《中国 P2P 网络借贷服务行业白皮书(2013)》从服务性质到数据以及案例分析，从行业风险到监管以及国外的发展等方面对 P2P 网络借贷进行了全面的介绍。

然而，由于中国与英美等发达经济体在个人信用体系建设、经济发展阶段、历史文化传统等方面存在诸多不同，所以对中国 P2P 网络借贷的分析不能简单套用国外文献的结论。

近几年来，这种情况开始有所改观。从理论方面看，赵岳和谭之博（2012）构造数理模型论证了 B2C 网络借贷模式缓解中小企业融资困难的作用机制。引入电子商务平台后，其在增大企业违约成本、采集企业信息、实现风险共担等方面的优势，可以在一定条件下帮助企业展示自己的信用类型，使得部分在传统模式下受到信贷约束的中小企业在新模式下可以获得银行贷款。除此之外，国内关于 P2P 网络借贷市场比较严谨的理论研究几乎是空白。

从实证研究方面看，郭奕（2011）用拍拍贷上 2008 年 8 月 25 日至 2010 年 5 月 15 日的交易数据，分别以借款列表的完成比例和借款人的借款利率作为因变量，以借款人的信用等级、历史借款成功次数与历史流标次数、借贷金额、借款期限以及借款利率等作为自变量进行了研究。其结果表明：①历史流标次数和借款利率对借款完成比例的影响不显著，作者认为大多数贷款者都是风险规避者，他们更看重自有资金的安全性，不会单单因为借款者所给出的高利率而将自己的资金放贷出去。②借款者的借入信用等级、借出信用等级、历史借款成功次数和总的投标笔数与借款者融资成功概率呈正相关关系，而借款金额、借款期限与借款者融资成功概率呈负相关关系。③借款者选择每月还款时，其借到资金的概率更大，而选择到期还款方式则会降低融资成功概率。④友情借贷模式中，"关系"能够对借款者的借款成本产生显著影响，并在一定程度上降低了借款者的借款成本。

李文佳（2011）采用调查问卷和案例分析的方式，研究了 P2P 网络借贷影响借贷行为的因素。研究表明：①借款人借入信用对借款成功率有显著的影响；②认证数对借款成功率有较显著的影响；③借款年利率和借款金额会影响借款的进展，但并不明显，借款期限对借款进展基本没有影响。

李悦雷等（2013）同样按照国外文献研究交易影响因素的传统，使用"拍拍贷"市场中的数据对中国 P2P 小额贷款市场中借款人地域、年龄、信用等级以及订单的基本特征进行统计分析，并对借款成功率的影响因素进行了研究。结果表明，借款订单基本属性、借款人基本信息、借款人的社会资本对借贷成功率都有显著的影响；同时，投资者表现出明显的羊群行为特征，并且这种羊群行为对借款成功率有着重要的影响。王会娟等（2014）利用"人人贷"数据，研究 P2P 网络借贷平台的信用认证机制对借贷行为的影响。结果发现，信用评级越高，借款成功率越高且借款成本越低。进一步的研究发现，对借贷行为影响较大的是工作认证、收入认证、视频认证和车产、房产认证等认证指标。另外，相对于单纯的线上信用认证方式，线上和线下相结合的信用认证方式更能提高借款成功率并降低借款成本。

另外，在国内 P2P 网络借贷的综合研究方面，安信证券（2013）详细介绍了国内 P2P 网络借贷的三种模式，并认为虽然行业风险日益凸显，但是由于存在着比较优势，P2P 模式具备持续发展的生命力。一份与之相似的研究来自于中信证券（2013），不过它更加强调 P2P 行业所面临的多重风险。陈文等（2014）对以阿里小贷为代表的 B2C 网贷模式和以人人贷为代表的 P2P 网络借贷模式进行了较为全面的经济学分析，并认为目前的国内 P2P 网络借贷行业严格意义上还不存在真正具备核心竞争力的企业，而网络借贷最具备核心竞争力的阿里小贷模式却有可能陷入发展困境。中国社会科学院金融研究所（2014）在国内率先编制了 P2P 网络借贷评价体系，从基础指标、运营能力、风险管控、社会责任、信息披露五方面对中国主要的 P2P 平台进行了研究和评价，各指标下又设有细项指标，各级指标的权重设置均采用了层次分析法，力求客观、公正地评价网贷平台的综合实力，具有开创性意义。

2. 众筹融资

众筹融资（Crowd Funding）是指互联网上的股权和类股权融资，它既是生产者获取资金的渠道，也是评价和预测产品的市场前景的网络平台。该模式在国际上尚属于萌芽期，但发展十分迅速。Massolution 2013 年的数据显示，全球众筹融资产业规模已从 2009 年的不足 6 亿美元飙升至 2012 年的 27 亿美元，3 年内增长了 380%。

作为一种融资模式，众筹在国外可谓有着悠久的历史，但是与互联网相结合形成网络众筹融资平台却也是近几年的事情，故而其在国外这也是个新生事物，因此有一批文献主要对此新生事物进行介绍以及特征描述，也有大量文献针对某一特定角度建立数理模型或进行经验研究。

Ward 等（2010）分析了一个音乐融资平台 SellaBand 上客户的信息显示效应。Agrawal 等（2011）通过对 SellaBand 数据的进一步分析，得出了众筹融资平台的互联网形式弱化了对投资的空间约束的结论：捐款通常开始于近亲属和朋友，他们作为该项目的信号，吸引了更多投资者的关注并使空间距离的作用日趋减弱。Agrawal 等（2013）在之前工作的基础上，较为详尽地介绍了众筹融资的运行机制和发展态势，并从理论角度提出了众筹融资机制的设计思想，其研究路径是从激励分析过渡到市场失灵状态分析再进一步深入到机制设计。Rubinton（2011）将众筹模式看作是投资银行模式的演变，并通过数理模型来描述投资者与企业家的互动，还模拟分析了参数变化的影响。在理论研究方面，Belleflamme 等（2012）的建模工作也值得关注。该文指出：在众筹融资阶段，消费者可以预先订购产品或投资于未来的利润份额；在正规销售阶段，被成功资助的产品进入正规市场。第一阶段的产品价格是固定的，而第二阶段的产品则有一个新的价格。这是因为，生产者可能为了筹集足够的资本以推动项目而降低他的利润，并因此在第一阶段采取价格歧视的形式，以低价进行销售；然而，随着筹资规模达到市场规则界定的阈值，其会将产品价格提高。在实证研究方面，Mollick（2013）围绕一个 Kickstarter[①]项目搜集了各类数据进行分析，发现项目质量和个人网络与项目成功的概率密切相关，而地理位置则与项目成功与否关系较小。此外，该文还发现，生产者收集捐款后未用于预定项目的风险比较小，但生产商为筹集更多的资金会延迟产品的交付时间。

在国内研究方面，谢平等（2014）根据上述国外文献，以 Kickstarter 为例，

---

① 美国的 Kickstarter 公司主要通过网站为电影、音乐、舞台剧、漫画、电视游戏等项目募集公众资金。

全面分析了众筹融资的典型事实、激励机制、风险和市场设计，并探讨了众筹融资对社会福利、技术创新和金融风险等方面的影响。黄玲、周勤（2014）的实证研究发现，资金需求量较小的创意项目倾向于选择众筹模式；在运行过程中，有效的质量信号在满足投资人偏好类型条件下能够诱发投资激励，并通过众筹社区反馈渠道迅速传播，推动创意项目取得成功，反之则会失败。如此一来，便会形成有效的众筹自反馈效应。苗文龙、刘海二（2014）的理论模型显示，在众筹融资模式中，对于生产者来讲，可以帮助他们获得项目融资、降低资金成本，但也需要他们保持良好的声誉，披露项目信息，真正作出满足市场需求的创新；对于消费者而言，不仅可以使其投资范围不再受到限制，而且可以让他们根据自己对项目的判断，成为早期股东，但同时也需要他们承担项目失败的机会成本和回报降低的风险；对于平台来讲，不仅可以由此获取项目的成交费用，而且可以根据平台客户的需求，获得提供证实融资过程、监督项目执行、提供融资建议等服务的费用；故而，各方都希望能最大限度地提高项目成交比例，因而可以实现激励相容。

三、新的金融运营方式或产品

1. 网络银行

网络银行概念在 20 世纪 90 年代新经济大行其道时就已经流行开来。从广义上说，根据美联储的定义，网络银行是指利用互联网作为其产品、服务和信息的业务渠道，向其零售和公司客户提供服务的银行（FRS，2000）。从狭义上说，根据巴塞尔银行监管委员会的定义，网络银行是指那些通过电子通道，提供零售与小额产品和服务的银行。这些产品和服务包括：存贷、账户管理、金融顾问以及诸如电子货币等电子支付的产品与服务（BCBS，1998）。

早在这些权威定义出现之前，已有实证文献关注到了网络银行的积极作用，例如 Buzzacchi 等（1993）研究了银行营运中计算机的自动化程度、地区的经济发展程度、储蓄率、净资产回报率和营业利润率等因素对 ATM 等电子银行创新业务在意大利银行中扩散的影响。Jagtiani 等（1995）研究了从 1984 年 1 月至 1991 年 9 月金融创新的表外业务在美国大银行、地方银行以及小银行中的渗透过程，结果表明银行采用金融创新中的表外业务与资本金的要求没有关系，但却与新技术的发展密切相关。

在 21 世纪初，研究网络银行服务质量的文献日渐增多。Lee（2002）发现，经过多年的发展，网络在线银行服务已经与非网络在线银行服务一起，成为银行服务的两大主要渠道。根据金文姬、沈哲（2011）的梳理，网络银行比起支行、ATM、电话交易等金融交易方式，有着互动性强、与顾客的接触面广、可以确认较详细的信息、自动化条件完备、具备银行提供新型服务的无限能力及高效节省费用等方面的优点。Black 等（2002）提出，在银行服务中消费者和渠道间的相互作用非常重要，网络银行服务是由网络系统作为中心的物的因素和银行作为服务中心的人的因素构成的。前者需要高度先进技术的高新技术服务，后者则需要能感知人间烟火的高接触服务；当这两种因素随着顾客的需要有机地融为一体时，高品质的服务才会被创造出来。沿着这一思路，在有关网络服务质量的以往研究中，顾客与网络系统的相互作用因素被看作是网络服务质量的构成因素（Barnes 和 Vidgen，2001；Wolfinbarger 和 Gilly，2002；Zeithaml 等，2000）。在网络银行服务质量的文献调查中，也把可接近性、使用难易度、相互作用等与网络系统互动的服务质量看作是网络银行服务质量构成因素（Jayawardhena 和 Foley，2000；Joseph，1999；Jun 和 Cai，2003；Sathye，1999）。

在网络银行实践的基础上，国内学界也出现了较抽象的理论模型。李春燕（2006）将生物种群理论中的逻辑斯蒂模型引入了网络金融创新产品扩散的基本模型研究中，并在此基础上提出了曲线簇模型，用不同市场、不同金融创新产品的数据对此模型进行了计量检验。在 21 世纪初，已有中国学者（如谢平，2000；尹龙，2001）指出网络银行是 21 世纪银行业发展的主流趋势，随后几年内有大量关于网络金融的文献出现。李海峰（2013）通过一个系统化的研究框架，较全面地展现了互联网时代银行信贷业务模式的变迁脉络。谢媛（2014）阐述了网络银行及其风险，讨论了在传统银行监管模式下我国网络银行风险监管制度的现状及存在的问题，介绍了发达国家和地区以及国际权威组织在网络银行风险监管方面的制度实践和具体做法。

不过从以上文献梳理中可以看出，这些文献所讨论的网络金融主要是指在发达国家已经出现多年的，利用互联网作为其产品、服务和信息的业务渠道，向其零售和公司客户提供服务的银行。需要注意的是，我国当前许多电商申请的基于大数据的网络银行并不属于这一范畴，这些互联网企业大多已经拥有电子商务网络和第三方支付平台，这就使得网络银行如若设立，必然交织于电子商务、第三方支付、传统银行等复杂关系之中，产生拥有特殊竞争合作关系与潜在风险的金融生态系统（陈一稀等，2014）。关于这一类具有鲜明互联网金融特征的网络银行，我们在"新的与实体经济结合方式"这一小节中将作更为详细的梳理。

2. 网络保险与网络证券

首先，与网络银行一样，随着世纪之交"新经济"概念在全球的风行，网络保险也为很多研究者所关注。早在1999年，经济学家情报有限公司（EIU）的调查就显示，只有不到1/3的保险公司经理认可传统的保险销售模式，但2/3以上的保险公司经理则表示没有信心，并预计未来5年通过互联网销售的保险数额将会急速攀升。在2000年前后，受到国际环境的影响，国内讨论网络保险的文献也比较多，但主要都是一些描述性介绍和简单的对策分析。此后，美国、日本等国家还出现了完全通过互联网进行保险销售的公司。西方学术界对网络保险也不乏关注。受到新经济热潮退却的影响，Allen等（2002）认为，大多数保险合同是为客户量身定做的，因而表现出一定的差异性且保险客户一般都是交易中信息不充分的一方，因此大多数保险的销售还会以面对面的方式进行，以减少信息的不对称性，故而互联网对保险交易的冲击并不大。与此相似，Greenberg（2002）认为互联网只能作为传统的人对人保险销售模式的辅助工具。

根据刘澜飙等（2013）的国外文献综述，西方学者对于网络保险发展前景感到不乐观的原因大致包括三类：第一，保险是一种事件驱动型金融产品，而保险购买者在续保时几乎不会考虑初始保险条款的适用性；第二，网上购买保险首先需要非常详细地提供购买人的私人信息才可获知保险条款及保费，这无疑将大幅增加购买人的时间成本；第三，保险购买者并不愿意充当自己的保险代理人，当购买者面临多种选择时，选择的结果通常是不购买。

国内也出现了少量更为深入的研究网络保险的文献。张劲松（2007）将网络保险视为保险公司运用互联网的一种表现形式，主要是通过互联网提供信息、实现网上投保、完成保险产品与服务销售。进一步地，张劲松（2010）根据国际经验，将网络保险的主要模式分为三类：第一，保险公司提供网上保险服务；第二，专门公司经营的网上保险服务业务；第三，多家保险机构共建的网上保险业务。

其次，谢平等（2014）根据利用互联网深度的差异，将发达国家网络证券的模式分为了三类：纯粹网络证券经纪公司、综合型证券经纪公司、传统证券经纪公司。在较早的文献中，网络证券被认为是证券公司运用互联网网络资源传送交易信息和数据资料，并进行与证券交易相关活动的一种表现形式（张进等，2002）。

根据国外文献，有关网络证券的研究主要有以下两种类型：第一，研究 OpenIPO 拍卖机制①能否消除抑价发行。例如，Jones 和 Yeoman（2008）认为，网上拍卖机制的有效性与上市公司的行业属性有关，公众熟悉的零售业公司适合采用 OpenIPO，远离公众视野的某些行业的公司更适合传统机制。Hensel（2009）发现，网上拍卖机制尚未将抑价发行水平减小到最初设计的水平，选择网上 IPO 的企业发行规模相对较小，是否为技术公司以及成立时间对发行方式并没有显著影响。造成网上拍卖机制错误定价的主要原因，可能在于小投资者参与竞价。第二，研究二级市场电子交易的特点。例如，Sato 和 Hawkin（2001）发现，20 世纪 90 年代互联网等信息技术的创新开始引起金融市场的巨大变革；Shahrokhi（2008）指出，网络金融在降低成本、提高产品质量和拓宽金融服务可得性方面作用显著，互联网技术的变革为金融市场带来了全新的商业模式。

行文至此，需要指出，从网络银行、网络保险和网络证券的上述定义来看，这两类金融组织形式属于吴晓求（2014）所界定的"金融互联网"范畴，即传统机构运用互联网手段去创新金融工具、构建新的网络系统，与此同时，原有的运行结构和商业模式并没有相应地发生变化，互联网并没有成为其组织运行的依托平台。本书中着力描述的"互联网金融"则是以大数据为支撑、以互联网为平台构建的金融运行结构，在当前中国的现实情况中，尤指由非金融机构所提供的大数据金融服务。据此看来，以余额宝为代表的"货币市场基金+互联网支付"类型的金融产品之中蕴含了更多的互联网金融基因；随着余额宝类理财产品在中国的风行，这方面的研究文献也比较丰富，但多为描述性、介绍性文献。董昀（2014）综合这些文献的描述，将该类产品的创新性归纳为渠道创新，其创新点在于将网络支付机构的支付账户与基金公司的理财账户连通，实现了资金在银行活期存款与货币市场基金之间的便利转换，从而把货币市场基金投资与互联网支

---

① 成立于 1998 年的投资银行 WR Ham—brecht+ Co 首次将拍卖理论与网络技术融合，试图通过 OpenIPO 解决抑价发行问题。

付两大功能有效结合起来，开拓了货币市场基金的新销售渠道。与此同时，这类产品还运用网络支付机构的备付金账户结算功能实现了支付、存款、投资、货币四大功能的一体化。一笔钱放在余额宝里，既能用于投资生息，同时又随时可用于购物和支付。

四、新的支付手段与模式

互联网信息技术的发展，不仅带来了以 PC 互联网和移动互联网支付为代表的支付工具创新，也带来了非银行支付组织和支付清算模式的变革。从模式角度来看，第三方支付所主导的互联网支付创新则更加受到各界关注，也是更加积极的新支付技术运用者。因此，为了集中研究主线，我们在讨论互联网对于支付清算的影响时，更多是从第三方支付组织所推动的互联网支付创新入手，尤其重视在移动支付领域的快速变革。

1. 移动支付与移动金融

国外对于移动金融的研究焦点大多集中在较落后国家的移动金融实践，例如 Ivatury 和 Mas（2008）对欠发达国家移动金融的发展现状及特征进行了总结，并且展望了其未来的发展；Tarazi 和 Breloff（2010）比较了传统银行模式和移动金融模式；Mas 和 Ng'weno（2010）探讨了 M-PESA 如何在肯尼亚取得成功，他们认为其中三个关键因素是：品牌策略、渠道管理和定价；Mas 和 Radcliffe（2011）对 M-PESA 以及其在肯尼亚的发展作了详细介绍，并对未来发展作出了展望。

此外，国外学者也从多个角度对移动金融进行了研究。

第一，在技术层面进行探讨，如 Kalliola（2005）从技术角度分析了移动支付系统的设计要求；Chen、Woods、Curran 和 Doherty（2010）比较了 Windows Mobile 6.0，JAVA ME 以及 Google Android 三个主要的移动设备平台在发展移动金融方面的优劣势，认为最适合的是 Google Android。

第二，探讨手机银行业务对银行本身的影响，如 Dandapani、Karels 和 Lawrence（2008）通过 1999~2006 年数据回归分析了有无手机银行业务对运营费用、资产增长及资产回报率的影响。

第三，在手机银行为用户提供的价值以及用户对手机银行的接受方面的研究，如 Laforet 和 Li（2005）认为，影响移动金融发展的两大阻碍因素包括：市场对这一服务方式不熟悉，以及政府对私营企业和个人进入这一领域的限制；Laukkanen（2007）认为，移动金融的最初使用者通常是那些有着很好的教育背景、收入、职业以及具有长时间、高频率的网络银行使用经验的用户群体；Barati 和 Mohammadi（2009）提出了一个用于改进客户对手机银行接受度的模型，将影响接受度的因素加以考虑，形成一个改进模型。

第四，从支付层面对移动货币的探讨，如 Tarazi 和 Breloff（2010）对管理者如何降低非银行电子货币风险进行了探讨。

在国内，移动金融算不上是研究的热点，但仍有不少研究成果。一些研究主要关注移动支付，如陈华平和唐军（2006）通过问卷调查分析得出，社会影响、期望效用、风险认知对移动支付使用意愿有显著积极影响，而移动支付使用意愿对使用行为有显著积极影响；李凯、孙旭丽和严建援（2013）同样探讨了移动支付的使用意愿，不过他们不是从技术接受模型而是从交换理论的视角出发，来分析感知风险和感知利益在用户行为决策中的作用机理，发现感知利益主要受系统方便性的影响，而感知风险则主要受系统安全性的影响；杨水清、鲁耀斌和曹玉枝（2011）通过对支付宝用户的数据分析，发现用户的互联网支付信任显著影响其移动环境下的移动支付初始信任，而移动支付初始信任则通过提高感知相对优势和降低感知风险对用户使用意向施加了双重影响；张倩、李秀娟和夏芸（2013）则着重从全球和国内的角度分析了移动支付的关键技术（NFC 技术）的专利布局状况及知识产权风险。

另外一些研究则主要关注手机银行，如张纪（2006）认为手机银行存在技术风险、法律风险和信誉风险，并分别对其安全策略进行分析；谢滨、林轶君和郭迅华（2009）在问卷调查和访谈的基础上，通过结构方程模型（SEM）的构建分析，开发了手机银行用户采纳模型，发现有用性认知对手机银行的采纳行为有决定性影响，而风险因素则有负面影响；何光辉和杨咸月（2011）认为许多国家正有效利用手机银行渠道为众多无法享有正规金融服务的低收入群体获取金融服务，其中非银行主导模式对金融包容性发展的贡献更大，中国应借鉴国际经验，将重心转向促进农村金融的包容性发展。

还有一些学者从整体上研究移动金融，如史成路（2011）分析了我国移动金融的发展前景及发展重点，重点对移动金融的网络安全与法律保障方面所存在的问题进行了分析；刘以研和王胜今（2013）认为移动金融服务存在机动灵活、操作便捷以及安全可靠等特征，并且提出信息技术的变革、客户需求的变革和市场竞争及金融机构商业模式的变革是形成移动金融产业链的驱动因素。不过对我国移动金融介绍最为完整、翔实的当属李麟和钱峰（2012），他们从我国移动金融发展的外部环境、商业模式创新、客户定位创新、产品创新、渠道策略创新等方面进行了全面的介绍。但是诚如前文所讲，我国的移动金融虽然也已发展了许多年，但总体上看仍处于起步阶段，尤其是手机银行业务，基本上只是传统银行在移动终端上的业务延伸，算不上真正的互联网金融。不过仍有许多学者将其归入互联网金融之列（谢平等，2012），这主要是由于在国外许多国家，移动金融确实是互联网金融的重要分支，尤其是其能更好地促进普惠金融体系的发展。刘海二（2013）进一步指出，手机银行在提高金融包容性水平时的关键在于定价。考虑到金融包容和手机银行网络规模经济效应，其定价不宜太高，考虑到风险补偿，其定价也不宜太低。此外，手机银行作为一种金融创新，蕴含一定风险，需要监管部门进行合理监管。

2. 第三方支付模式

在上一小节关于移动金融的文献当中，已经包含了研究移动支付的若干代表性文献。在本节中，我们将不再对该领域的文献进行讨论，而是集中梳理研究以第三方支付为代表的零售支付的文献。国内对第三方支付的研究很多，主要集中在如下三个方面：

第一，性质界定，如宋仁杰和袁海威（2008）从暂留货款成为第三方支付性质界定的争论焦点入手，根据第三方支付的业务定位和商业银行法规定，认为第三方支付应定义为非银行金融机构；钟伟和顾弦（2010）则从第三方支付的服务创新出发，建议将第三方支付机构定位为从事"货币服务机构"的非存款性金融机构；任曙明、张静和赵立强（2013）则着重关注第三方支付产业的双边市场特征以及其他一些特有特征，如信用中介性等。

第二，安全监管，如巴曙松和杨彪（2012）在国际比较的基础上提出应从立法、分类、规范方面完善我国第三方支付监管，并且应建立相对灵活的备付金监管制度；黎四奇（2012）则基于买方市场、第三方支付行业自身的特点、技术与法律的关联等，提出要从实体与程序上标明第三方支付机构应对钓鱼欺诈事件的作为义务，同时需对相关法律进行适时创新；韩国红（2013）着重探讨了第三方支付的创新路径及其特征，他认为相应的监管政策也在随着其发展历程逐步地演进和完善，不过却难免具有滞后性；左力（2013）建立了一个"委托人—第三方支付机构—备付金存管银行"精炼贝叶斯博弈均衡分析框架，分析表明通过规定备付金实际所有人可以选择两家或以上银行作为主存管银行，可以增强主存管银行之间的制衡作用，减少委托人、机构以及监管银行之间信息不对称。

第三，市场环境，如谭润沾（2010）认为第三方支付机构通过近几年的发展，已对银行传统支付业务造成了很大冲击，随着利率市场化步伐的加快和银行业竞争的加剧，银行对非利息收入业务越来越看重；邱勋（2013）尤其分析了余额宝对商业银行在金融市场地位、银行活期存款、超短期理财产品和基金代销业务四个方面造成的影响，同时探讨了余额宝对商业银行在重视互联网"长尾效应"、挖掘互联网渠道的潜力和制定大数据经营战略方面的三点启示；容玲（2012）认为第三方支付市场是具有特殊性的双边市场，并且对第三方支付的规制应把封闭式平台和开放式平台区别对待；陈曲和林凯燊（2013）以支付宝为例，探讨了第三方支付企业的跨境发展，他认为其独特优势促进了跨境发展，但也容易出现交易不真实等现象。

此外，也有学者从经济学理论的层面上进行分析，如李二亮和朱琦伟（2006）分析了第三方支付系统中在途资金的独特性，由于支付流程的特殊性，与银行相比第三方支付系统中的在途资金不可避免；于卫国（2008）从第三方支付的业务模式、产业价值链、竞争状况和市场概况等方面，对各家支付公司的特点进行比较分析，认为第三方支付平台的发展既要遵循双边平台的一般规律，又要找到细分市场、提供创新业务模式；徐超（2013）重点考察了第三方支付工具的货币性以及第三方支付机构的信用创造机制，并认为这将使得第三方支付体系具有类银行化的宏观效应；姜奇平（2013）同样关注了其货币性，不过与其他人往往对其持有某种恐惧心理不同，他认为第三方支付形成的虚拟货币实际上是恢复了支付的信息功能。

国外很早便有与第三方支付有关的文献，但直接针对第三方支付进行的经验研究很少，更多地会去探讨诸如双边市场之类的理论问题。对双边市场的界定主要集中在两个方面。一是价格结构方面。Rochet 和 Tirole（2003）认为在平台向需求双方索要的价格总额不变情况下，任何参与方面临的价格变化都会对平台总需求和交易量有直接影响，平台市场是双边市场。二是交叉网络外部性方面。

Armstrong（2006）认为，当市场中存在通过平台连接的两组用户，一组用户加入平台的收益取决于另一组用户加入平台的规模时，平台市场是双边市场。双边市场的基本特征主要有以下三个方面：①具有交叉网络外部性；②具有价格非对称性，即当平台企业可以通过调整对双边用户的收费实现利润最大化时，平台企业对用户的定价不对称；③需求的互补性或相互依赖性，即双边用户同时对平台企业的产品有需求时，产品才有价值。

双边市场受到重视的一个原因在于其"赢者通吃"的性质（Rochet 和 Tirole，2003）。由于交叉网络的外部性，一个网络中一组用户数量的增多会增加另一组用户的效用水平，并且其效用水平呈几何倍数增长，因此大网络给用户带来的效用会远远高于小网络为用户带来的效用。这就造成新用户在选择网络时更易于选择规模较大的网络；同时，小网络中的用户很可能会逐渐向大网络转移，最终会形成"大者愈大，小者愈小"的结果。

国内文献中也已出现了根据平台经济理论分析第三方支付的文献。例如，程华（2014）认为我国第三方支付等行业的多边平台企业竞争表现出明显的双边市场特征，如不均衡的双边用户定价结构、集中度较高但不稳定的寡头垄断市场结构、企业间复杂的竞合关系等。蒋先玲等（2014）认为，在互联网金融兴起的背景下，我国第三方支付创新加速向资金配置等金融领域渗透，对其现行监管框架提出了挑战。

相形之下，对于依托第三方支付平台开展其他金融业务，则几乎不被国外经济学家们看作是个问题。诚然，PayPal 于 1998 年成立，1999 年便推出货币市场基金，但也并未产生像支付宝推出余额宝时的那种轩然大波，或许在国外的内生型金融环境中，这本来就是很自然的事情。

五、新的金融与商业实体结合方式

诸如阿里巴巴、京东、亚马逊、eBay 等电商平台为核心的互联网金融模式被认为是电商金融模式，即以电商平台为载体的互联网金融模式。这种模式是电子商务与金融结合的产物，联结着实体经济与金融。虽然许多新闻报道关注到了电商金融，但专门对其进行分析的文献还不多见。较有代表性的文献是黄海龙（2013），该文研究了电商金融的形成背景，分析参与电商金融的四个要素；从电商平台联结不同对象的角度，将电商金融分为消费者信贷和中小微企业贷款并对电商金融模式进行细化总结，探讨了电商金融的乘数效应和对金融脱媒的影响。陈一稀等（2013）研究了电商系网络银行在开户、资金来源、资金供给方面与第三方支付平台、传统商业银行间形成的独特关系，并提出了促进电商系网络银行健康发展的政策建议。

第四节　文献综述 II：互联网金融的产业与政策效应

金融体系包括如下基本构成要素：制度、机构、工具、市场和调控机制。互联网金融对金融与经济体系的巨大冲击主要体现在互联网对于金融制度、金融机构、金融工具、金融市场、金融监管和宏观调控机制产生的影响上。本节将分别梳理互联网金融的发展对金融市场与金融制度的影响、对金融监管的影响和对宏观经济运行与宏观经济政策的影响这三个方面的文献。

一、对金融市场与金融制度的影响

早在 20 世纪 90 年代，就有文献关注到网络金融的发展将对金融业的格局产生巨大的冲击效应。Economides（1993）从网络经济学的视角展开研究，发现金融交易网络具有明显的网络外部性：从正外部性来看，市场规模的扩大会引发流动性的大幅提高；从负外部性来看，随着市场规模的扩大，不同金融产品交易网络形成的均衡价格信息在市场竞争中可能被滥用，而互联网在金融业的普及则会显著降低金融业交易成本，拓展金融市场规模，将上述外部性放大。Mishkin 和 Strahan（1999）的研究则进一步证实，20 世纪 70 年代以来电子信息与通信技术的革新极大地降低了金融交易成本并克服了信息不对称问题，不但拓展了金融市场规模，金融支付系统的电子化和网络化还降低了居民对活期存款的投资需求，从而加速了金融脱媒。

随着信息及通信技术的发展，近些年国外学者越来越多地从宏观和中观视角关注 ICT（Information and Communication Technologies）对金融发展的促进作用。例如，Batiz-Lazo，Maixé-Altés 和 Thomes（2010）研究了 ICT 在零售金融发展中的作用，重点强调对商业实践和金融组织的作用，并进行了国际比较；

Andrianaivo 和 Kpodar（2011）用系统广义矩估计了 ICT 对金融的影响，及其对经济增长的影响；Sassi 和 Goaied（2013）使用 MENA 国家数据，利用动态面板模型证明了 ICT 与金融发展之间正相关。

从微观角度看，互联网技术的扩散对银行贷款的可得性造成了巨大影响。Mishkin 和 Straha（1999）、Allen 等（2002）发现，互联网技术的应用能够减少借贷双方的信息不对称程度，使得贷款者更容易获得贷款。但 Hancock 等（1999）却发现，科技进步使银行业表现出规模经济的特征，促使银行大量合并，并使竞争加剧，不利于中小企业等弱势群体获得贷款。Marquez（2002）对这一机制做了更为详尽的分析，该文指出，银行放贷过程中产生的信息是银行的一种资产，有助于银行对贷款者进行甄别。但竞争的增加使企业信息更加分散，具体会使一家银行拥有的信息减少，甄别能力下降。面对更多的低质贷款者，银行只能提高贷款利率，导致企业贷款成本上升。

不少国内学者也看到了互联网金融将对商业银行带来的影响。冯娟娟（2013）比较了商业银行和互联网企业各自的竞争优势，认为互联网企业的优势在于激增的用户群、海量的数据、强大的支付功能及便捷的操作，而商业银行的优势则在于资金实力、客户资源、风险控制体系及行业准入门槛；章连标和杨小渊（2013）则认为互联网金融将在支付、小微信贷和中间业务这三大领域对商业银行造成影响；叶冰（2013）更多是站在商业银行的角度来探讨如何应对互联网金融的冲击，认为商业银行应该立足风险控制这个核心竞争力，与互联网金融企业争夺信息，同时要积极与第三方支付、移动运营商竞争移动支付市场；邱冠华、李晗和黄春逢（2013）认为其颠覆不了传统银行，不过他们的局限在于仅仅依据国内外互联网金融发展的情况而得出判断；相反，金鳞（2013）则从金融功能的角度进行了分析，认为诸如现金业务、信用风险管理模式、保险精算等功能必将被替代和颠覆，支付体系和网点功能则将会被改造，出现功能上的转换，而理财咨询、投行业务等则不会被替代。

国外有关互联网技术对股票市场冲击的文献主要集中在市场结构的变化对金融市场的流动性、波动性、有效性的影响上。刘澜飙等（2013）对该领域文献进行了精练的归纳，主要结论包括：第一，电子交易在增加流动性供给的同时，也增加了流动性需求，而且后者还可能减少市场流动性并导致利差扩大；第二，电子交易可能导致价格的显著变化，增加市场的波动性；第三，电子交易作为稳定投机者，其对流动性的供给和需求使市场价格更加有效。当然，也有国内学者分析了互联网金融对证券业带来的影响。例如，龚映清（2013）指出互联网金融将改变证券行业价值实现方式，引发证券经纪和财富管理的"渠道革命"，弱化证券行业金融中介功能，重构资本市场投融资格局，从而加剧行业竞争。

还有文献从整体上评估了互联网金融对金融系统的影响。刘澜飚等（2013）发现，多数研究的结果表明，互联网金融对传统金融中介的替代作用较小，两者之间存在较大的融合空间。王国刚（2014）指出，互联网金融只是借助了互联网的渠道和技术所展开的金融活动，它非但不可能改变金融的实质和金融的各项核心功能，反而有利于使金融实质和金融功能借助互联网而变得更加突出和更加有效。皮天雷等（2014）发现，基于大数据和云计算的互联网金融模式具有支付便捷、交易成本低、资金配置高效等信息和渠道优势。这对中国以银行为主体的金融体系形成了全面而持续的强大冲击，进而改变了传统金融体系的价值创造和实现方式。郑联盛（2014）指出，互联网金融目前在各自业务领域的影响整体较小，对银行部门影响短期有限，长期可能较为深远，对金融体系整体的影响是综合性的，但目前极为有限。

二、对金融监管的影响

互联网金融蕴含的风险及其对金融监管的影响也是学者们关注的重点之一。郑重（2012）从技术、业务操作和法律方面探讨了互联网金融风险管理，同时从创新与监管、消费者权益与金融机构利益、分业监管与混业监管以及国内与国际方面探讨了风险管理的协调。张明（2013）指出互联网金融不仅面临传统金融产品所要面对的信用违约风险、期限错配风险和最后贷款人风险，还要面临一系列独特风险，诸如法律风险、个人信用信息被滥用的风险、信息不对称与信息透明度问题、技术风险，同时也增大了央行进行货币信贷调控的难度。张松、史经伟和雷鼎（2013）则着重关注互联网金融的操作风险，他们认为在互联网金融形势下，许多操作风险方面的新问题将会在不同领域中显露出来，如金融业信息化的操作风险、行业间的关联性风险以及消费者相关的风险等，对此则需进行有针对性的风险管理研究，分别采取相应的管理措施。谢平等（2014）讨论了互联网金融监管的必要性与核心原则，该文指出，应该以监管促发展，在一定的底线思维和监管红线下，鼓励互联网金融创新。对于互联网金融，金融风险和外部性等概念仍然适用，侵犯金融消费者权益的问题仍然存在。因此，审慎监管、行为监管、金融消费者保护等主要监管方式也都适用。

在国际经验借鉴方面，王达等（2013）从美国近年来的金融监管改革实践中发现，在互联网金融时代，传统金融机构以及新兴的互联网金融机构能够在更大的范围内开展混业经营活动，跨产业、跨机构以及跨产品的金融创新活动要求美国必须不断调整和改革金融监管框架，逐渐由机构型监管向功能型和混合型过渡。

另一类比较多的文献则是谈论 P2P 网络借贷的风险和监管。例如，李雪静（2013）着重考察了发达国家对 P2P 网络借贷的监管模式；吴晓光和曹一（2011）按照 P2P 网络借贷的流程逐步梳理了其中可能引发的风险并提出监管对策；苗晓宇（2012）从信用、市场、操作、流动性及政策等方面探讨了 P2P 网络借贷的风险，与之相似的研究还有王艳等（2009）；王继辉和李成（2011）认为由于网络借贷平台主体的资质问题以及网络环境的虚拟性，P2P 网络借贷存在洗钱的风险；冯果和蒋莎莎（2013）指出由于缺乏法律规范，P2P 网络借贷平台在中国发生异化，逐渐转变为类金融机构，因此必须尽快制定监管制度。

另外，关于第三方支付监管方面的文献，我们在上一节讨论"新的支付手段与模式"时已经做过归纳，在本节不再赘述。

三、对宏观经济运行与宏观经济政策的影响

关于电子货币对货币政策的影响，国际清算银行（BIS）发表了一系列文章进行研判，早在 1996 年 BIS 就提到电子货币会对货币政策造成冲击。BIS（2001）认为电子货币可能会影响到中央银行的货币政策，如影响央行控制的利率和主要市场利率的联系。BIS（2004）的调查发现，虽然在一段时间内预计电子货币不会对货币政策产生重大影响，但调查中的中央银行都开始密切关注电子货币的发展。BIS（2012）认为非银行机构发行的电子货币对中央银行的货币控制有一定影响，如影响短期利率水平等变量，但央行可以运用多种方式来保持电子货币与央行货币的紧密联系，从而控制短期利率水平。欧洲央行（ECB，2012）发布的题为《虚拟货币架构》的报告提出的观点与 BIS（2012）类似——如果虚拟货币的货币创造（Money Creation）继续处于一个较低的水平，就不足以对总体价格稳定构成威胁。

谢平（2012）从一种宏观的角度对互联网金融的影响力进行了深入的探讨，认为互联网金融模式能通过提高资源配置效率、降低交易成本来促进经济增长。谢平等（2013）进一步分析了移动支付的发展对货币政策的冲击效应，该文认为，随着移动支付和电子货币网络规模效应的凸显，移动支付的低交易成本优势得到了充分发挥，从而减少了人们对现金货币的需求，改变了货币需求的形式。同时，中央银行和利润最大化的企业并行发行货币，将会冲击货币供给。货币需求形式的改变和电子货币的私人供给将会使得货币控制的有效性大大降低，这时需要中央银行发明新的货币政策工具来应对这一冲击。赵阳等（2014）从经济增长与宏观稳定两个方面，较全面地基于国外主流经济学理论传统评估了互联网金融对宏观经济的影响。研究发现，互联网金融通过提高资金配置效率、提升金融系统基本功能来促进经济增长，同时，互联网金融也会通过创新对宏观经济带来新的风险。国外的实证研究也支持"发展互联网金融有助于经济增长"这一论断，例如前文所提及的 Andrianaivo 和 Kpodar（2011），就利用了 1988~2007 年的数据，分析了非洲国家手机发展对经济增长的影响。结果表明，手机的发展促进了金融普惠程度的提高，降低了金融资源的获取成本，从而促进了经济增长。

曾刚（2012）基于货币金融理论的视角分析了互联网金融的特点，认为互联网金融较传统金融更有效率，与传统金融有很大的融合空间，但会削弱政府宏观调控能力，被认可与接受需要一个过程。肖大勇和胡晓鹏（2014）关注了互联网金融体系的信用创造机制，他们认为现有互联网金融体系已经能够在传统银行体系之外，通过拉长信用链条和多次证券化实现倍数化信用创造，从而给现有的货币政策调控带来新的挑战。与之相反，刘澜飙等（2013）认为，各国中央银行的地位与制定货币政策的能力不会受到互联网金融发展的影响，即使在电子货币完全取代传统货币等极端状况下，中央银行只需调整其实施货币政策的方式及货币政策的传导载体，便可继续影响宏观经济的运行。

有关电子货币对货币体系和货币政策的冲击的其余国内外重要文献，董昀、辛超（2013）做了较全面的总结归纳，在此不再进行详细讨论。

第五节　结语：互联网金融的发展前景与理论含义

互联网金融正在持续地发展壮大，但它到底是会颠覆传统的金融体系，还是像曾经的互联网经济一样只是一个泡沫？在这一问题上，有关各方的看法有着巨大的差异。

最激进的看法来自谢平等（2012）。他认为互联网金融将在全球范围内带来三个趋势：第一，移动支付替代传统支付业务；第二，人人贷替代传统存贷款业务；第三，众筹融资替代传统证券业务。这意味着"第三种金融融资模式"基本上可以取代传统的间接融资和直接融资模式，我们把这种论调称为替代论。

与此相反，另一种观点则对互联网金融不以为然。这种观点认为互联网金融只是利用了较为先进的互联网技术，实际上做的事情与传统金融没有根本差异，其只是在金融抑制的环境下进行监管套利。相比于金融领域的专业性来讲，这种互联网技术更容易被推广，随着传统金融的积极应对，最终的结果是促进了传统金融机构的发展，所谓的互联网金融必定只是昙花一现（如殷剑峰，2014；戴险峰，2014）。持这种观点的研究者往往以国际经验为例，指出历次互联网信息技术的改进均未能对金融行业造成颠覆性冲击，本次互联网金融的兴起同样也不会对传统金融行业带来本质性的影响。这种观点把互联网金融看作是将一种新的互联网技术工具引入金融行业，虽然初始阶段可以掀起些许波澜，但终究不会给金融行业的运行带来本质的改变，我们将这种观点称为工具论。

当然，并非所有持工具论观点的研究者都与上述学者的观点近似。汪炜（2013）同样认为互联网金融的本质只是信息技术的改进，但他认为如果金融业能够有效处理和利用大数据中包含的海量前瞻性信息，则确实能引发一场真正意义上的金融技术革命。阎庆民（2013）也认为互联网金融深刻地改变着金融业态，传统金融机构可以利用互联网金融形成新的营销渠道、新的业务整合平台和新的产品服务开发基地。孙明春（2014）则指出，互联网金融不能实现"去中介化"的目标，也没有改变金融的本质，互联网金融企业所推出的产品和采用的商业模式完全可以被传统金融机构学习和利用，但是由于"赢者通吃"的网络效应的存在，未来金融行业的格局仍然会发生改变，即便传统金融企业掌握了这种技术，它们也不一定可以重新收复失地。

另一种论调则略显折中，我们称其为融合论。持这种论调者通常是在比较互联网金融企业与银行等传统金融机构各自优劣势的基础上提出自己的看法。吴晓求（2014）指出，互联网金融将对传统金融业态（特别是银行）带来严峻的挑战，这些挑战有的是带有颠覆性的、此消彼长式的竞争，具有替代性趋势；有的是彼岸相望促进式的竞争，彼此难以替代。他认为互联网金融在支付功能、风险识别、标准化金融产品销售等方面具有优势，而传统金融在个性化服务、专业性、资金实力等方面也有自身的特点；相互竞争后，新的金融业态可能分工更加明确、个性更加突出、结构更加多元、效率进一步提高。金鳞（2013）也从金融功能的角度进行了分析，认为诸如现金业务、信用风险管理模式、保险精算等功能必将被互联网金融颠覆和替代，支付体系和网点功能则将会被改造，出现功能上的转换，而理财咨询、投行业务等则不会被替代。他尤为强调的是金融机构与互联网企业各自的跨界实践将会越来越多，但双方却又不可能扩张至对方的绝对优势领域。邱冠华等（2013）也在比较传统银行与互联网金融之间的优劣势的基础上对未来进行了展望，他们的结论是，从银行各项业务来看，通道业务未来将以（传统银行与互联网金融）竞争为主合作为次，融资业务将以合作为主竞争为次，投资业务在竞争与合作上兼而有之，而综合业务未来的竞争将会更加白热化。杨涛（2014）认为，与欧美相比，我们国家的互联网金融确实能走出自己的一些特色，成为金融体系的重要补充，但是要避免各种夸大和扭曲。[①]

大体上，笔者也支持折中的观点，不过我们更倾向于从金融功能改进的角度来考虑互联网金融的未来。十八届三中全会《中共中央关于深化改革若干重大问题的决定》将金融改革置于提高资源配置效率的总题目之下，力图提高资源配置效率，使得金融更好地为实体经济服务（李扬，2014）。而根据以上的文献梳理，我们发现互联网金融的发展和创新恰好能够对完善金融市场体系、发展普惠金融、丰富金融市场层次和产品、提高资源配置效率起到积极的作用。当然，这些功能的实现都需要以逐步放松管制、鼓励金融创新为前提。因此，无论是从效率

---

① 杨涛：《互联网金融的中国元素辨析》，2014 中国（武汉）互联网金融高峰论坛，2014 年 10 月 24 日。

考虑还是从安全考虑，从长期来看，促进市场发展和鼓励创新必然是金融改革的目标。互联网金融的出现正好有助于倒逼金融管制逐步取消，推动构建一个更为高效、更加鼓励创新的市场。到那时，谁冲击谁便不再那么引人注目，因为无论是现有的金融机构，还是希冀进入金融业的互联网企业，谁都可以在统一的金融监管原则和框架下实施公平有序的竞争，而不必借着炒作概念去要政策。从这个意义上来看，中国的金融体系确实需要互联网金融这个"搅局者"。

进一步地从理论研究角度看，张晓朴等（2014）已经观察到，互联网金融作为一种新兴的金融业态和业务模式，正在对金融理论发展产生渐强的驱动力。它不仅深化了我们对传统金融理论中信息不对称、货币属性、支付体系等重要范畴的理解，也在不断扩展传统金融理论的边界，甚至可能在金融功能理论、金融发展理论和普惠金融理论等领域催生新的金融理论。

总而言之，互联网金融的脱颖而出反映了中国经济体制的过渡性特征，互联网金融文献的急速膨胀反映了这一领域金融创新之迅速和体制转轨之剧烈。继续观察今后中国互联网金融的发展路径、追踪国内外相关文献，将有助于经济理论工作者深入了解中国经济体制转轨的基本特点，并借此比较中西金融体制改革的差别，提炼若干具有中国特色的转轨经济学和货币金融理论要素，为创建中国经济学理论体系提供基本事实、基本概念、基本假设等方面的基础性条件。

参考文献

巴曙松、杨彪：《第三方支付国际监管研究及借鉴》，《财政研究》，2012 年第 4 期。

巴曙松、谌鹏：《互动与融合：互联网金融时代的竞争新格局》，《中国农村金融》，2012 年第 24 期。

贝多广等：《补充性货币的理论、最新发展及对法定货币的挑战》，《经济学动态》，2013 年第 9 期。

波士顿咨询公司：《互联网金融生态系统 2020——新动力、新格局、新战略》，2014 年。

曹红辉：《中国电子支付发展研究》，经济管理出版社，2008 年。

陈文等：《网络借贷与中小企业融资》，经济管理出版社，2014 年。

陈一稀等：《电商系网络银行的金融生态问题探析》，《上海金融》，2014 年第 4 期。

程华：《互联网金融的双边市场竞争及其监管体系催生》，《改革》，2014 年第 7 期。

狄卫平、梁洪泽：《网络金融研究》，《金融研究》，2000 年第 11 期。

第一财经新金融研究中心：《中国 P2P 网贷服务行业白皮书(2013)》，中国经济出版社，

2013 年。

董昀：《理解互联网金融》，中国社会科学院经济学部工作论文，2014 年。

董昀等：《后危机时代的货币理论与货币政策——"金融危机与货币政策"学术研讨会综述》，《金融评论》，2012 年第 4 期。

董昀、辛超：《现代支付清算体系若干专题文献综述》，载于《中国支付清算发展报告2013》，社会科学文献出版社，2013 年。

郭弈：《P2P 网络借贷市场的融资成本与融资可获得性研究》，西南财经大学硕士学位论文，2011 年。

何光辉、杨咸月：《手机银行模式与监管：金融包容与中国的战略转移》，《财贸经济》，2011 年第 4 期。

黄海龙：《基于以电商平台为核心的互联网金融模式研究》，《上海金融》，2013 年第 8 期。

黄玲、周勤：《创意众筹的异质性融资激励与自反馈机制设计研究》，《中国工业经济》，2014 年第 7 期。

霍学文：《关于云金融的思考》，《经济学动态》，2013 年第 6 期。

贾丽平：《比特币的理论、实践与影响》，《国际金融研究》，2013 年第 12 期。

姜奇平：《把握支付的基因变异——解析互联网金融的 DNA》，《互联网周刊》，2013 年 5 月 5 日。

蒋先玲等：《第三方支付态势与监管》，《改革》，2014 年第 6 期。

金鳞：《互联网改变金融》，《东方证券行业研究报告》，2013 年。

金文姬、沈哲：《中国网络银行服务的五维度分析》，《金融评论》，2011 年第 6 期。

李博、董亮：《互联网金融的模式与发展》，《中国金融》，2013 年第 10 期。

李春燕：《网络金融产品扩散的曲线簇模型研究》，《财经研究》，2006年第 6 期。

李东荣：《我国电子现金发展相关问题研究》，《金融研究》，2014 年第 3 期。

李海峰：《网络融资：互联网经济下的新金融》，中国金融出版社，2013 年。

李文佳：《基于 P2P 借贷网站的借贷行为影响因素分析》，对外经济贸易大学硕士学位论文，2011 年。

李鑫：《从金融功能视角看互联网金融》，中国社科院金融所支付清算研究中心内部工作论文，2014 年。

李扬：《完善金融的资源配置功能——十八届三中全会中的金融改革议题》，《经济研究》，2014 年第 1 期。

李扬等：《中国普惠金融实践报告》，《哈佛商业评论》特刊，2013年。

李悦雷等：《中国 P2P 小额贷款市场借贷成功率影响因素分析》，《金融研究》，2013 年第 7 期。

刘澜飚等：《互联网金融发展及其对传统金融模式的影响探讨》，《经济学动态》，2013 年第 8 期。

刘海二：《全球手机银行的现状、模式、监管与金融包容》，《上海金融》，2013 年第 9 期。

苗文龙、刘海二：《互联网众筹融资及其激励约束与风险管理》，《金融监管研究》，2014 年第 7 期。

［美］默顿、博迪：《金融学》，中国人民大学出版社，2000 年。

皮天雷等：《互联网金融：范畴、革新与展望》，《财经科学》，2014 年第 6 期。

祁明等：《虚拟货币：运行机制、交易体系与治理策略》，《中国工业经济》，2014 年第 4 期。

邱冠华、李晗、黄春逢：《互联网金融：颠覆不了传统银行》，《国泰君安证券行业研究报告》，2013 年。

［英］舍恩伯格、库克耶：《大数据时代》，浙江人民出版社，2013年。

王达、项卫星：《论国际金融监管的最新进展》，《世界经济研究》，2013 年第 1 期。

王国刚：《从互联网金融看我国金融改革新趋势》，《红旗文稿》，2014 年第 8 期。

王会娟、廖理：《中国 P2P 网络借贷平台信用认证机制研究》，《中国工业经济》，2014 年第 4 期。

吴洪等：《疯狂的数字化货币——比特币的性质与启示》，《北京邮电大学学报》（社会科学版），2013 年第 3 期。

吴晓求：《中国金融的深度变革与互联网金融》，《财贸经济》，2014 年第 1 期。

谢平：《网络银行：21 世纪金融领域的一场革命》，《财经科学》，2000 年第 4 期。

谢平等：《互联网金融模式研究》，《金融研究》，2012 年第 12 期。

谢平等：《ICT、移动支付与电子货币》，《金融研究》，2013 年第 10 期。

谢平等：《互联网金融手册》，中国人民大学出版社，2014 年。

谢平等：《互联网金融监管的必要性与核心原则》，《国际金融研究》，2014 年第 8 期。

谢媛：《网络银行风险监管制度探析》，《上海金融》，2014 年第 5 期。

徐超：《第三方支付体系：兴起、宏观效应及国际监管》，《经济问题》，2013 年第 12 期。

杨涛：《冷眼看互联网金融热潮》，《银行家》，2014 年第 3 期。

杨晓晨等：《比特币：运行原理、典型特征与前景展望》，《金融评论》，2014 年第 1 期。

姚国章等：《比特币：潮起潮落背后的理性思考》，《南京邮电大学学报》（社会科学版），2014 年第 3 期。

殷剑峰：《"互联网金融"的神话与现实》，《上海证券报》，2014 年 4 月 22 日。

尹龙：《对我国网络银行发展与监管问题的研究》，《金融研究》，2001年第 1 期。

曾刚：《积极关注互联网金融的特点及发展——基于货币金融理论视角》，《银行家》，2012 年第 11 期。

张健华等：《利率市场化的全球经验》，机械工业出版社，2012 年。

张进等：《网络金融学》，北京大学出版社，2002 年。

张明：《警惕互联网金融行业的潜在风险》，《经济导刊》，2013 年第 9 期。

张松、史经伟、雷鼎：《互联网金融下的操作风险管理探究》，《新金融》，2013 年第 9 期。

张晓朴等：《互联网金融推动理论创新》，《新世纪周刊》，2014 年第 43 期。

赵阳等：《互联网金融对宏观经济的影响》，《财经科学》，2014 年第 8 期。

郑联盛：《中国互联网金融：模式、影响、本质与风险》，《国际经济评论》，2014 年第 5 期。

郑重：《互联网金融的风险管理与协调》，《金融时报》，2012 年 10 月 22 日。

中国人民银行货币政策分析小组：《中国货币政策执行报告（二〇一三年第二季度)》，中国人民银行网站，2013 年。

中国社会科学院金融研究所：《中国 P2P 网贷发展与评价》，2014 年。

钟伟、顾弦：《第三方支付的创新趋势与监管思路》，《中国金融》，2010 年第 12 期。

卓素燕：《P2P 网络借贷公司的市场发展困境及经营策略选择——以拍拍贷公司为例》，《管理现代化》，2013 年第 3 期。

Agrawal A., C. Catalini and A. Goldfarb, 2011, The Geography of Crowdfunding, NBER Working Paper No.16820.

Agrawal A., C. Catalini and A. Goldfarb, 2013, Goldfarb Catalinimics of Crowdfunding, NBER Working Paper No.19133.

Allen McAndrews and Strahan, 2002, E–finance: A Introduction, *Journal of Financial Services Research*, 22 (1–2): 130–141.

Armstrong M., 2004, *Competition in Two–Sided Markets*. Mimeo, University College London.

Andrianaivo and Kpodar, 2011, ICT, Financial Inclusion and Growth: Evidence from African Countries, IMF Working Paper 11/73.

Bachmann A., et al. 2011, Online Peer–to–Peer Lending: A Literature Review, *Journal of Internet Banking and Commerce*, Vol. 16, No.2, August.

Banks E., 2001, *E–Finance*: *The Electronic Revolution in Financial Services*, John Wiley & Sons.

Barber S., Boyen X., Shi E., et al. 2012, Bitter to Better—How to Make Bitcoin a Better Curency. Angelos D. Keromytis. Financial Cryptography and Data Security. Heidelberg: Springer–Verla.

Barati S. and S. Mohammadi, 2009, An Efficient Model to Improve Customer Acceptance of Mobile Banking, *World Congress on Engineering and Computer Science*, Vol.2.

Batiz–Lazo B., J. C. Maixé–Altés and P. Thomes, 2010, *Technological Innovation in Retail Finance*: *International Historical Perspectives*, Routledge, London.

Belleflamme P., Lambert A., SchwienbacheL Crowdfunding, 2010, Tapping the Right Crowd,

SSRN Scholarly Paper No. ID1578175, Social Science Research Network, Rochester, NY.

Berger S. and F. Gleisner, 2009, Emergence of Financial Intermediaries in Electronic Markets: The Case of Online P2P Lending, *BuR Business Research Journal*, Vol.2, No.1, May.

BIS, 1996, "Security of Digital Money, Bank of International Settlements", Working Paper.

BIS, 1996, "Implications for Central Banks of the Development of Digital Money", Working Paper.

BIS, 1998, Risk Management for Electronic Banking and Electronic Money Activities, Basle Committee On Banking Supervision, Working Paper.

BIS, 2004, "Survey of Developments in Electronic Money and Interact and Mobile Payments", Working Paper.

BIS, 2012, "Innovations in Retail Payments", Working Paper.

Black N., A. Lockett, C. Ennew, H. Winklhofer and S. McKechnie, 2002, "Modelling Consumer Choice of Distribution Channels: An Illustration from Financial Services", International Journal of Bank Marketing, 19: 161–173.

Chen L. F., D. Woods, K. Curran and J. Doherty, 2010, Mobile Development Environments for Electronic Finance, *International Journal of Electronic*, Vol.4, No.2.

Claessens S., G. Dobos, D. Klingebiel and L. Laeven, 2003, The Growing Importance of Networks in Finance and Its Effects on Competition. In J.D. Gaisford, W. A. Kerr, N. Perdikis (Eds.), *Innovations in Financial and Economic Networks*, Edward Elgar Publishing.

Collier B. and R. Hampshire, 2010, Sending Mixed Signals: Multilevel Reputation Effects in Peer–to–Peer Lending Markets. Proceedings of the 2010 ACM Conference on Computer Supported Cooperative Work, Pages 197–206.

Dandapani K., G.V. Karels and E. R. Lawrence, 2008, Internet Banking Services and Credit Union Performance, *Managerial Finance*, 34 (6): 437–446.

European Central Bank, 2012, Virtual Currency Schemes, European Central Bank.

Freedman S. and G. Z. Jin, 2011, Learning by Doing with Asymmetric Information: Evidence from Prosper.com, NBER Working Paper No. 16855, Issued in March.

Greenberg P. A., 2002, Online Insurance: Who Needs–It, *E–Commerce Time*.

Grinberg R., 2012, Bitcoin: An Innovative Alternative Distal Currency, *Hastings Science & Technologies Law Journal*, 4: 160.

Hancock D., D. B. Humphrey and J. A. Wilcox, 1999, Cost Reductions in Electronic Payments, *Journal of Banking Finance*, 23 (2): 391–421.

Hemer J., 2011, A Snapshot on Crowdfunding. Working papers Firms and Region, No. R2/2011.

Hensel N., 2009, An Empirical Analysis of the Efficiency of Online Auction IPO Processes and Traditional IPO Processes, *International Journal of Managerial Finance*, 5 (3): 268–310.

Hulme M. and C. Wright, 2006, Internet Based Social Lending: Past, Present and Future, *Social Futures Observatory*.

Ivatury G. and I. Mas, 2008, The Early Experience with Branchless Banking, *CGAP Focus Note*, No. 46, April.

Jacobs E., 2011, Bitcoin: A Bit Too Far? *Journal of Internet Banking and Commerce*, 16: 1–4.

Jones S. I. and J. C. Yeoman, 2008, Internet Auctions as a Means of Issuing Financial Securities: The Case of The Open IPO, *Managerial Finance*, 34 (2): 116–130.

Julapa Jagtiani, Anthony Saunders, Gregory Udell, 1995, The Effect of Bank Capital Require-Ments on Bank Off-Balance Sheet Financial Innovations, *Journal of Banking and Finance*, 19: 647–658.

Kalliola M., 2005, Mobile Payment. In S. Luukkainen (Eds.). Towards the Next Wave of Mobile Communication. TML-C19, Espoo.

Koppa V. and P. Sharma., 2013, Moral Hazard in Credit Markets: Evidence from Prosper.com, Working Paper.

Laforet S. and X. Y. Li, 2005, Consumers' Attitudes Towards Online and Mobile Banking in China, *International Journal of Bank Marketing*, 23 (5): 362–380.

Laukkanen T., 2007, Internet vs Mobile Banking: Comparing Customer Value Perceptions, *Business Process Management Journal*, Vol.13, Iss: 6: 788–797.

Luigi Buzzacchi, Massimo G. Colombo, Sergio Mariotti, 1995, Technological Regimes and Innovation in Services: The Case of the Italian Banking Industry, *Research Policy*, 24: 151–168.

Lee J., 2002, "A Key to Marketing Financial Services: The Right Mix of Products, Services, Channels and Customers", *Jounal of Service Marketing*, 16: 238–258.

Lin M., N. R. Prabhala and S.Viswanathan, 2009, Judging Bormwers by the Company They Keep: Social Networks and Adverse Selection in Online Peer-to-Peer Lending.

Marquez R., 2002, Competition, Adverse Selection, and Information Dispersion in the Banking Industry, Review of Financial Studies, 15 (3): 901–926.

Mas I. and A. Ng'weno, 2010, Three Keys to M-PESA's Success: Branding, Channel Management and Pricing, *Journal of Payments Strategy & Systems*, Vol. 4, No. 4, December.

Mas I. and D. Radcliffe, 2011, Mobile Payments Go Viral: M-PESA in Kenya, *Capco Institute's Journal of Financial Transformation*, No.32, 169, August.

Mishkin Frederic S. and Philip E. Strahan, 1999, "What Will Technology Do to the Financial

Structure?" In Robert Litan and Anthony Santomero, eds., *The Effect of Technology on the Financial Sector*. Brookings-Wharton Papers on Financial Services.

Mollick E., 2012, The Dynamics of Crowdfunding: Determinants of Success and Failure, SSRN Scholarly Paper No. ID 2088298, Social Science Research Network, Rochester, NY.

Nagurney A., K. Ke, 2003, Financial Networks with Electronic Transactions: Modelling, Analysis and Computations, *Quantitative Finance*, Vol. 3, Issue 2.

Nakamoto S., 2008, Bitcoin. A Peer-to-Peer Electronic Cash System. Consulte.

Pope G., J. R. Sydnor, 2011, What's in a Picture? Evidence of Discrimination from Prosper. com, *Journal of Human Resources*, 46 (1): 53-92, January.

Puro L., J. E. Teich, H. Wallenius and J. Wallenius, 2010, Borrower Decision Aid for People-to-People Lending, *Decision Support Systems*, Vol. 49, Issue 1, April, Pages 52-60.

Reid F., Harrigan M., 2013, An Analysis of Anonymity in the Bitcoin System. Ahshuler Y., Elovici Y., Armin B., et al. Security and Privacy in Social Networks, New York: Springer Science and Business Media.

Rochet J., J. Tirole, 2003, Platform Competition in Two-sided Markets, *Journal of European Economic Association*, 1: 990-1029.

Rubinton J., 2011, Crowdfunding: Disintermediated Investment Banking, Working Paper, Available at SSRN 1807204.

Sato S. and J. Hawkins, 2001, *Electronic Finance: An Overview of the Issues*, Bank for International Settlements Information, Press& Library Services CH-4002, Basel Switzerland.

Schumpeter Joseph A., 1942, Capitalism, *Socialism, and Democracy*. New York: Harper & Brothers.

Shahrokhi M., 2008, E-finance: Status, Innovations, Resources and Future Challenges, *Managerial Finance*, 34 (6): 365-398.

Shin D. H., 2008, Understanding Purchasing Behaviors in A Virtual Economy: Consumer Behavior Involving VirtualCurrency in Web 2.0 Communities, *Interacting with Computer* (4).

Tarazi M. and P. Breloff, 2010, Nonbank E-Money Issuers: Regulatory Approaches to Protecting Customer Funds. CGAP Focus Note, No.63, July.

Ward C. and V. Ramachandran, 2010, Crowdfunding the Next Hit: Microfunding Online Experience Goods.

Woo D. I. Gordon and V. Laralo, 2013, Bitcoim a First Assessment, FX and Rates, Research Report from Merrill Lynch, December.

Yermaek D., 2013, Is Bitcoin a Real Currency, NBER Working Paper, No.19747.

第三章

互联网金融的理论基础
分析

通过第二章的文献剖析，可以看到当前的互联网金融研究，还非常缺乏在基础理论层面的深入探讨。在本章，我们将通过一系列模型，对于互联网金融的市场结构、组织形态、功能转换及其同金融发展、金融创新的关系进行分析，从而为关于互联网发展趋势及其影响的进一步探讨提供基础性理论支撑。

第一节　现代信息技术及其对经济金融活动的影响

众所周知，互联网金融根植于现代信息技术的发展，而后者也是形成互联网金融技术与经济特征的主要因素。信息在金融乃至经济中都有着重要的含义，它不仅影响着市场结构，也影响着经济主体的行为与经济组织的形态。正是在这一意义上，互联网与金融的结合产生了不同于传统金融的新的金融形式、组织与工具。

从互联网金融的角度来看，现代信息技术提供的优势主要体现在两个方面，即信息传递效率与信息处理能力。通过信息的电子化，现代通信技术已经极大地提高了信息的传递效率，而互联网的出现使得信息传递更为便捷。与以往的信息传递方式相比，互联网信息传递模式的特点在于构建起了不特定主体之间信息交流的新渠道。在互联网上，人们不仅可以通过电子邮件与实时通信工具实现点对点的便捷交流，更为重要的是，人们可以将信息上传至网络，让他人能够方便地查阅和检索。尤其是在"Web 2.0"的概念出现之后，互联网更加强调用户从网络获取信息的同时，也成为信息的发布者，这使得互联网成为巨量信息的积累平台，这些信息处于"触手可得"的状态，因此不仅大大便利了人们的信息交流，也在很大程度上改变了人们获取与使用信息的方式。

互联网带来的另一个优势是强大的信息处理能力。这种信息处理能力不仅来自于作为互联网物理基础的电子计算机，而且来自于互联网的拓扑结构。在将数量巨大的计算机连接起来的同时，互联网也得以将庞大的信息处理任务分解为子任务，交给不同的计算机做并行处理，这就突破了单台计算机的技术局限。"云计算"与"大数据"就是这种信息处理模式的最好体现。与此同时，借助于其信息传递效率，互联网也有效地将经济与社会活动的主体——政府、企业、组织和个人——连接起来，使得他们成为信息处理网络的一部分，从而更进一步地提高了整个社会的信息处理能力。

上述信息技术优势直接影响着不同经济与金融活动的成本和收益，这其中最为直接的体现就是搜索成本。不同于完全市场模型，在现实世界中搜索活动经常是达成交易必不可少的前提。搜索成本的高低决定了市场主体能否找到自己的交易对象，因此也就影响着交易活动的密集程度和因此产生的社会剩余。除此之外，搜索成本还有竞争与市场结构上的含义。搜索成本越高，买家或卖家能够找到的潜在交易对象的数量就越少，这就使得它在交易条件的谈判中处于相对不利的位置。另外，如果搜索成本太高，企业就很难找到足够的交易对象或被对方找到，从而难以维持生存。在这种情况下，过高的搜索成本可能导致市场结构的高度集中甚至垄断。而互联网技术，尤其是搜索引擎的出现，则大大降低了市场中的搜索成本。正如我们在现实中所看到的，这种搜索成本下降的结果是金融活动的活跃程度明显提升，同时有更多的小微型企业、新型金融机构乃至个人参与到金融市场当中。

与信息成本密切相关的还有市场交易的匹配效率。不同类型的交易者，它们对于产品或交易条件的需求也可能存在着差异。例如，在金融市场中就有着不同风险和流动性偏好的交易者，能否使得这些不同类型的交易者找到与之相匹配的产品或交易对象，是衡量金融市场效率的重要指标。[1] 交易者与产品类型的有效匹配依赖于金融市场参与者对于产品特性与交易条件的清晰了解，而这又取决于信息传递成本。如果信息传递成本高昂而导致金融市场匹配效率低下，那就很容易出现两种后果：一是由于交易者选择了错误的产品类型或交易对象，从而导致福利损失；二是为了防范匹配错误的发生和保障大多数交易者能够获得相对满意的产品，市场变得"标准化"，只提供少数适用范围较宽的金融产品。与此相反，随着互联网带来信息传递成本的下降，金融产品、交易形式与市场主体都变得更为多样化与个性化，市场分工也得以深化。

除了产品与交易对象的搜索和匹配，交易的实施也是一个重要的经济过程，其中最为重要的一个部分就是支付。为交易提供支付清算支持是金融体系的一项基本功能，这其中的要素包括支付平台、手段与方式等，它们都与信息的传递和处理密切相关。在最为传统的支付方式，即现地现金支付的情形中，作为一般等价物的货币的价值，就取决于其接收者对于货币真实性、货币发行者信誉、货币在其他交易者当中的接受程度等信息的了解。在更为复杂的支付形式中，如基于票据、汇兑或远期信用进行的支付，涉及的信息就更多，如果没有相关的信息技术支持，很多支付方式将根本无法实施。因此，互联网金融的主要表现形式之一就是依托于互联网的多样化支付方式，它们大大降低了市场中的交易成本。

从搜索、匹配、交易等视角，我们可以看到互联网信息技术对于经济与金融活动的直接影响。但考虑到信息在经济与金融活动中无所不在的性质，尤其是金融体系的主要作用之一就是解决经济中的信息不对称问题，因此互联网信息技术对于金融的影响要更为深远。理解这一点的线索在于，从广义的视角来看，整个金融体系实际上是在不同的经济与社会成本之间进行权衡，以争取其组织形态和相关制度能够用最低的总体交易成本来实现其功能。[2] 互联网与金融结合的意义不仅在于降低了其总体的交易成本，还在于改变了其成本结构，因此金融体系必定要在结构与形态上作出改变，来适应这种新的成本权衡，这也就是互联网金融有可能成为一种专门金融形态的根本原因。

---

[1] 一个基于此观点的研究是 Tripier, Fabien, 2013, "A Search-Theoretic Approach to Efficient Financial Intermediation", University of Lille 1, Working Paper.

[2] 这一分析视角可见威廉姆森、奥利弗：《资本主义制度》，商务印书馆，2002 年。

第二节　互联网金融中的市场结构

互联网金融在市场结构上的直观效应就是市场的分散化。伴随着互联网金融的兴起，有大量新兴金融机构涌现出来，参与到金融市场的竞争当中。这些新兴金融机构通常规模较小，但是经营方式新颖灵活，给原有的传统金融机构带来了挑战。对于这一现象有两种普遍的解释。一种解释是互联网带来的信息成本下降，为新型金融机构，尤其是小型金融机构创造了生长空间。正如前面所阐述的，搜索成本的下降使得小型金融机构更容易获得客户和交易机会，因此提升了其竞争力。不过这一观点存在的一个问题是，互联网技术是公开的，它既可以为小型金融机构所采用，也可以被大型金融机构所采用。实际上，我们已经看到传统金融机构纷纷在积极引进互联网技术并将其应用到各项业务之中，而由此产生的信息优势可能使得这些金融机构进一步扩大其客户基础，将其延伸到以往被小型金融机构专有的"死角"，如小微企业贷款、普惠性金融等，从而侵蚀后者的市场基础。从这个角度来看，信息成本下降对于市场结构的效应是不确定的。

对于金融市场分散化的另一种解释则是市场进入成本的下降。互联网带来的信息传递与处理技术优势，使得金融机构不再像以往那样，需要高昂的设备投资和庞大的技术与营销队伍，这就大大降低了金融市场的进入成本，并因此导致了市场结构的分散化。这种解释更加符合传统产业组织理论的思路，但是它没有考虑信息技术对于市场开拓的影响。下面我们将基于简单的经济模型，对于上述两种因素的市场结构效应加以分析。

一、信息效率与进入成本的交互作用

我们首先基于 Salop 模型来分析信息效率与进入成本的交互作用。[1] 考虑一个周长为 1 的环形经济体，其中的消费者人数标准化为 1。在经济体中有多家金融

---

[1] 这一模型的原型可见 Salop, Steven, 1979, "Monopolistic Competition with Outside Goods", Bell *Journal of Economics*, 10: 141–156.

机构，它们提供相同的金融产品。每家金融机构的设立成本为 z，提供每单位金融产品的成本为 c。每个消费者至多购买 1 单位金融产品，其效用函数为：

$$u = V - a \cdot d - p$$

其中，V 为金融产品对于消费者的价值，d 为消费者与金融机构之间的距离，p 为产品价格，a 为大于零的参数。

对于我们的研究目的而言，上述模型设置中的关键假设是 d 的含义。它既可以代表消费者与金融机构之间的真实地理距离，也可以代表两者之间的信息距离。在前一种含义下，消费者离金融机构的距离越远，获得金融服务的成本（如交通费用）就越高，因此他们会选择离自己最近的金融机构来进行交易。在后一种含义下，d 反映了消费者与金融机构进行沟通的成本，如本地金融机构更了解当地文化与风俗情况，因此与本地居民的沟通成本更低，同等条件下，居民也更愿意选择本地金融机构获得金融服务。

现在我们考虑距离为 l_{ij} 的相邻金融机构 i 与 j，其产品价格分别为 p_i 与 p_j。则对于与金融机构 i 的距离为 d_i 的消费者，其购买两家金融机构的产品无差异的条件为：

$$a \cdot d_{i1} + p_i = a \cdot (l_{ij} - d_{i1}) + p_j$$

从而：

$$d_{i1} = \frac{l_{ij}}{2} + \frac{p_j - p_i}{2a} \tag{1}$$

同理，设金融机构 i 另一侧与其距离为 l_{ik} 的机构 k 的产品价格为 p_k，则其可覆盖的位于金融机构 i 与 k 之间的消费者数量为：

$$d_{i2} = \frac{l_{ik}}{2} + \frac{p_k - p_i}{2a} \tag{2}$$

同时，金融机构 i 的利润为：

$$\pi_i = (d_{ik} + d_{i2}) \cdot (p_i - c) - z$$

$$= \left(\frac{l_{ij} + l_{ik}}{2} + \frac{p_j + p_k - 2p_i}{2a} \right) \cdot (p_i - c) - z$$

给定相邻金融机构的位置和产品价格，金融机构 i 使自己利润最大化的定价一阶条件为：

$$\left(\frac{l_{ij} + l_{ik}}{2} + \frac{p_j + p_k - 2p_i}{2a} \right) - \frac{1}{a}(p_i - c) = 0 \tag{3}$$

在这里我们考虑经济中的对称均衡，即所有的金融机构都制定相同的价格，生产相同数量的产品，因此均匀分布在环形经济圈中：

$$l_{ij} = l_{ik} = l$$

$$p_j = p_k = p_i = p$$

于是由（3）式可以得到：

$$p - c = a \cdot l \tag{4}$$

同时，金融机构对市场的自由进入会使得所有机构的利润为零，也即：

$$l \cdot (p - c) - z = a \cdot l^2 - z = 0$$

从而：

$$l = \left(\frac{z}{a} \right)^{\frac{1}{2}} \tag{5}$$

将（5）式代入（4）式，经济中的金融机构数量即为：

$$n = \frac{1}{l} = \left(\frac{a}{z} \right)^{\frac{1}{2}} \tag{6}$$

从（6）式可以看到，经济中的金融机构数量同时取决于信息传递效率和金融市场的进入成本。在当前这个简单的模型中，信息传递效率和市场进入成本变化对于金融机构数量的影响是相反的，其总体效应恰好对应于它们的比值。也就是说，如果信息传递损失的降低比例大于市场进入成本的降低比例，那么金融机构的数量将会减少；反之，则金融机构的数量将会上升。

这个结论中令人迷惑的一点是，信息传递效率改善不会导致金融市场的分散化，反而会使得市场结构更为集中。它的原因在于模型中金融产品的总量是固定的，不随信息传递效率或市场进入成本而改变。也就是说，无论在何种情况下，每个消费者都购买1单位的金融产品，只是获得的总效用会由于产品价格和距离导致的成本而变化。在这种情况下，信息传递效率的提高（例如网上业务的开展使得消费者不必再跑远路去实体机构获取金融服务，或者金融机构的交互式服务使得外地消费者也能准确了解其产品特性和交易流程）只会扩大每家金融机构的服务覆盖面（消费者数量），这就使得提供同样数量金融产品所需的金融机构数量减少了。

这一观念有某种程度上的启发意义：如果对于金融服务的总体需要没有太大变化，那么技术效率上升只会减少金融机构的数量，因而短期内激增的各类金融机构可能更具"泡沫"性质，会在长期上消逝。不过，这种模型设定忽视了信息技术进步对于金融需求的促进作用，因而可能无法全面地反映其对于金融市场结构的影响。下面我们将更具体地分析信息传递效率提高在金融需求方面的效应。

二、信息技术进步与金融深化

实证研究显示，包括互联网在内的信息技术进步会带来金融深化与经济增长，[①] 这种金融深化应该在金融市场结构中得到体现。在本节的模型中，我们着重考虑金融服务之间的互补性及其对于金融业效率和需求的影响，为此我们采用如下形式的金融部门生产函数：

$$S = \left(\int_0^n \lambda_i \cdot x_i^\sigma di \right)^{\frac{1}{\sigma}}, \ 0 < \sigma < 1, \ 0 < \lambda_i < 1$$

它可以看作由各种各样的金融服务所构成的金融服务"包"，反映了金融体系作为一个整体在经济中所发挥的作用。其中，x_i 是第 i 种金融服务，其总种类数为 n。出于数学处理便利性上的考虑，我们假设金融服务的种类是连续的，即为正实数。某个类别的金融服务 x_i 本身由一种平均成本递减的技术生产：它首先要求 z 单位的固定投资，之后每生产 1 单位的 x_i 需要边际成本 c。在这里我们不妨想象存在一批金融服务的打包商，他们将各类金融服务 x_i "组装"为可供其他经济部门使用的金融服务包 S，而上式则是打包过程的生产函数。从 S 的生产函数可以看出，金融服务具有多样化的分工效应，即通过扩展金融服务的种类可以缓解其边际效用的递减，但是由于金融服务生产中固定成本的存在，限制了金融服务种类无限扩张的趋势。λ_i 是金融服务在生产 S 过程中的实际效能系数，它在很大程度上取决于信息传递效率。

经济对于金融服务的总体需求为：

$$D(P_S) = P_S^{-\alpha}, \ \alpha > 1$$

其中，P_S 为金融服务的总体价格水平。显然，对金融服务的需求与其价格负相关，同时我们对 α 的参数值设定意味着经济对金融服务的需求弹性大于 1，即

---

① 如 Darrat Ali F. and Saif S. Al-Sowaidi, 2010, "Information Technology, Financial Deepening and Economic Growth: Some Evidence from a Fast Growing", *Journal of Economics and International Finance*, 2: 28-35 和 Yoo, Seung-Hoon, 2003, "Does Information Technology Contribute to Economic Growth in Developing Countries? A Cross-Country Analysis", *Applied Economics Letters*, 10: 679-682.

金融服务价格的变动会引起更大幅度的需求变动。这种设定在一定程度上反映了金融服务的"奢侈品"特征，即对于它的需求是在对于实体经济部门产品的基本需求得到满足之后产生的，因此它对于价格更为敏感。

令 p_i 为第 i 类金融服务的价格，利用利润最大化的一阶条件有：

$$\frac{\partial S}{\partial x_i} = \frac{p_i}{P_S}$$

展开即：

$$\lambda_i \cdot \left(\int_0^n \lambda_i \cdot x_i^\sigma di \right)^{\frac{1}{\sigma} - 1} \cdot x_i^{\sigma - 1} = \frac{p_i}{P_S} \tag{7}$$

由于金融服务的种类很多，单个金融机构对总体市场的影响可以忽略，$\left(\int_0^n \lambda_i \cdot x_i^\sigma di \right)^{\frac{1}{\sigma} - 1}$ 和 P_S 对于其可以被看作是给定的，从而金融服务打包商对第 i 类金融服务的需求弹性即为 $\frac{1}{\sigma - 1}$，它仅与不同种类金融服务之间的替代弹性有关，加之各类金融服务的成本结构相同，因此它们的产量和价格也是相同的。

利用各类金融服务的对称性，我们可以得到：

$$S = \left(\int_0^n \lambda_i \cdot x_i^\sigma di \right)^{\frac{1}{\sigma}} = (\lambda \cdot n)^{\frac{1}{\sigma}} \cdot x_i \tag{8}$$

也就是说，对于给定总量的金融服务，其种类越多，金融服务包的效能也就越高。与此同时，金融服务包 S 的价格为：

$$P_S = \frac{\int_0^n p_i \cdot x_i di}{\left(\int_0^n \lambda_i \cdot x_i^\sigma di \right)^{\frac{1}{\sigma}}} = n^{\frac{\sigma - 1}{\sigma}} \cdot \lambda^{-\frac{1}{\sigma}} \cdot p_i$$

即金融服务包的平均价格随着金融服务种类的增加而递减，它从另一个方面体现了金融部门的分工收益。

对于提供第 i 类金融服务的金融机构，其利润为：

$$x_i \cdot (p_i - c) - z$$

其利润最大化的一阶条件是：

$$p_i = \frac{c}{\frac{1}{\varepsilon} + 1}$$

其中，ε 为 x_i 的需求弹性。将 $\varepsilon = \dfrac{1}{\sigma - 1}$ 代入上式即得：

$$p_i = \frac{c}{\sigma}$$

从而：

$$P_S = n^{\frac{\sigma-1}{\sigma}} \cdot \lambda^{-\frac{1}{\sigma}} \cdot \frac{c}{\sigma} \tag{9}$$

同时，在均衡状态下，金融市场的自由进入将使金融机构的利润为 0，从而：

$$x_i = \frac{\sigma}{1-\sigma} \cdot c \cdot z \tag{10}$$

于是根据（8）式，我们有：

$$S = (\lambda \cdot n)^{\frac{1}{\sigma}} \cdot \frac{\sigma}{1-\sigma} \cdot c \cdot z \tag{11}$$

而经济对于金融服务的需求为：

$$D(P_S) = n^{-\alpha \cdot \frac{\sigma-1}{\sigma}} \cdot \lambda^{\frac{\alpha}{\sigma}} \cdot \left(\frac{c}{\sigma}\right)^{-\alpha} \tag{12}$$

综合（11）式和（12）式，我们可以得到：

$$n^{(1-\alpha)\cdot\frac{1}{\sigma}+\alpha} \cdot \frac{\sigma^{1-\alpha}}{1-\sigma} \cdot \lambda^{\frac{1-\alpha}{\sigma}} \cdot c^{1+\alpha} \cdot z = 1 \tag{13}$$

从（13）式我们可以清楚地看到，金融机构的数量 n 与金融服务的效能系数 λ 正相关，与生产金融服务的固定投入及边际成本负相关。因此，如果互联网通过信息传递效率的提升而提高了金融服务的效能，并且降低了金融市场的进入成本，那么金融市场中的机构数量就会上升，市场结构也会更为分散化。

在这个模型中，信息传递效率的提高之所以会增加金融机构的数量，其根本原因在于技术效率的提高降低了金融服务的相对价格水平，从而提高了实体经济对金融的需求。并且，相应的金融供给上升并不表现在每个金融机构的产出扩张上面（考虑到零利润条件，给定固定投入和边际成本，每个金融机构的产出是不变的），而是体现为市场中金融机构和金融产品种类的增加，这是金融深化的具体表现。互联网为更多的金融机构和金融形式创造了舞台，使得实体经济能够享有更多类型的金融服务，这也是其对于经济增长的重要意义。

第三节 互联网金融与经济组织形态的变化

互联网金融在其组织形态上也有自己的特色，这其中最为突出的两点就是"去中介化"和新型的产融结合。前者的典型例子有 P2P 网络借贷、众筹融资等，后者则反映在电商纷纷涉足金融领域上。从经济学的角度来看，金融组织形态是平衡信息、激励、技术等种种因素以使得运行的交易费用最小化的结果，因此，考察互联网金融的组织形态特征，其着眼点也在于互联网给上述因素所带来的变化。

一、搜索成本与"去中介化"

互联网金融的"去中介化"是争论激烈的一个话题。有观点认为，P2P 网络借贷、众筹融资等互联网金融形式的出现，意味着金融交易正抛开金融中介，在资金供需双方之间直接展开，因此互联网金融的崛起将推动金融体系的"脱媒"和"去中介化"。[1] 在许多关于互联网对金融市场影响的研究中，也将"去中介化"作为重要的主题。[2]

在理论上，金融中介之所以能够存在并且在经济中发挥重要作用，原因在于规模经济和信息不对称。金融服务的生产有典型的规模经济性质，即需要较大的固定投入，而提供服务的边际成本相对较小。在这种成本结构下，由专门的金融中介来提供金融服务可以更为经济。与此同时，金融中介在处理金融领域的信息不对称上具有专业化优势，因此通过金融中介进行交易可以降低由于信息不对称导致的逆向选择和道德风险，总体成本相对更低。

认为网络金融"去中介化"的主要理由是，基于其强大的信息搜索与传输能力，互联网可以极大地降低金融交易双方之间的信息不对称，因此使得传统的金

---

[1] 谢平、邹传伟：《互联网金融模式研究》，《金融研究》，2012 年第 12 期。

[2] 如 Clemons Eric K. and Lorin M. Hitt, 2000, "The Internet and the Future of Financial Services: Transparency, Differential Pricing and Disintermediation", Working Paper, The Wharton School, University of Pennsylvania.

融中介不再必要。不过，仔细对这种观点进行分析则会发现，互联网降低信息不对称能力最为显著的领域，是那些信息已经存在并可获得和处理的情形，如投资项目的类型、融资者的信用记录和交易模式等，但如果交易者不对相关信息做任何披露，那么互联网的信息优势就难以得到发挥。还需要指出的是，信息的获得与利用是截然不同的两个过程。对于那些具有高度专业性的信息，外行即使能够获得，也很难了解其含义。因此，互联网降低信息不对称的能力是有限的，并且对于不同类型的信息存在很大差异。如果笼统地认为互联网可以解决金融领域的信息不对称问题并从而取代金融中介，就显得过于武断了。

不过在互联网金融中确实存在着不依赖于传统金融中介的金融形式，如众筹融资和 P2P 网络借贷等。它们的迅速发展，主要是由于互联网极大地便利了融资人与投资者之间的相互搜寻和匹配，因而降低了对传统金融中介"撮合"功能的需求。但从总体上看，控制由于信息不对称导致的项目风险，并非这些新型融资方式的强项。以众筹融资为例，它实际上更大程度上是依靠扩大投资者数量和降低单笔投资额来分散风险的，在项目筛选上的优势并不突出。同时值得注意的是，目前众筹融资中的一个重要趋势就是采用"领投—跟投"模式，利用专业的领投人来进行项目筛选和风险控制，因此它更像是将传统金融中介的功能蕴含在新的投资者结构当中，而不是简单地"去中介化"。下面我们利用一个模型来对这种互联网金融模式的机制进行分析。

考虑一个要求投资 I 的创业项目，其成功的可能性是 θ，如果成功将产生收入 R，如果失败则会损失全部投资。创业者的自有资产为 A_c，$A_c < I$。对于投资缺口，项目有两种融资方式，一种是通过金融中介，另一种是采用众筹模式。

金融中介有对创业项目进行甄别和监督的通用方法，它适用于所有技术门类的投资项目。依靠上述方法，金融中介能够确保它投资的项目具有 θ^B 的平均成功率，$\theta^B > \theta$。如果项目成功，金融中介为其投资将获得收益率为 r_B 的资金报酬，否则会损失全部投资。于是通过金融中介融资，创业者的预期收益为：

$$\pi_c^B = \theta \cdot [R - (1 + r_B) \cdot (I - A_c)] - A_c \tag{14}$$

在众筹融资模式下，存在着众多的潜在专业投资者。每个专业投资者拥有的可投资额度为 A_I，$A_I \ll I$，因此项目需要许多专业投资者的参与才可能达到投资目标。专业投资者具有不同技术门类的知识，对于他们了解的门类，投资项目的成功率可以达到 $\bar{\theta}$，$\bar{\theta} > \theta^B$。在专业投资者之外，还存在着"跟投者"，他们出资弥补项目所需资金与专业投资者提供资金之间的差额。跟投者投资的平均成功率为 $\underline{\theta}$，$\underline{\theta} < \theta^B$。跟投者与创业者谈判决定项目成功时获得的资金报酬率 r_f。如果项目获得成功，每个专业投资者将根据其投资份额获得收入扣除跟投者资金报酬之外的相应比例。如果项目失败，所有投资者都将损失全部投资。另外，如果创业者未能获得足够资金而导致融资失败，他也将损失自有资金 A_c，不过这种情况下其他投资者没有损失。

对于每个创业者，找到一名了解自己项目技术门类的投资者的概率为 φ。假设最终创业者找到 m 名了解这种技术门类的投资者，那么创业者的预期收益为：

$$\pi_c^I = \theta \cdot \varphi^m \cdot \frac{A_c}{A_c + m \cdot A_I} \cdot [R - (1 + r_f) \cdot (I - A_c - m \cdot A_I)] - A_c \tag{15}$$

同时，专业投资者的参与条件为：

$$\bar{\theta} \cdot \frac{A_I}{A_c + m \cdot A_I} \cdot [R - (1 + r_f) \cdot (I - A_c - m \cdot A_I)] > A_I \tag{16}$$

由于 $\underline{\theta} < \theta^B$，一般有 $r_f > r_B$，这意味着如果没有专业投资者的参与，创业者肯定不会选择众筹融资模式。我们更进一步地假设 $(1 + r_f) \cdot I > R$，从而专业参与者的收益与参与投资项目的专业投资者人数正相关。根据（15）式我们可以得到使创业者预期收益最大化的关于专业投资者人数 m 的一阶条件：

$$\ln\varphi \cdot [R - (1 + r_f) \cdot (I - A_c - m \cdot A_I)] \cdot (A_c + m \cdot A_I) - [R - (1 + r_f) \cdot I] \cdot A_I = 0 \tag{17}$$

因为当 $(1 + r_f) \cdot I > R$ 时，$[R - (1 + r_f) \cdot (I - A_c - m \cdot A_I)] \cdot (A_c + m \cdot A_I)$ 是 m 的减函数，所以由（17）式可知：

$$\frac{dm}{d\varphi} > 0 \tag{18}$$

也就是说，找到对口专业投资者的概率越高，在众筹融资模式下创业者越会希望吸收更多的专业投资者。综合（15）式与（18）式，我们还可以得到：

$$\frac{d\pi_c}{d\varphi} > 0 \tag{19}$$

即找到对口专业投资者的概率越高，创业者的预期收益也就越高。这是非常符合直觉的结论。对比（14）式与（15）式，不难看出，只有当找到对口投资者的概率达到一定水平时，众筹融资模式对于创业者才优于传统的金融中介融资模式。正如前面所论述的，互联网技术的一个重要收益就是能够大大降低搜寻成本，提高专业投资者与项目之间的匹配效率，这也正是众筹融资模式在互联网金融当中获得迅猛发展的原因。

二、信用信息与新型产融结合

互联网金融在组织形态方面的另一个突出表现是实体经济厂商与金融机构的更紧密结合，更具体地说，就是实体经济厂商，尤其是电商，积极设法开展金融业务。现实中阿里巴巴在"支付宝"基础上发展出余额宝、传统商业企业和电商企业都试图申办民营银行等，都属于典型的例子。这种实体厂商向金融领域的拓展，其原因同样很大程度上在于互联网为商业平台提供的信息优势。随着信息技术的迅速发展，互联网已经成为企业和个人商业活动的重要平台。例如，"淘宝"等交易网站催生了大批无物理店面的商业企业，"支付宝"也成为了个人与企业多种交易的支付手段。网络商业活动的蓬勃发展让提供电子交易平台的机构掌握了作为其客户的企业资金状况、盈利能力和业务关系的大量信息。基于新兴的"大数据"技术对上述信息进行分析，能够相当准确地对企业的信用水平进行判断，从而为相关的金融交易决策提供参考。因此，互联网的信息优势为实体经济与金融活动的更紧密结合提供了新的链条。

从交易费用理论的角度分析，这种新型的产融结合实际上是实体经济企业与金融机构的一体化。除了金融监管要求等外部约束，如同一般性企业边界的形成，实体企业与金融机构的分离也是在企业内部管理成本与市场交易费用之间进行权衡的结果。因此，电商将业务拓展至金融领域，核心在于互联网技术带来的信息优势对于相关的交易费用带来了怎样的影响，进而导致了实体企业的边界扩张。下面我们通过一个模型来对此进行分析。

考虑一家电商，其潜在客户群的数量标准化为 1。客户的信用等级（获得贷款之后的还款概率）有两种：$\underline{\theta}$ 和 $\bar{\theta}$，$\underline{\theta} < \bar{\theta}$。这两类信用等级的客户各占总量的一半。由于预算约束，客户与电商之间的某些交易只有在客户获得数量为 1 的贷款之后才能够进行，如果客户获得贷款，则会与电商进行交易并为后者提供利润 π，同时自己获得收益 u，u 服从区间 $[0, 1]$ 上的均匀分布，并且与客户的信用状况独立。客户通过交易获得的收益是其私人信息。电商通过客户的交易记录能够了解其信用等级，外部的金融机构则无法直接获得这一信息。

首先考虑客户观察到潜在交易的收益 u 并向外部金融机构申请贷款的情形。外部金融机构无法直接观察到客户的信用等级，只能认为其平均还款概率为 $\frac{\underline{\theta} + \overline{\theta}}{2}$。假定金融机构采用竞争性定价，即：

$$\frac{\underline{\theta} + \overline{\theta}}{2} \cdot (1 + r) = 1 + r_B^* \tag{20}$$

其中，r 为向电商客户收取的利率，r_B^* 为金融机构的资金成本。因此，这时客户面临的利率水平为：

$$r_o = \frac{2(1 + r_B^*)}{\underline{\theta} + \overline{\theta}} - 1 \tag{21}$$

同时，我们假设：

$$\underline{\theta} + \overline{\theta} < 1 + r_B^* < 2\overline{\theta} \tag{22}$$

（22）式意味着 $r_o > 1$，而客户申请贷款的条件为 $u - r_o > 0$，因此在当前情况下没有任何客户愿意申请贷款。

然后我们考虑电商与金融机构合作的情形。假定电商将客户的信用等级告知金融机构，后者因此可以对客户进行甄别。由于此时金融机构拥有独特信息，它可以据此实施垄断定价以最大化利息收入。

对于信用等级为 θ 的客户，金融机构索取利率 r_c，则愿意申请贷款的客户比例为 $1 - r_c$，于是金融机构的目标是：

$$\max_{r_c} (1 - r_c) \cdot [\theta \cdot (1 + r_c) - (1 + r_B^*)] \tag{23}$$

由其一阶条件可知此时的最优利率水平为：

$$r_c = \frac{1 + r_B^*}{2\theta} \tag{24}$$

因此有：

$$r_c^L = \frac{1 + r_B^*}{2\underline{\theta}}, \quad r_c^H = \frac{1 + r_B^*}{2\overline{\theta}}$$

由假设（22）式可知，$r_c^H < 1 < r_c^L$，所以只有高信用等级的客户才能够获得贷款，而愿意申请贷款的客户数量为：

$$n_c = \frac{2\bar{\theta} - (1 + r_B^*)}{4\bar{\theta}} \qquad (25)$$

相应地，电商的利润为：

$$\Pi_c = \frac{2\bar{\theta} - (1 + r_B^*)}{4\bar{\theta}} \cdot \pi \qquad (26)$$

从上面的结果可以看到，在电商与金融机构合作，向后者提供客户的信用记录之后，金融机构得以对客户进行甄别，这直接降低了高信用等级客户的融资成本，进而也给银行和电商带来了收益。不过我们注意到，对于高信用等级的客户，使银行愿意进行贷款而不至于亏损的利率水平为：

$$r_S^H = \frac{1 + r_B^*}{\bar{\theta}} - 1 < r_c^H$$

相应实际获得贷款的客户数量为：

$$n_S = \frac{2\bar{\theta} - (1 + r_B^*)}{2\bar{\theta}} > n_c$$

也即银行为了获取最大利润而作出的定价抬高了利率水平，将部分原本可以获得贷款的客户排除出了信贷市场，而这也减少了电商本来可以从交易中获得的收益。为了避免这种情况，电商就可能自行为客户提供融资，这也就是我们接下来考虑的第三种情形。

在自行为客户提供贷款的情况下，电商的目标是：

$$\max_{r_m} (1 - r_m) \cdot [\theta \cdot (1 + r_m) - (1 + r_m^*) + \pi] \qquad (27)$$

其中，r_m^* 为电商的资金成本，并且我们假设 $r_m^* > r_B^*$，这一假设有两个背景：一是电商作为实体经济企业，其资金来源要较金融机构更为困难，因此成本也更高；二是金融机构在资金运营方面有专业化优势，这也使其综合资金成本低于实体经济企业。

由（27）式的一阶条件可知电商为其客户提供贷款的最优利率水平为：

$$r_m = \frac{1 + r_m^* - \pi}{2\theta} \qquad (28)$$

因此有：

$$r_m^L = \frac{1 + r_m^* - \pi}{2\underline{\theta}}, \quad r_m^H = \frac{1 + r_m^* - \pi}{2\overline{\theta}}$$

不难看到，当 π 足够大时，有 $r_m^L < 1$，因此即使是低信用等级的客户也能够获得贷款，并且此时有：

$$\underline{\theta} \cdot (1 + r_m^L) < 1 + r_m^*$$

也就是说，针对低信用等级客户的贷款业务实际上是亏损的。之所以会出现这样的情况，是因为向客户提供贷款可以促进交易，为电商带来利润。因此，在某种意义上，电商是通过对低信用等级客户的贷款补贴来提高自己在实体经济业务上的收益。此时电商的利润为：

$$\Pi_m = \left\{ 1 + \left[\pi - (1 + r_m^*) \right] \cdot \frac{\pi}{4\underline{\theta} \cdot \overline{\theta}} \right\} \cdot (\underline{\theta} + \overline{\theta}) \tag{29}$$

比较（29）式和（26）式，可以看到，当：

$$\left[\frac{\pi - (1 + r_m^*)}{\underline{\theta}} - \frac{r_m^* - r_B^*}{\overline{\theta}} - 2 \right] \cdot \frac{\pi}{4} + (\underline{\theta} + \overline{\theta}) > 0 \tag{30}$$

电商将会选择自己筹集资金为客户提供贷款。

上面的模型从一个侧面分析了电商与金融机构从部分一体化（提供内部信息的长期合作）走向全面一体化（由电商直接经营金融业务）的过程。在这个模型中，驱使电商实现全面一体化的原因在于，金融机构只考虑自身的利润最大化而忽视了向客户提供信用可以为电商带来的收入。如果这种市场交易成本大于电商直接运营金融业务的资金成本（它在一定程度上反映了金融领域的专业化技术效率损失），那么全面一体化就更为有利。

与之相关的一个问题是，为什么电商不能够基于自己的客户信息优势要求金融机构降低贷款利率？答案仍在于这种长期交易关系中由于信息不对称而导致的道德风险。例如，电商很难了解金融机构的真实资金成本和与自己合作所需进行的专用性投资，而金融机构则可能担心电商为了促使自己更多地发放贷款而夸大客户的信用水平。这种信息不对称无法通过互联网这样的技术手段加以克服，而只能诉诸于经济组织的一体化。[1]

---

① 交易费用理论对类似情形的分析可参见 Williamson, Oliver, 1975, Markets and Hierarchies: Analysis and Antitrust Implications, NY: Free Press.

现实中促使电商开展金融业务的另一个因素，是充分利用自己业务过程中积累的资金，如阿里巴巴推出"余额宝"以利用"支付宝"的客户沉淀资金。这种产融结合的动机主要来源于利率管制所导致的高息差收益，而互联网技术在其中发挥的作用是降低零散客户资金集中与使用的成本。这种情形与本节模型中的机制不尽相同，但是关于其中产融结合的具体组织形态，仍然可以用交易费理论有效地加以分析。

第四节　电子支付与电子货币

当代支付系统发展的一个重要现象就是电子支付的兴起。电子支付指单位、个人直接或授权他人通过电子终端发出支付指令，实现货币支付与资金转移的行为，其类型根据电子支付指令发起方式可分为网上支付、电话支付、移动支付、销售点终端交易、自动柜员机交易和其他电子支付。[1] 随着 IT 技术与个人信息管理能力的迅速发展，传统的银行支付系统已经出现了与其他电子支付手段相结合的趋势，并且正在渗透到人们生活与消费的方方面面。不过尽管电子支付系统有着多种多样的方式与具体应用，其本质功能仍然是相同的，即为交易提供流动性。具有结算功能的现代支付系统能够帮助交易双方克服由于地理距离、交易环节和信息不对称等因素造成的障碍，实现更高的资金周转效率，从而大大提高交易的效率。

大部分电子支付基于法定货币开展业务。电子货币则是电子支付进一步发展的产物。尽管有不少研究质疑比特币等电子货币的属性和功能，[2] 但不可否认的是，电子货币已经在一定范围内获得了接受，并且行使着部分货币职能。在更广泛的意义上，许多特定领域内的支付媒介，如游戏币和电商的购物点卡，可以在其原有的使用范围之外进行流通，这也是虚拟货币特性的某种体现。对于我们的分析而言，关键性的问题是，一种特定领域内的支付媒介在何种条件下能够成为更大范围的支付手段。在本节，我们将通过正式的模型来对此加以探讨。

---

[1] 参见《电子支付指引（第一号）》（中国人民银行公告［2005］第 23 号）。

[2] 相关的研究如 Yermack, David, 2013, "Is Bitcoin a Real Currency", NBER Working Paper, No. 19747.

一、第三方支付的兴起

如果从供给—需求的角度来分析，那么与电子支付系统相联系的是典型的双边市场，其中支付系统提供了一个平台，同时为交易双方提供服务。在此方面与电子支付系统性质相似的典型双边市场还包括商品交易市场、房屋中介、大众媒体等，它们的共同特征就是作为交易的平台，并因此向它们双方或其中的某一方收取费用。在双边市场中，交易双方对平台的需求是相互依赖的，这就使电子支付具有强烈的网络效应，即其效率高度依赖于使用者的数量。在这种情况下，除了基于技术优势而产生的支付便利性之外，能否得到大量客户的认可也影响着其竞争力。在电子支付的发展过程中，我们看到的一种普遍现象就是原来用于某些特定交易平台的支付手段被拓展到其他领域，其中的典型例子包括中国的支付宝和肯尼亚的手机支付。在下面的模型中，我们将分析这种专用支付工具由于用户群拓展而变为通用支付工具的过程。

考虑这样一个经济体，其中的用户数量标准化为 1，存在两种行业类型。用户有两种类型："普通用户"和"专业用户"。普通用户在两种行业从事的各种交易活动数量相等，都为 n_g，专业用户从事特定行业交易活动的数量为 n_p，在另一行业的交易活动数量与普通用户一样，也为 n_g。普通用户和专业用户在人口中所占比例分别为 μ 和 $1-\mu$，并且两种行业的专业用户数量相同。无论是普通用户还是专业用户，他们的交易对象都是完全随机的，即服从总人口上的均匀分布。

对于任何交易类型，都有两种支付方式：银行账户支付与第三方支付。每个行为人都持有银行账户，并且通过银行进行支付的费率对于任何业务皆为 c_B。第三方支付有 2 种类型，对于每种第三方支付类型，支付都只能在持有这种支付方式账户的行为人之间进行。持有每种第三方支付账户都需要支付固定成本 f_T。第三方支付对不同交易活动类型的费率不同。对于每种第三方支付方式，它在某种与其相匹配的行业交易活动上的支付费率为 c_{TL}，在其他交易活动上的费率为 c_{TH}，$c_{TL} < c_{TH} < c_B$。注意这里的费率是对支付相关边际成本的货币体现，它并不局限于支付服务商的收费，而且包含了进行支付时需要耗费的时间与精力以及支付失败的可能性等隐性成本。

现在考虑行为人持有不同支付账户时的总成本。对于普通用户，如果不持有任何第三方账户，其总支付成本即为：

$$C_{g0} = 2n_g \cdot c_B$$

令 ν_1 和 ν_2 分别为人口中持有第 1 种和第 2 种第三方支付账户者所占的比例，$\nu_{1,2}$ 为同时持有两种支付账户者所占比例，并且不妨设 $\nu_1 \geq \nu_2$（因此对普通用户而言，只有在持有第 1 种账户之后，才会考虑持有第 2 种账户），则其持有 1 种和 2 种第三方支付账户的总成本分别为：

$$C_{g1} = f_T + n_g \cdot [c_{TL} \cdot \nu_1 + c_{TH} \cdot \nu_1 + 2c_B \cdot (1 - \nu_1)] \tag{31}$$

$$C_{gb} = 2f_T + n_g \cdot [c_{TL} \cdot (\nu_1 + \nu_2) + c_{TH} \cdot (\nu_1 + \nu_2 - 2\nu_{1,2}) + 2c_B \cdot (1 - \nu_1 - \nu_2 + 2\nu_{1,2})] \tag{32}$$

从上式可以看到，利用第三方支付方式的收益不仅取决于自己的交易数量和类型，而且取决于其他人持有第三方支付账户的比例，这也就是支付活动中网络外部性的体现。于是普通用户选择持有至少 1 种第三方支付账户的条件为：

$$f_T < n_g \cdot (2c_B - c_{TH} - c_{TL}) \cdot \nu_1 \tag{33}$$

从（33）式可以看到，普通客户需从事的交易数量越多，第三方支付与银行支付的费率差距越大，就越可能持有第三方支付账户。并且，在第三方支付用户上存在门槛效应，即只有当采用第三方支付的用户达到一定数量时，第三方支付的总体收益才会超过持有账户的成本。因此，当第三方支付刚刚出现时，吸引用户会非常困难，服务商通常需要采取某些形式的补贴措施来降低客户的账户持有成本，而一旦用户数量超过门槛值，人们则会自愿加入到支付网络当中。

普通用户选择持有 2 种第三方支付账户的条件为：

$$f_T < n_g \cdot [(2c_B - c_{TH} - c_{TL}) \cdot \nu_2 - 2(c_B - c_{TH}) \cdot \nu_{1,2}] \tag{34}$$

这里值得注意的一点是，由于 $\nu_{1,2} \leq \nu_2$，因此（34）式的一个极限形式是：

$$f_T < n_g \cdot (c_{TH} - c_{TL}) \cdot \nu_2 \tag{35}$$

如果满足这一条件，那么所有的普通客户都会持有两种第三方支付账户。

再看专业用户持有不同支付账户时的总成本。如果不持有任何第三方账户，其总支付成本即为：

$$C_{p0} = (n_p + n_g) \cdot c_B$$

而对属于第 1 类行业的专业用户，则其持有 1 种和 2 种第三方支付账户的总成本分别为：

$$C_{p1} = f_T + n_p \cdot [c_{TL} \cdot \nu_1 + c_B(1 - \nu_1)] + n_g \cdot [c_{TH} \cdot \nu_1 + c_B(1 - \nu_1)] \tag{36}$$

$$C_{pb1} = 2f_T + n_p \cdot [c_{TL} \cdot \nu_1 + c_{TH} \cdot (\nu_2 - \nu_{1,2}) + c_B \cdot (1 - \nu_1 - \nu_2 + \nu_{1,2})] +$$
$$n_g \cdot [c_{TL} \cdot \nu_2 + c_{TH} \cdot (\nu_1 - \nu_{1,2}) + c_B \cdot (1 - \nu_1 - \nu_2 + \nu_{1,2})] \tag{37}$$

对属于第 2 类行业的专业用户，则其持有 1 种和 2 种第三方支付账户的总成本分别为：

$$C_{p2} = f_T + n_p \cdot [c_{TL} \cdot \nu_2 + c_B(1-\nu_2)] + n_g \cdot [c_{TH} \cdot \nu_2 + c_B(1-\nu_2)] \tag{38}$$

$$C_{pb2} = 2f_T + n_p \cdot [c_{TL} \cdot \nu_2 + c_{TH} \cdot (\nu_1 - \nu_{1,2}) + c_B \cdot (1 - \nu_1 - \nu_2 + \nu_{12,})] +$$
$$n_g \cdot [c_{TL} \cdot \nu_1 + c_{TH} \cdot (\nu_2 - \nu_{1,2}) + c_B \cdot (1 - \nu_1 - \nu_2 + \nu_{1,2})] \tag{39}$$

因此，对属于第 1 类行业的专业用户，选择持有至少 1 种第三方支付账户的条件为：

$$f_T < [n_p \cdot (c_B - c_{TL}) + n_g \cdot (c_B - c_{TH})] \cdot \nu_1 \tag{40}$$

选择持有 2 种第三方支付账户的条件为：

$$f_T < n_p \cdot (c_B - c_{TH})(\nu_2 - \nu_{1,2}) + n_g \cdot [(c_B - c_{TL}) \cdot \nu_2 - (c_B - c_{TH}) \cdot \nu_{1,2}] \tag{41}$$

对属于第 2 类行业的专业用户，选择持有至少 1 种第三方支付账户的条件为：

$$f_T < [n_p \cdot (c_B - c_{TL}) + n_g \cdot (c_B - c_{TH})] \cdot \nu_2 \tag{42}$$

选择持有 2 种第三方支付账户的条件为：

$$f_T < n_p \cdot (c_B - c_{TH})(\nu_1 - \nu_{1,2}) + n_g \cdot [(c_B - c_{TL}) \cdot \nu_1 - (c_B - c_{TH}) \cdot \nu_{1,2}] \tag{43}$$

比较 (33) 式与 (40) 式的右边，并用后者减去前者，得到：

$$(n_p - n_g) \cdot (c_B - c_{TH}) > 0 \tag{44}$$

这意味着在同等条件下，专业用户从银行账户支付转向第三方支付的门槛要比普通用户更低，这是由于前者要进行更多本行业内的交易，因此从第三方支付获得的成本节约收益也就更大。类似地，用 (41) 式的右边减去 (34) 式的右边，得到：

$$(n_p - n_g) \cdot (c_B - c_{TH}) \cdot (\nu_2 - \nu_{1,2}) \geqslant 0 \tag{45}$$

也即专业用户更倾向于持有多个第三方支付账户。

由于第三方支付客户数量的门槛效应，这个模型存在着多重均衡，其中的两个极端情形就是所有客户都不持有第三方支付账户和所有客户都同时持有两种第三方支付账户。不过我们更感兴趣的是那些居于中间的均衡，例如其中之一是所有专业用户都只持有自己行业内的第三方支付账户，而普通客户不持有任何第三方支付账户。由 (33) 式和 (40) ~ (43) 式可知，此时的参数条件为：

$$f_T > n_g \cdot (2c_B - c_{TH} - c_{TL}) \cdot \frac{1-\mu}{2} \tag{46}$$

$$f_T < [n_p \cdot (c_B - c_{TL}) + n_g \cdot (c_B - c_{TH})] \cdot \frac{1-\mu}{2} \tag{47}$$

$$f_T > \left[n_p \cdot (c_B - c_{TH}) + n_g \cdot (c_B - c_{TL}) \right] \cdot \frac{1-\mu}{2} \tag{48}$$

很容易看出，当 n_p 与 n_g 差异足够大，而 c_B 与 c_{TH} 差异非常小时，上述各式可以得到满足。因此，这一均衡对应于现实当中某些特定领域的交易量很大，并且需要某些专有交易中介来降低其支付成本的情形，如网络购物发展的早期阶段。

随着互联网技术的发展，使得第三方支付成本进一步下降并更具兼容性，也即 c_{TH} 大幅下降，那么（48）式的限制首先会被突破，专业用户开始持有其他第三方支付账户。如果 c_{TH} 进一步下降，那么（46）式的限制也将被突破，普通用户开始持有第三方支付账户。不过这时 $\nu_1 = \nu_2 = \nu_{1,2} = 1 - \mu$，因而由（35）式可知这时普通用户持有多种第三方支付账户的条件为：

$$f_T < n_p \cdot (c_{TH} - c_{TL}) \cdot (1 - \mu) \tag{49}$$

显然，如果 c_{TH} 与 c_{TL} 非常接近，上式很难得到满足。因此，普通用户第三方支付方式的多样化有赖于支付方式的进一步专业化，使得 c_{TL} 大幅降低，以增加对于支付网络外客户的吸引力。

在这个模型中，第三方支付账户得以存在的最初原因，是它在特定领域支付方面的低成本，而它得以拓展到其他人群的原因，则是其在其他领域支付成本的下降和由于客户数量上升而产生的网络效应。在支付宝的发展过程中，我们可以清楚地看到这一脉络。在最初，支付宝仅仅是被作为淘宝网的专用支付工具，不过随着支付宝的信用担保功能被大量客户所认识，同时支付宝与各家银行之间的快捷连接逐步建立，它开始成为独立的第三方支付平台，被更多的客户所使用，在其功能和客户群拓展的过程中，有相当多的支付交易已经并不倚重其最初得以立足的信用担保功能，而仅仅是将其作为便捷的支付手段。在上述发展过程中，互联网等信息技术所发挥的作用主要在两方面：第一，进一步降低在各种场合使用支付宝的成本；第二，扩大支付宝对于各种类型客户的可及性。它们也正是模型中第三方支付方式从专业用户向普通用户拓展的关键。

最后需要强调的是，在这一模型中客户的交易数量是外生给定的，而在现实中，交易常常是交易费用的内生结果。正如我们看到互联网支付技术与物流渠道的快速发展大大促进了互联网商业的发展，第三方支付方式的兴起同样带来了更高的非现金支付数量与金额。这种支付方式、支付成本与支付数量之间相互作用的反馈过程放大了支付系统发展与竞争中的网络效应，也使得第三方支付的市场结构变得更为复杂和难以预测。

二、电子货币的产生与存续

如前所述，电子货币是电子支付进一步发展的产物。不过与电子支付不同的是，人们接受和使用电子货币常常是在不同的时点，这就使持有电子货币的风险更高。与此同时，作为货币，除了支付手段之外，电子货币还具有价值尺度和财富储存等其他基本的货币职能。如果从原理上看，电子货币的出现并不独特，因为历史上最早的货币本身是自发产生而非法定的。即使在法定货币出现后，在许多情形中也仍有商品在一定范围内承担货币职能并与官方货币竞争。在本节，我们将基于一个简单的搜索模型对电子货币的产生与存续条件进行探讨。[①]

经济中行为人数量标准化为 1，分为两类：普通客户与网络玩家。两种类型行为人在总人口中所占比例分别为 μ 和 $1-\mu$。经济中有两种商品：普通商品与虚拟商品；两种货币：法定货币与电子货币。[②] 经济是动态的，由无穷个时期构成。我们假定，任何行为人都能够从某个时期新购买的普通商品中获得效用 u_c，但是在此之后，这件商品对其就不会产生任何效用，但是可以给其他人带来效用。另外，商品一旦售出，对于原来的拥有者就变成"新"商品，在之后的时期购回又会再次在当期产生效用。虚拟商品只能够给网络玩家提供效用，并且就像普通商品一样，它只能在购买的当期产生效用 u_e，$u_e > u_c$。法定货币可以用于购买任何一种商品。电子货币购买商品的能力没有法律保障，不过电子货币在任何时期都能够给持有它的网络玩家带来效用 u_x，$u_x < u_c$。在第 1 期，经济中的一半行为人随机获得 1 单位普通商品或虚拟商品，另一半人随机获得 1 单位法定货币或电子货币，并且普通商品与虚拟商品数量之比和法定货币与电子货币数量之比一样，都为 $\mu/(1-\mu)$。在每个时期，拥有商品者随机地与拥有货币者匹配，双方决定是否进行交换，然后经济进入下一期。经济中的效用贴现系数为 $\beta < 1$。

现在我们考察经济均衡动态中的某个时期 t。显然，当拥有普通商品的行为

---

① 关于货币搜索模型的典型构造，可以参见 Kiyotaki Nobuhiro and Randall Wright, 1993, "A Search-theoretic Approach to Monetary Economics", American Economic Review 83, 63-77.
② 结合本书第二章的文献综述中的相关分析，这里的电子货币主要是指以互联网货币为主体的虚拟货币。

人遇见拥有法定货币的行为人，或拥有虚拟商品的行为人遇见持有货币的网络玩家，双方的最优策略都是与对方交易。当持有法定货币的普通客户遇见持有虚拟商品的行为人，则肯定不会与对方交换。但是当持有普通商品或虚拟商品的行为人遇见持有电子货币的行为人，双方是否能够达成交易则是不确定的。

设在 t 时期持有普通商品的普通客户的价值函数为 V_t^{gc}，在 t 时期持有虚拟商品的普通客户的价值函数为 V_t^{gm}，在 t 时期持有法定货币的普通客户的价值函数为 V_t^{gm}，在 t 时期持有电子货币的普通客户的价值函数为 V_t^{ge}，则有：

$$V_t^{gm} = \beta \cdot \left[\mu \cdot (u_c + V_{t+1}^{gc}) + (1 - \mu) \cdot V_{t+1}^{gm} \right] \tag{50}$$

对于在 t 时期持有普通商品的普通客户，当其面对持有电子货币的交易伙伴，如果选择交换，则价值函数变为 $\beta \cdot V_{t+1}^{ge}$，如果不接受交换，则价值函数为 $\beta \cdot V_{t+1}^{gc}$。对于在 t 时期持有虚拟商品的普通客户，当其面对持有电子货币的交易伙伴，如果选择交换，则价值函数变为 $\beta \cdot V_{t+1}^{ge}$，如果不接受交换，则价值函数为 $\beta \cdot V_{t+1}^{gm}$。

类似地，设在 t 时期持有普通商品的网络玩家的价值函数为 V_t^{pc}，在 t 时期持有虚拟商品的网络玩家的价值函数为 V_t^{pm}，在 t 时期持有法定货币的网络玩家的价值函数为 V_t^{pm}，在 t 时期持有电子货币的网络玩家的价值函数为 V_t^{pe}，则有：

$$V_t^{pm} = \beta \cdot \left[\mu \cdot (u_c + V_{t+1}^{pc}) + (1 - \mu) \cdot (u_e + V_{t+1}^{pn}) \right] \tag{51}$$

对于在 t 时期持有普通商品的网络玩家，当其面对持有电子货币的交易伙伴，如果选择交换，则价值函数变为 $\beta \cdot (u_x + V_{t+1}^{pe})$，如果不接受交换，则价值函数为 $\beta \cdot V_{t+1}^{pc}$。对于在 t 时期持有虚拟商品的网络玩家，当其面对持有电子货币的交易伙伴，如果选择交换，则价值函数变为 $\beta \cdot (u_x + V_{t+1}^{pe})$，如果不接受交换，则价值函数为 $\beta \cdot V_{t+1}^{pn}$。

在动态均衡状态中，行为人在各期持有相同特定商品或货币的当期价值函数应该相等。下面我们分别考虑几种均衡的情形。

均衡 1：所有人都不接受电子货币

此时对于普通客户有：

$$V^{gm} = \beta \cdot \left[\mu \cdot (u_c + V^{gc}) + (1 - \mu) \cdot V^{gm} \right] \tag{52}$$

$$V^{gc} = \beta \cdot \left[\mu \cdot V^{gm} + (1 - \mu) \cdot V^{gc} \right] \tag{53}$$

$$V^{gm} = \beta \cdot \left\{ (1 - \mu) \cdot \mu \cdot V^{gm} + \left[1 - (1 - \mu) \cdot \mu \right] \cdot V^{gm} \right\} \tag{54}$$

$$V^{ge} = \beta \cdot V^{ge} \tag{55}$$

解得：

$$V^{gm} = \frac{\beta \cdot \mu \cdot [1 - \beta \cdot (1 - \mu)] \cdot u_c}{(1 - \beta)(1 - \beta + 2\beta \cdot \mu)} \tag{56}$$

$$V^{gc} = \frac{\beta^2 \cdot \mu^2 \cdot u_c}{(1 - \beta)(1 - \beta + 2\beta \cdot \mu)} \tag{57}$$

$$V^{gn} = \frac{\beta^2 \cdot \mu^2 \cdot (1 - \mu) \cdot [1 - \beta \cdot (1 - \mu)] \cdot u_c}{(1 - \beta) \cdot (1 - \beta + 2\beta \cdot \mu) \cdot [1 - \beta \cdot (1 - \mu + \mu^2)]} \tag{58}$$

$$V^{gc} = 0 \tag{59}$$

显然，上述参数满足 $V^{gc} > V^{ge}$ 和 $V^{gn} > V^{ge}$，即当普通客户面对持有电子货币的交易伙伴，将不会选择交换。

相应地，此时对于网络玩家有：

$$V^{pm} = \beta \cdot [\mu \cdot (u_c + V^{pc}) + (1 - \mu) \cdot (u_e + V^{pn})] \tag{60}$$

$$V^{pc} = \beta \cdot [\mu \cdot V^{pm} + (1 - \mu) \cdot V^{pc}] \tag{61}$$

$$V^{pn} = \beta \cdot \{(1 - \mu) \cdot \mu \cdot V^{pm} + [1 - (1 - \mu) \cdot \mu] \cdot V^{pn}\} \tag{62}$$

$$V^{pe} = \beta \cdot (u_x + V^{pe}) \tag{63}$$

解得：

$$V^{pm} = \frac{[\mu \cdot u_c + (1 - \mu) \cdot u_e] \cdot [1 - \beta \cdot (1 - \mu)] \cdot \{1 - \beta \cdot [1 - (1 - \mu) \cdot \mu]\}}{[1 - \beta \cdot (1 - \mu)] \cdot \{1 - \beta \cdot [1 - (1 - \mu) \cdot \mu]\} - \beta^2 \cdot \mu^2 \cdot \{1 - \beta \cdot [1 - (1 - \mu) \cdot \mu]\} - \beta^2 \cdot (1 - \mu)^2 \cdot \mu \cdot [1 - \beta \cdot (1 - \mu)]} \tag{64}$$

$$V^{pc} = \frac{\beta \cdot \mu}{1 - \beta \cdot (1 - \mu)} \cdot \frac{[\mu \cdot u_c + (1 - \mu) \cdot u_e] \cdot [1 - \beta \cdot (1 - \mu)] \cdot \{1 - \beta \cdot [1 - (1 - \mu) \cdot \mu]\}}{[1 - \beta \cdot (1 - \mu)] \cdot \{1 - \beta \cdot [1 - (1 - \mu) \cdot \mu]\} - \beta^3 \cdot \mu^2 \cdot \{1 - \beta \cdot [1 - (1 - \mu) \cdot \mu]\} - \beta^3 \cdot (1 - \mu)^2 \cdot \mu \cdot [1 - \beta \cdot (1 - \mu)]} \tag{65}$$

$$V^{pn} = \frac{\beta \cdot \mu \cdot (1 - \mu)}{1 - \beta \cdot [1 - (1 - \mu) \cdot \mu]} \cdot \frac{[\mu \cdot u_c + (1 - \mu) \cdot u_e] \cdot [1 - \beta \cdot (1 - \mu)] \cdot \{1 - \beta \cdot [1 - (1 - \mu) \cdot \mu]\}}{[1 - \beta \cdot (1 - \mu)] \cdot \{1 - \beta \cdot [1 - (1 - \mu) \cdot \mu]\} - \beta^3 \cdot \mu^2 \cdot \{1 - \beta \cdot [1 - (1 - \mu) \cdot \mu]\} - \beta^3 \cdot (1 - \mu)^2 \cdot \mu \cdot [1 - \beta \cdot (1 - \mu)]} \tag{66}$$

$$V^{pe} = \frac{\beta}{1 - \beta} \cdot u_x \tag{67}$$

可以看出，当 u_x 相对于 u_c 和 u_e 足够小且 μ 和 β 足够大时，上述解满足：$V^{pc} > u_x + V^{pe}$ 和 $V^{pm} > u_x + V^{pe}$，因而均衡存在。

均衡2：普通客户不接受电子货币，但网络玩家接受电子货币

在这一情形中，普通客户的价值函数与前述情形相同，但是对于网络玩家有：

$$V^{pm} = \beta \cdot [\mu \cdot (u_c + V^{pc}) + (1 - \mu) \cdot (u_e + V^{pn})]$$

$$V^{pc} = \beta \cdot [\mu \cdot V^{pm} + (1 - \mu) \cdot (u_x + V^{pe})] \tag{68}$$

$$V^{pn} = \beta \cdot \{(1 - \mu) \cdot \mu \cdot V^{pm} + (1 - \mu) \cdot (u_x + V^{pe}) + \mu^2 \cdot V^{pn}\} \tag{69}$$

$$V^{pe} = \beta \cdot [(1 - \mu) \cdot \mu \cdot (u_c + V^{pc}) + (1 - \mu)^2 \cdot (u_e + V^{pn}) + \mu \cdot (u_x + V^{pe})] \tag{70}$$

并且要求满足：

$$V^{pc} < u_x + V^{pe} \text{ 和 } V^{pn} < u_x + V^{pe}$$

在当前设定下直接求解价值函数非常复杂，但不难看出，只要当 u_x 相对于 u_c 和 u_e 足够大且 μ 足够小时，上述条件必定会得到满足。例如一种极限情形是 $\mu \to 0$，此时：

$$V^{pc} = V^{pn} = \beta \cdot (u_e + V^{pn}) < u_e + V^{pn}$$

也就是说，如果网络玩家在总人口中所占的比例足够大，那么他们不仅可以在内部使用电子货币进行虚拟商品的交易，而且也愿意接受其他人用电子货币向自己换取普通商品，因为电子货币本身带来的效用足以弥补它相对于法定货币的流动性损失。

均衡3：所有行为人都接受电子货币作为支付手段

此时对于普通客户有：

$$V^{gm} = \beta \cdot [\mu \cdot (u_c + V^{gc}) + (1 - \mu) \cdot V^{gm}]$$

$$V^{gc} = \beta \cdot [\mu \cdot V^{gm} + (1 - \mu) \cdot V^{ge}] \tag{71}$$

$$V^{gn} = \beta \cdot \{(1 - \mu) \cdot \mu \cdot V^{gm} + (1 - \mu)^2 \cdot V^{ge} + \mu \cdot V^{gn}\} \tag{72}$$

$$V^{ge} = \beta \cdot [\mu \cdot (u_c + V^{gc}) + (1 - \mu) \cdot V^{ge}] \tag{73}$$

并且满足 $V^{gc} < V^{ge}$ 和 $V^{gn} < V^{ge}$。由（52）式、（71）～（73）式可以得到：

$$V^{ge} = \frac{[1 - \beta \cdot (1 - \mu)] \cdot \beta \cdot \mu}{(1 + \beta \cdot \mu) \cdot (1 - \beta) + \beta^3 \mu \cdot (1 - \mu)^2} \cdot u_c$$

$$V^{ge} = \frac{\beta^2 \cdot \mu^2 \cdot (1 + \beta \cdot \mu) \cdot (1 - \beta) + \beta^5 \mu^3 \cdot (1 - \mu)^2 + \beta^2 \mu \cdot (1 - \mu) \cdot [1 - \beta \cdot (1 - \mu)]}{[1 - \beta \cdot (1 - \mu) - \beta^2 \cdot \mu^2] \cdot [(1 + \beta \cdot \mu) \cdot (1 - \beta) + \beta^3 \mu \cdot (1 - \mu)^2]} \cdot u_c$$

$$V^{gn} = \frac{\beta^2 \cdot \mu^2 \cdot (1 - \mu)}{[1 - \beta \cdot (1 - \mu)](1 - \beta \cdot \mu)} \cdot (u_c + V^{gc}) + \frac{\beta \cdot (1 - \mu)^2}{1 - \beta \cdot \mu} \cdot V^{ge}$$

整理得到满足前述条件的约束为：

$$[1 - 2\beta \cdot (1 - \mu)] \cdot (1 - \beta) - \beta \cdot \mu \cdot [1 - \beta \cdot \mu \cdot (1 - \beta) - \beta^2 \cdot \mu^2] \cdot (1 - \mu) > 0$$

$$\tag{74}$$

观察（74）式可以看到，当 β 足够小时，条件可以得到满足。也就是说，贴现率较低，或者行为人更缺乏耐心时，他们更有可能接受电子货币作为法定货币之外的补充支付手段，以增加自己进行交易的机会。在现实中，这种情形对应于对电子货币本身不感兴趣的卖家持有某种潜在买家数量很少的商品（如某种狭窄领域内的收藏品），并且有一些买家更愿意以电子货币（如比特币）进行交易，那么卖家为了避免长时间的等待，可能就会接受用电子货币进行交易，再设法将电子货币售出或用于购买其他商品，因为毕竟电子货币的流动性要高于手中的商品。如果这种情况非常普遍，那么电子货币很快就会成为被普遍接受的货币。

相应地，此时对于网络玩家有：

$$V^{pm} = \beta \cdot [\mu \cdot (u_c + V^{pe}) + (1 - \mu) \cdot (u_e + V^{pn})]$$

$$V^{pc} = \beta \cdot [\mu \cdot V^{pm} + (1 - \mu) \cdot (u_x + V^{pe})]$$

$$V^{pn} = \beta \cdot \{(1 - \mu) \cdot \mu \cdot V^{pm} + (1 - \mu) \cdot (u_x + V^{pe}) + \mu^2 \cdot V^{pn}\}$$

$$V^{pe} = \beta \cdot [\mu \cdot (u_c + V^{pc}) + (1 - \mu) \cdot (u_e + V^{pn})] \tag{75}$$

除了（75）式之外，其余价值函数与均衡 2 中的情形相同。比较（75）式与（70）式，可以看到在当前均衡中，电子货币的价值提高了，因为它能够直接用于购买普通客户持有的普通商品，因此地位和法定货币是一样的，这也体现在两者价值函数的形式相同上。

整理上述价值函数得到：

$$V^{pc} = \beta \cdot V^{pe} + \beta \cdot (1 - \mu) \cdot u_x \tag{76}$$

$$V^{pn} = \frac{\beta \cdot (1 - \mu^2)}{1 - \beta \cdot \mu^2} \cdot V^{pe} + \frac{\beta \cdot (1 - \mu)}{1 - \beta \cdot \mu^2} \cdot u_x \tag{77}$$

观察上述两式，可以发现 $V^{pc} < u_x + V^{pe}$ 和 $V^{pn} < u_x + V^{pe}$ 恒成立。因此，只要其他人愿意接受电子货币，网络玩家肯定会愿意接受它作为支付手段。

与前一部分的第三方支付模型类似，在这个模型中，电子货币最终能够被所有人接受，原因在于它对于特定群体的固有价值。由于电子货币能够为网络玩家带来效用，他们更乐意接受其作为一般性的财富贮存与支付手段。如果网络玩家的群体足够大，并且等待合适交易对象的时间成本很高，那么人们为了节约交易成本，就会选择电子货币作为辅助性的支付手段。电子货币同样具有强烈的网络效应。在获得普及之后，有很大比例的人之所以使用电子货币，并不是由于它能够给自己带来直接效用，而仅仅是由于其他人愿意接受它。不过在现实中，电子货币的爱好者是否已经达到使其普遍化的临界规模仍是值得怀疑的。因此，在法定货币具备良好信用的条件下，除非电子货币有相对于法定货币的独特优势，否则要获得广泛的接受会相当困难。

第五节　互联网金融与金融发展

互联网金融的兴盛通常被作为金融发展的重要表现，但是从理论上看，这两者之间的关系并不那么直观。一个引人注目的事实是，互联网金融发展最为迅猛的地区有不少是金融发展相对落后的经济体。例如，中国对于互联网金融概念的关注要远远高于美国，[①] 世界上手机支付发展最迅速也最见成效的地区是肯尼亚。[②]

对于上述现象的一个解释是金融发展过程中的"后发优势"，即正由于这些经济体传统金融体系的相对落后，才为互联网金融的发展创造了空间。不过在金融发展"后发优势"的具体含义与机制方面，人们的观点似乎并不统一。按照对"后发优势"的某些理解，[③] 其作用主要在减少落后国家在金融发展中的探索成本和提高增长速度上，但它只能够帮助落后国家尽快地趋近发达国家，却不足以使之超越后者。这种观点很难解释手机支付等"先进"技术在肯尼亚这样的相对经济落后国家率先获得广泛采用的事实，而且会带来一个悖论：如果金融发展的落后是一种"优势"，为什么发达经济体不主动放弃自己当前的金融体系以获取这种"优势"？在本部分，我们试图从两个向度回答上述问题：一是经济增长的"蛙跳理论"，[④] 它阐述了"后发优势"的形成机理以及它在何种条件下是一种真正的优势；二是适宜技术理论，[⑤] 它避免用"先进"或"落后"来定义互联网金

---

① 关于这一现象的分析可参见郑联盛：《美国互联网金融为什么没有产生"颠覆性"?》，《证券日报》，2014 年 1 月 27 日。

② 对此现象的详细描述可参见 FSD Kenya，2011，Financial Inclusion in Kenya：Survey Results and Analysis from FinAccess 2009，http：//www.fsdkenya.org/.

③ 栾光旭、费淑静：《后发优势与中国金融发展：一个新的分析框架》，《财经科学》，2003 年第 2 期。

④ 关于"蛙跳理论"模型，一个例子可参见 Brezis，Elise，Paul Krugman and Daniel Tsiddon，1993，"Leapfrogging in International Competition：A Theory of Cycles in National Technological Leadership"，American Economic Review，83：1211–1219.

⑤ 关于适宜技术理论的介绍可参见余典范：《适宜技术理论研究评述》，《经济学动态》，2008 年第 4 期。

融的性质，而是从技术与金融需求相互关系的角度来分析互联网金融的发展及其影响。

一、金融发展的"后发优势"

在本部分的模型中，我们基于经济增长的"蛙跳理论"来分析互联网金融的发展与金融体系初始条件的关系。在这里，我们首先接受互联网金融是更为先进的金融形式这一假设观点，然后讨论它在何种情况下能够全面改造传统的金融体系。我们将会看到，金融发展的"后发优势"实质上仍然来源于金融体系的网络效应，互联网技术的广泛运用则使得网络效应更为强化。由于这种网络效应，金融机构及其客户可能因为协调失灵而被"锁定"在原有的金融体系内，从而为金融发展中真正意义上的"后发优势"提供了可能。

考虑这样一个经济体，其中的金融消费者数量标准化为 1，每个消费者有 k 单位的金融服务需求，每单位金融服务可为其创造价值 u_i。对于每个消费者，u_i 是固定的，但在总人口中 u_i 服从 $(\underline{u}, \bar{u})$ 上的某种随机分布。存在两种金融系统：传统金融系统与互联网金融系统。每种金融系统都要求每个使用者事先投入一定的固定成本（它可以看作是在金融机构的开户成本，也可以解释为与金融系统的"对接"费用，如企业为了配合金融机构的信用审核要求而采用专门的报表体系），之后获得金融服务还须另行支付边际成本。传统金融系统的固定成本与边际成本分别为 f_T 和 c_T，互联网金融系统则为 f_N 和 c_N。c_T 是固定的，c_N 则与使用互联网金融系统的人数有关：

$$c_N = (1 + n_N)^{\sigma} \cdot c_N^*, \quad \sigma \leq 0$$

其中，n_N 是使用互联网金融系统的消费者人数，$c_N^* < c_T$ 是其初始边际成本。这一成本函数形式意味着，当 $\sigma < 0$ 时，互联网金融系统存在着边际成本递减，它有两个来源：一是金融体系内部的交易存在网络效应（这一效应其实在传统金融系统中也存在，只是相对互联网金融而言较弱）；二是在互联网金融系统的使用者之间存在学习效应，当使用者数量上升时，他们彼此之间的学习会提高使用技能，从而降低使用的边际成本。

在互联网技术出现之前，消费者参与传统金融体系的条件为：

$$k \cdot u_i > f_T + k \cdot c_T \tag{78}$$

因此只有那些满足：

$$u_i > u_T = \frac{f_T}{k} + c_T$$

的消费者才会使用传统金融系统，我们设这部分消费者在人口总量中所占的比例为 μ_T。于是经济的金融发展水平体现在两个方面：一是金融系统的边际服务成本 c_T，二是参与金融体系的消费者比例 μ_T。

在互联网金融出现后，对于尚未使用传统金融系统的消费者，选择互联网金融系统的条件为：

$$k \cdot u_i > f_N + k \cdot c_N \tag{79}$$

而对于那些已经在使用传统金融系统的消费者，其转向互联网金融系统的条件则为：

$$f_N + k \cdot c_N < k \cdot c_T \tag{80}$$

我们假设 f_N 和 c_N^* 足够低，使得任何 $u_i \in (\underline{u}, \bar{u})$ 都满足（79）式，于是所有未使用传统金融系统的消费者首先都会参与互联网金融，故而对于传统金融系统消费者，此时互联网金融的边际服务成本为：

$$c_N = (2 - \mu_T)^\sigma \cdot c_N^*$$

其转向互联网金融的条件即为：

$$\frac{f_N}{k} < k \cdot [c_T - (2 - \mu_T)^\sigma \cdot c_N^*] \tag{81}$$

从（81）式可以看到，传统金融系统的边际成本越高，覆盖的消费者数量越少，其原有消费者就越可能转向互联网金融。为了更好地说明这一点，我们来看一个具体的例子。

考虑两个经济体，其中消费者从金融服务中获得的价值均为常数 $u_i \equiv u^*$，其传统金融系统的固定成本相等，均为 f_T，边际成本分别为 c_{T1} 和 c_{T2}，$c_{T1} < c_{T2}$，并且有：

$$f_T + k \cdot c_{T1} < k \cdot u^* < f_T + k \cdot c_{T2}$$

因此，第一个经济体的所有消费者都参与传统金融体系，而第二个经济体无人使用金融系统。再假设互联网金融的初始边际成本 c_N^* 满足：

$$c_N^* < c_{T1}$$

$$f_N + k \cdot c_N^* < k \cdot u^*$$

$$f_N + k \cdot c_N^* > k \cdot c_{T1}$$

于是在第一个经济体中所有消费者仍使用传统金融系统，第二个经济体中所有人则使用边际服务成本更低的互联网金融系统。

在上面的例子当中，从服务成本上来看更为先进的互联网金融得以在第二个经济体中普及，原因在于其原有金融体系的"落后"，这也就是金融发展中的"后发优势"，即尚未建立现代金融体系的经济体常常能够选择更为先进的技术。不过值得注意的是，从社会福利的角度来看，"后发优势"是否是真实的优势并不那么显然。在上面的例子当中，对于第一个经济体，从整体的角度来看，全面转向互联网金融的成本为：

$$f_N + k \cdot 2^\sigma \cdot c_N^*$$

如果 $\sigma \to 0$，即互联网金融的规模经济不是非常明显，那么所有消费者全面转向互联网金融之后的边际成本与初始边际成本区别不大。这时尽管传统金融系统的边际成本要低于转向互联网金融，但由于能够避免转型的固定投资，它仍然是最优决策。如果 σ 显著地小于 0，则全面转向互联网金融之后的边际服务成本会大大低于初始边际成本，从而出现 $f_N + k \cdot 2^\sigma \cdot c_N^* < k \cdot c_T$ 的情形。这时转向互联网金融是更好的选择，但由于消费者个人所面对的成本要高于集体行动的成本，经济被"锁定"在传统金融系统上。在这种情况下，"后发优势"是真实的。

二、互联网金融的适宜技术性质

上一部分的模型中，互联网金融被作为比传统金融更为"先进"的金融形态，这是一个稍显武断的假设。从理论上看，互联网金融并非完全独立于传统金融的概念，它的外延有许多部分是与后者相互重叠的。从实践上看，在美国等发达经济体，互联网金融与传统金融体系之间也更多的是相互融合、共同发展，而非简单地相互替代。[①] 因此，对于金融发展相对落后地区的互联网金融的性质，一个更恰当的概念可能是"适宜技术"。这一概念的核心思想是，由于技术的实施需要以一定的经济与社会发展条件为前提，因此最为"先进"的技术并不一定能够带来最高的生产效率，发展中国家应该选择与本地区实际条件相匹配的技术，即"适宜技术"。实际上，如果仔细考察当前互联网金融的各种形态，可以

---

① 王达：《论美国互联网金融的主要模式、演进及启示》，《亚太经济》，2014 年第 4 期。

发现其一大特点就是组织、运营方式与产品的灵活性、多样化或"非正规性"，许多互联网金融形式在一定程度上是利用互联网的信息技术来替代传统金融技术以履行相应职能。用"适宜技术"概念也能更好地解释肯尼亚手机支付的快速发展：它并非由于手机支付在技术效率上的先进性，而是在缺乏经济、便捷金融服务的情况下提供了一种相对廉价可行的迂回替代手段。

由互联网金融的适宜技术性质所衍生出的一个问题就是它与金融发展之间的关系。适宜技术的内涵决定了它不是固定不变的，而是必然随着社会经济条件的改善而不断升级。那么，从长期发展的视角出发，适宜技术的采用是会加速还是延缓上述技术升级过程？从实践上看，适宜技术对于传统金融不同部门的影响存在很大差异。例如，在肯尼亚，手机支付降低了西联汇款等传统国际汇兑方式的交易量，但是提升了对银行账户的使用。[①] 因此，适宜技术对于金融发展的总体效应并不那么清晰。在本节，我们建立了一个适宜技术与现代金融体系不同部门存在替代效应与互补效应的模型，以讨论其长期的综合影响。

假设经济中存在两种金融服务类型，服务 A 和服务 B，它们都可以通过现代金融体系提供。消费者从现代金融体系获取金融服务 A 或服务 B 须分别支付固定成本 f_A 或 f_B，之后每单位服务的边际成本分别为 c_A 和 c_B。同时金融服务 B 还可以通过"适宜金融技术"提供，其固定成本和边际成本分别 f_P 和 c_P，$f_P < f_B$ 且 $c_P > c_B$。现代金融体系的边际运营成本取决于金融消费者的总数，即：

$$c_A = (1 + n_A + n_B + \eta \cdot n_P)^\sigma \cdot c_A^*, \quad \sigma \leq 0, \ 0 < \eta < 1 \tag{82}$$

以及

$$c_B = (1 + n_A + n_B + \eta \cdot n_P)^\sigma \cdot c_B^* \tag{83}$$

其中，c_A^* 和 c_B^* 分别为现代金融体系中获取服务 A 和服务 B 的初始边际成本，n_A、n_B 和 n_P 分别为通过现代金融体系获取服务 A 和服务 B 以及通过适宜技术获取服务 B 的消费者总数，η 为现代金融体系与适宜金融技术之间的"耦合"系数，它反映了使用适宜技术获得金融服务的消费者能够为现代金融体系的效率带来的贡献。

经济中的金融消费者数量标准化为 1，每个消费者对金融服务 A 和服务 B

---

① Mbiti Isaac and David N. Weil, 2011, "Mobile Banking: The Impact of M-Pesa in Kenya", NBER Working Paper, No. 17129.

的需求分别为 k_{Ai} 和 k_{Bi} 单位，k_{Ai} 和 k_{Bi} 在总人口中均服从 $(\underline{k}, \bar{k})$ 上的某种随机分布，其累积分布函数为 $\Phi(k)$，分布密度函数为 $\phi(k)$。每单位金融服务 A 或服务 B 均可为消费者创造价值 u。

基于上述假设，消费者愿意获取金融服务 A 的条件为：

$$k_{Ai} \cdot u > f_A + k_{Ai} \cdot c_A \tag{84}$$

因此，有金融服务 A 的消费者总数：

$$n_A = 1 - \Phi\left(\frac{f_A}{u - c_A}\right) \tag{85}$$

消费者愿意通过现代金融体系获取服务 B 的条件为：

$$f_B + k_{Bi} \cdot c_B < f_P + k_{Bi} \cdot c_P < k_{Bi} \cdot u \tag{86}$$

反之，消费者愿意通过适宜技术获取金融服务 B 的条件为：

$$f_P + k_{Pi} \cdot c_P < k_{Pi} \cdot u < f_B + k_{Pi} \cdot c_B \tag{87}$$

从（86）式与（87）式我们可以看到，当：

$$\frac{f_P}{u - c_P} < k_{Bi} < \frac{f_B - f_P}{c_P - c_B} \tag{88}$$

消费者将选择通过适宜技术获取金融服务 B（我们假设 u 足够大，从而 $\frac{f_P}{u - c_P} < \frac{f_B - f_P}{c_P - c_B}$）。相反，当：

$$k_{Bi} > \frac{f_B - f_P}{c_P - c_B} \tag{89}$$

消费者选择通过现代金融体系获取服务 B。（88）式和（89）式反映了消费者在固定成本与边际成本之间的权衡。由于现代金融体系具有更强的规模经济，因此只有当消费者对金融服务的需求足够大时，他们才会选择现代金融体系。反之，对于金融需求数量不大的消费者，他们更愿意通过固定成本不高的适宜技术来获得金融服务，即使要因此承担相对较高的边际成本。

根据上述条件，通过不同技术获取金融服务 B 的消费者数量分别为：

$$n_B = 1 - \Phi\left(\frac{f_B - f_P}{c_P - c_B}\right) \tag{90}$$

以及：

$$n_P = \Phi\left(\frac{f_B - f_P}{c_P - c_B}\right) - \Phi\left(\frac{f_P}{u - c_P}\right) \tag{91}$$

将（85）式、（90）式和（91）式代入（82）式和（83）式，我们得到：

$$3 - \Phi\left(\frac{f_A}{u - c_A}\right) - \eta \cdot \Phi\left(\frac{f_P}{u - c_P}\right) - (1 - \eta) \cdot \Phi\left(\frac{f_B - f_P}{c_P - c_B}\right) - \left(\frac{c_A}{c_A^*}\right)^{\frac{1}{\sigma}} = 0 \qquad (92)$$

和

$$3 - \Phi\left(\frac{f_A}{u - c_A}\right) - \eta \cdot \Phi\left(\frac{f_P}{u - c_P}\right) - (1 - \eta) \cdot \Phi\left(\frac{f_B - f_P}{c_P - c_B}\right) - \left(\frac{c_B}{c_B^*}\right)^{\frac{1}{\sigma}} = 0 \qquad (93)$$

进而得到 c_A 和 c_B 对 f_P 的导数：

$$\frac{dc_A}{df_P} = \frac{-\eta \cdot \phi\left(\frac{f_P}{u - c_P}\right) \cdot \frac{1}{u - c_P} + (1 - \eta) \cdot \phi\left(\frac{f_B - f_P}{c_P - c_B}\right) \cdot \frac{1}{c_P - c_B} - (1 - \eta) \cdot \phi\left(\frac{f_B - f_P}{c_P - c_B}\right) \cdot \frac{f_B - f_P}{(c_P - c_B)^2} \cdot \frac{dc_B}{df_P}}{\phi\left(\frac{f_A}{u - c_A}\right) \cdot \frac{f_A}{(u - c_A)^2} + \frac{1}{\sigma} \cdot \left(\frac{c_A}{c_A^*}\right)^{\frac{1}{\sigma} - 1} \cdot \frac{1}{c_A^*}}$$

$$(94)$$

和

$$\frac{dc_B}{df_P} = \frac{-\phi\left(\frac{f_A}{u - c_A}\right) \cdot \frac{f_A}{(u - c_A)^2} \cdot \frac{dc_A}{df_P} - \eta \cdot \phi\left(\frac{f_P}{u - c_P}\right) \cdot \frac{1}{u - c_P} + (1 - \eta) \cdot \phi\left(\frac{f_B - f_P}{c_P - c_B}\right) \cdot \frac{1}{c_P - c_B}}{(1 - \eta) \cdot \phi\left(\frac{f_B - f_P}{c_P - c_B}\right) \cdot \frac{f_B - f_P}{(c_P - c_B)^2} + \frac{1}{\sigma} \cdot \left(\frac{c_B}{c_B^*}\right)^{\frac{1}{\sigma} - 1} \cdot \frac{1}{c_B^*}}$$

$$(95)$$

从（94）式和（95）式可以看到，c_A 和 c_B 对 f_P 的导数是相互依赖的，因为适宜技术固定成本的变化会直接影响其消费者数量 n_P 和利用现代金融体系获取服务 B 的消费者数量 n_B，这就会通过（82）式和（83）式导致 c_A 和 c_B 的变化，进而改变所有金融服务消费者的数量。利用（94）式和（95）式可以解出 $\dfrac{dc_A}{df_P}$ 和 $\dfrac{dc_B}{df_P}$，但其形式过于复杂。因此在这里我们考虑几种特例，从中了解适宜技术变化与金融发展之间的关系。在下面的分析中，我们假设：

$$2 \cdot \phi\left(\frac{f_A}{u - c_A}\right) \cdot \frac{f_A}{(u - c_A)^2} + \frac{1}{\sigma} \cdot \left(\frac{c_A}{c_A^*}\right)^{\frac{1}{\sigma} - 1} \cdot \frac{1}{c_A^*} < 0$$

和

$$2 \cdot \phi\left(\frac{f_B - f_P}{c_P - c_B}\right) \cdot \frac{f_B - f_P}{(c_P - c_B)^2} + \frac{1}{\sigma} \cdot \left(\frac{c_B}{c_B^*}\right)^{\frac{1}{\sigma} - 1} \cdot \frac{1}{c_B^*} < 0$$

也即金融需求对于金融服务边际成本的敏感性要大大低于边际成本规模经济的强度，这也是均衡保持稳定的条件。

首先考虑 $\eta = 1$ 的情形，这时适宜金融技术与现代金融体系完全耦合，其消费者对于规模经济的贡献也与现代金融体系消费者完全相同。根据（94）式和（95）式，这时：

$$\frac{dc_A}{df_P} = \frac{-\eta \cdot \phi\left(\frac{f_P}{u - c_P}\right) \cdot \frac{1}{u - c_P}}{\phi\left(\frac{f_A}{u - c_A}\right) \cdot \frac{f_A}{(u - c_A)^2} + \frac{1}{\sigma} \cdot \left(\frac{c_A}{c_A^*}\right)^{\frac{1}{\sigma} - 1} \cdot \frac{1}{c_A^*}} > 0$$

并且：

$$\frac{dc_B}{df_P} = \frac{-\phi\left(\frac{f_A}{u - c_A}\right) \cdot \frac{f_A}{(u - c_A)^2} \cdot \frac{dc_A}{df_P} - \phi\left(\frac{f_P}{u - c_P}\right) \cdot \frac{1}{u - c_P}}{\frac{1}{\sigma} \cdot \left(\frac{c_B}{c_B^*}\right)^{\frac{1}{\sigma} - 1} \cdot \frac{1}{c_B^*}} > 0$$

并且由（85）式可知，此时 $\frac{dn_A}{df_P} < 0$，由（90）式和（91）式可知，$\frac{d(n_B + n_P)}{df_P} < 0$。因此，适宜技术的固定成本下降将会提高对两种金融服务的需求，并降低现代金融体系的边际成本。不过值得注意的是，此时利用现代金融体系获取服务 B 的消费者数量 n_B 的变化则是不确定的。从（90）式可以看到，f_P 下降将会同时提高 $\Phi\left(\frac{f_B - f_P}{c_P - c_B}\right)$ 的括号内分子与分母值，它们分别代表着由于适宜技术的成本更低而分流现代金融体系消费者的替代效应和由于降低现代金融体系运行成本而增加其消费者数量的互补效应。

再考虑 $\eta = 0$ 的情形，这时运用适宜技术的金融消费者完全游离于现代金融体系之外，对于其成本递减也没有任何贡献。同样依据（94）式和（95）式得到：

$$\frac{dc_A}{df_P} = \frac{\phi\left(\frac{f_B - f_P}{c_P - c_B}\right) \cdot \frac{1}{c_P - c_B} - \phi\left(\frac{f_B - f_P}{c_P - c_B}\right) \cdot \frac{f_B - f_P}{(c_P - c_B)^2} \cdot \frac{dc_B}{df_P}}{\phi\left(\frac{f_A}{u - c_A}\right) \cdot \frac{f_A}{(u - c_A)^2} + \frac{1}{\sigma} \cdot \left(\frac{c_A}{c_A^*}\right)^{\frac{1}{\sigma} - 1} \cdot \frac{1}{c_A^*}}$$

和

$$\frac{dc_B}{df_P} = \frac{\phi\left(\frac{f_B - f_P}{c_P - c_B}\right) \cdot \frac{1}{c_P - c_B} - \phi\left(\frac{f_A}{u - c_A}\right) \cdot \frac{f_A}{(u - c_A)^2} \cdot \frac{dc_A}{df_P}}{\phi\left(\frac{f_B - f_P}{c_P - c_B}\right) \cdot \frac{f_B - f_P}{(c_P - c_B)^2} + \frac{1}{\sigma} \cdot \left(\frac{c_B}{c_B^*}\right)^{\frac{1}{\sigma} - 1} \cdot \frac{1}{c_B^*}}$$

进而得到：

$$\frac{dc_A}{df_P} = \frac{\frac{1}{\sigma} \cdot \left(\frac{c_B}{c_B^*}\right)^{\frac{1}{\sigma} - 1} \cdot \frac{1}{c_B^*} \cdot \phi\left(\frac{f_B - f_P}{c_P - c_B}\right) \cdot \frac{1}{c_P - c_B}}{\left[\phi\left(\frac{f_A}{u - c_A}\right) \cdot \frac{f_A}{(u - c_A)^2} + \frac{1}{2} \cdot \frac{1}{\sigma} \cdot \left(\frac{c_A}{c_A^*}\right)^{\frac{1}{\sigma} - 1} \cdot \frac{1}{c_A^*}\right] \cdot \frac{1}{\sigma} \cdot \left(\frac{c_B}{c_B^*}\right)^{\frac{1}{\sigma} - 1} \cdot \frac{1}{c_B^*} +}$$

$$\overline{\left[\phi\left(\frac{f_B - f_P}{c_P - c_B}\right) \cdot \frac{f_B - f_P}{(c_P - c_B)^2} + \frac{1}{2} \cdot \frac{1}{\sigma} \cdot \left(\frac{c_B}{c_B^*}\right)^{\frac{1}{\sigma} - 1} \cdot \frac{1}{c_B^*}\right] \cdot \frac{1}{\sigma} \cdot \left(\frac{c_A}{c_A^*}\right)^{\frac{1}{\sigma} - 1} \cdot \frac{1}{c_A^*}}$$

$$\frac{dc_B}{df_P} = \frac{\frac{1}{\sigma} \cdot \left(\frac{c_A}{c_A^*}\right)^{\frac{1}{\sigma} - 1} \cdot \frac{1}{c_A^*} \cdot \phi\left(\frac{f_B - f_P}{c_P - c_B}\right) \cdot \frac{1}{c_P - c_B}}{\left[\phi\left(\frac{f_A}{u - c_A}\right) \cdot \frac{f_A}{(u - c_A)^2} + \frac{1}{2} \cdot \frac{1}{\sigma} \cdot \left(\frac{c_A}{c_A^*}\right)^{\frac{1}{\sigma} - 1} \cdot \frac{1}{c_A^*}\right] \cdot \frac{1}{\sigma} \cdot \left(\frac{c_B}{c_B^*}\right)^{\frac{1}{\sigma} - 1} \cdot \frac{1}{c_B^*} +}$$

$$\overline{\left[\phi\left(\frac{f_B - f_P}{c_P - c_B}\right) \cdot \frac{f_B - f_P}{(c_P - c_B)^2} + \frac{1}{2} \cdot \frac{1}{\sigma} \cdot \left(\frac{c_B}{c_B^*}\right)^{\frac{1}{\sigma} - 1} \cdot \frac{1}{c_B^*}\right] \cdot \frac{1}{\sigma} \cdot \left(\frac{c_A}{c_A^*}\right)^{\frac{1}{\sigma} - 1} \cdot \frac{1}{c_A^*}}$$

因此有 $\frac{dc_A}{df_P} < 0$ 和 $\frac{dc_B}{df_P} < 0$，并且 $\frac{dn_A}{df_P} > 0$ 和 $\frac{dn_B}{df_P} > 0$，即适宜技术的固定成本下降将会降低对现代金融体系中两种金融服务的需求，并提高现代金融体系的边际成本。对比这一结论与 $\eta = 1$ 的情形，很容易看出导致其差别的原因在于 $\eta = 0$ 的情况下，适宜技术的发展只会产生分流现代金融体系消费者的替代效应，而不会通过降低后者的边际成本产生互补效应。这种类型适宜技术的发展对于现代金融体系的总体发展很可能是破坏性的，它很容易导致经济被锁定在金融消费者数量少而边际服务成本高的低福利状态。

在上述模型中，我们描述了适宜技术对于现代金融体系的替代效应与互补效应及其相互关系。可以看到，其综合影响的总体方向取决于现代金融体系与适宜金融技术之间的"耦合"系数，即适宜技术的出现能否直接或间接增加现代金融体系的使用者数量。如果适宜技术能够最终增加现代金融体系的消费者，那么即使它暂时会分流某些现代金融部门的客户，其对于金融发展的贡献也仍然是正向的。反之，如果某种适宜金融技术是完全孤立的，与其他现代金融部门的关联性极弱，那么它就可能成为真正的"权宜之计"，无法对长期的金融发展作出贡献，甚至会起到阻碍作用。

由于模型的静态性质，在其中很难反映金融发展的动态过程。模型里适宜金融技术与现代金融体系的区别仅仅在于固定成本和边际成本的差异，以及现代金融部门有更强的网络效应。这种设置很容易引发一个悖论："如果适宜技术是有效的，为什么要强调发展现代金融体系；如果适宜技术是无效的，为什么要采用适宜技术。"回答上述问题的关键在于模型假设未能覆盖的一个事实：适宜技术的有效性依赖于当前的经济社会条件。随着经济发展，现代金融体系的效率会得到更快的提高，而适宜技术的优势则会逐渐丧失。因此，如果金融活动有着较高的固定成本或很强的网络效应，选择适宜技术在一定意义上就是在短期效率与长期效率之间的权衡。当适宜技术能够与现代金融部门较好地融合，那么上述权衡的成本就会小得多；反之，选择适宜技术就面临巨大的机会成本。这是在金融发展中必须考虑的因素。

第六节　互联网金融创新与市场规则

互联网金融的一个重要属性是它的创新性，这是它由互联网继承而来的一个本质特征。互联网极高的信息传递效率和对于广大人群的可及性，使得其中的金融创新能够迅速地找到适当的投资者和客户群；互联网中基于信息传播能力形成的声誉效应，也让它成为了金融创新的有效筛选器。实际上，许多人对于互联网金融的青睐并不完全在于它目前比传统的金融形式更为高效，而更在于互联网金融所蕴含的巨大创新空间，它为未来更优秀的金融产品和业务形式的出现提供了无限的可能性。

但关于互联网创新并非毫无争议。不少人认为互联网创新主要是在设法绕过当前的金融管制体系以进行套利。虽然这种观点可能较为偏激，但大多数人承认的一个事实是，面对新型的各类互联网金融形态，目前还很难对其社会收益与风险作出准确的判断。因此，如何设计适当的管理体制，使得互联网金融创新能够最大限度地符合公众利益就成了当务之急。在这方面存在的一个困难是，由于其组织形态和业务类型的新颖性和复杂性，常常难以被直接纳入现有的监管体系，导致监管归属不清。①而更大的问题在于，对互联网金融的规范并不仅限于金融监管当局的职责范围，它还涉及更深层次的一般性市场制度。例如，在电子支付出现之后，用户所使用的支付代码是否属于支付组织的资产就存在极大争议，它显然属于产权界定中的模糊地带。

在面临较大不确定性的情况下，对于互联网金融创新很容易产生的一种策略是"具体情况具体对待"，即分别对于产生的各类金融创新进行甄别，确认其性质，再决定是否允许其发展。这种策略要求赋予有关当局相机抉择的权力，并且高度依赖其专业判断力。与此相反的策略则是针对互联网创新的风险和其他负面效应确定基本规则，而不对具体的互联网金融形态进行甄别和干预。在本节我们将通过一个模型对相机抉择策略进行分析，并着重指出，即使政府部门完全以公众利益为出发点，并且具备足够的专业技能，这种策略也仍然有巨大的社会福利成本。如果要真正鼓励金融创新，就必须要明确和坚守市场规则。

考虑这样一个经济体，其中存在着两种金融创新项目：生产性项目与投机性项目。生产性项目能够在给投资者带来收益的同时为社会创造财富；投机性项目则主要是通过财富转移手段为投资者带来收益（如在金融市场上利用未知的外部信息进行无助于资源优化的交易），但对于社会的总体福利没有贡献。

每种金融创新项目都需要两阶段的投资，第一阶段投资 I_1 和第二阶段投资 I_2，在完成两阶段投资之后，生产性项目为社会创造价值 V，同时给投资者带来收益 B_p，投机性项目不创造任何社会价值，但是能够给投资者带来收益 B_s。

每个潜在创新项目属于生产性项目的概率为 θ，属于投机性项目的概率为 $1-\theta$，θ 本身服从 $(0, 1)$ 上的均匀分布。投资者在启动项目前并不知道这个项目的具体性质，仅仅能够观察到项目类型的概率 θ，只有在完成第一阶段投资之后，人们才能够观察到项目的真实性质。这一假设的背景是现实经济的复杂性与人类知识的有限性，即没有人能够真正地、完全地认识到每种金融创新的社会价

---

① 张晓朴：《互联网金融监管的原则：探索新金融监管范式》，《金融监管研究》，2014 年第 2 期。

值。只有在某种创新得以实现（完成初期投资之后），通过市场的检验，人们才能够了解其真正的经济效应，并且决定是否要追随和拓展这种创新（进行第二期投资）。

我们假设 $V > I_1 + I_2$，$B_p > I_1 + I_2$，因此对于生产性项目，无论从社会的角度或投资者个人的角度，投资都是值得的。同时，我们假设 $B_s > I_2$，这意味着在完成第一阶段投资并观察到项目性质之后，即使项目属于投机性的金融创新，投资者也愿意把它继续下去，尽管这时从社会角度来看继续投资是不值得的，因为第二阶段投资的预期收益将是 $-B_s$（第一阶段的投资已经是沉没成本了）。

从全社会的角度来看，事先值得进行投资的条件为：

$$\theta \cdot V > I_1 + I_2 \tag{96}$$

相应的创新项目类型概率投资临界条件为：

$$\theta^c = \frac{I_1 + I_2}{V} \tag{97}$$

给定假设，投资者在事先愿意进行金融创新投资的条件是：

$$\theta \cdot B_p + (1 - \theta) \cdot B_s > I_1 + I_2 \tag{98}$$

因此，相应的项目类型概率投资临界条件为：

$$\theta^I = \frac{I_1 + I_2 - B_s}{B_p - B_s} \tag{99}$$

显然 θ^I 与 θ^c 并不一定相等。比较（96）式和（97）式可知，令：

$$V^{IC} = \frac{(B_p - B_s) \cdot (I_1 + I_2)}{I_1 + I_2 - B_s}$$

那么当 $V > V^{IC}$，$\theta^I > \theta^c$ 时，对于私人投资者来说，项目门槛过高，或者说私人主导的金融创新数量低于社会最优数量。反之，则私人主导的金融创新数量超过社会最优数量。出于本书的研究目的，我们集中于讨论第一种情形，它的背景是由于私人投资者从金融创新中获得的私人收益大大低于其社会价值，因此导致了投资激励的不足。[①]

现在我们来考虑政府干预的可能性。我们假定政府是以社会福利最大化为目标的，因此如果政府能够对金融创新进行干预，那么它在投资第一阶段完成并观

———————

① 关于这一观点的理论论述，可参见 Romer, Paul, 1994, "New Goods, Old Theory, and the Welfare Costs of Trade Restrictions", *Journal of Development Economics*，43：5–38.

察到项目类型为投机性质时，最优的选择是中止项目，以避免（从社会角度来看）对第二期投资的浪费。因此，如果发现金融创新是投机性的，投资者将得不到任何收益，于是投资者在事先愿意进行投资的条件变为：

$$\theta \cdot B_p > I_1 + \theta \cdot I_2 \tag{100}$$

相应的项目类型概率投资临界条件为：

$$\theta^R = \frac{I_1}{B_p - I_2} \tag{101}$$

显然 $\theta^R > \theta^I > \theta^C$，也就是说，由于政府的介入，金融创新的门槛更高，创新项目的数量更少。这其中的原因非常简单，政府事后看起来最优的行为却在事先降低了投资者的创新动力，使得原本就不足的创新更为稀缺。在这一机制中有两个值得探讨的问题：

第一，既然政府是以社会最优为目标的，为什么在明知道自己的干预会遏制创新从而损害社会福利的情况下仍然要坚持干预？原因在于，在这个两阶段的博弈中，政府不干预的承诺是不可置信的。一旦项目进行到第二阶段，无论政府的事先承诺是什么，其最优选择都是中止投机性创新项目。因此，如果政府要实现真正的不干预，除非是它主动放弃自己的干预能力，也就是完全坚守市场规则，否则其不干预政策不可能有可信度。

第二，我们假定在第一阶段结束后，包括政府在内的人们可以观察到项目的真实类型，但实际上这是一个极强的假设。在政府与投资者之间经常存在着很强的信息不对称，政府在投资上的专业能力也肯定低于市场主体。考虑到这些因素，政府介入所产生的社会福利损失会更为严重。

以上我们通过简单的模型证明，即使政府具有对金融创新进行甄别的能力，并且完全从公众利益的角度作出决策，它对于金融创新的干预仍然蕴含着巨大的社会成本。虽然纯粹从模型的角度来看，这只是一个市场干预的事前效率与事后效率不一致的问题，但它其实有更深的政策含义。

现在人们都已经认识到，在金融市场中，创新、投机与风险经常是紧密相连的，因此社会必须面临金融创新利弊之间的权衡。但是很多人仍然没有意识到的一点是，这种利弊权衡并不一定能够通过简单的市场干预尺度调节来实现，而是需要更为复杂的机制设计。如果市场干预机制本身包含着太大的社会成本或者不确定性，那么更好的策略是坚守基本的市场规则，并且接受金融创新的代价。

参考文献

栾光旭、费淑静：《后发优势与中国金融发展：一个新的分析框架》，《财经科学》，2003 年第 2 期。

王达：《论美国互联网金融的主要模式、演进及启示》，《亚太经济》，2014 年第 4 期。

威廉姆森、奥利弗：《资本主义制度》，商务印书馆，2002 年。

谢平、邹传伟：《互联网金融模式研究》，《金融研究》，2012 年第 12期。

余典范：《适宜技术理论研究评述》，《经济学动态》，2008 年第 4 期。

张晓朴：《互联网金融监管的原则：探索新金融监管范式》，《金融监管研究》，2014 年第 2 期。

郑联盛：《美国互联网金融为什么没有产生"颠覆性"?》，《证券日报》，2014 年 1 月 27 日。

Brezis Elise, Paul Krugman and Daniel Tsiddon, 1993, "Leapfrogging in International Competition: A Theory of Cycles in National Technological Leadership", *American Economic Review*, 83: 1211-1219.

Clemons Eric K. and Lorin M. Hitt, 2000, "The Internet and the Future of Financial Services: Transparency, Differential Pricing and Disintermediation", Working Paper, The Wharton School, University of Pennsylvania.

Darrat Ali F. and Saif S. Al-Sowaidi, 2010, "Information Technology, Financial Deepening and Economic Growth: Some Evidence from a Fast Growing", *Journal of Economics and International Finance*, 2: 28-35.

FSD Kenya, 2011, Financial Inclusion in Kenya: Survey Results and Analysis from FinAccess 2009, http://www.fsdkenya.org/.

Kiyotaki Nobuhiro and Randall Wright, 1993, "A Search-theoretic Approach to Monetary Economics", *American Economic Review*, 83: 63-77.

Mbiti Isaac and David N. Weil, 2011, "Mobile Banking: The Impact of M-Pesa in Kenya", NBER Working Paper, No. 17129.

Romer Paul, 1994, "New Goods, Old Theory, and the Welfare Costs of Trade Restrictions", *Journal of Development Economics*, 43: 5-38.

Salop Steven, 1979, "Monopolistic Competition with Outside Goods", *Bell Journal of Economics*, 10: 141-156.

Tripier Fabien, 2013, "A Search-Theoretic Approach to Efficient Financial Intermediation", University of Lille 1, Working Paper.

Williamson Oliver, 1975, Markets and Hierarchies: Analysis and Antitrust Implications, NY: Free Press.

Yermack David，2013，"Is Bitcoin a Real Currency"，NBER Working Paper，No.19747.

Yoo Seung−Hoon，2003，"Does Information Technology Contribute to Economic Growth in Developing Countries? A Cross−Country Analysis"，*Applied Economics Letters*，10：679−682.

第四章
全球互联网金融的发展
状况考察

2013 年以来，虽然互联网金融在国内很热，但如果用 Internet Finance 在 Google Scholar 上检索，却几乎找不到相关的国外英文文献，本书第二章的文献综述实际上已经反映出这一点。实际上，正如我们前面提到的，对应于国内的"互联网金融"，在美欧等国家，普遍使用的概念是"Network Finance"或"E-finance"等，而这些词语翻译为"网络金融"、"电子金融"等。① 具体来看，典型的形态包括：网络金融（网络银行、网络证券和网络保险等）、电商金融（非银行第三方为电子商务交易或基于电子商务平台提供的支付、理财、融资等金融服务）、社交金融、移动金融以及大数据与智慧银行等。可见，严格意义上说，国外的"网络金融"或"电子金融"，与国内的"互联网金融"在涵盖范围、交易主体范围和交易内容等方面是存在不同差别的。

从广义上讲，凡是涉及金融的、基于互联网或以互联网为媒介应用于"货币"、"支付交易"和"信用体系"等的都是互联网金融。从狭义而言，根据不同业态，国外与国内"互联网金融"相对应的关键词是 Non-bank Participation in the U.S. Retail Payments System、Mobile Payments、Emerging Retail Payments、Electronic Fund Transfers（EFTs）、Proprietary Online Balance -transfer Systems、Electronic Money Institution（ELMI）、Digital Currency 等。②

由于概念内涵的差异，实际上进行国内外互联网金融发展状况的比较，显得

---

① 王国刚：《互联网金融辨析》，中国社会科学院金融研究所金融论坛，2014 年 10 月 17 日。
② 鲁政委：《互联网金融监管：美国的经验及其对中国的借鉴》，《金融市场研究》，2014 年第 6 期。

并不那么容易。为了使得我们的研究主线更加清晰，根据我们在本书开始时的分析和定位，这里纳入我们研究范畴的互联网金融业态和要素，首先是基于互联网的金融创新，其次是互联网金融的产业与政策效应。受限于资料可得性和各国的差异性极大，所以在进行国外情况分析时，我们更注重前者。

第一节　全球视野下互联网金融创新发展趋势

金融与互联网具有天然耦合性，两者相融合是大势所趋。伴随互联网不断渗透到银行、证券、保险等各个金融子行业，互联网金融在冲击现有金融体系的同时，也带来了很多新的机会。作为全球互联网金融最早出现的发达国家，美国早在 20 世纪 90 年代就已出现了各类互联网金融公司。1992 年，美国出现了纯网络经纪商 E-Trade，是完全脱胎于一家提供在线投资后台服务的互联网公司。自此，美国证券业开创了基于互联网的交易模式，拉开了证券电子商务发展的序幕。1994~1998 年，嘉信理财由折扣经纪商转型为网络经纪商，1995 年，全球第一家网络银行——安全第一网络银行（SFNB）在美国成立。随后，欧洲、日本等地的互联网金融业也开始逐步兴起。从互联网金融发展的具体形态来看，目前在全球范围内，互联网金融呈现以下重要趋势。①

一、在新的金融中介和机构方面，互联网金融模式呈现"中介替代"趋势

根据本书第三章的理论基础分析，我们提出互联网金融并非简单的"去中介化"，而是新兴金融组织对传统金融组织中介功能的某种替代和再应用。应该说，互联网技术的发展在某种程度上降低了信息不对称的程度和交易成本，推动了各类网络融资公司的兴起。

第一，2008 年全球金融危机后，欧美大型商业银行加强了对中小企业融资

---

① 宗良：《全球互联网金融呈三大发展趋势　中国银行业传统模式面临变革》，《证券日报》，2013 年 10 月 25 日。

的限制，在此背景下，网络融资凭借其融资方式多元化、定价方式与期限选择更灵活、风险控制机制不断完善、信用体系日趋完备等经营特点，迅速占领了欧美部分信贷市场，并对传统的融资方式形成补充。但需要注意的是，一方面，国外P2P网络借贷申请通过率较低，并且国外P2P网络借贷（代表性公司：Zopa、Prosper、Lending Club）发展到一定阶段后，监管（Regulation）将成为一个被严肃对待的问题；另一方面，全球众筹（代表性公司：Kickstarter）平台增长较快，每年有超过60%的增幅，而亚洲地区众筹融资规模占全球规模微乎其微。

第二，P2P网络借贷在"小微金融"领域部分替代传统存贷款业务，其实质是一种"自金融"的借贷模式。由于正规金融机构长期以来始终未能有效解决中小企业融资难的问题，而互联网的用户聚合和高速传播特点大幅降低了信息不对称和交易成本，促使资金供需双方都是个人的投融资模式成为可能。

第三，众筹融资部分替代传统证券业务和线下风险投资。众筹是最近两年国外最热门的创业方向之一。2012年4月，美国通过JOBS法案（Jumpstart Our Business Startups Act），允许小企业通过众筹融资获取股权资本，这使得基于互联网的众筹融资获得了快速发展的前提。根据《福布斯》杂志的数据，截至2013年第二季度，全球范围内的众筹融资网站已经达到1500多家。以Kickstarter为例，虽然它不是最早以众筹概念出现的网站，但却是最先做成的一家，曾被《时代》周刊评为最佳发明和最佳网站，进而成为"众筹"模式的代名词。

二、在新的运营方式和产品方面，以网络银行为代表呈现多元化转型趋势

伴随互联网技术和网络科技的发展，网络银行逐步可以提供传统型银行所提供的金融服务，进而对传统银行产生一定的替代效应。

第一，直销银行是国外成熟的一种网络银行模式，即没有线下营业网点、完全通过互联网技术向客户提供服务的银行。美国现有Bank of Internet USA、ING Direct、Simple三种运行模式可供参考。[1] 其中，Bank of Internet USA和ING

---

[1] 魏涛、刘义、郭晓露：《互联网金融：路在何方？》，载于《中信建设投资证券研究报告》，2014年3月。

Direct 都选择了操作较为方便、安全性高、收益率合适的房地产抵押贷款，并且集中在居民住房抵押贷款部分；Simple 则为银行服务提供商，对资产运用并不擅长，直接交由合作银行完成，自己参与利息收入的分成。

第二，全能化转型。通过致力于开发新的电子金融服务，美国的网络银行以满足客户的多样化需要而吸引更多个人客户和中小企业。在亚洲，较为典型的是日本的住信 SBI 银行，其依托主要股东三井住友银行和 SBI 金融集团，在全国范围内建立了可提供集团内各项金融服务的"一站式"咨询平台。截至 2013 年末，住信 SBI 银行的用户数达到 188 万，成为日本发展最快、客户满意度最高的网络银行。

第三，特色化发展模式。相比于传统银行，网络银行也具有局限性，实际上并不能提供传统银行所能提供的部分服务。例如，由于缺乏分支机构，无法为小企业提供现金管理服务，也不能为客户提供安全保管箱。此外，网络银行也不适合销售过于复杂的金融产品。因此，网络银行若想在竞争中获得生存必须提供特色化的服务。例如，日本的 eBank、索尼银行分别定位为专业小额支付银行、资产管理专业银行，主要以专业化的金融服务、低成本、低费用吸引特定的客户群。

三、在新的支付模式方面，非银行机构推动的网络支付创新日益重要

支付（指资金的流动）是互联网金融的起源和核心，按其发展历程分为：线下支付、线上支付和移动支付。[①] 现代支付体系的创新主要体现在网络信息技术在支付领域的拓展与应用。

非传统金融机构从事的互联网支付，即第三方电子支付或第三方互联网支付，实际上是第三方支付与互联网支付的交叉点，在美国属于货币服务机构，在欧洲则称为电子货币机构，在国内有时与名词"第三方支付"混用。广义的第三方支付起源于 20 世纪 80 年代美国的独立销售组织制度，而互联网支付则可追溯至 20 世纪 90 年代初期通过互联网进行的信用卡支付。全球最知名的第三方电子支付公司 PayPal 成立于 1998 年 12 月，目前是 eBay 旗下公司，在全球 193 个市

---

① 戴志锋等：《解构互联网金融实战：探寻金融的"风口"》，经济管理出版社，2014 年。

场中拥有包括 25 种货币的 1.28 亿个活跃账户，日均支付单数为 760 万。不过，截至当下，第三方互联网支付对发达国家的整体支付清算体系的影响虽然深远，但是业务规模占比依然有限，这与支付业务冲击的小额跨行支付规模在支付体系中占比极小有关，另外，互联网金融的发展也会带来银行业务规模的扩大和交易成本的下降。

第一，从欧美国家的情况来看，在零售支付领域，非银行支付已经逐渐与银行间支付的交易量比肩。在我国，第三方支付是指具备一定实力和信誉保障的非银行机构，借助通信、计算机和信息安全技术，采用与各银行签约的方式，在银行支付结算系统之间建立连接的电子支付模式。[①] 实际上，用户放在第三方支付平台的资金相当于活期存款，但支付平台不属于金融机构，不能为用户提供利息收入，用户缺乏动力在支付平台留存大额资金。在此情况下，基于第三方支付平台的货币市场基金模式应运而生，这也是支付渠道与互联网财富管理的有效结合。

第二，国外第三方支付（代表性公司：PayPal、Eway、Google Wallet）市场发展一方面依托个人电子商务市场而起源、壮大和成熟；另一方面向外部的专业化、垂直化电子商务网站深入拓展。其中，非银行类第三方支付机构蓬勃发展且近年来引人注目，根据荷兰的独立在线交易咨询公司 Innopay 所做的市场调查，全球非银行电子支付的交易数量在 2008~2012 年复合增长速度接近 30%。[②]

第三，随着移动通信设备的渗透率超过正规金融机构的网点或自助设备，以及移动通信、互联网和金融的结合，全球移动支付交易增长迅猛。例如，在肯尼亚，手机支付系统 M-Pesa 的汇款业务已超过其国内所有金融机构的总和，并且已延伸到存贷款等基本金融服务，特别需要关注的是，其并不是由商业银行运营的。据荷兰阿姆斯特丹支付技术公司 Adyen 发布的移动支付指数报告显示，2014年欧洲依然是移动支付市场份额最高的地区，而亚洲地区的移动支付份额增幅最高，截至 2014 年 9 月 30 日，亚洲移动支付已经占全球在线支付市场份额的23.3%。

---

① 曹红辉、李汉：《中国第三方支付行业发展蓝皮书（2011）》，中国金融出版社，2012 年。
② 马梅等：《支付革命：互联网时代的第三方支付》，中信出版社，2014 年。

第二节　互联网"人人分享"精神的体现：
P2P 网络借贷与众筹

互联网的精神主要体现为"公平、公开、透明、分享"。对此，最能体现互联网"人人分享"精神的互联网金融当属 P2P 网络借贷与众筹。当然，随着大的机构和投资者逐渐介入这些行业，传统的互联网金融精神和理念也发生了一些异化，未来也很可能出现背离"人人"理念的各类大型机构。但是从初衷来说，这些互联网新兴中介的创新，都是试图用信息技术和网络渠道来解决传统金融体系服务小微面临的难题，体现分散的金融互助。

一、共同消费理念在金融领域的延伸：P2P 网络借贷

从整体上而言，P2P 网络借贷其实是共同消费在金融领域的一个延伸。所谓共同消费是参与者共同分享产品或服务，而其中的每一个个体并没有对这些产品和服务享有自己独立的所有权。这一概念曾经被美国《时代》周刊评为改变世界的十大理念之一。其出现的背景是 2008 年国际金融危机情形下，如何刺激消费者通过点对点的市场重新连接，以产生新的工作、新的收入流和新的社区网络。[①]在互联网技术的运用下，身处不同地域的借款人和投资人的资金需求与资金供给可以匹配在一起，从而能高效地完成资金的对接。与此同时，P2P 网络借贷模式本身又会有自己的很多创新，比如分散投资等。

回顾历史，2005 年，全世界首家 P2P 网络借贷平台 Zopa 在英国伦敦成立，掀开了网络借贷发展的大幕。2006 年，P2P 网络借贷平台 Prosper 在加州三藩市成立，标志着这种新型的借贷模式正式传入美国，Prosper 也是迄今为止世界最大的 P2P 网络借贷平台之一。随后，韩国、日本、西班牙、冰岛等国相继成立了自己的网络借贷公司。其他主要网络借贷公司还包括目前最成功的 P2P 平台之一的 Lending Club，为发展中国家提供小额贷款的非营利组织 Kiva 等。

---

① 谭磊、宋海旭：《盛宴背后——解密互联网金融》，电子工业出版社，2014 年。

可以说，美国 P2P 行业最具代表性的三家公司是：Lending Club、Prosper 和 Kiva。其中，Kiva 是一个非营利性平台，Prosper 和 Lending Club 类似，后者虽然成立较晚，但目前在美国的市场份额高达 75%，每个月发放的贷款超过 2 亿美元。在美国这么成熟的金融市场上，最后只有 Prosper 和 Lending Club 两家商业化机构生存下来。这主要是由于 SEC 提出了非常高的市场参与门槛，有效阻止了没有优秀运营模式的新参与者加入。尤其是 2008 年美国证券交易委员会（SEC）对 P2P 网络借贷平台进行了整顿，要求所有的 P2P 公司必须先进行证交会注册才可以开展业务。

这些网络借贷平台通常处理的都是小额信贷业务。例如，Prosper 要求的借款额度为 2000~35000 美元，而出借者最低可借出 25 美元，而 Lending Club 借款额最高也可达到 35000 美元。但是，这种小额业务的信贷量却也十分可观。Lending Club 仅 2013 年 7 月的借贷量就达到 1.7 亿美元，截至 2013 年 8 月 1 日累计借贷量近 20 亿美元，而 Prosper 截至 2013 年 4 月 2 日累计促成了 4.47 亿美元借贷量。从规模上讲，网络借贷占美国社会融资总量的规模极其有限，只是 Lending Club 和 Prosper 等网络借贷平台塑造了一个互联网金融业务模式的美国典型，为此引发了中国的广泛关注及研究。[①]

此外，作为一种新生事物，网络借贷，尤其是 P2P，一直是踩在合法与非法的边界上，就连知名的大型网贷平台 Prosper 也曾在 2008 年被美国证监会勒令关闭，直到 2009 年才又重新营业。本质上讲，国外的主要 P2P 网络借贷也是社会借贷或民间借贷在互联网环境下的一种新发展，起初主要基于社交网络，例如 Lending Club 初期就是通过 Facebook 平台推广。事实上，Facebook 本身并不会一直甘心作陪衬，也已经有了进军金融领域的打算，甚至不仅局限于网络借贷，而是提供更加综合的金融服务平台。但是，随着机构投资者的加入，社交网络的概念在 P2P 平台中逐渐弱化，而平台根据之前贷款数据计算的信用分，则更多地成为参考标准。即便是国外比较成熟的 P2P 平台，现在也依然处在不断探索与调整的过程中。究其根本，发达国家的传统银行具有更强的安全壁垒，P2P 网络借贷等新兴互联网金融业务的风控能力明显弱于银行，无法提供大额、复杂的融资方案。故而，美国的 P2P 网络借贷往往局限于个人贷款，难以提供复杂的融资方

---

① 实际上美国金融业从业人员有很大一部分并不知晓这两家网络借贷机构，因为其贷款规模太小。

案，这也是基于美国银行贷款中个贷占比很小的背景。同时，P2P 网络借贷额度相对较小，无法满足大额融资需求，当前在大量机构投资者介入后，这一局面可能会有所改变。

在最具代表性的美国，总结其 P2P 网络借贷的发展历程，主要是经历了 2008 年以前的初创期、2008~2010 年的探索期和 2010 年以后的发展期。①在美国 P2P 网络借贷的初创期，其时代特征以 C2C 的理念运作 P2P 网络借贷。其相应具体的运作方式采取将贷款需求进行荷兰式拍卖。②在美国 P2P 网络借贷的探索期，其时代特征表现为与社交网络相结合，并且监管开始介入，机构投资者也进入其中。其相应的运作方式是将拥有相同属性的用户组成群，赋予群主放贷及审核权限。③在美国 P2P 网络借贷的发展期，其时代特征是监管逐步加强，并开始出现了寡头企业，行业分化开始向专业化细分发展。其相应的运作方式是寡头企业受到资本市场青睐，各新生平台按教育、农业、科技等不同行业细化发展。

二、P2P 网络借贷在全球发展的主要类型

自 2005 年国外的第一家互联网 P2P 公司 Zopa 在英国上线，这种新兴融资模式很快风靡了西方国家。实际上，P2P 网络借贷真正地体现了金融脱媒的理念。在 P2P 网络借贷运行模式中，存在着一个关键的中间服务方——P2P 网络借贷平台。其主要职能是为 P2P 网络借贷的双方提供信息流通交互、信息价值认定和其他促进交易完成的服务，但是通常不作为借贷资金的债权债务方。具体的服务形式包括但不限于：借贷信息公布、信用审核、投资咨询、资金中间托管结算、法律手续、逾期贷款追偿以及其他增值服务等。正是由于 P2P 借款方式比银行贷款更加方便灵活，所以在全球范围内得到广泛复制，比如德国的 Auxmoney、日本的 Aqush、韩国的 Popfunding、西班牙的 Comunitae、冰岛的 Uppspretta、巴西的 Fairplace 等。在美国 P2P 网络借贷主要是由 Lending Club 和 Prosper 两家垄断（占 80% 的市场份额）。在英国 P2P 主要有三家机构，其中 Zopa 累计促成 3 亿英镑的交易额，主做小微企业市场的 Funding Circle 累计促成 1 亿美元的交易额，主要做超短期授信的 Wonga 也有数千万英镑的累计交易额。从国外经验来看，P2P 网络借贷在全球发展的类型上主要分为三类。

第一，直接 P2P 模式。通过让资金的融入方和融出方在一个平台上直接联系，银行和其他金融中介不再参与融资的过程。英国的 Zopa 是历史上第一家提

供此类服务的中间机构，从 2005 年成立至今已经融资 2.17 亿美元，此后美国的 Prosper 和 Lending Club 将这种模式发展壮大。这个模式主要在发达国家中进行。

第二，间接 P2P 模式。这个模式主要是由 P2P 公司股东出资开发市场，并在各地建立分支机构，进行调研和贷款审核。这个模式相比第一种的差别在于，互联网贷款公司主动介入到贷款的过程中，参与风险控制和尽职调查，为贷款提供一定程度的担保。

第三，网络小额贷款模式。相比作为平台提供商的第一种方式，网络小额贷款是直接由小额贷款公司作为出资人，进行放贷业务。与普通的小额贷款公司没有实质的差别，不过是从线下到线上，风险评估的方式更多集中在真实交易的审查上。

与国外相比，在中国，P2P 网络借贷的模式主要是以下四种（如图 4-1 所示，具体内容详见后续章节内容)。

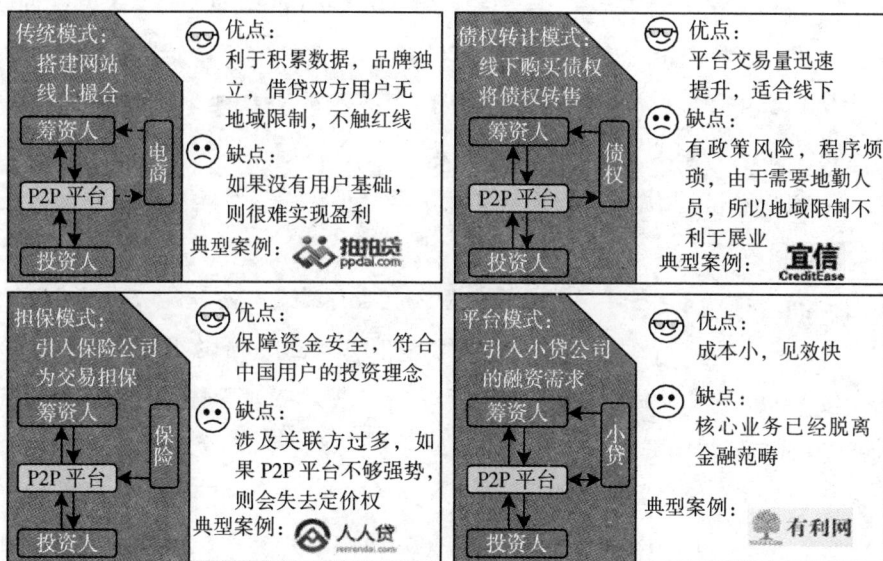

图 4-1　中国 P2P 网络借贷的四种模式

资料来源：iResearch。

案例 4.1　直接 P2P 模式下 Lending Club 业务模式运营发展[①]

原始的本票模式（2007 年 6 月~2007 年 12 月）：Lending Club 成立之初的思路很简单。当贷款需求被成功认购后，借款会员向 Lending Club 签发贷款本票（Member Payment Dependent Notes）。随后，Lending Club 进行两步操作：①向借款会员发放相应金额的贷款；②将借款会员签发的贷款本票转让给相应的投资会员。在这个过程中，Lending Club 实际上充当了贷款本票的中介转让方并为贷款提供后续服务，通过收取服务费盈利，并不承担贷款风险。但是，Lending Club 却很快发现问题所在：即它需要先向借款会员发放贷款，这意味着需要取得各个州的借款执照，并确保每笔贷款的利率低于各个州的利率上限。这极大地限制了 Lending Club 以统一标准向全美各州扩展业务。

引入 WebBank 之后的银行模式（2008 年 1 月~2008 年 3 月）：成立半年后 Lending Club 与 WebBank 签订合作协议，转为银行模式。在银行模式下，当贷款需求被成功认购后，借款会员不再向 Lending Club 而是向 WebBank 签发贷款本票。WebBank 同时进行两步操作：①向借款会员发放相应金额的贷款；②将借款会员签发的贷款本票以无追索权的方式平价转让给 Lending Club，即时收回发放出去的贷款资金。

Lending Club 在获得转让后的贷款本票后，再将该本票转让给认购的投资会员，同时从投资会员在银行的集合受托账户中获得等额资金。这就避免了 Lending Club 成为会计记录上的出借方。这种模式其实和最初的模式并无本质区别，但由于引入 WebBank，相当于借用 WebBank 的银行牌照，从而免去向各州申请贷款执照这一需求。同时，还可以避开各州的利率上限。借由与 WebBank 的合作，Lending Club 的贷款利率将不再受到限制，实现了贷款业务的"全国化"和"市场化"，极大地降低了业务成本。

在 SEC 注册之后的证券模式（2008 年 10 月至今）：2008 年 4 月，Lending Club 主动向 SEC 提交注册登记，进入注册等待期。2008 年 10 月 Lending Club 成功完成注册，开始在"证券模式"下开展业务。证券模式与原有模式在大部分环节上并无差别，借款人的贷款仍然是由 WebBank 来发

---

① 许敏敏：《互联网金融研究系列之 P2P 贷款 Lending Club》，《安信证券研究报告》，2014 年 3 月。

放，然后 WebBank 会将债权卖给 P2P 平台。P2P 就将这些贷款又以收益权凭证卖给放款人。投资人购买的是 Lending Club 发行的"会员偿付支持债券"，投资人是 Lending Club 的无担保债权人，与借款人之间并不存在直接的债权债务关系，但收益完全取决于所投资贷款的表现。在此之前，投资人直接从 Lending Club（本票模式）或者通过 Lending Club 从 WebBank（银行模式）受让由借款人签发的贷款本票，从而成为借款人的债权人。在借款人违约的情况下，放款人只有很有限的途径去追索。WebBank 在整个过程中的作用就是分销贷款，这是 P2P 平台没有相关牌照所不能做的业务。考虑到有大量的法律和监管法规在消费者贷款发行这一环节上，委托有牌照的银行来分销贷款有助于 P2P 平台符合这些法律法规的要求，也有利于美国的多头监管，保护借贷双方，防止欺诈。在 SEC 注册获批后，Lending Club 将业务拓展到美国大部分州，并迅速超越了 Prosper，成为美国 P2P 借贷市场的主要服务平台。

2014 年 12 月 11 日，Lending Club 成功登陆纽约证券交易所，IPO 价格为 15 美元，上市首日涨幅达 56%，成交量近 4500 万股，市值 85 亿美元。

案例 4.2　直接 P2P 模式下 Prosper 公司的竞拍流程

美国第一家 P2P 网络借贷平台 Prosper 在 2006 年成立。与网络拍卖巨头 eBay 提供拍卖和竞买商品的平台相类似，Prosper 允许客户拍卖和竞买贷款。

在 Prosper 上，借款人参与竞拍的流程是：先登记资料进行最基本的信用征信，并提供一篇计划书，告诉潜在贷款人借款资金用来做什么，并设定其能接受的利率上限，然后等待其贷款人提供融资（见图 4-2）。放贷者参与竞拍的流程是：先转入一笔钱存入 Prosper，再以类似拍卖的步骤进行竞拍；在竞拍时，放贷者可以看到借款者的信用状况，也可以向借款者询问有关现金流情况等问题以决定下标的最低利率和放贷金额。[①]

Prosper 在成立之初，曾寻求美国证券交易委员会（SEC）提供一封监管

---

① 戴志锋等：《解构互联网金融实战：探寻金融的"风口"》，经济管理出版社，2014 年。

豁免函以确定其运营方式的合法性，但是多次尝试仍未被允诺。在法律边缘游走了两年多之后，2008 年 10 月，SEC 正式向 Prosper 下达了要求其停止运行的通知书。

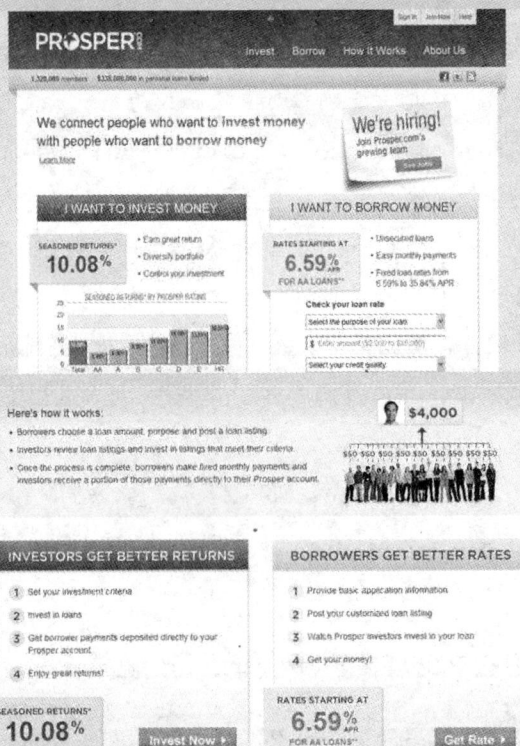

图 4-2　Prosper 网站及 Prosper 运作过程

资料来源：Prosper。

三、对 P2P 平台代表 Lending Club 的再分析

对于一般投资者而言，P2P 公司的信用需要逐渐累积。借款人如果在某个平台上留下了过高的债务占收入比记录，也很难从其他平台借款。对于放款人而言，熟悉了某个平台之后也会产生依赖性。对于借款人和放款人而言，转换平台的成本都是非常高的。对此，可通过建立以数据为本的征信体系，通过数据驱动的运营，做好平台的信息中心功能。实际上，P2P 的数据工作还处于初级阶段，从长远来看，能利用好数据来控制风险的平台在市场竞争中的优势将越来越大。

P2P 能否成功，关键因素在于风险控制。在美国，证券交易委员会（SEC）要求 P2P 公司按照证券业务公司的方式进行注册，其中《消费者信用保护法》明确将 P2P 网络借贷纳入民间借贷的范畴。

在 P2P 网络借贷公司中，Lending Club 是最具有互联网属性的，因此有必要进一步对其加以深入剖析（见图 4-3）。

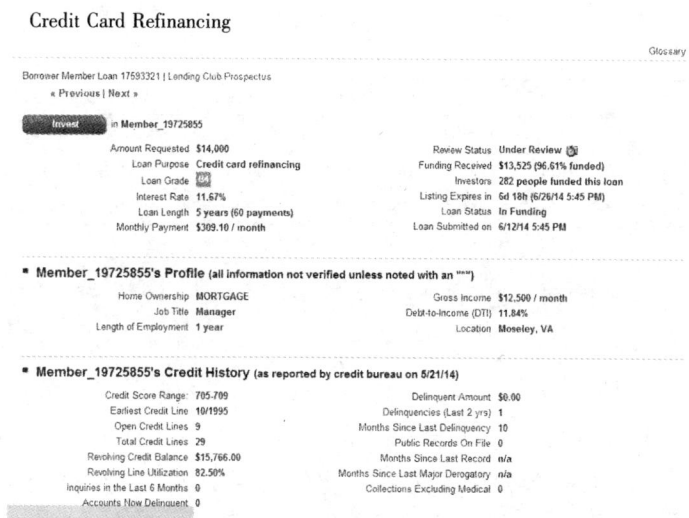

图 4-3　Lending Club 贷款申请项目明细

资料来源：Lending Club。

截至 2014 年第二季度末，2007 年成立的美国最大的 P2P 网络借贷公司 Lending Club 公司共促成交易金额近 50 亿美元，仅 2014 年第二季度就成交 10 亿美元（见图 4-4）。但实际上，P2P 在美国发展也并非一帆风顺，Lending Club 也

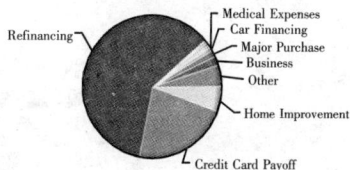
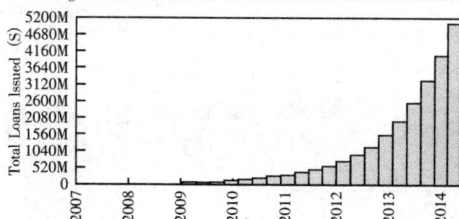

图 4-4　Lending Club 的交易情况

资料来源：Lending Club。

曾出现停下所有业务等待审核。因此，P2P 发展到一定阶段后，如何规制（Regulation）成为各国监管部门都面临的重要问题。

作为 P2P 平台的代表，Lending Club 平台的主要盈利来自于借贷活动中收取的管理费。如表 4-1 所示，运营方会从借款者一次性收取不超过 5% 的管理费。对于放贷者从每笔本金或利息收入中收取 1% 的管理费。

表 4-1　Lending Club 不同贷款期限与等级的贷款管理费

单位：%

贷款期限	A			B	C	D	E	F				G
等级	1	2~3	4~5	1~5	1~5	1~5	1~5	1~2	3	4	5	1~5
36 个月	1.11	2.00	3.00	4.00	5.00	5.00	5.00	5.00	4.50	4.00	3.50	5.00
60 个月	3.00	3.00	3.00	5.00	5.00	5.00	5.00	5.00	5.00	5.00	5.00	5.00

实际上，以 Lending Club 为代表的 P2P 平台之所以能够吸引借款者和放贷者，主要原因就在于使借贷双方的收益最大化、成本最小化。此外，Lending Club 的风险定价是其核心技术之一，主要是由信用评级和贷款利率定价两部分组成。[1] 2010~2014 年 Lending Club 贷款回报率，随着贷款人信用评级下降，贷款年化利率在 5%~12% 不等，平均在 10.1%。贷款金额在 5000~30000 美元不等，金额越高，利率越高。在 Lending Club 的平台上，整个借款过程 10 分钟即可完成（见图 4-5 和图 4-6）。

作为互联网型企业，创新止步意味着将很快被竞争对手超越。Lending Club 对技术创新的应用使得其在创新方面持续进步。例如，专为 Lending Club 的投资人提供自动化投资工具 Lending Robot，经过一个月时间的优化后带来了大规模的订单。为了扩大规模，Lending Club 设立了全资子公司 LC Advisor，接受机构投资者的投资，每笔最低额度为 10 万美元，2012 年提高到了 50 万美元。此外，Lending Club 从 2013 年开始和社区银行合作，向那些不能自己发展某些业务的小型社区银行出售产品和服务。[2]

---

[1] 谢平等：《互联网金融手册》，中国人民大学出版社，2014 年。
[2] 许敏敏：《互联网金融研究系列之 P2P 贷款 Lending Club》，《安信证券研究报告》，2014 年 3 月。

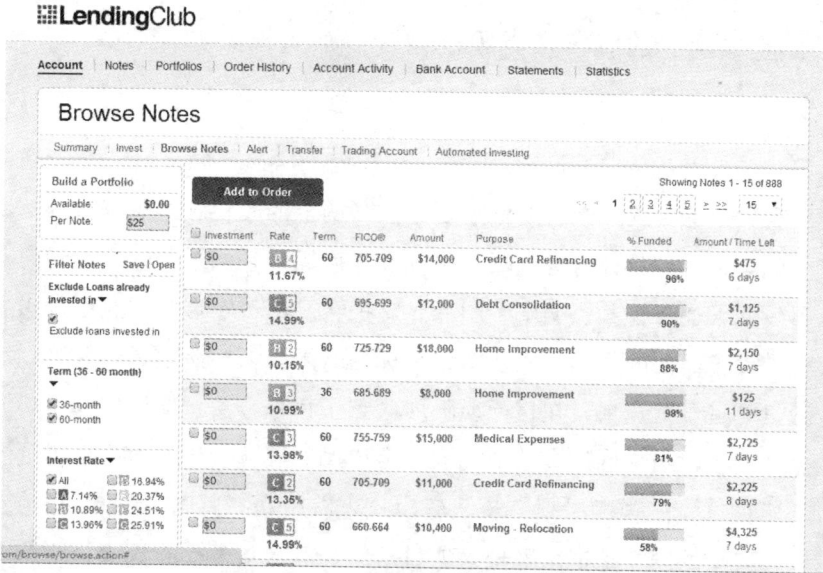

图 4-5　Lending Club 贷款项目评级

资料来源：Lending Club。

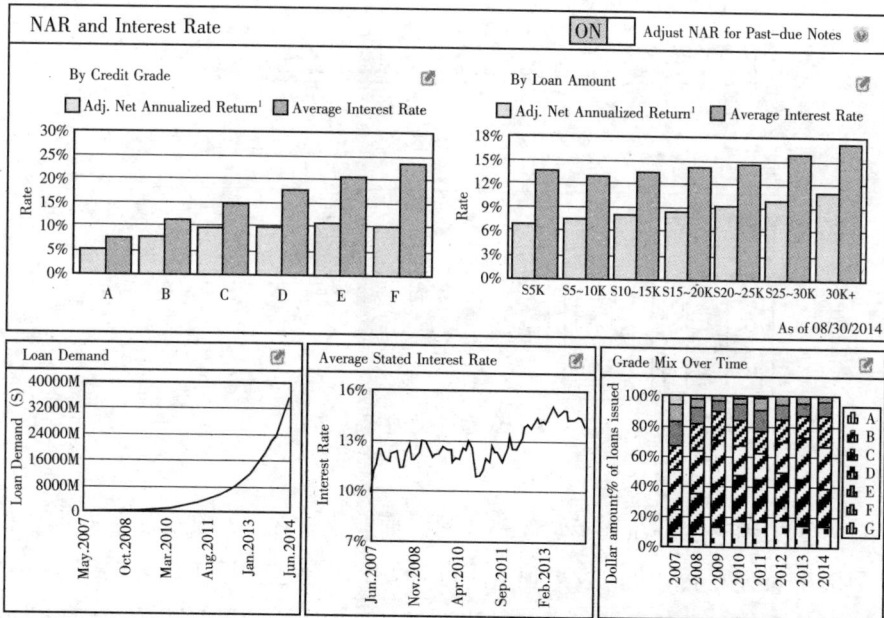

图 4-6　Lending Club 的贷款利率与贷款金额

资料来源：Lending Club。

四、互联网上的股权和类股权融资：众筹模式

1. 全球众筹发展概况

众筹（Crowdfunding）即大众筹资，是利用网络良好的传播性，向网络投资人募集资金的金融模式。众筹融资主要是互联网上的股权和类股权融资，不仅是获得资金的渠道，还是评价、判断产品设计和市场前景的平台。众筹的商业模式是：项目发起人通过视频、文字、图片介绍把自己希望实现的创意或梦想展示在网站上，并设定需要的目标金额及达成目标的时限。喜欢该项目的人可以承诺捐献一定数量的资金，当项目在目标期限内达到了目标金额，项目才算成功，支持者的资金才真正付出，网站会从中抽取一定比例的服务费用，而支持者则会获得发起人一定的非资金类的回报。从演变模式来看，众筹可以有不同的分类方式，例如，一种典型的观点是把众筹分为项目众筹、股权众筹、股权交易所众筹和债权众筹[①] 等（见图 4-7）。

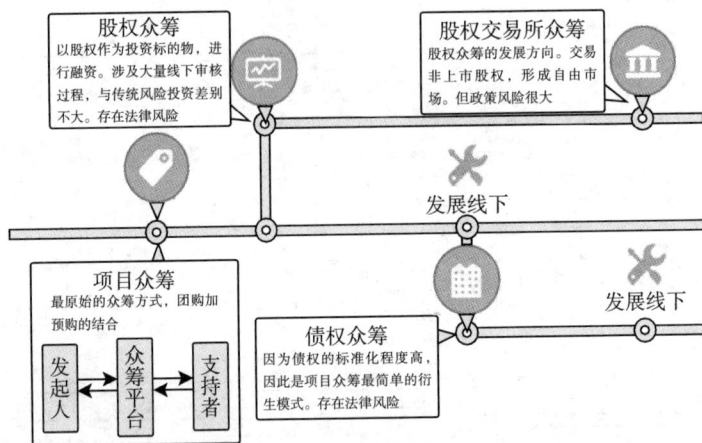

图 4-7　众筹融资的模式演变

资料来源：iResearch。

起源于美国的众筹在逐步发展并成熟为商业模式之后，在美国和欧洲国家迎来了攀升的黄金发展时期，发展速度不断加快，并迅速向欧美以外的国家和地区传播扩散。众筹就其整体发展而言虽然尚属新生事物，但其发展的速度和态势值

[①] 在许多对众筹的分类方法中，包含了所谓的债权众筹，很大一部分就是 P2P 网络借贷。本书在研究中则把 P2P 网络借贷单独区分出来。

得关注。

众筹在欧美国家较早得到发展后，真正推动众筹模式得以实质性发展的则被普遍认为应归功于美国的互联网众筹平台 Kickstarter 的成功。在欧美的诸多众筹平台之中，作为公认的众筹网站鼻祖的 Kickstarter 创立于 2009 年 4 月，已经成为人们所熟知的最具代表性的众筹平台，而且被认为是当今世界上最有效率的募集资金平台。Kickstarter 的创始人发起众筹模式的初衷在于为艰难奋斗的艺术家们搭建一个可以筹措资金实现梦想的平台，随着日后不断地发展才逐渐演变成企业和个人为项目争取资金的渠道。

众筹的出现为众多的中小微企业以及个人创业者进行某项活动提供了必要的资金援助，深刻地影响了资本领域的格局。据 Massolution 数据显示，2012年全球众筹融资交易规模达到 169 亿元，增长率为 83%。从众筹平台诞生至今，以及未来几年，全球众筹融资交易几乎每年都有 60% 以上的增幅（见图4-8）。根据美国福布斯发布的数据，2013 年，全球众筹平台筹资总额接近 60亿美元，而在2011 年，这个数字仅为 14.7 亿美元。行业网站 Crowdsourcing.org 的报告数据显示，2013 年底，在线众筹平台已经超过 2000 个，在此前的 5 年间，众筹平台在全世界的数量增长达到了 600%。[①] 未来，众筹模式将会成为项目融资的主要方式。

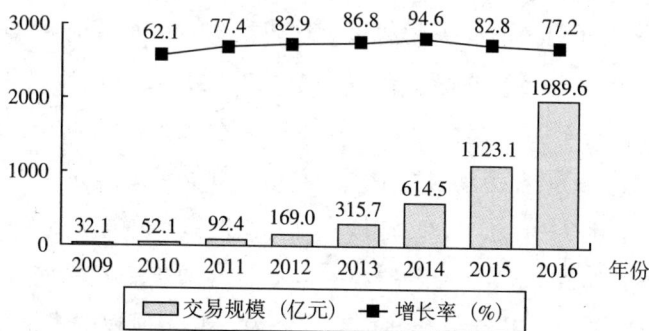

图 4-8　2009~2016 年全球众筹融资交易规模及增长率
资料来源：iResearch。

对此，艾瑞咨询（iResearch）分析认为，未来推动众筹融资交易规模增长的

---

① 龚映清：《互联网金融对证券行业的影响与对策》，《证券市场导报》，2013 年第 11 期。

原因有以下两个方面：一方面是投资理念的成熟，经过几年的发展，用户对众筹融资理念接受度更强，促使更多用户进行众筹融资；另一方面是机构投资者的介入，随着众筹逐步正规化，以及平台内项目质量的提升，一些传统金融机构亦会进入寻找投资机会，这将为未来众筹融资交易规模的提升提供重要助力。尽管全球众筹融资产业规模从 2009 年的 36.1 亿元飙升至 2012 年的 173 亿元，3 年增长 380%。但是 2012 年亚洲地区仅占 1.2%。影响亚洲众筹发展的因素可能有两方面：一方面，亚洲还没有出现有重要影响力的众筹平台，因此无法形成规模效应；另一方面，亚洲地区用户投资理念趋于保守，对创新金融方式的接受能力较弱。

2013 年，世界银行资助进行了题为"发展世界中的众筹潜力"的调查，并在所发布的同名报告中披露了很多重要的调查数据。报告显示，美国共拥有 344 家众筹平台，其中众筹平台的活跃数量位居世界领先地位，而名列第二位的英国与美国的差距甚大，仅拥有 87 家众筹平台，法国则以 53 家众筹平台名列第三位。该报告将 2008 年的金融危机看作是众筹，特别是美国的股权众筹兴起的主要催化剂之一。事实上，在此次金融危机爆发之后，传统资本衍生出更加强烈的资金需求用于发展新兴产业同时扩大已有产业。

该报告指出众筹市场目前尚处于发展初期，尤其是在发展中国家，但其潜在市场却是非常巨大的。据世界银行的估测，在发展中国家有多达 3.44 亿个家庭可以对社区商务进行小规模的众筹投资。这些家庭的收入每年至少可达 10000 美元，并且拥有至少 3 个月的储蓄或者 3 个月的股权资本储备。以此推算，到 2025 年这些家庭有能力一起构建大约每年 960 亿美元的众筹投资规模。而世界银行认为众筹最大的潜在市场就在中国，其市场规模可高达 500 亿美元。其后依次是东亚其他地区、中欧、拉丁美洲、加勒比地区、中东和北非地区。2009~2012 年，众筹在各个地区范围内的规模以年复合增长率 63% 的速度迅速扩张。具体到各类众筹平台，其年复合增长率分别为：基于股权的投资型众筹平台为 114%，基于债权的投资型众筹平台为 78%，公益型众筹平台为 43%，购买型众筹平台为 524%。

随着股权众筹和债权众筹的真正兴起，众筹平台的数量近年来也呈现出不断增加的趋势，尤其在北美地区，2012 年的增长率达到了 91%。2010 年以来，众筹在拉丁美洲和加勒比地区的增长超过了其他所有地区，众筹平台的数量从 5 家增加到了 41 家。纵观众筹在世界各国的发展，从世界第一大众筹平台 Kickstarter 创立的 2009 年算起，众筹在发达国家的发展仅仅比中国等发展中国家开始发展众筹平台的时间早了两三年而已。由此看来，至少在众筹这一领域，中国与美英等发达国家的差距不仅是非常有限的，而且众筹在中国的发展速度以及今后的发展潜力更是值得期待的。

2. 国外主要众筹平台发展状况

如果将网络借贷平台比作是基于社交网络的类"银行"，那么众筹融资平台则是基于社交网络的证券。互联网上的众筹融资雏形起源于 20 世纪 90 年代后期，主要是为音乐、电影、独立作家、记者、出版商、艺术创作者、游戏、剧场等进行筹款的一种形式。随着 Kickstarter、Indiegogo 等一批众筹融资平台正式上线运营，众筹融资在线模式才正式宣告成立。对目前世界上主要众筹平台模式的具体介绍如下：

（1）Kickstarter：全球最大最知名的众筹平台，其运行模式简单而有效。Kickstarter 是目前全球最大的众筹融资平台，起初主要为图片、电影和音乐等项目融资，至今已发展为包括技术、戏剧、出版、设计等 13 类项目的融资平台。

就其业务流程而言，首先是创业者个人或企业把筹资项目的具体内容、实施计划、投资价值等项目相关介绍，以及筹资期限和所希望获得的筹资金额发送到 Kickstarter 网站。Kickstarter 在收到申请后会对项目进行预审，约有 75% 的项目能够通过预审并被免费投放到 Kickstarter 网站上面向公众筹集资金，目前筹资时间最长可达 60 天。投资者只要认为筹资项目有价值便可以出资予以支持，投资者的人数和单笔投资金额均不限，而 Kickstarter 平台只针对筹资成功项目抽取总集资额的 5% 作为佣金。截至 2012 年 9 月，Kickstarter 成功推出了 73065 个项目。该平台在 2013 年整体项目数量仅增长不到 2000 个的情况下，有 19911 个项目众筹成功，获得了 300 万用户共计 4.8 亿美元的筹集资金，这个数字相比 2012 年 220 万人、3.2 亿美元的总筹资额增长了 50%。平均每天筹资 130 万美元，该平台已经盈利。其中，超过 80 万用户至少参与过两次众筹，8.1 万用户支持过 10 个以上的项目。

（2）Indiegogo：Indiegogo 创建于 2008 年，是美国目前最大的国际化众筹融资平台。其成立之初只为独立电影融资，2009 年将业务范围扩展至所有产业，即对融资项目没有使用方向上的限制，包括可以为慈善事业融资，并且 Indiegogo

不限制一定要使用美国银行的账户，因此相比 Kickstarter 来说更有弹性且易于跨国推广。

尽管其在体量上与 Kickstarter 还有一定的差距，Indiegogo 在过去的几年也获得了高速的成长。这家仅由几十个人组成的团队募集资金遍布 190 个国家，筹集到的资金增长近 10 倍，其中 Ubuntu Edge 更是在上线 24 小时内就募集资金 345 万美元，创造了速度最快的融资纪录，而创业发明只占到整体的 1/3，其他创意、艺术以及个人梦想整体金额会更高。

（3）Crowdcube：全球首个股权众筹平台。有别于那些跟随 Kickstarter 模式的众筹平台，Crowdcube 有着自己的创新，它是全球首个股权众筹平台。作为股权众筹的投资者不仅可以得到相应的投资回报，还可以有机会与创业者进行交流，并取得所投资支持的企业的股份，晋升成为该企业的股东。

（4）Quirky：该网站主推消费产品，平均每周都会有两款消费产品的创意推向市场。自 2009 年以来，Quirky 推向市场的产品已多达 200 款以上，平均每款产品所募集到的投资者为 800 人。并且，Quirky 还会针对每个融资项目打造一个专属的在线社区和沟通网络。

（5）Rock The Post：众筹网站和社交平台。该网站将众筹概念和社交网络整合在一起，加入了更多消费者与项目发起人之间的互动，使消费者可以围绕某个初创企业组成网络社区，通过向这些企业提供资助、建议或物质材料而获得回报。社区的用户可以相互关注，分享所支持项目的详细信息。

案例 4.3　美国的非股权类综合性众筹平台 Kickstarter

众筹的兴起源于 2009 年在美国建立的网站 Kickstarter，该网站让每个普通人都能通过网络平台向大众筹集实现某项创意所需要的资金。2012 年，美国通过《促进创业企业融资法案》减少了中小企业在筹资时面对的程序、法规限制，同时也使众筹合法化，大大促进了众筹的发展。Kickstarter 自 2009 年成立至今所有筹集成功的策划，总筹款金额约为 10 亿美元，其中超过一半来自 2013 年。2013 年，Kickstarter 的众筹金额为 4.8 亿美元，参与用户 300 万，成功项目为 19911 个。基本上，投资者的汇报就是这些项目的产品本身，相当于预购。截至 2014 年 10 月，Kickstarter 已收到超过 13.4 亿美元的筹款，参与用户 715 万，资助了 71500 个项目。目前，在 Kickstarter 上迄今获得最多支持的产品是智能手表 Pebble，借助 Kickstarter 的平台，Pebble 被美国知名科技媒体《商业内幕》评为"2014 年度最具创新力的十大设备"之一。

Kickstarter 的自我定位是"全球最大的创意项目融资平台"，是一个非股权类的综合性众筹平台。其众筹的项目分为艺术、漫画、舞蹈、设计、时尚、电影和视频、食物、游戏、音乐、摄影、出版、技术和剧院共计 13 类。Kickstarter 的商业模式涉及的四个主体分别为融资人、捐助者、Kickstarter 平台和第三方支付机构 Amazon Payment。为了使 Kickstarter 平台保持创新项目融资焦点的地位，Kickstarter 坚持如下准则：第一，创建者必须有创新项目；第二，项目必须可归属 Kickstarter 的 13 大类别；第三，创建者不得从事 Kickstarter 禁止的行为。此外，Kickstarter 还强调"一个项目属于创设者和出资者的共同协作"理念。[1]

案例 4.4　英国的股权众筹平台 Crowdcube 和 Seedrs[2]

英国众筹平台的活跃度仅次于美国。英国众筹行业的立法比较健全，众筹平台的生存和发展环境都比美国同行要好。但是限于经济总量等原因，众筹行业的规模仍然显著低于美国，位列全球第二。英国最大的股权众筹平台 Crowdcube 成立于 2011 年 1 月 15 日。与那些跟随 Kickstarter 模式的众筹平台不同，作为全球首个股权众筹平台，Crowdcube 有着自己的创新：投资者除了可以得到投资回报和与创业者进行交流，还可以成为他们所支持企业的股东。

遵循英国现行的证券管理框架，Crowdcube 允许项目发起人利用 "Online Portal"（众筹平台在英国监管体系内的专门称谓，类似于美国 JOBS 法案中的 Funding Portal）筹资。英国众筹发展的法律环境相对宽松，加之政

---

① 谢平等：《互联网金融手册》，中国人民大学出版社，2014 年。
② 谢平：《互联网金融报告 2014：通往理性繁荣》，博鳌观察、陆金所，2014 年。

府的资金支持，中小企业得以迅速发展。投资者除了股权收益之外，还可以参与"种子企业投资计划"（SEIS）。根据该计划，投资者在众筹平台上的投资金额可以冲销投资者申报的应税收入总额，从而免交部分税款。

Seedrs 也是英国股权众筹平台中具有广泛影响力的代表。尽管 Seedrs 最先获得审批，但却比 Crowdcube 晚一年上线，其规模也远远不及 Crowdcube。相比较而言，Crowdcube 对投资者规定的门槛较低，融资者范围较广，而 Seedrs 的融资者只限定种子公司。此外，Seedrs 与 Crowdcube 最主要的区别就在于投资者持股方式上，Seedrs 不仅是帮助企业融资的平台，更是融资后管理的中介，而 Crowdcube 完全就是连接投资者与融资者的平台。

2012 年美国颁布了新的金融法案——《JOBS 法案》，有条件地允许了初创企业或基金在互联网平台上进行股权筹资，改变了风险投资市场格局。著名的股权众筹平台 AngelList 推出了新的服务模式——"联合投资"（Syndicates），吸引了早期基金公司 Foundry Group 的参与，该公司以股权众筹方式通过 AngelList 投入 250 万美元的融资项目 FG Angels，在美国开创了传统公司公开参与股权众筹的先例。

"联合投资"众筹模式的特色就在于让那些有资信的投资者或基金公司发挥领投的作用，推行一个迷你版的在线风险投资基金。有实力的公司（如 Foundry Group 公司）或者有声望的投资者通过 AngelList 的"联合投资"模式先投资一个初创企业，然后再代表这个初创企业去进一步筹集更多的资金。在这种模式中，一般的大众投资者直接投资的是"联合投资"项目，一旦加入该项目就等于间接加入到了对初创企业的投资之中。对于拥有良好信誉和众多追随者的领投人而言，"联合投资"有着巨大的吸引力。相对于领投人而言，投资"联合投资"项目的投资者在作出投资判断时，与其说是依据对初创企业的评估，倒不如说主要是在挑选值得他们信赖的领投人。对于缺乏投资经验和专业知识，并且信息获取渠道和筛选能力有限的一般投资者而言，依赖于领投人的专业投资判断，追随领投人进行投资可谓投资捷径。跟投人借助"联合投资"模式能够在一定程度上降低投资风险，而作为代价，则需要向作为项目负责人的领投人直接支付一定的费用，或者以未来投资回报的一定百分比支付该项费用。通常，"联合投资"在组建风险资本或种子基金时，需要拟定私募备忘录，并且只能锁定有限的合作者，而这些通过 AngelList 等众筹平台都能够高效便捷地完成。

"联合投资"为天使投资人提供了成为风险投资人的机会，而这将在整体上增加对种子投资人的压力，并且还可以把不合格的风险投资人驱逐出此行业。虽然股权众筹才刚刚起步，还没有引起各方的充分重视，但在今后的不断发展之中，它必将逐渐显示出对传统金融业态的冲击。

第三节　互联网金融的基础设施：第三方支付与支付手段创新

从支付模式来说，与互联网相关的支付手段创新，主要包括 PC 互联网支付和移动互联网支付。当然在现实中，银行和非银行金融机构都是其重要的推动者，但是由于非银行的第三方支付组织拥有相对更灵活的创新机制和动力，并且走在了许多新型电子支付工具创新的前列，也带来了以支付为载体的其他金融服务功能整合，因此往往被作为互联网金融基础设施建设中的主要关注对象。在本书的不同部分中，也以第三方支付所推动的互联网支付清算模式变革与创新为研究重点。

通俗地说，所谓第三方支付就是在企业和银行之间建立一个中立的支付平台，为资金流转提供流通的渠道，提供这些服务的企业就是第三方支付机构，而提供服务的平台就是第三方支付平台（见图 4-9）。以 2013 年全球 7 家主要第三方支付机构为例，其交易规模已超过 4000 亿美元（见表 4-2）。2013 年中国的电子商务交易额达到 10 万亿美元，首次超过美国，成为世界电子商务第一大国，对此，第三方支付功不可没。

一、国外第三方支付平台代表：以美国为例

20 世纪末期以来，伴随电子商务的蓬勃发展，美国进入了一个基于传统业务和互联网融合的创新性业务探索与实践阶段，第三方支付开始蓬勃发展起来。

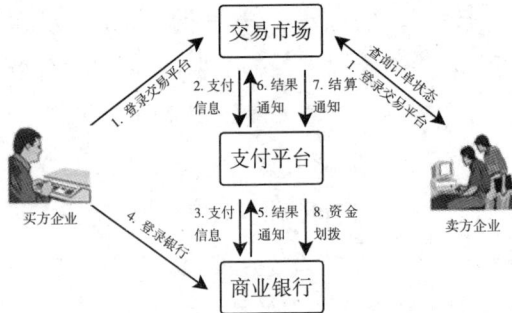

图 4-9　第三方支付平台流程示意图

表 4-2　2013 年全球主要第三方支付机构交易规模

机构名称	国家	交易规模（亿美元）
PayPal	美国	1800
Authorize.net/Cybercourse.com	美国	1000
ConCardis	德国	323
Amazon Payments	美国	304
Google Wallet	美国	270
Square	美国	200
iDEAL	荷兰	143

由于美国第三方支付体系最早主要是由独立销售组织（Independent Sales Organization，ISO）作为中介来处理收单机构与交易商之间的支付业务，其后随着电子技术的发展，Visa 卡和 Master 卡蓬勃发展起来，成为第三方支付的主要载体，前者对小额交易收费较高，后者要求基于信用而设立商业账户（任高芳，2012）。随着信息技术与金融服务的结合，一种能够让商户无须商业账户即可接受信用卡、收费低廉、交易便捷、安全高效的新兴支付方式具有扎实的需求基础，基于互联网的第三方支付体系应运而生。作为全球电子商务最发达的地区，在美国产生了 eBay、Amazon、谷歌等全球知名的电子商务交易商，相应地也诞生了 PayPal、Amazon Payments、Google Checkout 等第三方支付机构。

目前，以第三方支付、移动支付为基础的新型支付体系在移动终端智能化的支持下迅猛发展起来。特别是非金融企业利用互联网积极推进业务支付的网络化，如 Facebook 的 Credits 支付系统、PayPal 的 Digital Goods 微支付系统等。在商业支付方面，Bill.com 整合了最主要的会计和银行系统，包括小型商务财务软件 QuickBooks 在线、美国英泰软件股份有限公司（Intacct）、NetSuite、Sage

Peachtree、谷歌 Apps 以及 PayPal 商务集成等，为企业提供支付、收款、现金流管理等服务。网络支付极大地促进了支付体系与互联网的融合，并已成为美国金融体系"基础设施"的重要组成部分（郑联盛等，2014）。以本书多次提到的 PayPal 支付系统为例，它链接了电子商务网站 eBay 而成为其支付系统，其拥有 1 亿多的活跃账户，适用于 25 种货币单位以及全球 190 个国家和地区的诸多支付业务，2012 年支付业务交易额为 1449.4 亿美元，其中移动支付为 140 亿美元（艾瑞咨询，2013）。

表 4-3 美国的第三方支付公司概览

公司名称	提供服务名称	针对客户	收费方式或特征
PayPal	支付平台	买家和卖家	提现和收款手续费
Square	信用卡读卡器	个人和小型商家	四种收费方式
MountainView	"就近支付"服务	网络消费者	利用智能手机实现支付
Authorize.net	第三方支付网关	美国用户	接受信用卡和电子支票付款，仅支持美国
MoneyGram	速汇金汇款	国际汇款需求者	速度快、汇费低、手续简单
2checkout	信用卡消费服务	信用卡客户	开通费只有 49 美元 手续费每笔交易是 5.5%+$0.45，并且需要留下 30% 的保证金（180 天后归还）
ClickandBuy	独立的第三方支付公司	汇款需求者	汇款后 3~4 工作日入账；入金有金额和频率限制
ikobo	在线支付网站	付款和汇款需求方	2.99%+$0.29 的手续费 支持全球 ATM 刷卡
谷歌钱包 Google Wallet	手机移动钱包，应用 NFC 技术	手机客户	优惠性等特征
FirstData 第一资讯集团	跨国电子支付服务	金融客户	购物消费和商务服务变得更方便、快捷、安全
CyberSource Corporation	电子支付门户和电子支付管理		简化支付操作，自动化、便捷性和安全性

第三方支付机构作为支付中介人的角色，通常可在收、付款人之间提供银行卡收单、互联网支付、移动支付、预付卡支付、电话支付、数字电视支付等多种形式的服务。根据 Javelin 公司对美国网络支付的调查，2010 年已有 51% 的美国消费者使用 PayPal 等非金融机构的第三方支付服务。2013 年，第三方支付在美国网络支付中所占的份额从 2008 年的 18% 增长到 30%。

例如，作为目前全球最大的在线支付提供商，PayPal 是美国第三方支付的代表。PayPal 成立于 1998 年 12 月，总部在美国加州，在全球有超过 1 亿个注册账户，是跨国交易中最有效的付款方式。PayPal 最重要的功能是为全球范围内的电子商务提供支付结算。任何人只要有一个电子邮件地址即可。安全性，在线付款方式保证信息安全，无须将银行卡或银行账户信息外泄；快速性，可立即向有电子邮件地址的任何人进行付款，付款是即时的；便捷性，账户注册快捷，可与包括美国、英国和亚洲、欧洲等 56 个市场包括 20 多种币种买卖交易。目前跨国交易超过 90% 的卖家和超过 85% 的买家认可和使用 PayPal 电子支付业务。PayPal 公司先后与阿里巴巴、麦当劳等公司合作展开第三方支付和移动支付服务。PayPal 的核心业务和支付流程如表 4-4 和图 4-10 所示。PayPal 的盈利模式来自于交易支付中的手续费。收款手续费按照收款金额而定，包括固定费用（银行系统占用费）和浮动比例两部分（见表 4-5）。截至 2014 年 4 月，PayPal 业务支持全球 193 个国家和地区的 26 种货币交易，拥有 1.43 亿活跃注册账号，服务商户超过 1000 万户，平均每天处理 900 万个交易，营收规模达 66 亿美元（雷曜、陈维，2014）。

此外，PayPal 的货币市场基金成立于 1999 年，但到了 2008 年国际金融危机后，美联储零利率政策下 PayPal 货币市场收益率太低，而不得不在 2011 年 7 月选择清盘。PayPal 设置货币市场基金并非为了盈利，而是为了更多地吸引用户沉淀资金、提高用户黏性。尽管 PayPal 的货币市场基金已清盘，但其为全球第三方支付平台树立了一种全新的资金使用模式。

表 4-4　PayPal 的核心业务类型

支付类型	业务类型
互联网支付	1999 年 10 月上线 PayPal 互联网支付 2000 年与金融支付服务公司 X.com 合作，巩固在线支付市场地位 2008 年 1 月收购以色列反欺诈科技公司 Fraud Sciences
移动支付	2006 年 4 月，推出手机文本支付，进军移动支付 2010 年 3 月，推出移动手机支付客户端 2011 年 7 月，收购 Zong，强化 PayPal 移动支付和数字产品领导地位 2012 年 3 月，推出 PayPal Here 全球移动支付解决方案 2012 年 7 月，收购新创公司 Card.io，以获取手机摄像头识别卡片信息的技术，替代 PayPal Here 的三角形读卡器，简化移动支付 2013 年 9 月，收购创新型支付平台 Braintree，以建立移动支付市场全球领导地位 2013 年 9 月，推出购物场景下的 PayPal Beacon 功能，用户通过手机蓝牙而不需任何操作即可完成线下支付

续表

支付类型	业务类型
其他支付	信用支付：2009 年 10 月，上线信用支付功能 Bill Me Later，为 PayPal 用户提供延期支付和推广融资服务 线下支付：2012 年 8 月，与美国金融服务公司 Discover Financial Services 达成合作，并计划 2013 年向美国的 5000 多万活跃用户发放支付卡，拓展线下支付市场

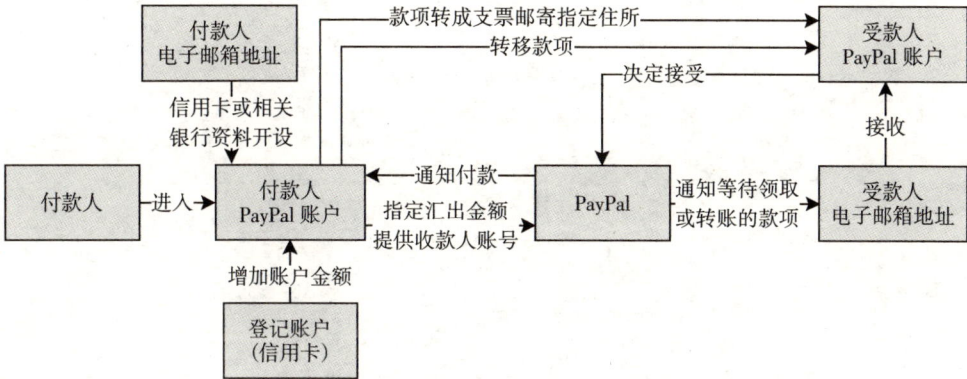

图 4-10　PayPal 的支付流程

表 4-5　美国 PayPal 公司盈利模式

收款金额	收费标准
3000.01 美元以下	3.9%+固定费用（0.3 美元）
3000.01~10000.00 美元	3.4%+固定费用（0.3 美元）
10000.01~100000.00 美元	3.2%+固定费用（0.3 美元）
100000.01 美元及以上	2.9%+固定费用（0.3 美元）

案例 4.5　美国其他第三方支付公司代表

除 PayPal 外，美国其他著名第三方支付公司还有：Authorize.net/Cybercourse.com、Amazon Payments、Google Wallet、Square 等。Authorize.net/Cybercourse.com 类似于中国的银联商务，主要为 Visa 的全资子公司 CyberSource Corporation 提供银行卡收单解决方案，2013 年公司处理业务规模达 1000 亿美元(见图 4-11)。Amazon Payments 基于电商平台 Amazon 而建立，起初是为 Amazon 平台上的电子支付提供服务，后来应用扩展到其他电商平台。

Google Wallet 是 Google 公司于 2013 年 11 月发布的产品，该产品致力于成为客户的电子钱包，不仅能够替代客户的信用卡，还可以收纳各类优惠券和礼品卡，把实物钱包的内容整合进电子钱包里。

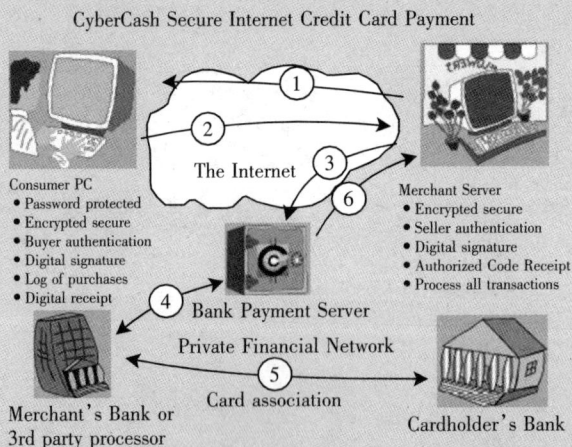

图 4-11 CyberSource Corporation 提供银行卡收单解决方案

此外，采用美国的移动支付公司 Square 刷卡终端的用户数量两年翻倍（见图 4-12）。2011 年底采用 Square 支付的用户已超过 100 万家，到 2012 年 6 月宣布已有 200 万用户，短短 6 个月时间，采用该公司刷卡终端商户数量翻了两倍。2012 年交易额接近 100 亿美元，而 2011 年 6 月，公司曾仅仅预期 2012 年交易额达到 10 亿美元。Square 的盈利模式主要是通过为商户提供收单服务对每笔交易计提一定比例的刷卡费用，然后再与卡组织、发卡机构按一定的比例进行分成；在成本支出方面，主要有刷卡器的硬件成本和团队的开发运营成本。

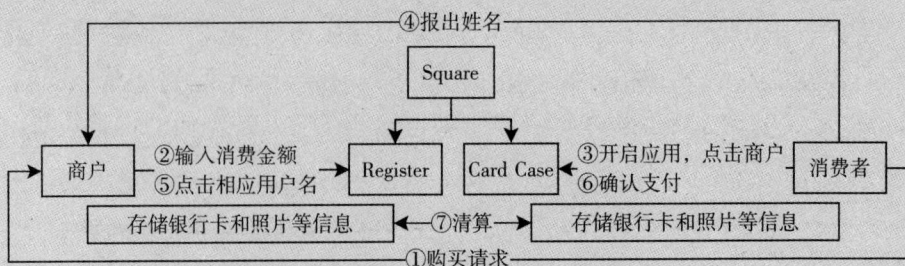

图 4-12 Square Card Case/Register 产品

二、科技进步推动下的支付手段多元化

新兴电子支付创新是互联网金融的起源和核心。对互联网金融而言，通过互联网方式所进行的第三方支付既是资金的入口，也是互联网金融业务的核心和发展的起点。近年来，得益于电子商务的蓬勃发展，全球非银行类第三方支付机构交易规模迅速增长。全球视角下，一方面，非现金支付在中低收入国家大幅扩张，而在发达国家增长相对缓慢（见图 4-13）。[①] 另一方面，根据荷兰在线交易咨询公司 Innopay 所做的市场调查，2013 年全球电子商务活动使用的电子支付笔数已由 2009 年的 151 亿笔增长到 313 亿笔，而其中非银行类支付机构的交易笔数由 2009 年的 9 亿笔增长到 2013 年的 38 亿笔（其占电子支付总笔数的比例也由 6.0% 上升到 2013 年的 12.1%）。通过提供增值服务，帮助商家网站解决实时交易查询和交易系统分析。

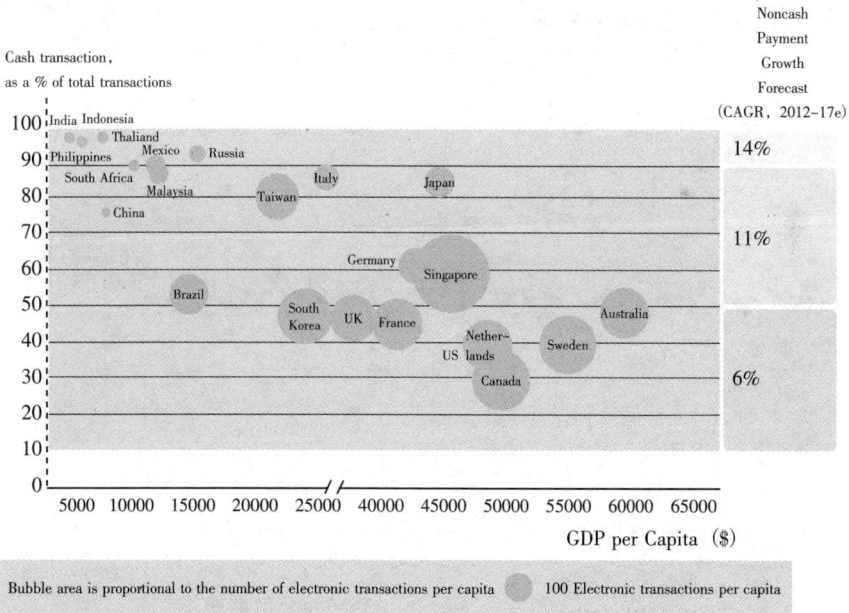

图 4-13　全球非现金支付占比与人均 GDP 及预期增速

资料来源：Menon et al.，2013。

---

① Menon N., Guedeney H., Kittikhoun K. and Narasimhan, S., 2013, "Cash Displacement: The Final Threshold. A. T. Kearney." [Online] Available：http://www.atkearney.com.

伴随科技的不断进步，科技在改变支付，而支付也在不断推动商业模式的创新。在互联网金融模式下，支付、科技和商业模式创新实现了有机结合，支付系统表现为如下特点：第一，所有参与交易的个人和机构都在支付平台上有账户；第二，资金的支付和转移通过互联网来完成；第三，支付清算完全电子化，在整个流程中没有现钞流通。2012 年 Gartner 公布了一份关于 2012~2013 年技术曲线成熟度（Hype Cycles）的报告，根据 Gartner 的预测（见图 4-14），2011~2015 年都将是大数据蓬勃发展的时期。而第三方支付可谓是收集、管理和运用数据进行行业渗透的佼佼者。与 Gartner 预测的技术曲线成熟度相类似，艾瑞咨询集团给出了互联网金融的主要模式在中国所处的不同时期（见图 4-15），相比于其他模式，互联网金融中的支付结算部分已基本处于相对规范的运作期。

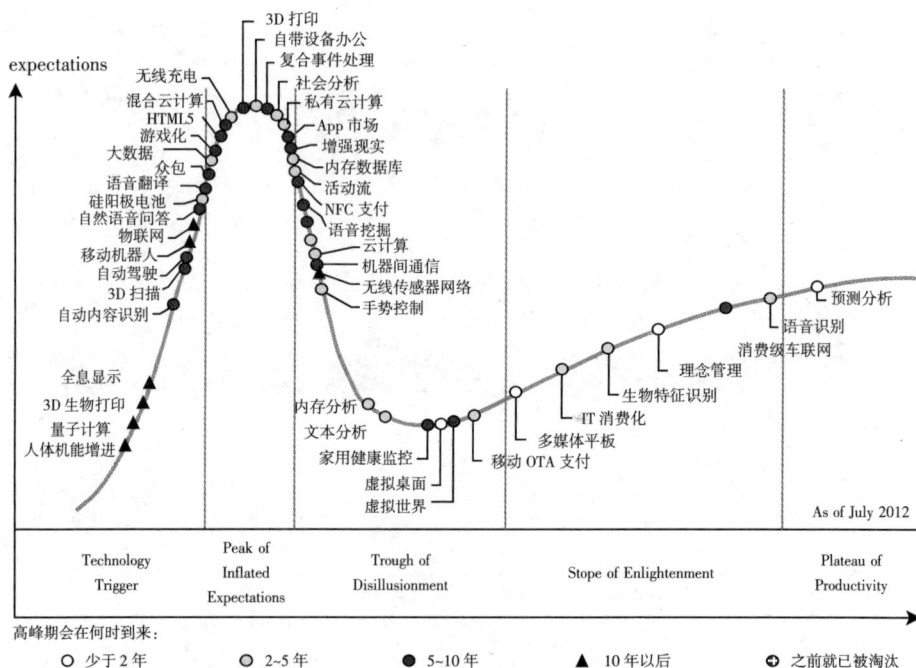

图 4-14　Gartner 预测互联网的发展前景

资料来源：Gartner。

由于第三方支付平台可以对交易双方的交易进行详细记录，第三方支付利用其交易市场建立的用户数据，可以用支付的方式来收集各行业数据。除了一般的网上购物，还扩展到福利管理、差旅管理、资金归集等现金管理业务，以及代扣

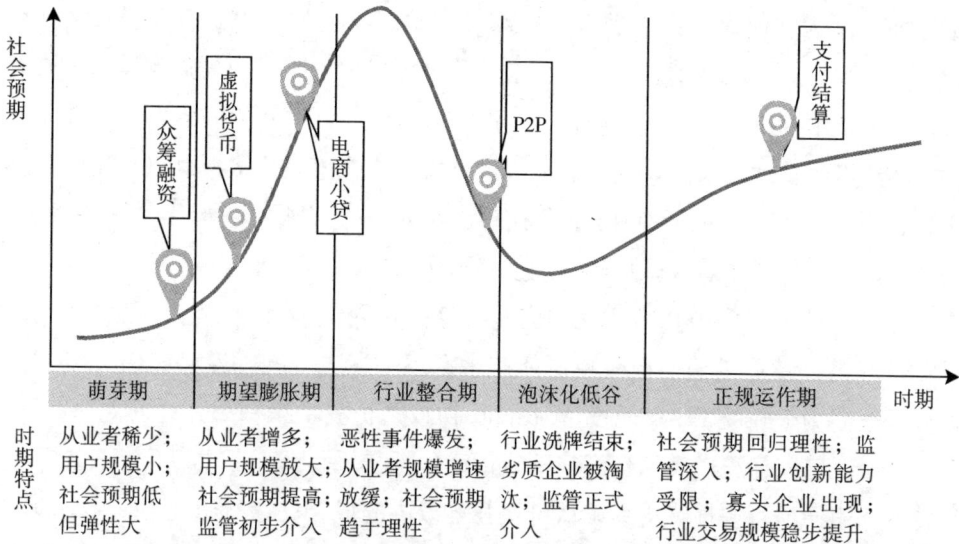

图 4-15　互联网金融主要模式在中国所处不同时期

资料来源：iResearch。

保险费、"保理"、垫付式"流水贷"等金融业务。另外，第三方支付利用其数据资源，通过与其他行业进行合作开发终端、入股其他行业等，深度接触行业，更可能加深行业合作，为其提供定制化行业解决方案。而在移动支付方面，各种技术呼之欲出，更是朝着便捷化、多元化的方向不断发展。以美国最大的支付公司PayPal 为例，其坚定地支持 BLE 技术，并发布了利用 BLE 技术的移动支付硬件设备 PayPal Beacon。与其他产品不同，PayPal Beacon 连接到互联网，顾客支付全程不需要掏出手机，即使信号很差或没有信号也可完成支付。

在互联网支付的创新与发展中，最令人振奋的是移动支付领域的革命性变化。移动支付与移动金融的高速发展，主要还是始于移动互联网时代。随着移动智能设备的普及、移动通信网络的升级以及移动信息技术的发展，移动金融开始在世界范围内迅速推广。虽然韩国、日本由于在电子、通信产品方面的先发优势使得其手机银行业务发展较好，而欧洲、美国由于技术上比较成熟也有着长足发展，但是真正的手机银行创新模式却是在非洲，尤为突出的是我们多次提到的、肯尼亚的 M-Pesa。M-Pesa 于 2007 年 3 月由肯尼亚移动运营商 Safaricom 推出，之后迅速发展，到 2009 年底已有 65% 的肯尼亚家庭通过 M-Pesa 获得金融服务。虽然在技术上 M-Pesa 只是基于比较落后的 SMS 短信形式，但是对于银行网点覆盖面小、基础设施建设落后的肯尼亚来说，M-Pesa 可以极大地扩展金融服务的覆盖面，因为它使得向广大拥有手机却没有银行账户的人提供金融服务成为可能。从中我们也可以看到，对于经济增长与金融发展而言，最先进的技术未必是最适宜的技术，只有成功地运用符合本国要素禀赋结构的适宜技术，才能真正推动实体经济的持续发展。从这个意义上说，发展中国家在发展互联网金融时，不必盲目引进发达国家的所有业态，而应从实际出发，寻找那些看上去未必很美，但却能够以较低成本普及推广的适宜技术形态。

除此之外，与虚拟货币相关的支付清算模式创新，对于 SWIFT 等传统的跨境银行间清算结算组织的模式也可能产生深远的冲击。我们看到，OpenCoin 公司（现改名为 Ripple Labs）创建的 Ripple 协议是世界上第一个开放的支付网络，通过这个支付网络可以转账任意一种货币，包括美元、欧元、人民币、日元甚至比特币，简便易行快捷，交易确认可在几秒以内完成，交易费用几乎是零，没有所谓的跨行异地以及跨国支付费用。Ripple Labs 力压 Lending Club、Bitcoin 等广为人知的互联网金融巨头获得了 2014 年 PYMNTS 创新大赛"最具颠覆性公司"和"最佳新科技"大奖。此外，Ripple Labs 还和特斯拉、谷歌、三星等大公司一同入选了 MIT Technology Review 评选的 2014 年全球 50 大最智慧的公司。按照其联合创始人和 CEO 拉森的话说，Ripple 支付协议使得金融交易如同收发电子邮件一样简单。在 Ripple 协议中，有两个核心概念，一是扮演终端的"网关"，可以是银行、货币兑换商乃至任何金融机构，实际上任何访问 Ripple 网络的商家都可以成为网关。目前全世界仅有 15 家 Ripple 网关。除网关外，Ripple 网络还需要 Ripple 币将各种货币和等价物串在一起。此外，Ripple 网络还是一个共享的公开数据库，数据库中记录着账号和结余的总账，任何人都可阅读 Ripple 网络中的所有交易活动记录。

第四节　互联网对传统金融的改造：货币金融的互联网化

互联网金融的产生与发展，是金融自由化和互联网技术发展成熟共同作用的结果。进入 20 世纪 90 年代中后期，互联网对于金融行业的改造开始加速，发达国家和地区的相关要素发展非常迅速，电子账户与电子货币开始受到青睐，网络银行走向成熟，网络证券和网络保险获得了长足的发展。

一、比特币代表的虚拟货币

据统计，目前互联网上已有 60 多种虚拟货币（作为代表性的虚拟货币，2012 年比特币曾超越国际支付系统封锁，帮助海地和古巴等封锁地区互联网用户购买了服务）。实际上，互联网货币的产生，应该说与互联网数据化发展、数据类产品的产生和交易都密切相关。

早在 1998 年，Dai Wei 就在一个密码学邮件群里提出了一种新型电子货币的思想。后来的比特币实际上体现了这种思想，由集中式的支付清算系统创新为分布式支付清算系统。而 P2P 分布式交易结算系统可用于支付、货币兑换和汇款，支持任何规模的安全、即时、免费的全球金融交易，支持任何法定货币、虚拟货币、商品或其他有价值的物品。

比特币是世界上第一种基于 P2P 分布技术在互联网发行和交易的电子货币。2008 年 11 月 1 日一个自称中本聪的人在 metzdowd.com 的密码学邮件组中发表了《比特币：一种点对点的现代支付系统》，阐述了他对虚拟货币的新构想，2009 年 1 月 3 日他开发了比特币客户端的第一个版本。截至 2013 年 12 月底，已发行约 1200 万个比特币，按 1 比特币可兑换 900 美元计算，总市值超过 100 亿美元（谢平等，2014）。从全球范围来看，围绕比特币已经形成了生产、储值、兑换、支付、消费、相关金融服务的较为完整的产业链，见图 4-16。

作为一种全球通用的加密电子货币，比特币的交易完全交由用户们自治。与大多数货币不同，比特币不依赖于特定的中央发行机构，而使用遍布整个 P2P 网络节点的分布式数据来记录货币的交易。因此，比特币是一种对等网络支付系统和虚拟计价工具，并且没有中心化的清算机构。比特币的这种"去中心化"设计，使其不再需要中央节点的控制，因而具有更好的流通性，可在全球范围内流通而不需要货币兑换机构。

尽管理论上可确保任何人、机构或政府都不可能操控比特币的货币总量，或者制造伪币，但是伴随比特币逐步达到与现实货币的自由兑换，并涉足现实商品和服务的购买且投机炒作开始增多时，也引起了关于比特币的争议。对于比特币，诺贝尔经济学奖获得者保罗·克鲁格曼曾指出，"比特币本身并没有什么价值，但是网络上的投机炒作者（愿意交易这些货币的人）对这种货币提出了需

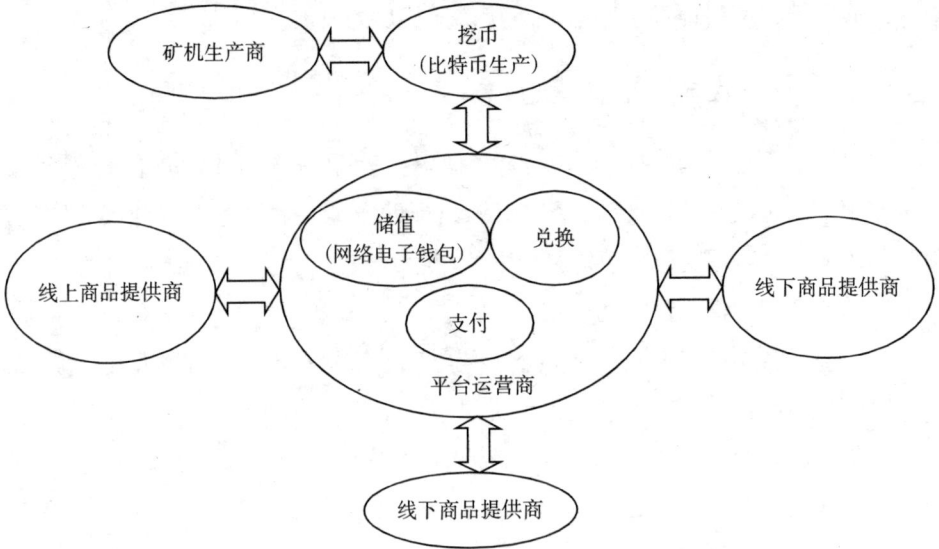

图 4-16　比特币产业链

资料来源：芮晓武、刘烈宏（2014）。

求，这种需求支撑了比特币的价值，也使得更多人想要使用它作为通货。换言之，愿意将比特币和现实货币进行交换并为此承担风险的人，支撑了实实在在利用比特币作为支付工具的人们。但这并不是一个100%令人满意的答案，因为没有人能保证投机者会一直对比特币抱有兴趣，这点就不同于现实货币，因为法律规定了一部分人或机构必须持有美元。"

从比特币的价格走势来看，2013年11月至2014年10月，比特币的价格变化由剧烈波动变得逐渐平缓（见图4-17）。在2013年期间，比特币的价格在最高点和最低点之间有10倍的差距。目前，呈现单边下行趋势。比特币限定发行的数量上限是2100万枚。近年来，比特币的总量不断增长，其总量按设计预定的速率也在逐年增加，但增加速度逐步放缓，并最终将在2140年达到2100万枚极限。2013年12月，摩根大通银行向美国专利局申请了类似比特币的虚拟支付系统专利，这或许预示着一种重要迹象，借助互联网应用的拓展、加深和加速，电子货币和虚拟货币的发展只会越来越快，经过优胜劣汰的自由竞争，最终将出现更加理想的货币形态和更为有效率的发行机制。

（美元）

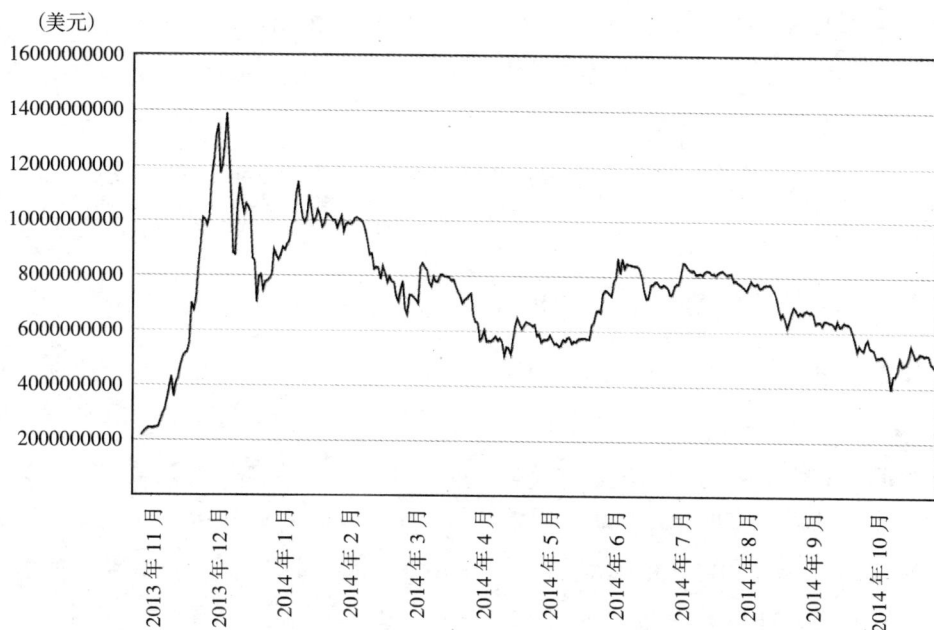

图 4-17　近期比特币的价格变化走势
资料来源：blockchain.info。

在互联网对传统金融的改造下，中央银行货币政策的运行模式受到了很大的挑战，表现为互联网货币的发展出现了打破中央银行对货币发行的垄断的可能性。并且，在互联网货币模式下，货币供给的内生性大大加强，主要是因为互联网货币的发行和流通规律与法定货币有很大不同。此外，互联网货币对金融稳定的冲击和影响，目前主要来自互联网货币兑换法定货币的汇率波动，这在比特币的运行上表现得尤为明显。总之，互联网货币作为货币的一种新形态的萌芽，对货币政策将产生重大影响，也会对物价指数统计和税收计量带来挑战。

除了比特币之外，还有其他一些典型的虚拟货币。例如，莱特币（Litecoin，LTC）诞生于 2011 年 10 月 7 日，是一种基于"点对点"（Peer-to-Peer）技术的网络货币。它基于比特币协议，但又有自己的特点。第一，发行速度更快。莱特币的发行速度是比特币的 4 倍，15 分钟就可以完成 6 次确认，方便商户交易。第二，预计发行总量是比特币的 4 倍，即最终莱特币的数目是 8400 万枚。第三，在工作量证明方面采用 scrypt 算法而不是 SHA256 算法（李钧等，2014）。因此，用莱特币创始人的话来讲，如果比特币是货币世界里的黄金，那么莱特币就是白银。

此外，瑞波币（Ripple 币，又名 XRP）是基于 Ripple 协议的虚拟货币。前文已经提到，Ripple 是世界上第一个开放的支付网络，简便、易行、快捷，Ripple 币是该网络中的基础货币，与比特币相比，其在如下几个领域功能更为强大：①现实与虚拟货币的双向流通；②多币种的 P2P 兑换与支付；③P2P 网络借贷；④个人网络清算。

二、互联网证券与互联网银行

以美国为例，1975 年美国开始佣金自由化，使证券经纪业务竞争加剧，但同时也正是 20 世纪 90 年代互联网技术大发展时期，使得以互联网为媒介的高效、低成本金融服务（特别是证券经纪服务）竞争优势凸显。

前文提到，1992 年出现了纯网络经纪商 E-Trade，1994~1998 年，嘉信理财（Charles Schwab）由折扣经纪商转型为网络经纪商。自此，美国证券业开创了基于互联网的交易模式，拉开了证券电子商务发展的序幕，也是美国互联网金融演变的重要开端。尤其是嘉信理财抓住了第一次互联网浪潮的契机，在竞争中实现了华丽的转型，成为一家具有代表性的"互联网"公司，也是第一家在华尔街上提出"退款"服务的交易公司。嘉信理财公司创始人 Chuck Schwab 认为，通过互联网做交易会成为未来金融交易的重心，大部分人并不需要这些金融公司的专业知识就可以自行操作股票账户。截至 2012 年末，嘉信理财管理的客户资产已超过 2 万亿美元。

进入 20 世纪 90 年代中后期，互联网对于金融行业的改造开始加速，发达国家和地区的互联网金融发展非常迅速，出现了从网络银行到网络保险，从网络个人理财到网络企业理财，从网络证券交易到网络金融信息服务的全方位、多元化的网络金融服务。网络银行走向成熟，网络证券得到长足的发展，电子货币和网络支付开始受到青睐。

目前，网络金融已相对成熟、完善并初具规模；网络金融的服务多元化、全能化、综合化，内容集成度相当高而且创新频繁；网络金融业的参与主体多样化；网络金融业之间竞争激烈，消费者可自由选择适合自己的服务。

案例 4.6 美国的直销银行：ING Direct

美国次贷危机后，ING Direct 集团策略转变：与传统银行融合，向全能银行转变（见图4–18）。在国际金融危机中 ING Direct USA 的巨额损失甚至导致集团经营陷入困境，之后集团出售了加拿大、美国、英国的直销银行。

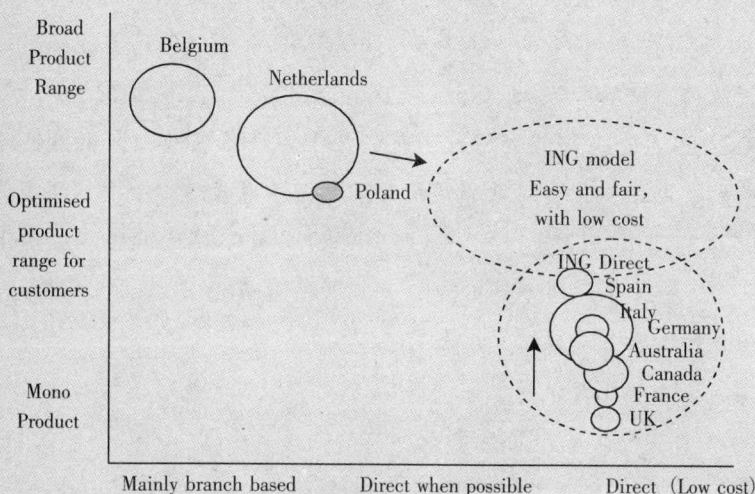

图 4–18 ING Bank 策略转变：坚持简单、公平、低成本

受到金融危机的影响以及在英国出现的问题，ING Direct 客户信心受挫，2008 年之后，西班牙、澳大利亚、法国、意大利、德国、奥地利存款规模均出现缩水。更严重的是 ING Direct USA 证券化资产的损失甚至影响到了 ING 集团的利润和稳定性。2009 年 10 月，ING 集团宣布将出售 ING Direct USA 并且将保险业务和银行业务分离。ING Direct USA 损失的最主要原因是在美国抵押贷款市场风险敞口太大，而这与 ING Direct 的产品主要集中在储蓄类和抵押贷款市场、抵押贷款类产品增长过多有关。ING Direct 能够持续，离不开集团的支持。可以看到，经历了 2008 年金融危机的冲击，ING Direct 开始转变经营理念，追求传统银行和直销银行模式的相互融合，因为多样化是银行抵御风险的一道屏障。

从 2011 年开始集团策略转为将 ING Direct 发展为一家全能银行，但依然坚持从客户角度出发、通过低成本方式提供简单、透明的零售银行产品的理念。ING Direct 在产品设计上强调从客户需求出发去开发产品，这与传统金融机构自上而下的产品设计完全不同，有利于产品被客户接受和推广。

> ### 案例 4.7　德国的直销银行[①]
>
> 随着互联网技术日益成熟和电子商务深入人心，直销银行在德国发展势头迅猛，市场份额逐渐扩大。据统计，2000~2012 年，德国直销银行的顾客数量涨了 3 倍，从 400 万人扩大至约 1600 万人，预计至 2015 年，顾客数量将增至 1820 万人。所谓直销银行，是指几乎不设立实体业务网点，而是通过电子邮件、电话、传真、互联网及互动电视等现代通信手段，实现银行与顾客直接进行业务往来的银行。与传统银行目前广泛开设的"电话银行"、"网上银行"等业务模式不同的是，直销银行是具有独立法人资格的组织，而不是实体银行营销手段的辅助和补充。
>
> 德国首家直销银行是荷兰国际直销银行，其也是目前德国乃至欧洲最大的直销银行。此外，还有巴伐利亚州立银行旗下的德国信贷银行（DKB）、德国商业银行下的康姆德莱克银行（Comdirect Bank）和欧洲第一家纯粹意义上的互联网银行网银（Netbank），等等。借助互联网，德国的直销银行开始大上台阶。总的来看，德国直销银行有以下特点：
>
> 一是主要从事个人金融业务。德国直销银行主要为个人客户提供标准化的金融产品。目前，德国直销银行主要提供以下服务：活期存款及转账、储蓄存款、消费分期付款、网上交易支付、信用卡业务、有价证券投资、房地产融资等。
>
> 二是大多由银行集团控股。德国的直销银行绝大部分都是银行集团的全资或控股的子公司，但这不代表其业务上的从属地位，有些直销银行的盈利额甚至比其母公司都高。
>
> 三是组织结构精简，运营成本低。绝大部分的直销银行都极少或根本没

[①] 王志远：《德国直销银行虚拟运营尚有硬伤》，《经济日报》，2013 年 11 月 19 日。

有实体营业网点，银行后台工作人员直接与终端客户进行沟通和业务往来。有的银行甚至只有区区二三十人就足以维持银行的良好运转，如网银。

四是以"实惠"吸引顾客。由于运营成本低，直销银行主要通过优惠活动招揽顾客。例如，储蓄存款利息更高；无银行卡年费；开户送现金或礼券；提供免手续费取款的信用卡；推行"顾客推荐顾客"的活动，老顾客在其推荐的新客户开户成功后会得到奖励；与门户网站或电商网络合作促销等。

值得注意的是，直销银行的账户数据和资金安全可能会存在隐患。虽然直销银行都非常重视网络安全和信息保密，在客户进行网上转账和支付时，都设置了多重安全屏障，比如个人密码认证、交易码认证、电子口令等，但其公司规模毕竟有限，其安全保障能力也受到了一定程度的质疑。

案例 4.8　日本的 SBI 金融集团[①]

日本的 SBI 金融集团对于"网络革命"和"金融自由化"同时出现对于日本的冲击有着准确的认识。公司领导曾预测未来的金融服务将会出现三个"一"的服务模式：①"一张清单"，将客户需要的不同金融服务的比较在一张清单中呈现；②"一站式"服务，一家金融机构提供广泛的金融服务；③"一对一"服务，客户经理服务对个人客户提供咨询。与此同时，在"网络革命"膨胀的预期下，公司注重基于网络环境的金融世界的构建。此外，SBI 公司较早在日本践行网络证券，通过网络证券的成功进军网络银行和保险业务并广泛开展其他金融相关业务。目前公司的金融服务业务有两大特色：①全能金融服务：以证券、银行和保险为三大支柱，包含了信托租赁等业务，形成了"一站式"提供证券、银行、保险、房贷等各种金融服务组成的独特"金融生态体系"。②广泛的客户基础和国际化战略（见图 4-19）。

---

① 魏涛：《日本互联网券商启示录》，《中信建设投资证券研究报告》，2014 年 3 月。

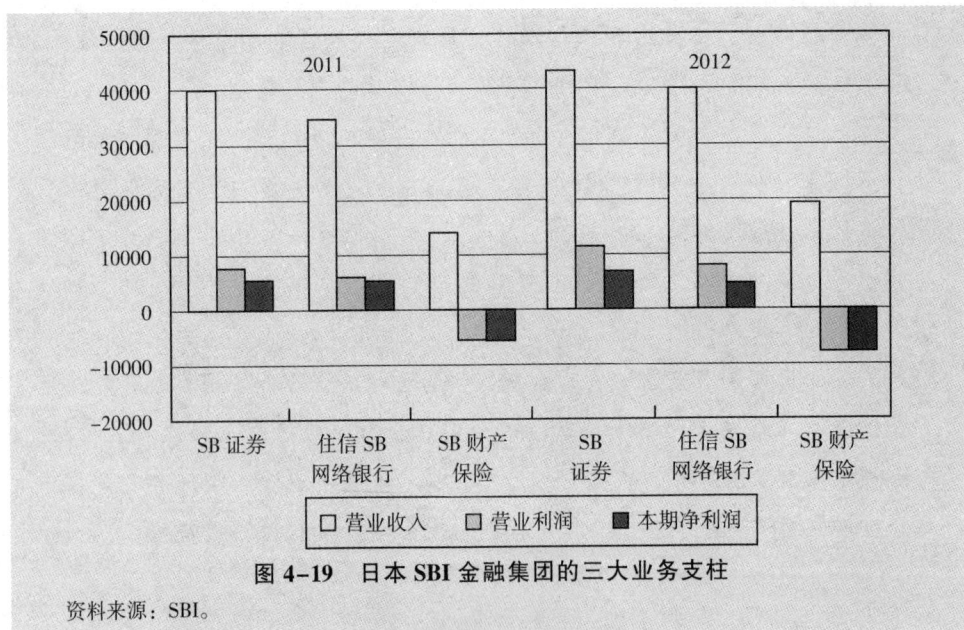

图 4-19　日本 SBI 金融集团的三大业务支柱

资料来源：SBI。

三、互联网对于货币金融体系的其他影响

首先，互联网金融通过与商业实体或流程的更紧密结合，可以在互联网数据开发基础上加速挖掘金融业的商业附加值，从而使不同于传统模式的业务平台和数据分析平台得以开发构建。大数据让线上信用审核、评估变得可能，极大减少了人工审核的繁杂和成本，提升交易效率，降低交易成本。

其次，大数据将个性化服务变得可能，最终将实现智能化、个性化的金融服务。以大数据为本，用互联网的方式，现有的信用体系将逐步发生改变。欧美市场的 ZestFinance 和 Kreditech 利用大数据分析网络交易并行信用评级，极大降低了授信成本。这也将成为缓解潜在的金融危机、控制风险、维护经济发展的一种重要思路，其中当然也孕育着巨大的商机和严峻的挑战。

案例 4.9　大数据下的信用背书："一切数据都是信用数据"

美国的 ZestFinance 公司，提出"所有的数据都是信用数据"的理论。ZestFinance 大量采集用户在社会媒体上留下的数据，从中对用户的信用进行判断，预测用户拖延还贷的概率。在 ZestFinance 的分析模型中大约有 7 万个变量，其中包括第三方支付数据和网络上获取的数据。通过充分获得这些数据以及大数据挖掘分析，信息不对称性得以大幅下降，信用价值也借此得以很大的释放。ZestFinance 在 2012 年 1 月 B 轮融资获得了 7300 万美元的风险资金，在 2013 年 8 月 C 轮融资中获得了 2000 万美元资金，其领头人为全球第三方支付平台 PayPal 联合创始人彼得·泰尔。除了 ZestFinance，Zebit、AvantCredit 和 Kreditech 等公司也提供类似的方法。ZestFinance 的数据模型大致可分为以下步骤（见图 4-20）：

- The model starts by considering thousands of variables.

- Model computes implicit relation-ships, transforms best variables into most useful form.

- Transformed variables are combined into meta-variables describing specific aspects of a borrower.

- Meta-variables are fed into different models, each with a different "skill".

- Each model "votes", scores ensembied for a final decision.

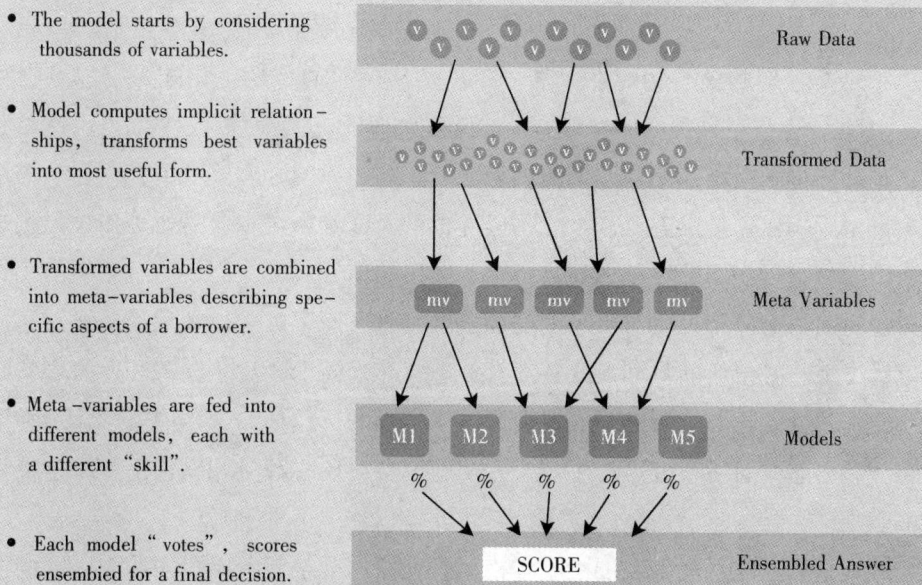

图 4-20　美国 ZestFinance 的数据模型

资料来源：ZestFinance。

第一步是收集最初的原始数据（即原始的变量），进而挖掘数以千计的不同的变量；第二步是在数据模型中转化这些原始数据，将其变为可用的格式；第三步是将转化好的变量整合成宏变量，用以描述申请借贷者的某些特征；第四步是宏变量进入具有不同功能的模块；第五步是每个模块各自打分，最后汇总得分。通过寻找原始变量之间的一些关联性，在关联性的基础上将这些变量重新绑定成一些比较大的变量，然后将这些大的变量放入不同的分立的数据模型进行处理。每一个分立的数据模型给出一个分立的结论，再把这些分立的结论绑定，最终整合成一个自有的信用分数。因此，这个信用分数是基于大量的海量数据、大量的社交网络数据、大量的非结构化数据的一个处理。一方面它依赖结构化数据，但是另一方面它导入了大量的非结构化数据。

类似的是，作为互联网企业的 AvantCredit 也充分运用机器学习算法来实时评估客户信用的可靠性。贷款整个过程在网上仅需 5~10 分钟就可以完成。此外，融资者可以将抵押物邮寄给网络典当公司 Pawngo，便可获得为期 3~6 个月的贷款。

总之，金融的核心功能在于通过市场实现资源的跨期优化配置，以及在支付、风险、信息等方面的服务功能；互联网的本质在于通过连接，实现互联互通，降低成本和提高效率。两者相结合之后，在互联网金融模式下，①对市场结构会产生影响：资金供需双方可能不经过银行、证券公司和交易所等传统金融中介和市场，直接在网上发行和交易贷款、股票、债券等，从而使金融系统演化的速度加快，格局复杂。②对市场制度和金融监管会产生影响：在现代信息技术发展驱动下，金融市场的盈利模式、经营业态、客户需求、竞争模式和监管规则都发生了根本性变化。③对宏观经济政策会产生影响：例如，互联网货币作为货币的一种新形态，对货币政策产生重大影响，也会对税收计量和物价指数统计带来挑战。

综观全球互联网金融发展的基本格局，互联网金融起源于金融业对互联网工具的应用，从金融业开始运用互联网为客户提供金融产品和服务，发展到金融与互联网相融合，专业的互联网金融业态开始正式出现，再到互联网金融加速发展，进一步推动金融业态发生改变。[①]

参考文献

艾瑞咨询：《海外第三方支付企业研究报告——PayPal》，2013 年 9 月 10 日。

曹红辉、李汉：《中国第三方支付行业发展蓝皮书（2011）》，中国金融出版社，2012 年。

---

① 姚文平：《互联网金融》，中信出版社，2014 年。

戴志锋等：《解构互联网金融实战：探寻金融的"风口"》，经济管理出版社，2014 年。

龚映清：《互联网金融对证券行业的影响与对策》，《证券市场导报》，2013 年第 11 期。

胡吉祥、吴颖萌：《众筹融资的发展及监管》，《证券市场导报》，2013年第 12 期。

鲁政委：《互联网金融监管：美国的经验及其对中国的借鉴》，《金融市场研究》，2014 年第 6 期。

刘志坚、吴珂：《众筹融资起源、发展与前瞻》，《海南金融》，2014 年第 6 期。

李钧、龚明、毛世行、高航：《数字货币：比特币数据报告与操作指南》，电子工业出版社，2014 年。

雷曜、陈维：《互联网时代：追寻金融的新起点》，机械工业出版社，2014 年。

马梅等：《支付革命：互联网时代的第三方支付》，中信出版社，2014 年。

任高芳：《美国第三方支付监管体系对我国的启示》，《金融发展评论》，2012 年第 10 期。

谭磊、宋海旭：《盛宴背后——解密互联网金融》，电子工业出版社，2014 年。

王国刚：《互联网金融辨析》，《中国社会科学院金融研究所金融论坛》，2014 年 10 月 17 日。

魏涛：《日本互联网券商启示录》，《中信建设投资证券研究报告》，2014 年 3 月。

魏涛、刘义、郭晓露：《互联网金融：路在何方?》，《中信建设投资证券研究报告》，2014 年 3 月。

谢平：《互联网金融报告 2014：通往理性繁荣》，博鳌观察、陆金所，2014 年。

谢平等：《互联网金融手册》，中国人民大学出版社，2014 年。

徐子奇：《第三方支付风险管理的国际经验及启示》，《金融时报》，2014 年 10 月 27 日。

许敏敏：《互联网金融研究系列之 P2P 贷款 Lending Club》，《安信证券研究报告》，2014 年 3 月。

姚文平：《互联网金融》，中信出版社，2014 年。

宗良：《全球互联网金融呈三大发展趋势，中国银行业传统模式面临变革》，《证券日报》，2013 年 10 月 25 日。

郑联盛：《中国互联网金融：本质、模式、影响与风险》，《国际经济评论》，2014 年第 5 期。

Menon N., Guedeney H., Kittikhoun K. and Narasimhan, S., 2013, "Cash Displacement: The Final Threshold. A.T. Kearney". [Online] Available：http://www.atkearney.com.

第五章

国外互联网金融的法律
基础与监管模式

通过前面章节的分析，我们看到互联网金融是借助于互联网技术、移动通信技术实现资金融通、支付和信息中介等业务的新型金融模式，其存在的意义、对传统金融行业的冲击，以及对金融稳定甚至对货币政策等的影响，都存在重大的不确定性，学界对此亦众说纷纭。

无论如何，互联网金融正以其独特的经营模式和价值创造方式影响着传统金融业务，逐步成为整个金融生态体系中不可忽视的新型业态。在本书的第一章，我们强调了互联网金融体现在互联网对于金融制度、金融机构、金融工具、金融市场和调控机制所产生的影响与改变。笔者认为，目前互联网金融存在三个重大的争论点（郑联盛，2014）：一是互联网金融对传统金融体系的影响问题，互联网金融是否具有"颠覆性"。二是互联网金融的风险问题，即互联网金融是否会引发系统性风险。三是互联网金融的监管问题，涉及是否需要监管、如何监管以及监管主体等问题。在中国，由于互联网金融是最近一段时间才发展起来的概念，其业务形态亦存在诸多的创新性，但是作为一种创新，互联网金融的风险及其监管成为更为重要的议题。

目前，中国的金融监管体系虽然已经针对互联网金融的演变而有所应对，但是，整体上看金融监管已经滞后于实践发展。应该说，互联网金融对监管体系带来诸多挑战：一是互联网金融深化了金融业综合化和混业化经营趋势，而现有监管体系是分业监管模式且以机构监管作为基础，从而可能呈现混业经营趋势和分业监管体系的制度性错配。二是由于互联网金融的创新性强，所以可能存在较为明显的监管漏洞和监管空白。三是互联网金融的信息化程度和科技含量高，跨界特征明显，对现有监管体系的及时性、针对性、有效性和完备性提出了挑战。四是互联网金融的虚拟性导致监管的稽核审查或现场取证等面临技术性困境。由此来看，在鼓励互联网金融发展的同时，互联网金融监管缺位的问题应该得到正视。

通过学习国外互联网金融的监管经验，将为国内互联网金融及相关业务的有效监管提供重要参考依据。本章主要介绍国外互联网金融的监管问题，[①] 主要介绍部分发达经济体和新兴经济体对互联网金融的监管，特别是第三方支付、P2P网络借贷、众筹以及虚拟货币等的监管进展及其相关法律规范，最后提出国外互联网金融监管对中国的启示，及对完善中国互联网金融监管的政策建议。

第一节　美国互联网金融的监管经验

从定义上讲，在美国，互联网金融并没有明确的概念，正如本书前面分析的那样，互联网金融通常有网络金融、在线金融、电子金融等相关的称谓。从发展经验看，美国实质上是互联网金融发展的鼻祖。目前，美国基于互联网的新型支付体系、新型贷款模式以及新型筹资模式等都已蓬勃发展起来。但是，从美国互联网金融的发展历程及其与传统金融业务的关联上看，互联网金融并没有完全成为一个独立的金融业态，也没有改变美国金融体系的架构及功能。

互联网金融发展离不开法律的保障。美国联邦政府对互联网金融产业进行有效监管的前提是其善于顺应金融市场的变化，审时度势，适时出台法案，为互联网金融产业的发展保驾护航。

美国的法律对金融产品尤其是金融创新产品的规制相当完善、极其严苛，这保证了行业主体的规范运作以及行业整体的稳健发展。根据我们所关注的互联网金融形态和要素，美国对于互联网金融的主要监管法律有《债务公平催收法案》、[②]《多

---

① 由于在国外实际上并没有互联网金融的概念，更多是网络金融、电子金融以及第三方支付等相对更为明确的概念，而互联网金融则是中国国内对这些基于互联网的金融服务的一个笼统界定。为了论述方便，我们不区分国内外的定义差异，并且按照本书前面所归纳的互联网金融业态和要素进行重点比较分析。

② 《债务公平催收法案》自1978年3月20日正式生效，该法案旨在规定和约束债务追讨和催收行为，保护消费者信贷的合法权益。

德—弗兰克华尔街改革与消费者保护法案》（以下简称 《多德—弗兰克法案》）、①《金融服务现代化法案》、②《公平信用卡支付法案》③ 及《企业振兴法案》④ 等。

互联网金融具有主体多元性、业务交叉性、技术依赖性、缺乏稳健性的特点，风险方面具有瞬时爆发性、极度渗透性、交叉感染性、隐蔽性的特点，这使得互联网金融不仅存在传统金融的各类风险，如信用风险、流动性风险、政治风险、操作风险，还具有特殊的技术风险和业务操作风险以及法律风险。虽然，互联网金融在美国没有成为真正独立的业态，但是美国金融监管当局仍然对互联网金融相关的业务进行较为规范的监管。本节以互联网金融的业务模式为主线，对美国互联网金融相关的监管体系进行梳理。

一、美国对 P2P 网络借贷平台的监管

1. P2P 网络借贷的风险问题

从网络借贷平台发展模式看，基于互联网的信用媒介及其活动有其特定的风险：一方面，网络借贷有其基于技术层面的相关风险。一是信息泄露、身份识别、信息掌控与处理等互联网金融特有风险。二是第三方资金存管及其可能的资金安全问题。三是潜在的重大技术系统失败及其可能引发的金融基础设施风险。四是潜在的操作风险，基于人为和程序技术的操作风险更为凸显。最后是人数巨大的消费者利益侵犯与权益保护问题 （商建刚等，2013）。

另一方面，网络借贷仍然没有脱离金融的本质，存在发生重大金融风险的可能性。一是信息不对称风险。互联网金融的虚拟性使得身份确定、资金流向、信用评价等方面存在巨大的信息不对称性，甚至所谓的大数据分析可能导致严重的信息噪音 （许荣等，2014）。二是信用风险。虽然 P2P 平台具有信用风险识别功能，但是与传统金融机构相比，其信用风险识别和管理能力要差。三是流动性风险。由于互联网金融的技术性、联动性、跨界性和资金高速运转可能引发资

---

① 《多德—弗兰克华尔街改革与消费者保护法案》于 2010 年通过，被认为是 20 世纪 30 年代以来美国改革力度最大、影响最为深远的金融监管改革法案。

② 《金融服务现代化法案》规定，金融机构应当确保客户数据安全，将数据保存在隐蔽的媒介中，必须采取特定的安全措施来保护数据存储以及传输安全。

③ 《公平信用卡支付法案》旨在保护消费者在信用卡消费中的一些合法权益。在网络金融消费者保护方面，该法案起到了巨大的作用。

④ 《企业振兴法案》于 2012 年 4 月，由美国总统奥巴马签署。该法案基于美国强大的征信系统和良好的证券监管机制，划定众筹融资参与各方的权利与义务，以达到保护投资者和促进投融资的双向平衡。

金链条断裂，导致流动性风险。四是法律与政策风险。由于网络借贷等创新步伐较快，同时部分业务是在美国现有政策、法律和监管体系之外，政策调整和法律完善将是一个必然过程，网络信用业务将面临日益严重的法律与政策风险问题（冯娟娟，2013）。为此，美国亦对 P2P 网络借贷进行了相应的适度监管（见表 5-1）。

表 5-1　美国主要营利性 P2P 风险状况

风险	特征	表现
信用风险	由于借款人违约而导致的潜在财务损失	放款人在 P2P 平台上购买的收益权凭证没有第三方抵押、担保或保险
		如果对应的借款人贷款违约，由于追偿费用及其他交易成本，放款人很难足额索回本金和预期利息，很可能无法收回期初的所有投资
		如果放款人决定将其投资全部集中在单一收益权凭证上，其投资回报将完全依赖于单个贷款的信用表现
操作风险	由于平台内部程序、人员、系统等的不完善、失灵或外部事件冲击导致的潜在财务损失	P2P 贷款平台一般难以核实借款人提供的全部信息，而导致信息不准确或没有正确反映借款人的信用水平
		P2P 贷款平台运作时间短，掌握的贷款历史数据极为有限，平台的信用评级系统可能无法全面、准确地预测贷款的真实信用水平，实际贷款违约情况和违约率可能与预期水平不相符
		一旦借款人违约，放款人只能依靠 P2P 平台或其委托的第三方收款机构来索取款项，自身难以亲自追索权益
		借款人持有的收益权凭证一定意义上不是对应贷款的债权证明和利息收入票据，贷款人拥有的权利存在重大不确定性。如果 P2P 平台违约破产，收益权凭证的兑付可能受到限制、暂停甚至终止
流动性风险	由于无法及时现变资产而导致的潜在财务损失	收益权凭证对应于每个 P2P 平台，不同平台之间的收益权凭证无法流通，同一个平台亦限于放款人之间的流通
市场风险	金融市场相关价格大规模变动造成的资产或负债的价值变化，从而导致的损失	金融市场的利息变动会导致借款人行为变化，比如利息降低，借款人将可能提现还贷，贷款人收益降低；利率大幅提高会导致贷款人所持有的收益权凭证的价值受损
法律风险	由于对相对法律的理解或遵守存在偏差而导致的风险	P2P 贷款是一种新兴的贷款和投资模式，如果监管机构或者法院对收益权凭证及其税收政策存在不同的解释，贷款人可能会面临不同的税负以及其他的相关法律风险

资料来源：GAO（2011）、陈敏轩等（2013）。

2. 美国对网络借贷平台的监管框架

美国 P2P 的发展被业界视为典范，在行业发展历程中，监管当局较早重视并介入，此后相继完善了行之有效的法律规则和规范。美国 P2P 借贷行业保持了很高的活跃度，但并没有乱象丛生。美国对 P2P 网络借贷模式的监管，主要集中在金融消费者权益保护上。联邦政府主要通过现有的、较为完善的法律规范对 P2P 平台进行监管，以充分保护金融消费者的合法权益，规避潜在的系统性金融风险。

P2P 网络借贷在美国最主要的监管主体是美国证券交易委员会（SEC）。在美国，一般的信贷业务监管主体主要是美联储和联邦储蓄保险公司（FDIC）。基于互联网的 P2P 网络借贷业务的监管主体与一般信贷业务不一样，主要是由美国证券交易委员会来监管。这其中的原因，在于美国两大网络借贷公司 Prosper 和 Lending Club 的运作模式。

收益权凭证是两家大型网络借贷平台运作的核心要件，这决定了网络借贷平台的监管主体归属。Prosper 和 Lending Club 组建 P2P 平台，该平台具有两大功能：一是对借款人进行筛查和信用等级评定。由于美国信用体系发达，而且两个平台都要求借款人必须实名认证，P2P 平台可以容易地获得借款人的信用信息，并据此进行信用等级的评定，以筛选出信用风险较好的借款人。二是对放款人进行基本的身份确认以及相关的资产及收入证明，同时对放款人发放与贷款申请相对应的收益权凭证（Notes）。有了这个收益权凭证，放款人实际上并不是直接向借款人发放贷款。放款人在获悉借款人信用信息及借款信息之后，可以购买基于特定借款人贷款相对应的收益权凭证。放款人确定了可以贷出的规模并购买相应的凭证之后，将凭证转让给一家实体银行（WebBank），该银行会及时核实、备款和放款给对应的借款人。这个过程相当于 WebBank 收购了 P2P 平台发行的收益权凭证，将贷款卖给了 P2P 平台中的放款人，而实现了放款人通过 P2P 平台对借款人的贷款。WebBank 是 FDIC 体系下的犹他州银行，但是本质上 WebBank 银行并没有拥有对借款人的权益，亦不承担违约风险。这两个平台的核心在于收益权凭证，而收益权凭证类似于债券，具有证券的本质属性，为此接受美国证券交易委员会的监管（陈敏轩等，2013）。Prosper 和 Lending Club 在美国证券交易委员会进行登记，属性为证券经纪商。① 但是，两家机构刚开始并没有对其收益权凭证进行注册登记，其后被美国证券交易委员会认定为非法，即违反证券交易法第五章，出售未经注册的证券产品。2008 年 9 月 Prosper 的业务被暂停，直到

---

① 美国这两家主要 P2P 平台公司的登记是在金融监管部门完成的，而国内目前主要是以信息中介平台的性质出现，注册登记是在工商部门完成。

2009 年 7 月产品登记生效才重新开始进行网络借贷业务。同样，Lending Club 在 2009 年 4~10 月亦暂停出售收益权凭证（GAO，2011）。

在联邦层面，联邦存款保险公司和联邦贸易委员会（FTC）[①] 对 P2P 业务亦存在一定的监管或管理职能。FDIC 的监管主要是通过对 WebBank 的监管实现的。由于网络借贷平台涉及借款人和贷款人的海量私人信息，FDIC 还要求 WebBank 银行要遵循金融隐私条例。同样，联邦贸易委员会指出，Prosper 和 Lending Club 所进行的金融活动尚未确定是否为《金融服务现代化法案》中的金融机构活动。但是，如果这两家公司没有被其他监管部门管辖，那么根据联邦贸易委员会法案它们就归 FTC 管辖，主要需观察其是否涉及不公平交易。

联邦层面针对 P2P 网络借贷的监管框架实际上也在动态变化之中。根据 GAO 的报告，在《多德—弗兰克法案》实施之后，美国消费者金融保护局（CFPB）将逐步履行其消费者保护职能，可能通过现有法律或者新的法律规范来监管 P2P 平台及其贷款。消费者金融保护局将会根据《多德—弗兰克法案》对网络借贷平台所提及的"受保护人群"和"其他消费者金融产品和服务市场的大型参与者"进行界定，未来 P2P 平台和放款人等可能将是消费者金融保护局的监管对象。这样，将形成一个美国证券交易委员会为主要监管者，FDIC、FTC 和 CFPB 共同参与、协同监管的局面。[②]

P2P 网络借贷的监管同样是一个双层监管体系，与美国整个金融监管架构相一致。在美国证券交易委员会登记之后，网络借贷平台公司还必须在特定的州政府进行登记，并申请营业许可，特别是发售收益权凭证的业务许可。在州政府监管层面，主要遵循《1933 年证券法案》，如果不是在全国证券交易所上市的公司所发行的债券，就不能免除在各州登记的义务。由于两大网络借贷平台公司所发行的收益权凭证实际上是一个基于交易便利而创新出来的一种证券，必须在要开展业务的各州逐一进行登记。当然，遵循 1997 年克林顿政府对于促进电子商务发展的法案精神，两大网络借贷公司在各州的登记基本是程序性的。

持续信息披露机制是美国网络借贷平台监管的核心机制。作为 P2P 网络借贷的监管主体，美国证券交易委员会坚持动态信息披露原则，并依此作为监管的核

---

① 实际上，FTC 并不是一个金融监管机构，而是一个执法机构。
② 这个方案也是 GAO 向国会提交的建议之一，且为倾向性建议。

心机制。

第一，SEC 要求 P2P 网络借贷平台要对所发行的收益权凭证和对应的借款信息做全面的披露，并且信息变更需要进行动态披露，从而形成一种"持续的信息公开披露机制"。这使得网络借贷平台业务透明化、规范化和合规化，从而提高了信用风险的定价基础，以利于放款人进行较为充分的风险识别。第二，美国证券交易委员会对 P2P 网络平台的发行说明书及其相关的材料进行审核，以保障投资者能够获得决策的信息。如果网络借贷平台发行说明书的遗漏、错误、误导等引致损失，投资者可以对其进行追责（沈良辉等，2014）。第三，监管部门要求借款人的信息真实性要高，同时要求交易必须公平。

表 5-2　美国 P2P 相关的消费者保护法律

法律名称	相关条款
Truth Lending Act 诚信信贷法案	贷款人就贷款的条件和信贷交易提供统一、可理解的信息披露；监管贷款宣传，给予借款人及时获知信息披露和信贷处理方式等权利
Equal Credit Opportunity Act 平等信用机会法案	禁止债权人基于信贷申请人的下列信息而歧视对待：种族、肤色、宗教、国籍、性别、婚姻状况、年龄、申请人是否根据联邦消费者信用保护法或任何国家适用的法律恰当行使权利、申请人的收入是否来自公众援助计划等
Service Members Civil Relief Act	给予在军队服务的借款人一个利率上限，运行现役军人和有任务的预备役军人暂停或推迟某些民事义务
Fair Credit Reporting Act 公平信用报告法案	贷款人必须处于经许可的用途才能获得消费者的信用报告，要求个人向信用部门提供正确的信息；贷款人拒绝信贷申请人的话，必须根据信贷报告中的公开信息披露进行；贷方被要求发展和落实一套防盗窃信息程序
Federal Trade Commission Act 联邦贸易委员会法第 5 条	第五节：禁止不公平或者欺诈性的条款和做法
Gram-Leach-Bliley Financial Modernization Act 金融服务现代化法案	限制金融机构将消费者非公开个人信息透露给非关联第三方，要求金融机构知会客户其信息共享机制，并且告知客户，如果客户不希望他们的信息被无关联第三方机构获知，他们有权选择退出
Electric Fund Transfer Act 电子资金转账法案	给予消费者在使用电子转账从银行账户中汇入或者汇出资金的权利
Electronic Signature in Global and National Commerce Act 全球及国内电子签名商业法案	允许使用电子记录或电子签名来创设有法律约束力或执行力的协议，要求在消费者交易中使用电子记录或电子签名的商业行为必须预先征得消费者同意
Bank Secrecy Act 银行保密法案	要求金融机构执行反洗钱程序，使用消费者身份确认程序，筛选个人财产被冻结或其公司被禁止进行交易的个人名单
Fair Debt Collection Practice Act 公平债务催收法案	对涉及消费者债务的第三方债务收款机构提供了指引和作出了限制，禁止在催收过程中使用威胁、骚扰和侮辱性行为

资料来源：陈敏轩等（2013）。

二、美国对众筹融资的监管

2012 年 4 月 5 日,《创业企业融资法案》(Jumpstart Our Business Startups Act, 以下简称《JOBS 法案》) 经美国总统奥巴马签署后正式生效。众所周知,美国 1933 年颁布的证券法 (《Securitiesact of 1933》,以下简称《1933 年证券法案》) 和 1934 年颁布的证券交易法 (《Securities Exchange Act of 1934》,以下简称《1934 年证券交易法案》) 堪称世界各国证券市场监管立法中的典范。而 《JOBS 法案》 正是针对《1933 年证券法案》和《1934 年证券交易法案》中的部分条款的修订, 旨在为中小企业特别是初创企业的融资提供便利,扩大融资途径,创造更多的就 业机会,因此倍受各方关注。

1.《JOBS 法案》出台的背景

金融危机爆发后,全球的创业者越来越难通过银行、基金等传统融资渠道获 取资金,因而面临着资金短缺的困境。与此同时,随着互联网科技和社交媒体应 用的迅速发展,促进了创新理念的快速传播,也促使众筹这一金融创新模式变 得越来越可行且更具社会价值。众筹模式以欧美国家为中心兴起后,迅速扩散 到世界各国并发展成为可持续的商业模式,让更多的个人或小微企业作为拥有 创造能力的筹资者,以公众集资门户网站为平台发布自己的项目进行筹资成为 了可能,同时也为拥有资源的一般金融消费者提供了作为投资者直接参与金融 活动中的机会。

《JOBS 法案》通过放宽金融管制,简化融资手续,从而支持并促进中小企业 特别是科技创新型企业的发展。该法案的出台虽经历了一系列的波折和铺垫,但 共和党与民主党两党在支持中小企业发展、增加就业岗位、恢复美国经济方面有 着共同的目标,这促使两党在该法案的审议上最终达成了妥协。同时,该法案还 得到了奥巴马总统的支持,因而在下议院的委员会审议结束后,短短不到一个月 之内,《JOBS 法案》便迅速取得了上下两院的表决通过。奥巴马总统和联邦议会 将《JOBS 法案》定位为紧急就业促进政策中的一环,但在该法案通过之初,社会 各方对于该法案是否真能如期直接为新增就业机会作出贡献也表示了质疑。

回顾《JOBS 法案》的制定颁布历程,则要从 2011 年 9 月奥巴马总统提出的 促进新增就业岗位的法案 (《American Jobs Act》,以下简称《就业法案》) 谈起,该 法案的英文缩写很巧合的也是 "JOBS Act",因此单从字面表述上看,《JOBS 法案》很容易和较早颁布的《就业法案》发生混淆，而事实上这两部法案也确实存在着内在相关性。追根溯源，在 2011 年的《就业法案》中就已经包含了 2012 年《JOBS 法案》的基本构思。这些基本思想作为《就业法案》的一部分，和其他与就业相关的若干措施，比如为了促进就业而实行的减税、失业保险领取期限的延长、公共事业的扩充等共同构成了《就业法案》的配套措施。然而，令人深感遗憾的是，由于与《就业法案》相配套提出的增税议案等遭到了占议会多数席位的共和党的反对，这部《就业法案》也受此影响拖累而最终没能得以生效实施。虽然《就业法案》就此夭折，但其中的一部分内容却有幸得以保留了下来，并被抽取出来分别作为多部单行法案提起了审议，而《JOBS 法案》就是其中为数不多的审议得到通过并最终生效的法案之一。

就此意义而言，《JOBS 法案》经历了诸多波折才得以迂回出台生效，实属不易，甚至可以称得上是侥幸得以存活。但与此同时，《JOBS 法案》的出台也可以说是十分幸运的。之所以这么说，是因为该法案被提出之时，恰逢与其有着相似内容的其他法案正在科技创新型企业的创业者和出资者等多方支持的大背景下被先后提出，这为《JOBS 法案》的最终出台形成了有利的铺垫。这些法案包括下议院版的《企业融资法案》（《Entrepreneur Access to Capital Act》），上议院版的《民主化融资法案》（《Democratizing Access to Capital Act》）。仅从法案的名称上就足以看出这些法案都旨在促进融资的便利化、简易化和民主化，都是为了改善新兴企业的资金筹措。正因为这些法案均得到了社会各界的广泛支持且相关审议程序也在积极推进之中，所以《JOBS 法案》才能借此东风而顺利出台。

2.《JOBS 法案》概要

在通过众筹方式向新兴成长型企业提供资金的模式迅速普及扩张的趋势下，前述的《企业融资法案》是最先把参与众筹业务的天使投资人和风险投资人的诉求加以汇总之后所提出的法案。这部法案与在同一时期被审议的上议院版的《民主化融资法案》等相类似。《JOBS 法案》充分借鉴和采纳了这些由天使投资人和风险投资人基于他们的实务经验所提出的非常具体而翔实的诉求。

《JOBS 法案》从形式上而言，可以说是对《1933 年证券法案》、《1934 年证券交易法案》以及 2002 年萨班斯法案（《Sarbanes-Oxley Act》，以下简称《SOX 法案》）的修改，其内容可分为两大部分。

第一部分是放宽对非公开融资的限制，认可投资型股权众筹模式的合法性。

这一部分主要是针对利用 Facebook 等社交媒体网络或 Kickstarter 等集资门户网站为平台从众多投资者手中筹集创业所需资金，即针对利用众筹手法通过非公开股票的发行进行融资的模式作出了相关规定。《JOBS 法案》在完善众筹制度的同时，也对满足特定条件的发行人放宽了部分限制，达到收放并施。例如，《JOBS 法案》明确规定提供众筹平台服务的中介机构负有向证券交易委员会（以下简称SEC）进行登记注册的义务。与此同时，针对满足特定条件的发行人，该法案规定免除其向 SEC 的登记注册义务，并且还对《2002 年上市公司会计改革以及投资者保护法》所规定的关于企业内控的各项义务予以了免除。

第二部分可称为是对 IPO 的减负。针对年收入总额未达到规定额度的企业利用 IPO 公开发行新股的情况，《JOBS 法案》将其定位为"新兴成长型企业"，即作为《JOBS 法案》的调整对象，规定对其免除《SOX 法案》所规定的各项义务，并针对通过股票融资的筹资额和股东人数均较少的公司也同样豁免其向 SEC 的登记注册义务。

在《JOBS 法案》的审议过程中，该法案强调通过放宽管制为企业和投资者双方提供便利，然而从保护投资者的观点来看，对此还存在诸多质疑，因此致使美国上下两院的意见出现了分歧而处于对峙状态。下议院主张应大幅放松监管，在《JOBS 法案》的审议案中提出了免除众筹中介机构向 SEC 的登记注册义务等一系列规定，但这些提案遭到了上议院的反对，上议院认为对于这些众筹中介机构应该加以严格监管，所以对法案进行了修改，把向 SEC 的登记注册规定为众筹中介机构的一项义务。便利性和投资者保护、效率和安全这对恒久的矛盾一直以来都是金融监管所无法回避的难题，而《JOBS 法案》正是在如何达成两者间的平衡这一博弈之中诞生的。

《JOBS 法案》共有 7 篇，各篇的主要内容概括如下：

第 1 篇　美国资本市场对于新兴成长型企业的再开放

"新兴成长型企业"是指进行股票发行的企业之中，年收入总额不满 10 亿美元的企业，此类企业在首次公开发行股票时，可以免除《SOX 法案》所规定的若干信息披露义务。

第 2 篇　以创造就业岗位为目的的资金筹措

在本法案生效后 90 天以内，SEC 将废除与非公开或小规模公司的筹资宣传相关的禁止规定，并对 SEC 的一系列相关规定进行修改。

第 3 篇 众筹条款

众筹的中介机构作为提供该项服务的从业者，有义务向 SEC 进行登记注册。中介机构在招募股东的过程中，不论是以口头形式还是以书面形式，只要有不当的表述，即要承担民事责任。股票的发行人在 12 个月之内通过发行股票进行融资的筹资总额以 100 万美元为上限，单个投资者的投资额度以 10 万美元为上限，对于净资产或年收入低于 10 万美元的投资者，则以其年收入或净资产价值的 5% 和 2000 美元中绝对值较高的金额为投资上限。

第 4 篇 小规模公司的资本形成

过去一年内以股票所筹措的资金总额在 500 万~5000 万美元之间的公司，在公开发行股票时，可免除向 SEC 的登记注册义务。

第 5 篇 非公开发行企业

发行人可免除向 SEC 股票登记的股东人数的上限被提高到了 2000 人。并且，对于投资者不属于联邦法和 SEC 规则中所定义的合格投资者的情况，规定将免除登记注册的股东人数上限设定为 500 人。

第 6 篇 资本的扩充

发行人为银行或银行持股的公司时，可免除向 SEC 进行股票登记的股东人数上限提高到 2000 人。

第 7 篇 法律修订的贯彻与普及度的提高

3.《JOBS 法案》中的众筹条款

《JOBS 法案》的第 3 篇（Title Ⅲ）被通称为"众筹法"（CROWDFUNDING Act），此处的"CROWDFUNDING"是"Capital Raising Online While Deterring Fraud and Unethical Non-Disclosure Act of 2012"的头文字的简缩。这里被称作"众筹"的融资模式是指通过互联网平台向不特定多数投资者进行的小额集资，即特指通常所认知的股权式众筹。在《JOBS 法案》出台之前，依据《1933 年证券法案》的相关规定，股权众筹一直被认定为违法行为。为此，《JOBS 法案》在该章节中特别制定了"众筹豁免条款"（Crowdfunding Exemption），即通过限定集资总额等方法，在设置一定程度的监管的前提之下，认可股权众筹的合法性。同时，为了防范基于互联网平台上的融资活动所发生的欺诈等违法行为，还专门制定了相关的法规。《JOBS 法案》以针对众筹业务制定相关豁免条款的方式，有条件地认可了通过互联网平台向不特定多数投资者进行小额融资（即股权众筹）的合法性。为了突出《JOBS 法案》对推进众筹发展所作出的重大贡献，故有将《JOBS 法案》通称为"众筹法案"的情况。

具体而言，股权众筹与美国的现行证券法等相关法律规定之间相抵触的内容主要包括以下几个方面：第一，在美国，企业通过发行证券进行融资时，不论金额的多少，依据《1933 年证券法案》和《1934 年证券交易法案》的相关规定，都必须向 SEC 进行登记注册。而且，依据相关规定，企业还负有发行时的信息披露（发行披露）以及此后的定期报告（持续披露）等相关义务。第二，无须向 SEC 进行登记也可进行证券发行的只限于针对"合格投资者"（Accreditedinvestor）的情况，或者只限于虽不是合格投资者，但具备足够的相关知识和经验的投资者（Sophisticated Investor）人数在 35 名以内的情况。成为合格投资者必须要满足拥有 100 万美元以上的净资产等各项必要条件。第三，上述第二种情况中，严禁发行企业面向投资者进行一般性的宣传和推介行为。因此，利用互联网平台所进行的宣传和推介行为一旦被视为是具有一般性的宣传和推介行为的发行，则丧失了上述第二种情况所规定的可享受豁免的要素，则需接受登记注册等各项监管。第四，依据《1934 年证券交易法案》的规定，即使是非公开上市企业，当股东人数超过所规定的人数上限时，也要求企业负有持续披露义务。现行规定为资产超过 1000 万美元的企业，当股东人数超过 500 人时，要求企业负有和上市公司相同的财务信息的持续披露义务。

如上所述，在美国现行法律规定下，初创企业进行股权众筹，通过互联网平台从不特定多数的一般个人手中募集资金事实上是非常困难的，因此其结果就只能是不得不依赖于亲人和友人，或是已成功创业的一部分富裕阶层（即所谓的天使投资人）和风险投资人。

2012 年颁布的《JOBS 法案》，特别是其中第 3 篇众筹条款的生效，针对《1933 年证券法案》的第 4 条重新制定了豁免条款，为处于困境的股权众筹融资打开了通道。也就是说，从政策上对股权众筹融资给予了肯定和支持，正式允许小企业在众筹融资平台上进行股权融资。在众筹条款颁布实施前，非公开发行企业只有以合格投资者为对象时，方可获准不必向 SEC 进行登记注册即可进行证券的募集和发行。而在众筹条款颁布生效后，以此法案为依据，则使面向不特定多数投资者进行小额资金的募集（以 12 个月内集资总额不超过 100 万美元为上限）成为了可能。与此同时，从保护投资者的观点出发，还依据投资者的年收入等条件，对单个投资者一年之内的投资额相应地设定了上限。具体规定为：对于年收入或净资产低于 10 万美元的投资者，以 2000 美元和其年收入或净资产的 5%之中较高的金额为其投资额上限；对于年收入或净资产超过 10 万美元的投资者，其投资额不得超过年收入或净资产的 10%且最高上限为 10 万美元。

依据众筹条款进行融资的企业，作为募资之时的发行信息披露以及其后的持续信息披露，必须向 SEC 和投资者披露其一定程度的财务信息和其他相关信息，具体所需披露的信息又依融资额度的不同而有所差异。具体规定如下：

（1）筹资额在 10 万美元以下：最近财务年度的确定申告书以及由经营者证明具有真实性和完整性的财务报表。

（2）筹资额在 10 万美元以上 50 万美元以下：经独立的公认会计师审计后的财务报表。

（3）筹资额在 50 万美元以上：需要披露额外的财务信息，包括经监察人员审计后的财务报表。

《JOBS 法案》还规定，为了确保投资者知悉众筹的相关风险，中介机构应采取相应的措施以减少欺诈，要求中介机构必须提供包括风险揭示和投资者教育等在内的相关信息，至少提前 21 天向 SEC 及潜在投资者披露发行人的相关信息并揭示风险。此外，还要求确保投资者享有在一定期限内的反悔权，确保筹资只在满足条件的情况下转移给发行人，确保投资者的隐私得到切实的保护等。

在众筹条款中规定，除了已经在 SEC 和自律监管机构登记注册的证券公司以外，还新追加了募集投资的网站作为"集资门户"（Funding Portal）可以成为满足豁免条件的融资活动中的中介机构。也就是说，基于众筹条款进行筹资的企业（证券发行企业）必须通过已在 SEC 和自律监管机构登记注册的证券经纪人以及集资门户网站为中介机构进行融资。《1934 年证券交易法案》中将集资门户定义为"为了他人的利益考虑，作为包括有价证券的募集和发行在内的交易中介从事相关活动的机构"。依据此规定，集资门户必须在 SEC 和自律监管机构进行登记注册，接受并服从 SEC 的相关规则，同时必须公开披露让投资者足以理解投资所伴随的风险以及其他相关情况所必要的信息。而且，严令集资门户不得提供投资建议，不得劝诱买卖网站内所提供的股票，不得向实施劝诱的从业人员和代理商支付报酬，禁止对基金和证券的持有及运用等行为。

表 5-3 《JOBS 法案》中众筹相关规定概要

集资总额条件
- 12 个月内的集资总额不得超过 100 万美元

各投资者的投资额条件（从购入之日起 1 年以内，不得转让）
- 对于年收入或净资产低于 10 万美元的投资者，以 2000 美元和其年收入或净资产的 5% 之中较高的金额为其投资额上限
- 对于年收入或净资产超过 10 万美元的投资者，其投资额不得超过年收入或净资产的 10% 且最高上限为 10 万美元

必须通过满足一定条件的"中介机构"进行交易，条件如下：
- 作为证券经纪人或集资门户负有向 SEC 登记注册的义务
- 负有向自律监管机构登记注册的义务
- 负有风险信息等的揭示义务
- 负有采取措施减轻发行人欺诈风险的义务
- 严禁提供投资建议、推荐、劝诱（仅限集资门户的情况）

"发行人"必须满足一定的条件，即：
- 负有向 SEC、投资者、中介机构披露信息的义务（包括事业计划、财务状况、资金用途、目标筹资额等。通常情况下，只有当实际筹资额达到或超过目标筹资额时，资金才最终提供给发行人）
- 负有向 SEC 提交事业报告和财务报表等资料的义务
- 就重要事实的虚假表述等负有相关责任

注：当满足以上各项条件时，"发行人"则无须向 SEC 登记注册，便可发行证券。

资料来源：根据《JOBS 法案》内容总结。

表 5-4 《JOBS 法案》中融资管制的放松措施

上调简易手续可筹集的资金额度
- 依据 Regulation A 等的规定，最近 12 个月内通过简易手续可发行的证券金额的上限由原来的 500 万美元上调至 5000 万美元（Sec.401）

关于简易手续可发行证券的规定可参见 Regulation A 和 D（Rule504、505、506），虽然各规定的具体条件有所差异，但就金额而言，第 504 条和第 505 条分别为 100 万美元和 500 万美元以下，第 506 条未设具体限制。此外，相关的规定还有私募债的发行和转售规定 144A。但不管是哪一个都是以《1933 年证券法案》为依据

- 设定新的小额发行界限（通称为众筹豁免条款）：12 个月内的集资总额只要不超过 100 万美元即可豁免向 SEC 登记注册便可以募股（Sec.302）
- 个人投资者原先的条件是必须拥有 100 万美元以上的净资产，但是在基于众筹豁免条款的发行中，不满足净资产条件的投资者在接受下列限制的情况之下也可获准参与投资（Sec.302）
（a）年收入或净资产在 10 万美元以下的投资者：2000 美元和其年收入或净资产的 5% 之中的较高金额为其投资额上限（12 个月内）
（b）年收入或净资产在 10 万美元以上的投资者：投资额限定在年收入或净资产的 10% 以内，但最高上限为 10 万美元（12 个月内）

放宽企业豁免持续披露信息义务的标准
- 现状为即使是非上市公司，当资产超过 1000 万美元，股东人数超过 500 人时，企业即有义务向 SEC 登记，并且需要持续地披露相关信息。而此次的法案放宽了对股东人数的限制，将股东人数上限上调至 2000 人（但设有限制条件，其中的非合格投资者的人数不得超过 500 人，Sec.501）

互联网门户网站的定义和管制（Sec.302）
- 对于满足上述众筹豁免条件的融资，原先只有在 SEC 和自律监管机构登记注册的证券公司才有资格作为从业机构开展相关业务，此次的法案进行了扩展，增加了在 SEC 和自律监管机构登记注册的互联网门户网站也可以作为"集资门户"
（集资门户的具体要求可参见《JOBS 法案》（H.R.3606）Title Ⅲ，Sec.302（b）、Sec.304 和修改后的《1934 年证券交易法案》Sec.3（a）（80））
- 上述证券公司和集资门户必须完成保护投资者的各种业务

资料来源：摘自《JOBS 法案》Title Ⅲ，Ⅳ，Ⅴ。

4. SEC 的政策配合

根据《JOBS 法案》的规定，证券交易委员会要在该法案生效之日起 90~270 日内提交详细的调查报告并制定相应的规定和细则。在 SEC 的细则确定之后，通过投资型股权众筹进行融资才有可能正式得以实施。为此，奥巴马总统也曾下令督促 SEC 要在 2013 年初制定出具体规定。然而，由于 SEC 并未能按时完成该项任务，再加之其领导层的轮换变更导致了股权众筹融资的实施被进一步推迟。因为依据《1933 年证券法案》和《1934 年证券交易法案》的相关规定，只有富有的合格投资者才有资格对初创企业进行股权投资。因此，《JOBS 法案》虽早在 2012 年 4 月就已通过审核并颁布生效，但由于 SEC 没有颁布具体实施细则而迟迟没有得以切实地实施。直到 2013 年 10 月 SEC 发布了主要针对股权众筹这种新的融资模式的新规，将最初出现在《JOBS 法案》中的相关规定进行了具体细化，依据这一新规，大多数年满 18 岁的美国公民都可以作为一般投资者通过众筹方式投资初创公司，以获取公司股权。具体而言，当投资者在类似 Indiegogo 的网站上进行项目投资时，今后他们将可以获得投资对象公司的股份，使投资回报不再只局限于实物或者是服务。

SEC 所发布的新规在内容上与《JOBS 法案》最初所制定的规定非常相似，并没有太多的创新之处，主要内容包括：

（1）初创企业在任何 12 个月的时长范围内所筹集的资金总额均不可超过 100 万美元。

（2）年收入或净资产低于 10 万美元的投资者，其投资额不得超过 2000 美元和其年收入或净资产价值 5%中的较高者。

（3）年收入或净资产超过 10 万美元的投资者，投资额最高不得超过其年收入或净资产的 10%。

（4）交易必须通过中介机构展开。中介机构可以是经过注册的证券经纪人或新兴的集资门户。

然而，SEC 发布的 《JOBS 法案》的配套新规，虽然为股权众筹融资模式的实务操作提供了法律依据，为其实施进一步开辟了道路，但是这并不意味着股权众筹已经开始得到了真正的推行。因为，依据美国的相关规定，在新规细则发布之后，公众可以在 90 天的公示期内就其内容发表意见，而 SEC 则将用 90~120 天的时间讨论针对该规定的意见和建议。投票后，还会有一两个月的滞后期。换而言之，这就意味着从 SEC 颁布新规细则的 2013 年 10 月算起，股权众筹在此后至少大约 9 个月的时间内都不会实际得到推行。只有当这些规定正式被通过并推行之后，投资者才能据此确定进行投资所利用的众筹集资门户是否为合规且安全的中介机构。不过虽然 SEC 的新规一直拖延到《JOBS 法案》正式颁布生效约 18 个月后才得以发布，并且还停留在提案和讨论阶段，但新规的发布还是让股权众筹的广大拥护者看到了股权众筹实现的希望。

5.《JOBS 法案》的效果及展望

包括众筹条款在内的《JOBS 法案》的颁布生效，具有正反两方面的影响。在积极意义上，该法案将使美国的初创企业和小微企业的融资变得更为顺畅和容易，有助于解决融资难的问题。然而，与此同时，该法案所带来的负面影响也不容忽视。由于管制的放宽，针对个人投资者的欺诈行为有可能变得更为猖獗，因此基于对个人投资者保护的担忧，事实上该法案从进入研讨阶段开始便已有很多反对意见。

在这种情况下，《JOBS 法案》最终还是获得了议会上下两院多数的赞成票（下议院：赞成票 390、反对票 23，上议院：赞成票 73、反对票 26）而得以通过，这一背景正说明了科技创新型企业和中小企业仍然对美国的经济增长发挥着重要的作用。近年来，IPO 和新创业数量的下降，让美国政府和市场相关人员都有了很强的危机感。

创业不久的初创企业的融资手段以前仅局限于家族、朋友和一部分富裕的天使投资人等，很多企业因为陷入资金困难而错过了成长的机会，甚至不得不停业关门。对于资金困难的初创企业而言，在接受天使投资人和风险投资人出资的同时，众筹就起到了初创企业在成长为具备可上市规模前的过渡桥梁作用。对于个人投资者而言，也被视为打开了向非公开发行企业投资之门，实现资金运用手段多样化的创新模式。

但是，在众筹条款得以实施运用之前，还需要进行详细具体地探讨。首先，从保护个人投资者的观点来看，以下各项都还有进一步研讨的必要性。

（1）进行融资时，企业必须公开披露的信息的范围和程度。

（2）发行价格的决定方法。

（3）出资者的权利。

（4）作为中介机构的证券公司和众筹集资门户的信赖度判定基准。

（5）股价操控和欺诈等违规行为的防范、为了保护投资者的自律规则的制定，以及实施监管的机构。

（6）针对投资者的行业公共窗口。

其次，从融资方企业的角度来考虑：

（1）因为股东人数增多，可能会导致企业的经营无法控制。

（2）依据众筹条款进行融资时，会被要求一定程度的信息披露，如果所披露的信息存在重大疏漏的话，则有可能被投资者要求损害赔偿。

（3）此外，还需要注意的是，众筹集资门户的运营机构说到底只不过是融资的中介机构而已，因此其并不具有天使投资人和风险投资人所能提供的亲自参与职能，所以企业对于自身是否真的有必要利用股权众筹模式进行融资还需谨慎斟酌权衡。

三、美国对第三方支付的监管

1. 第三方支付的风险控制

尽管在各国第三方支付的定义有所不同，但是却都强调由非银行机构作为中介来提供的资金转移服务。在美国，1999 年《金融服务现代化法案》将第三方支付视为货币转移业务，其本质是传统货币服务的延伸，并且将第三方支付机构界定为非银行金融机构。

由此来看，美国将第三方网上支付平台界定为货币服务机构。美国联邦存款保险公司（FDIC）将第三方支付机构账户中用户的沉淀资金定义为负债，是用户对第三方支付机构享有的债权，而不是美国联邦银行法中定义的银行存款。正因如此，美国认定第三方支付机构不属于银行或其他金融机构。所以，第三方支付机构的货币转移业务被视为"货币服务业务"，通过对现有银行业的货币服务业务监管制度进行适当的延伸，从而对第三方支付企业的货币转移业务进行监管。

在对第三方支付的监管上，实行审慎原则，但又适度监管、鼓励创新，在对第三方支付机构的监管上都以保护消费者利益为先。美国奉行最低限度原则、审慎监管原则、过程监管原则、权利分散原则。对于技术风险的监管，美国网上支付的思路是通过后台的业务逻辑和用户行为分析来实现安全机制和风险控制。[①]

---

① 徐子奇：《第三方支付风险管理的国际经验及启示》，《金融时报》，2014 年 10 月 27 日。

不容忽视的是，对于第三方支付而言，当买方把资金划入第三方账户后，第三方就成为资金的实际保管者，但是第三方作为款项的保管人，始终不具备对资金的所有权，只有保管的义务。伴随用户数量增长，资金沉淀量将会非常巨大，而由于结算周期不同，第三方支付公司在取得存款利息收益的同时，利息的分配将成为一大问题。从第三方支付风险控制实施来看，一般分为三大模块：监测模块、分析模块和案件管理模块。监测模块对支付平台的运营作业进行全面监测，将可疑行为和相关信息发送到分析模块进行分析确认，当发现异常行为时发出警报，将警报与警报相关的信息都发送到分析模块和管理模块。分析模块能对各种数据进行集成，对各种历史数据进行学习分析，通过数据挖掘建模定义出典型的行为特征，建立行为模式、场景并制定欺诈风险监测规则。案件管理模块最终将案件处理数据反馈到监测模块，从而增强监测模块对风险的监测与识别能力。[1]

2. 美国的监管框架

美国监管机构整体对基于互联网的支付机构及业务主要采取原则性监管的基调。1997 年 7 月 1 日，克林顿政府就颁布了《全球电子商务纲要》，对包含支付程序的电子商务类活动提出了五项监管原则，并且提出政府要避免对新兴的电子商务进行不恰当的行政干预，坚持原则性监管。在监管部门认为需要进行干预的条件下，其基本原则是最低限度的干预，以保证互联网电子商务在全球层面获得协调发展。1998 年美国政府通过了《互联网免税法案》，并在 2001 年、2004 年和 2007 年进行了延期决定（刘丽文，2011）。

美国第三方互联网支付监管延续了原有监管体系和双层监管架构。在美国，由于第三方支付或更为广泛的互联网支付被认为是货币转移业务（Money Transmitters），属于货币服务业务的一个种类，第三方支付机构为此成为支付中介人或客户代理人。美国监管机构认为第三方支付机构仍然是货币转移业务的主体之一，而不是新型金融机构，为此，将原来的法律框架延展至第三方支付机构，并与整个金融监管体系的结构一致，分为联邦政府和州政府双层监管。在监管主体方面，美国主要将第三方支付机构作为银行业的一个部分而纳入监管体系之中，在联邦层面主要有财政部货币监理署、美联储和联邦存款保险公司等部门监管。

---

① 戴志锋等：《解构互联网金融实战：探寻金融的"风口"》，经济管理出版社，2014 年。

在监管法律体系方面，根据双层监管架构的监管体系，互联网支付体系的监管主要是由联邦立法和州立法两个层面组成。由于州立法存在一定的差异性，这里主要介绍联邦政府的监管规范。联邦层面针对包括第三方支付在内的互联网支付的立法主要是《电子资金转移法》（Electric Fund Transfer Act）、E 条例（Federal Reserve's Regulaiton E）、Z 条例和 D 条例。其中，《电子资金转移法》对非银行机构的电子支付服务进行约束，E 条例明确电子资金转移中包括第三方支付机构在内的参与者的权利与责任。这些涉及资金转移的监管主要由美联储进行。在互联网支付资金安全监管上，联邦存款保险公司（FDIC）承担主要的监管职能。FDIC 认为，第三方支付机构的沉淀资金是其负债，而不是《联邦银行法》规定中的存款，第三方支付机构不属于银行或其他金融机构，不能直接成为被保险人。实际上，第三方支付机构乐意被界定为非金融机构，因为一旦被确定为银行机构，将要接受《联邦银行法》的监管，在资本充足率、法定存款准备金率、存款保险、公司治理等方面接受更加严格的监管（鲁政委，2014）。

在业务许可上，美国根据货币转移业务的规定，要求第三方支付机构要取得专项的业务经营许可，并履行登记、受监管及交易报告的义务（Perritt，2003）。各州立法对申请经营许可证的程序和资质可做具体规定。在联邦层面，美国要求所有第三方支付机构必须在财政部登记，登记文件和相关文件必须在美国境内保持 5 年，货币转移业务要接受美联储及财政部货币监理署的监督。在州层面，美国要求第三方支付机构必须在相关各州申请专项业务经营许可，即货币转移业务经营许可，有的州要求每年申请经营许可。

对于第三方支付机构平台账户中的沉淀资金监管是一个重大的工作。FDIC 认为，该沉淀资金不是存款，而是该机构的负债，不享受《联邦银行法》的存款保险。FDIC 要求，第三方支付机构将用户的沉淀资金存放在银行开设的无息账户（Pooled Account）中，而这些银行必须是 FDIC 的承保对象，这样相当于 FDIC 将保险范围扩展，变相地为沉淀资金提供一定程度的保险，同时亦获得监管权。每个账户可承保规模为 10 万美元（刘丽文，2011）。而在州政府层面，一般要求第三方支付机构必须持有一定规模的担保债券或流动性资产，以保障第三方支付交易的流动性和安全性。

第二节　英国的互联网金融监管经验

一、英国对 P2P 网络借贷平台的监管

1. 英国 P2P 网络借贷平台的发展状况及风险特点

从 P2P 网络借贷的发展看，英国是该业务模式的鼻祖。2005 年，全球第一个 P2P 网络借贷平台 Zopa 于 2005 年 2 月在英国成立，经过近 10 年的发展，Zopa 已经共计发放超过 5 亿英镑的贷款，拥有 50 万客户，是英国最大的网络借贷平台。网络借贷平台在英国发展呈现较为多样化的发展趋势。2010 年 8 月 Funding Circle 成为第一个 P2B 的网络借贷平台，通过该平台放款人可以为中小企业提供贷款（仍然属于一个债权范畴），经过 3 年的发展已经成为英国第二大网络借贷平台，截至 2013 年第三季度末，该平台累积放贷超过 1.7 亿英镑 (Loizou，2013)。

由于网络借贷平台的信用风险是最为直接的风险，英国在此方面进行了较为领先的风险处置机制创新。2010 年 9 月，设有贷款损失拨备机制的 P2P 网络借贷平台 RateSetter 成立，通过拨备机制（设立一个拨备基金）可以防范贷款的损失，而且该机制运行良好，至 2013 年底，该网络借贷平台尚未出现过贷款人利益损失的案例。2012 年 Lending Works 在风险防范上又进一步创新，该平台引入一个保险机制而不是像 RateSetter 设置拨备机制进行风险的防控。[1] 但是，英国在 2011 年出现了一个较为严重的 P2P 平台破产案例。2010 年成立的网络借贷平台公司 Quakle 在 2011 年破产关闭，值得注意的是，其借款人基本是 100%违约。

英国网络借贷平台产业发展大致呈现四个特点（王凤芝，2013）：一是成立非官方、非营利性的行业协会——英国 P2P 金融协会，规范业内公司、促进市场发展；二是起源英国的 P2P 等基于互联网的信用业务被国际清算银行等认为是一

---

① Standard，"How Safe is Peer-to-Peer Lending?" 12 June 2014.

种金融创新，利于解决中小企业融资问题；三是 2012 年 12 月英国财政部对网络借贷行业表示认可，认为其是替代性金融服务（Alternative Finance），同时宣布将进行监管；四是英国金融市场行为管理局主导推进监管立法进程，2014 年 3 月正式出台监管政策框架。

截至 2013 年 10 月，英国 P2P 网络借贷平台共计提供了 6 亿英镑贷款（Bounds，2013）。从英国网络借贷平台发展的历程和现状可以看出，虽然英国是 P2P 的发源地，但是其网络借贷规模相对于信贷规模和社会融资总规模而言仍然是非常小的。

2. 英国对 P2P 网络借贷平台的监管框架

2011 年 P2P 平台 Quakle 以近 100% 的违约率宣告破产之时，在英国金融界引起了一阵关于网络借贷平台监管的讨论。英国金融服务管理局（Financial Service Authority，FSA）根据网络借贷平台及其业务的性质，将 P2P 界定为证券业务，P2P 平台机构被界定为证券经纪商，这与美国是一致的。[①] 为此，P2P 接受 FSA 的监管。FSA 要求 P2P 平台必须在其处注册登记。

2011 年 Quakle 破产之后，市场热烈讨论金融监管当局要强化对 P2P 平台及业务的监管，FSA（2011）也认为众筹投资很少或者没有监管保护，同时平台机构不受监管可能挪用投资者的资金，不受监管和保护的网络借贷和股权众筹等互联网信用业务将存在重大风险。但是，由于 2010 年 6 月英国政府就宣布要改革金融服务管理局、构建新的金融监管体系，金融服务管理局对 P2P 的监管并没有被强化，反而因为监管体系改革而有所弱化。

虽然，P2P 平台从事借贷业务，还被认为是替代性金融服务，但是 P2P 在英国不被认为是银行，没有资格获得英国金融监察服务机构（Financial Ombudsman Service，FOS）或金融服务补偿计划（Financial Services Compensation Scheme，FSCS）的保护（FSA，2011）。FSCS 是英国版存款保险制度，可以为每个储蓄者在每个银行提供上限为 8.5 万英镑的保障。2013 年 4 月 1 日，英国金融市场行为管理局（Financial Conduct Authority，FCA）正式运作以来，P2P 的监管职能从金融服务管理局转移至了金融市场行为管理局。但是，实际上，当时 FCA 并没有

---

① 美国、法国和加拿大等都将 P2P 定义为证券业务，P2P 平台机构即为证券经纪商，而不是网络服务商。

针对 P2P 的监管政策体系。

英国金融市场行为管理局为适应 P2P 等金融创新并应对潜在的监管漏洞，致力于出台 P2P 和股权众筹等的监管政策框架。2013 年 10 月 24 日，为保护金融消费者权益，推动众筹行业有效竞争，金融行为监管局发布了《关于众筹平台和其他相似活动的规范行为征求意见报告》（The FCA's Regulatory Approach to Crowdfunding and Similar Activities，CP13/3），[①] 对规范众筹业务提出了若干监管建议。征求意见报告共得到了 98 条反馈意见，FCA 对反馈的相关意见进行了采纳，并正式出台了《关于网络众筹和通过其他方式发行不易变现证券的监管规则》（The FCA's Regulatory Approach to Crowdfunding over the Internet and the Promotion of Non-readily Realisable Securities by Other Media，PS14/4），该规则于 2014 年 4 月 1 日起实施，FCA 计划在 2016 年对监管规则实施情况进行评估，并视情况决定是否对其进行修订。

英国《关于网络众筹和通过其他方式发行不易变现证券的监管规则》中关于 P2P 网络借贷的相关规范性指引主要涉及最低资本金要求、客户资金管理、争议处置及补偿机制、信息披露制度以及定期报告制度等。除了最低资本要求是定量指标之外，其他基本都是规范性要求。这是全球网络借贷平台监管的第一部较为规范的监管法规（见表 5-5）。

表 5-5 英国 P2P 监管核心条款

项目	基本要求
最低资本要求	静态最低资本和动态最低资本孰高法确定最低资本（Financial Resources Requirement）。2017 年 4 月 1 日前为过渡期，静态最低资本在 2017 年 4 月 1 日前为 2 万英镑，在 2017 年 4 月 1 日后为 5 万英镑。动态最低资本是 P2P 网络借贷企业要根据平台借贷资产总规模的情况，采取差额累计制，达到最低资本限额的要求。任何时候网络借贷平台的资金资源不得低于最低资本要求，以满足偿付要求（General Solvency Requirement）
客户资金管理	在正常运行条件下，网络借贷平台应该对客户资金进行隔离管理，并按照客户资产规章尽职管理客户资金。倘若网络借贷平台破产，破产执行人将按比例分摊至每个客户，破产费用亦由客户承担

---

① 英国金融市场行为管理局将中国国内认为的 P2P 和股权众筹统称为众筹（Crowdfunding）。《众筹监管规则》认为需要纳入监管的众筹分为两类，即 P2P 网络借贷型众筹（Crowdfunding based on Loan）和股权投资型众筹（Crowdfunding based on Investment），并制定了不同的监管标准，从事以上两类业务的公司需要取得 FCA 的授权。

项目	基本要求
争议处置及补偿机制	一旦出现投资争议，投资者可以向网络借贷平台机构投诉。FCA 鼓励平台机构自主设计适应各自流程的投诉机制。投资者在向公司投诉无法获得解决时，可以通过英国金融监察服务机构（FOS）投诉解决纠纷 如果网络借贷平台没有二级转让市场，投资者可以有 14 天的冷静期，14 天内可以取消投资而不受到任何限制或承担任何违约责任 但是，投资者在 P2P 网络信贷平台上的投资没有纳入金融服务补偿计划（FSCS）范围，不能享受存款保险的保障
破产保护	FCA 不设置破产执行程序，消费者保护主要由网络平台自行设计并向消费者披露
信息披露机制	网络借贷平台用通俗易懂的语言告知消费者其从事的业务，在与存款利率对比进行销售宣传时，必须要公平、明确、无误导，在平台上任何投资建议被视为金融销售行为，需要同时遵守金融销售的相关规定
定期报告制度	网络借贷平台要定期向 FCA 报告相关审慎和财务数据，以及客户资金、客户投诉情况，上一季度贷款信息等。2014 年 10 月 1 日报告制度开始实行

资料来源：FCA（2014）。

业界认为，FCA 对 P2P 网络借贷进行规范性监管最为核心的内容就是设置了最低资本要求（Financial Resource Requirement），这主要是为了防范网络平台公司出现偿付风险，同时防止网络借贷平台以"信息中介"为名，在没有任何成本和安全保障的条件下就从事主体性和实质性"信贷中介"业务。最低资本要求是要根据静态最低资本金和动态最低资本金孰高法来确定。由于此前 P2P 平台基本都没有资本金方面的要求，FCA 为此设置了过渡期，2017 年 4 月 1 日之前为过渡期。在过渡期内，静态最低资本金为 2 万英镑，在 2017 年 4 月 1 日后静态最低资本金为 5 万英镑。动态最低资本金是在每年会计参照日（Accounting Reference Date）P2P 网络借贷平台根据平台借贷资产总规模的情况，采取差额累计制加总计算。FCA 同样设施了相关的标准，见表 5-6。

表 5-6　动态最低备付金累计机制的资本金比例

平台贷款规模	资本金比例（%）
0~5000 万英镑部分 a	0.20
5000 万~2.5 亿英镑部分 b（不包括 5000 万英镑）	0.15
2.5 亿~5 亿英镑部分 c（不包括 2.5 亿英镑）	0.10
大于 5 亿英镑部分 d	0.05

资料来源：FCA（2014）。

3. 英国 P2P 网络借贷平台的自律监管

与英国金融监管体系的传统模式相似，P2P 网络借贷在英国实际上面对的是一个政府监管和自律监管相互支撑的体系。政府监管主要由英国金融市场行为管理局来负责，职责更多是负责 P2P 网络借贷监管的政策制定、目标指引、指标设计和监督管理；实质性监管的任务更多是由自律组织——英国 P2P 金融协会（The Peer-to-Peer Finance Association，P2PFA）来完成的。

P2PFA 成立于 2011 年 8 月，初始成员包括 Zopa、RateSetter 和 Funding Circle 三家，是一个非官方、非营利性的行业协会和自律组织。英国 P2P 协会通过内部的协商和研究，制定相关的运作规范和基本原则，要求成员都遵守一套统一的严格规则，以促进高标准的经营行为和消费者保护，其主要工作是制定规范性原则和技术性指标。目前，该协会在英国代表了超过 95% 的 P2P 金融服务市场，包括给 P2P 贷款的消费者和企业，以及通过平台融资的小企业。P2PFA 的成员目前包括：Zopa、RateSetter、Funding Circle、Thin Cats、LendInvest、MadistonLendLoanInvest、Wellesley & amp、Co 和 MarketInvoice 等。

在规范性原则出台方面，英国 P2P 金融协会负责业内行为规范和基本准则，目前主要包括 P2P 协会的操作指引、协会章程以及协会会员审议规程，其中操作指引是最为关键的规范文件。该协会于 2012 年 6 月正式出台了《P2P 融资平台操作指引》，提出 P2P 融资协会成员应满足的九条基本原则（周学东等，2014），其后在 2013 年 7 月更新为 10 条原则：①设立高层管理架构，至少有一位董事；②公司应持有至少 10 万英镑以上的资本金；[①]③将客户资金与自有资本金隔离存放与管理；④恰当的信用和负担能力评估；⑤恰当的反洗钱和反欺诈手段；⑥建立完备的公司章程以及规范的 P2P 贷款平台操作与管理体系；⑦建立公平、清晰的客户沟通和市场营销渠道；⑧具备安全、可靠的 IT 系统；⑨建立公平的客户投诉机制；⑩建立应急机制，在 P2P 贷款平台发生破产等紧急时期做到有序管理。[②]

在技术性标准制定方面，英国 P2P 金融协会 2014 年 6 月出台新举措以提高 P2P 网络借贷市场标准，即新的违约率计算标准，该标准主要包括三个方面：一

---

① 这个标准实际上要高于 FCA 设置的最低 2 万英镑的标准。
② P2PFA，2013，"Peer-to-Peer Finance Association Operating Principles"，Updated 2nd July.

是关于不良贷款的定义，二是关于资本损失或违约的界定，三是违约状况的月度报告制度（见表5-7）。协会规定所有P2PFA成员将使用上述清晰的方法来计算自己贷款的违约率，并对公众信息公开，以帮助消费者在不同平台之间进行有效的比较和选择，并增强透明度和加快行业公开的过程。新的违约率计算方法目前正在实施当中，而且将会公开发布在每个P2PFA成员的网站上。这对于英国P2P平台的规范发展、风险防控以及市场竞争等都具有重要的意义。

表5-7　P2P金融协会违约率计算指标

项　　目	指　　标
不良贷款	a. 借款人逾期45天未支付利息的贷款额
	b. 借款人逾期45天未还本的贷款额
	c. 法律诉讼开始强制执行的贷款额
	d. 贷款人正在或已经与借款人就贷款再次协商
	e. 贷款没有完全履行其他承诺
资本损失	a. 晚于初始偿付日期120天的任意部分贷款
	b. 强制执行不良贷款是贷款人所产生的费用且借款人并未支付的
	c. 贷款初始偿付日期借款人预计无法支付的贷款数，如借款人申请破产
月度报告制度	a. 实际拖欠数目
	b. 预期违约数目
	c. 实际违约数目

资料来源：FCA（2014）。

二、英国对股权众筹的监管

英国将P2P网络借贷和股权众筹等都纳入众筹框架之内，将其区分为P2P网络借贷型众筹和股权投资型众筹，同时在2014年3月公布的监管框架中，两类众筹需要在英国金融市场行为管理局（FCA）进行注册，并分别适用于不同的监管政策。为了和国内众筹讨论的一致性，[①] 本部分主要讨论英国的股权投资型众筹。

英国对股权众筹的监管大致经历两个阶段，即2014年3月《关于网络众筹和通过其他方式发行不易变现证券的监管规则》颁布前后两个阶段。在《监管规则》

[①] 实际上国内众筹可以大致分为捐赠类、产品类、债权类和股权类等模式，但是股权类众筹发挥了"互联网券商"的职能而备受关注。

颁布之前，英国主要通过现有监管框架来对股权众筹进行监管。对于股权投资型众筹的监管主要集中在中介机构、发行人和信息披露三个领域：在中介机构的许可上，英国政府规定"证券投资的销售适用于金融服务市场法所规定的促进金融销售相关规定，原则上，仅限于取得金融监管当局的许可，或者取得许可机构的承认才能进行"。对于发行人的监管上，英国政府要求"发行人必须编制招股说明书，并取得金融监管当局的批准。但是，对于集资总额在 12 个月内少于 500万英镑的情况，可以免除招股说明书的编制义务"。在信息披露上，英国政府主要是提示投资者，众筹的信息披露是不完全的，可能存在较大的欺诈风险，并要求众筹中介机构要提供与证券发行相关公平、确切、无误导的信息。

2014 年 6 月《监管规则》颁布之后，英国对股权投资型众筹的监管进入一个新的阶段，在延续原有监管框架的基础上，强化了三个领域的监管要求：一是投资者限制。FCA 要求股权众筹的投资人必须是高资产人群，年收入超过 10 万英镑或者净资产超过 25 万英镑（不含常住房产、养老保险金），领取低收入保障等人群不得参与股权众筹投资；FCA 授权机构认证的成熟投资者亦可成为投资人。二是投资额度限制。非成熟投资者（投资众筹项目 2 个以下的投资人），其投资额度不超过其净资产的 10%，成熟投资者不受此限。三是投资咨询机制。众筹平台应该对项目提供简单扼要的信息说明。倘若众筹平台的项目信息说明可能构成投资建议，则需要再向 FCA 申请投资咨询机构的许可（郭勤贵，2014）。

与 P2P 的监管相似，英国的股权众筹监管同样存在较为完善的自律监管机制。2013 年 3 月，众筹平台携手合作成立了英国众筹协会（UK Crowdfunding Association，UKCFA）。英国众筹协会根据英国金融市场行为管理局（FCA）的监管要求和众筹运作机制出台了众筹运作规范（Code of Practice），主要由 10 个基本规范组成，所有会员必须遵守这些规范（UKCFA，2013）：一是隔离原则。股权投资众筹与捐赠型众筹必须与自身业务严格隔离，必须设立顾客账户或相似隔离机制。二是透明度原则。任何时候投资者或捐赠者都能知晓其资金信息，比如在何处保管、数额和交易情况等。三是保密原则。所有投资者或捐赠者的信息都将严格确保信息安全，即使在众筹平台无法运作的情况下投资者或捐赠者的信息都是可得的。四是所有权原则。即使在众筹平台无法运作的情况下，众筹平台也要确保投资者在任何情况下都可以持续地拥有投资组合。五是冷静期机制。所有众筹平台同意设置一个冷静期，在整个期间内所有投资者或捐赠者都可以改变业已作出的投资或捐赠决定。六是确切性原则。所有的条件条款必须清楚写明，并确切解释投资的过程，明确众筹平台的责任与义务，以及费用水平和付费时间等。七是专业性原则。众筹平台将雇佣专业、诚信的胜任人才以确保义务安全进行。所有执行董事的详细介绍将会在协会网站上公布。八是基础设施要求。众筹平台需要确保 IT 系统和义务流程是安全、可靠的，能根据业务的性质、规模和复杂性进行动态调整，并适用于监管的要求。九是监管合规性原则。众筹平台要确保销售和市场活动等符合法律和监管的规定，确保所有会员的沟通是公平、清晰且无误导性的。风险和潜在收益应该平衡描述并确保所有投资者和捐赠人受到公平对待。十是投诉机制。投资者或捐赠者如果对会员的服务有任何不满意，可以通过协会进行投诉，协会将会在网站上公布投诉的处理情况。

三、英国对第三方支付的监管

在讨论英国的第三方互联网支付之前，应该认识到欧盟已经形成一个较为一体化的支付体系。欧盟各国的支付体系标准基本是统一的，主要是为了促进欧盟支付体系一体化。为此，英国支付体系的监管标准与欧盟的监管标准基本是相同的。在此，主要介绍欧盟关于互联网支付及相关的第三方支付的监管情况。

在欧洲，欧盟 1998 年电子货币指令规定第三方支付的媒介只能是商业银行货币或电子货币，将类似 PayPal 的第三方支付机构视为电子货币发行机构。欧盟 2005 年支付服务指令规定第三方支付机构为"由付款人同意，借由任何电信、数码或者通信设备，将交易款项交付电信、数码或网络运营商，并作为收款人和付款人的中间交易人"。我们看到，欧盟将第三方支付机构界定为非金融机构，将电子货币的发行主体限制为银行，对第三方支付的监管实行机构监管。

总体上看，欧盟对包括互联网支付的支付体系监管大致呈现以下几个特点（Hall，2014）：一是监管机构较为集中；二是对银行类和非银行类支付服务提供商采取差异化的全面监管；三是充分发挥行业自我监管作用；四是监管基本宗旨是鼓励创新和公平竞争，保护消费者权益，防止金融犯罪，同时促进欧洲支付市场一体化，统一欧盟各国支付标准并提高标准和规则透明度。欧盟对银行类支付服务提供商的监管属于单一模式，主要由各国金融服务监管部门实施监管，银行卡组织牵头行业自律。对非银行类支付服务提供商的监管体现了全面监管的思路。非银行类支付服务提供商包括支付机构和电子货币机构。支付机构与美国货币服务商类似，能够临时持有和转移资金，需申请支付机构牌照，并接受国家金融服务监管机构的直接监管以及银行卡组织的行业监管。电子货币机构能够发行电子货币，需要申请电子货币（eMoney）牌照，接受国家金融服务监管机构的直接监管。以上两种非银行类支付服务提供商必须接受银行合作伙伴（或银行发起人）的间接监管，严格遵守银行关于客户背景调查、反洗钱、风险管理等方面的规章制度。

在第三方支付的监管上，英国与欧盟的监管标准基本相似。一是实行机构监管。英国和欧盟都倾向于对第三方支付机构界定明晰，之后进行相应的机构监管。欧盟根据监管需要先后颁布了《电子签名共同框架指引》、《电子货币指引》、《电子货币机构指引》、《关于电子货币机构业务开办、经营与审慎监管的 2000/46/EC 指令》、《境内市场支付服务指令（2007/64/EC 指令）》以及《关于电子货币机构业务开办、经营与审慎监管的 2009/110/EC 指令》。同时，欧盟还规定互联网第三方支付媒介只能是商业银行货币或电子货币，欧盟对第三方支付机构的监管亦是通过对电子货币的监管实现的（巴曙松等，2012）。二是营业许可制。英国和欧盟要求第三方支付机构必须通过业务许可方可从事相关的业务，要求申请者初始资本金不得低于 100 万欧元（2009 年指令将其降低为 35 万欧元）[①]（EU，2009a），且申请者必须向所在会员国的主管当局提交一份包括拟设立的电子货币机构的商业计划、初始资本金证明、内控制度、管理层等申请材料。三是隔离制度。第三方支付机构在提供服务过程中所沉淀的资金属于支付机构的负债，沉淀资金的投资活动要受到相关的限制和监管，第三方支付机构其他业务活动所涉及的电子货币总额不能超过成员国的规定，任何情况下不能超过 500 万欧元。四是内控机制。欧盟要求第三方支付机构必须具有稳健和审慎的管理机制，恰当的行政管理以及会计监察安排和风险控制机制。五是报告制度。第三方支付机构必须向成员国的主管当局定期提交财务报表、审计报告和其他相关信息（EU，2009b）。欧盟关于电子货币及支付机构的监管标准都适用于英国。

[①] 降低资本金的主要目的是为了促进电子货币机构能够更加容易地将其他业务活动融入到支付市场之中，以提供更具创造性的服务。详见：European Commission–IP/09/637，24/04/2009。http：//europa.eu/rapid/press–release_IP-09-637_en.htm？locale=en.

第三节 其他经济体对互联网金融监管的经验分析

在分析了美国和英国这两个互联网金融较为发达的监管经验之后，由于其他经济体互联网金融发展整体水平、业务模式以及监管框架等大相径庭，同时限于数据资料等的可得性，本节主要通过相关业务模式在部分经济体之间的监管经验比较进行归纳分析，以方便各业务模式在不同经济之间的比较。

一、对虚拟货币的监管

1. 美国

美国对比特币等虚拟货币的监管不断深化。2013 年 3 月 19 日，美国财政部下属金融犯罪执法网络（FinCEN）发布《关于个人申请管理、交换和使用虚拟货币的规定》，即数字货币兑换条例，将比特币（Bitcoin）等虚拟货币纳入反洗钱监管范围，明确虚拟货币交易所需要以货币服务业务提供商在监管部门进行注册，并且要遵守反洗钱条例。作为获得和转移虚拟货币的管理者和交易员，或者是作为转移虚拟货币的买入者和卖出者，都在 FinCEN 监管之内。对于金额超过 1 万美元的交易，都必须记账，并向主管部门汇报（张芬，2013）。2013 年 5 月 6 日，美国商品期货交易委员会（CFTC）就比特币是否属于其监管范围进行讨论，CFTC 认为，比特币的监管是一个值得讨论的重大问题，相关监管机构正在严肃地研究比特币及其监管议题，最后的决定可能取决于交易员是否开始从比特币市场创建衍生金融产品。2013 年 5 月 15 日，美国国土安全局获得法院的许可，冻结了全球最大的比特币交易所 Mt.Gox 所拥有的两个银行账户。Mt.Gox 是一家位于日本的交易所，全球超过一半以上的比特币兑换各国政府真实货币的业务都在这个交易所进行。冻结行为表明美国政府对比特币等虚拟货币的监管不断地实质化（李东卫，2013）。

尤其值得关注的是，进入 2014 年，美国对比特币的监管日趋严格，其中纽约金融服务局于 2014 年 7 月宣布拟推出"比特币牌照"（BitLicense）计划，并公开征求意见。后来，由于在各界都引起了广泛争议，纽约州延长了该计划公开征求意见的期限。BitLicense 相关法案的主要条款有：比特币企业的所有员工和创始人都要进行背景调查，并将指纹提交给联邦调查局；提供美元信托账号；KYC&AML 管理；个人交易超过 1 万美元需要通知相关管理机构；开展商业活动需要书面许可；制定安全应对机制；提供季度金融报告；保留 10 年内的交易记录。① 由于这些条款相对严格，因此使得纽约金融服务局面临业内外的强大压力，BitLicense 相关法案的前景遭遇挑战。

2. 其他国家

对于比特币的潜在风险，多数国家的监管部门还是持有暧昧态度，只是通过一些提示性的信息发布来增加市场的谨慎态度，如 2014 年中期，波兰、法国和意大利都作出了关于监管比特币等数字货币的最新公告。

随着比特币等虚拟货币的快速发展，部分发达国家对比特币的快速发展已高度关注，或者可能采取相对积极一些的态度。例如，据报道，2013 年 8 月比特币被德国财政部"承认"，但是仔细分析相关资料，我们看到比特币在德国虽然合法，但并不是"合法货币"。德国财政部没把比特币归类为电子货币或者功能性货币，也不承认它是外币，最终定义为一种"记账单位"，并由此作为一种"金融工具"纳入到德国的法律体系当中。与此同时，德国联邦金融监管局（BaFin）也在修订的德国银行运营守则中把比特币认定是"价值单位"（Unites of Value），并将其归类到金融工具的监管范围内。②

再如，据报道比特币受到法国政府的承认，并纳入正式的监管体系之中。2013 年 12 月，法国政府核准，由法商 Paymium 经营的比特币交易平台"比特币中央"取得一般欧洲银行用来辨别身份的国际银行账号（IBAN），由此其跻身准银行之列，但同时也受到了相应的政府监管。这意味着比特币及比特币中央交易所受到法国政府的正式承认，且为银行机构。比特币交易所通过与法国国民信贷银行合作，使此平台成为与银行类似的信贷及支付服务提供商，不仅可以提供传统的典型信贷服务，还可以申请欧元和比特币双币借记卡，可以购买比特币和提取资金，甚至还可以用比特币支付公司的股息。然而在法国，公共部门对于比特币显然也没有形成一致意见，如法国央行于 2013 年 12 月对虚拟货币比特币的使

---

① 《BitLicense 对比特币影响几何？》，壹比特，http://zl.yibite.com/point/2014/1009/23915.shtml。
② 文史哲：《德国如何"招安"比特币》，《经济参考报》，2014 年 3 月 27 日。

用发出警告，并指出比特币不仅是极不稳定的，而且也被当局管制。

应该说，比特币并没有在欧元区和欧盟层面获得承认。欧洲中央银行认为，比特币不是某国货币，亦不属于某个货币区，与其特定经济体所产生的商品或提供的服务没有直接的关联，而只与接收比特币的商家所提供的商品和服务有关，比特币与其他虚拟货币可能使得用户遭受特定风险，应该将其纳入监管的范围之内（李东卫，2013）。

此外，部分国家的监管部门对于比特币采取了更加严厉的措施。例如，2014年2月8日，俄罗斯总检察长办公室昨日发表声明，宣布在俄罗斯境内不得使用比特币。该声明称："比特币是一种货币代用品，任何俄罗斯公民和法人实体都不得使用。"2014年10月3日，俄罗斯财政部提议"对于使用及宣传包括比特币在内等其他货币的行为进行经济惩罚"，该草案对于使用、发行、宣传等都作出了明确的经济处罚标准，并计划于2015年彻底禁止比特币及其他数字货币。还有在泰国，买卖比特币、用比特币买卖任何商品或服务，与泰国境外的任何人存在比特币的往来，被视为非法，成为在世界各国封杀比特币的首例；厄瓜多尔于2014年7月通过国民大会投票决定立法禁止了比特币；2013年底，韩国企划金融部、中央银行、金融服务委员会和金融监督院等监管机构进行会商，并最终得出不承认比特币的决议。

二、对 P2P 网络借贷平台的监管

表 5-8　全球 P2P 网络借贷的主要监管模式

监管体制	特征	典型国家
一般性监管	没有将 P2P 作为特定市场来监管，或者缺乏严格的定义及法律基础，不出台特定的监管政策框架	巴西、中国、埃及、韩国
中介机构型监管	P2P 被监管部门认为是金融中介机构，要求平台在相关的部门进行登记，符合相应的准入门槛，接受相应监管，定期报告信息	英国、澳大利亚、阿根廷、新西兰
银行机构型监管	P2P 被界定为银行类机构，并依此进行相应的监管	法国、德国、意大利
美国模式	P2P 被界定为证券经纪商，双层监管体系，联邦层在 SEC 注册并受其监管，同时在开展业务的各州申请营业许可并受其监管	美国
禁止性监管	P2P 和股权众筹业务被禁止开展	以色列、日本[①]

资料来源：SEBI（2014）。

---

① 日本在 2014 年 3 月已经开始尝试放开 P2P 和股权众筹的禁止性约束。

1. 法国

相对于在美国、英国等国的快速发展，P2P 网络借贷在法国仍处于起步阶段，相关监管立法尚未建立起来。法国的 P2P 网络借贷平台有营利和非营利两种模式，适用于不同的监管框架（温信祥等，2014）。法国的营利模式以 PRTD'UNION 为代表。PRTD'UNION 成立于 2011 年底，由于股东的银行背景，它是法国最早也是唯一一家获得 ACPR 颁发的信贷机构牌照（金融机构子牌照）和经纪牌照的 P2P 网络借贷平台。它主要向以消费为目的的借款人提供融资，融资金额平均为 9000 欧元。贷款者通过该平台购买特定贷款的份额或借据，以期获得本金和利息，每个贷款人的贷款金额为 3000~30000 欧元不等，期限限定为 2~5 年。截至 2013 年 11 月底，该公司累计放贷 4700 万欧元，其中仅 2013 年新增贷款达到 3500 万欧元，月均贷款增长率达 10%。

非营利模式以 Babyloan 为代表，Babyloan 是法国主要的为发展中国家的个人或小企业提供创业支持的非营利平台，借款金额从几百欧元到几千欧元不等。用户选择感兴趣的项目或个人进行公益投资，由 Babyloan 筹集资金后发放给发展中国家当地的小微金融合作机构，并通过这些机构将贷款发放给借款人。这些机构对借款人及借款用途的真实性进行审核，负责贷后管理，跟进借款人的资金使用情况等。此类项目都是公益性质，贷款人的资金都为无息资金，不收取利息。

在法国，P2P 网络借贷和众筹都属于"参与融资"的范畴，法国金融审慎监管局（ACPR）对行业中的机构准入、个体行为等进行监管，法国金融市场监管局（AMF）对行业规范和涉及金融市场和产品的部分进行监管。2013 年 5 月，ACPR 和 AMF 联合发布了业务指引，对于该行业中某类具体的业务是否属于信贷机构的范畴、是否需向 ACPR 申请信贷机构牌照、是否需遵守 AMF 的市场规定等，进行了较为详细具体的规定，但部分条款仍有待进一步明确（温信祥等，2014）。

2. 德国

网络借贷在德国整体处于初步发展时期（李俊，2014）。德国 P2P 市场主要由 Smava 与 Auxmoney 两公司垄断，它们均从 2007 年开始运营。两公司主业是借助网络平台，为个人和个人间借贷提供小额贷款中介服务。据专业网站 P2P-Banking.com 统计，2007 年至 2012 年 6 月，Smava 和 Auxmoney 网络平台累计促成约 1 亿欧元贷款。

德国 P2P 公司中，Smava 和 Auxmoney 都不承担信用风险。在 Auxmoney 中，由贷款人承担所有风险；在 Smava 中，贷款人可采用两种方法规避风险。一是委托 Smava 将不良贷款出售给专业收账公司，通常可收回 15%~20% 本金；二是利用"同类贷款人共同分担"（Anlegerpools）原则分担损失。Smava 将借款人信用分为 8 级（A 至 H 级），贷款期限有 3 年和 80 个月两种，因此共有 16 类贷款。

根据"德国银行法"（KWG）的规定，任何吸收存款或进行放贷的机构，均应从德国联邦金融监督管理局（Bafin）申领银行牌照。为规避监管，Smava 和 Auxmoney 均委托银行办理资金收取、支付及放贷，从而不需要从德国联邦金融监督管理局申领牌照。例如，Smava 与德国 Fidor 银行开展合作，所有贷款人均将资金首先存入该银行；贷款协议一经达成，Fidor 银行会将贷款人资金划转至借款人账户；对未放出资金，银行将支付 0.5% 的利息。Auxmoney 是与德国 SWK 银行合作，基本程序与 Smava 相似，但是，银行不对未放出资金支付利息（李俊，2014）。可见，德国目前尚未制定针对 P2P 的监管法律，网络借贷被视为一般信贷业务而适用于《银行法》。

3. 韩国

在韩国，P2P 网络借贷公司被视为一般商品中介公司而受到监管。韩国对 P2P 网络借贷平台及其业务并未设置专门的法律规范来进行监管，而主要通过现有的法律框架进行相关的规制。在韩国，P2P 网络借贷平台被视为一般商品中介公司，以网络电商为定位来进行监管。主要的监管法律规范是《电信法》、《电子商务基本法》、《消费者权益保护法》以及《促进信息通信网络利用及信息保护法》等（胡剑波等，2014）。

值得注意的是，虽然 P2P 网络借贷在韩国是原则性监管，主要适用于现有的法律框架，但是韩国消费者保护法设有禁止性条款（吕祚成，2013），这是最为严格的监管环节：一是通过告知虚假或夸张的信息，或使用欺诈手段，诱导消费者进行交易，或妨碍要约撤回或合同终止的行为；二是以妨碍要约撤回等为目的，变更或废止住所、电话号码、互联网域名等行为；三是未及时设置处理纠纷或投诉所必要的人力或设备，导致消费者损害的行为；四是在消费者未提出要约的情况下，单方面提供商品并要求消费者支付该商品价款的行为；五是在消费者已经表明无购买商品或接受服务的意思后，仍然通过电话、文字传真、计算机等通信方式，要求消费者购买商品或接受服务的行为；六是未经消费者同意或超过同意范围，使用消费者相关信息的行为。

三、对众筹的监管

表 5-9　部分经济体对众筹投资的规模限制

国家	众筹投资的规模限制
美国	在 12 个月内：投资者允许投资 2000 美元，当投资者年收入或净资产都低于 10 万美元时，可以投资年收入 5% 和净资产 5%，取三者的最高值
	在 12 个月内，投资者如果年收入或净资产不低于 10 万美元，可以投资年收入或净资产的 10% 中的高者
英国	对拥有专业性投资咨询服务的投资者、与公司金融或风险投资机构相关的投资者、成熟投资者及高净值投资者额度没有限制
	对其他投资者，不能高于资产的 10%，资产不包括房产和养老金
澳大利亚	资产价值超过 250 万澳元投资者、过去两个财年每年至少有 25 万澳元收入的投资者
法国	每个项目不得超过 1000 欧元
加拿大	单个投资不得超过 2500 加元，每年不得超过 1 万加元

资料来源：SEBI（2014）。

表 5-10　部分经济体对众筹融资的规模限制

国家	众筹融资的规模限制
美国	在 12 个月内，不得超过 100 万美元
英国	在 12 个月内不得超过 250 万英镑
澳大利亚	在 12 个月内不得超过 200 万澳元，不能向超过 20 个投资人募集资金
法国	每年每个项目不得超过 100 万欧元
加拿大	每年不得超过 150 万加元
新西兰	12 个月内从 20 个投资者募集不得超过 200 万新西兰元

资料来源：SEBI（2014）。

1. 法国

法国众筹业务起步较晚，但是发展势头迅猛（温信祥等，2014）。2013 年法国境内通过众筹平台共筹集了约 8000 万欧元针对项目或者公司融资的资金，是 2012 年筹资额的两倍。目前，欧洲众筹行业中排名靠前的公司有三家来自法国，分别为 My Major Company、Kiss Bank 和 Ulule。其中，My Major Company 可以称为法国乃至欧洲众筹行业的先驱，该公司的特色是通过众筹平台向粉丝或其他民众筹集资金，发现和支持有实力的音乐人，参与人可获得音乐人唱片发行的收益，2010 年起该公司开始涉足图书行业，即通过同样的方式发掘和支持有潜力的作家。目前该公司已为法国、德国和英国 4.2 万个项目进行融资，融资金额达到 1580 万欧元，并挖掘了一批法国著名的歌手。截至 2013 年底，法国拥有 28 家众筹平台（Alois，2014）。

法国众筹业务主要由法国金融审慎监管局和法国金融市场监管局进行相关的监管。由于法国众筹机构的具体业务和运作形式多样，往往涉及法国金融审慎监管局（ACPR）和法国金融市场监管局（AMF）两个监管部门的监管。如果某家众筹机构的业务包括支付、发放贷款等业务，需要向 ACPR 申请信贷机构牌照；但是，如果某众筹机构仅是中介机构，贷款由另一家具有资质的信贷机构发放，则该机构不需要申请信贷机构牌照，也不接受 ACPR 的监管，而主要接受法国金融市场监管局的监管。

2014 年 2 月 14 日法国经济部公布了针对众筹业务的专门监管法律草案，并于 2014 年 10 月 1 日正式实施。法国是发达经济体中第一个制定了众筹 [①]（Financement Participatif）监管规范的国家。监管框架主要包括总体要求、捐赠型众筹、股权投资型众筹以及借贷型众筹的具体监管规范。其中，总体要求是众筹平台必须在政府注册并接受监管，同时应该遵循透明度和消费者保护原则。在草案中，股权众筹监管要求：一是需要设立一个特别的众筹平台（CIP），但是没有要求最低资本金；二是在成本、信息和风险领域必须严格遵循透明度原则，进行全面的信息披露；三是对于交易金融不高于 100 万欧元的众筹简化报备程序，对于 100 万欧元以上的项目则需要履行更多的报备义务；四是鼓励投资创新型中小企业。可以看出，法国针对众筹的法律规范实际上更多是一种促进发展的管理体系，而不是严格监管的框架。

实际上，根据原有的安排，2014 年中期该法案就应该正式实施，但是，在征询意见的过程中，很多人士认为，法律草案没有践行实质性监管原则。为此，法国监管部门则进行了一些修订，在 2014 年 10 月 1 日正式出台的法案中，针对众筹的监管则更多倾向于严格的监管（Richard，2014）。其中，股权众筹等被纳入到一个众筹融资中介（Intermediaries in Participative Financing，IPF）的范畴之中加以监管。[②] 众筹机构作为一个中介机构必须在监管部门进行注册，并征收每年 250 欧元的管理费。从 2016 年 7 月 1 日起，众筹机构必须由专业性的债务保

---

① 法令将源自英文的众筹（Crowdfunding）正式定义为"参与性融资"（Financement Participatif），将众筹活动分为有息或无息借贷型、捐助型和证券认购型三类。

② 法国亦没有区分网络借贷和众筹等，而将 P2P 网络借贷作为借贷型众筹。

险机制覆盖，并向客户公布其保险能否覆盖其投资范围。

众筹机构法人必须符合专业和诚实要求，并应该符合相应的技能和资历要求：相关专业的学士或硕士学位；在加入众筹机构担任管理层之前 5 年中，应该在金融、支付或商业咨询机构担任管理层至少 2 年；在加入众筹机构担任管理层之前 5 年中，应该在金融、支付或商业咨询机构任职至少 3 年；80 小时以上的专业性培训证明。任何违反上述规定的，将可能被处于 5 年监禁和最高 37.5 万欧元的额外罚款。

法国政府在正式监管法律中设置了众筹平台运作的监管指引，主要包括平台用户及公众信息披露指引（Information for the Public and Platform Users）、客户信息知晓原则（Know Your Customer Rules）、借款人和项目责任人信息指引（Information for Lenders and Project Leaders）以及管控指引（Control and Follow Up）四个部分。

在平台及公众信息披露指引中规定：第一，如果项目是需要支付利息的（即投资型或借贷型融资），众筹平台的每个贷款人对每个项目的贷款额度不能超过 1000 欧元；如果项目是不需要支付利息的（比如捐赠），每个贷款人最高不能超过 4000 欧元。第二，每个项目融资额不得超过 100 万欧元。第三，项目贷款期限不得超过 7 年。最后，每年 6 月 30 日之前必须公布其上一个年度运行报告，报告内容必须包括：众筹平台的治理结构；平台申请融资项目的数目；最终获得融资的项目数目；不同融资类型的规模；贷款人总数；融资项目的平均融资额；不同融资类型的平均融资规模；违约项目等。

在管控指引中，法国政府规定，众筹平台的利率不得超过消费者条款 L313-3 的规定，其中最高利率只能在 3%~20% 区间根据贷款的目的、期限和贷款总额等的不同而变动。平台运行人必须确保每个融资项目的财务和管理能够平稳运行至项目结束，特别是平台在无法正常运作的条件下，应该建立一个应对机制（Back-up Service）以确保服务能够得以进行。法国的众筹监管格局如表 5-11 所示。

2. 日本

在日本现行监管框架下，股权众筹仍然是被禁止的，目前只能以捐赠或隐名合伙的方式进行众筹。众筹进入日本并发展至今，时间虽不长，但是也已经出现了一些恶性事件，比如在投资者方面，存在恶意利用众筹倒卖商品的情况，即先

5-11　法国的众筹监管格局

平台所从事服务	注册或牌照类型	注册系统	监管主体
提供证券认购项目	CIP（参与性投资顾问）	ORIAS（法国金融中介人员登记机构）	AMF
	PSI（投资服务提供商）	获得ACPR的许可	AMF和ACPR
提供无息或有息贷款项目	IFP（参与性融资中介）	ORIAS	ACPR
提供捐助项目	无强制要求（但可注册为IFP并遵守相应规定）		
代他人收取资金	EC（信用机构）或EP（支付机构）或EME（电子货币机构）等支付服务提供商	获得ACPR的许可	ACPR

资料来源：《法国众筹条例正式生效》，《互联网金融与法律》，2014年第8期。

通过投资的方式低价大量购入商品，随后再高价转卖。而在筹资者方面，则存在成功筹资后中途因故中断项目的实施又不退款的情况。这其中，有因为存在欺诈被众筹平台封杀的项目，也有筹资者凭一时兴起赶时尚进行筹资，却因为项目太过于专业，而筹资者又缺乏相关经验无法正确评估成本和实施，最终导致项目在成功筹资后无法完成，投资者无法收回出资的情况。现阶段，在日本，项目创意被剽窃等知识产权侵权行为被认为是众筹模式的最大风险所在。众筹引发的上述风险和疑虑推动了日本以《WG报告》为代表的监管框架的出台。

（1）众筹在日本的发展现状与《WG报告》的出台背景。日本的社会环境和背景决定了日本各地已经形成了具有浓郁地方特色的地方金融架构，并且金融机构的地方渗透非常彻底，依托于人际交往方式，具有很强的地域特性。因此，作为新兴媒介的互联网平台很难取代已经固有的人与人的交往模式，这也决定了日本的地方金融体制更依赖于这种人与人的直接交往，也正因此众筹模式乃至P2P网络借贷等互联网金融模式虽早已进入日本，但与中国的迅猛势头相比，其发展态势较为迟缓。

众筹模式在日本更多的是被用于文化创意领域，而对于那些初创企业而言，众筹模式却并不是很受欢迎。这主要是由于日本对中小企业的各种支持政策相对较为完善，能够给予中小企业长期且连续性的支持。相比之下，通过众筹模式即使能够成功筹集到资金完成一个产品或一个项目，也并不意味着就一定能借此创立一个很好的企业，通常认为二者之间没有必然的联系，项目被看作是一次性的运作，而企业的经营却是一个永续的存在过程。另外，日本拥有较为完善的信用体系，对于众筹模式而言，如果筹资者一旦在众筹融资中失败，就会留下不良记录，进而就有可能导致其很难从此次失败中重新站起来。

2011 年 3 月的东日本大地震发生后，众筹化身成为日本各地民众为灾区复兴捐款的有效渠道，随即带动了一批网络中介机构相继进入众筹领域，提供各种众筹服务。而与此同时，日本政府所公布的经济增长战略中也适时地融入了针对新创企业和成长企业的风险资本提供渠道的有效利用问题。在政府与民间双方面合力的共同促进下，社会公众对于众筹的认知度得到了迅速的提升，大大推动了众筹市场的发展。

在日本的现行金融制度框架之下，所谓通过互联网进行集资的广义众筹目前还只能是以捐赠和隐名合伙出资这两种形式进行。因为，证券公司公开发行股票时，根据发行金额需要提交有价证券申报书，并且依据日本证券业协会的规定，原则上禁止证券公司对于非公开股票投资的劝诱式推销行为。因此，在现行的严格金融管制之下，投资型的股权众筹尚未被解禁，在实际操作方面存在很大的困难。针对众筹的发展现状和市场需求，日本政府为了能够更为有效而切实地推广、普及众筹这一融资模式，开始探讨对现行金融监管制度的改革。

作为金融制度改革的准备工作的阶段性成果，金融审议会① 在经过了 6 个月的审议之后，于 2013 年 12 月 25 日公布了《金融审议会针对新创企业和成长企业的风险资本供给现状等的相关工作组报告》（简称《WG 报告》），在这份报告中就提出了对股权众筹进行解禁的提案。随后，金融厅依据《WG 报告》对金融制度相关改革进行了更为深入的研讨，并及时制定了相关改革方案。

日本现任财务大臣麻生太郎于 2014 年 3 月 14 日宣布已将《对金融商品交易法等法律的部分内容进行修订的法律案》（以下简称《金商法等修订法案》）正式提交给第 186 次国会进行审议。《金商法等修订法案》的主要部分预计从该法案公布之日起 1 年以内的政令所指定日期开始施行。

《金商法等修订法案》旨在从金融方面加速强化日本的增长战略，包括将一般家庭的金融资本转化为社会增长资本的措施在内，进一步完善"提高日本金融和资本市场综合能力的政策"。日本政府为了提高金融系统整体的可信赖性和稳定性，适时地对《金融商品交易法》等相关法律进行了修改和完善，而此次修改

---

① 金融审议会是设立在日本金融厅下的首相咨询机构。

的核心内容在于导入金融指标的规制和监管框架。比如，通过导入针对信息传递行为等的规制措施而强化对内幕交易的监管，对由全权委托投资管理业务人员等编制的资产运用报告书等存在虚假记录的情况加强制裁的措施，强化对提供大额信用等的规制，对有序处理金融机构的资产及负债的完善措施等一系列的相关措施。

而在激发市场活力方面，投资型众筹模式被认为是促进为新创企业和成长企业提供风险资本的有效途径，应对众筹制度加以完善，以促进更好地推广和利用众筹模式。《金商法等修订法案》将投资型众筹定义为：新创企业或成长企业等经由互联网渠道与资金提供者相结识，并通过从多数的资金提供者手中获取单个投资者的小额资金从而进行集资的模式。该修订法案中提出，放宽金融商品交易从业者（依据《金融商品交易法》的规定，包括从事有价证券的销售、投资咨询和运作、顾客资产管理等业务在内的机构）从事筹资总额在 1 亿日元以内且单个投资者的投资额在 50 万日元以内的小额投资型众筹业务的准入条件，并且为了防范通过互联网进行投资推销中的欺诈性行为等的发生而制定相应的规制。

（2）《WG 报告》的主要内容。《WG 报告》中将作为资金需求方的新创企业和成长企业等称为"发行人"，将通过互联网进行非上市股票和基金份额的发行以及私募发行的机构称为"中介机构"（本部分为保持用语的一致性，在涉及日本的相关问题时，采用《WG 报告》中的相关概念和用语）。《WG 报告》分为四章，具体框架如下：

第 1 章　针对新创企业和成长企业的风险资本供给的促进政策（在成长阶段的风险资本的供给促进政策）

　　1. 众筹

　　2. 非上市股票的交易和变现的制度框架

　　3. 促进保险公司通过其风险投资子公司向科技创新型企业进行投资

　　4. 其他围绕支持科技创新型企业的若干问题

第 2 章　针对新创企业和成长企业的风险资本供给的促进政策（新股发行上市的推进政策）

　　1. 围绕新股发行上市的减负

　　2. 下调新兴市场的新股发行上市时的最低股东人数标准

第 3 章　促进上市企业资金筹措的顺畅（废除等待时间）

　　1. 上市企业资金筹措所需期间的缩短

2. 对"登记前推销"行为界定的明确化

3. 对发行登记书修订版的提交制度的相关修改

第4章 基于近年金融资本市场状况的其他相关制度的完善

1. 对大量持有报告制度的重新研讨

2. 涉及流通市场中虚假记载等的赔偿责任

《WG 报告》首先对众筹的基本概念给出了相应的界定和说明，依据给予资金提供者回报形式的不同，将众筹划分为"捐赠型"、"购买型"和"投资型"。而其中的"投资型"众筹属于《金融商品交易法》的监管对象，还可以划分为"基金形式"和"股权形式"两种。在日本的现行法律制度和金融监管框架下，"购买型"众筹属于特定商交易相关法律的监管对象。

"基金形式"的投资型众筹在现行的《金融商品交易法》下，属于第二种金融商品交易机构[①]可以进行发行和私募发行的金融商品，也就是说实际从事这种业务的机构已经存在。而就另一种"股权形式"的投资型众筹而言，原则上非上市股票的发行和私募发行被日本证券业协会的自律监管规定所禁止。同时，在现行的《金融商品交易法》下，由于能够进行股票发行和私募发行的第一种金融商品交易机构的准入条件远比第二种金融商品交易机构要更为苛刻严格等原因，导致"股权形式"的投资型众筹目前基本上还处于无人涉足的状况。

在这种现状之下，金融审议会工作组也参考了众筹发源地美国在相关制度修改上的一系列举措，在借鉴美国的相关经验基础上，研讨了包括基金形式和股权形式两者在内的投资型众筹的相关制度完善。在探讨完善投资型众筹的相关制度时，如果是从促进风险资本供给的角度来考虑相关的制度设计的话，则对于中介机构而言应尽可能便于其进入该行业，且对于发行人而言应尽可能减少其负担。但与此同时，还必须防范投资型众筹被欺诈性行为所恶意利用，进而导致投资者和社会公众对投资型众筹整体丧失信任。为此，在不断借鉴世界各国主管部门的监管动向的同时，采取保护投资者的必要措施也是非常重要的课题。

[①] 金融商品交易业是专门从事《金融商品交易法》第 2 条第 8 款所规定的金融活动的行业，这些金融活动包括有价证券（股票、公司债等）和金融衍生商品的销售及劝诱，以及投资建议、投资运用、顾客资产管理等。金融商品交易业依据《金融商品交易法》第 28 条的规定共分为 4 类，分别是第一种金融商品交易业、第二种金融商品交易业、投资建议和代理业、投资运用业。而金融商品交易机构是指依据《金融商品交易法》第 29 条的规定进行注册登记的机构。

如上所述，为了促进风险资本供给，对于中介机构而言设计尽可能易于其参与的制度是最重要的，从这一观点出发，则期望针对现行的第一种金融商品交易业和第二种金融商品交易业设置注册登记的特例制度。在这种情况下，从保护投资者的角度来考虑，应在设定单个投资者的投资额和发行总额上限的同时，把中介机构不得从事有价证券的买卖和受理等业务设定为前提条件，即在限定的范围内设定特例才是恰当的。具体而言，在第一种金融商品交易业中，只有从事非上市股票或私募的发行并且是通过互联网进行小额项目的机构才被认定为是"特例的第一种金融商品交易机构"。在第二种金融商品交易业中，只有从事基金份额或私募的发行并且是通过互联网进行小额项目的机构才被认定为是"特例的第二种金融商品交易机构"。仅针对于这两类特例的机构予以考虑放宽财产管制等。目前，对于特例认定条件中的"小额"的规定具体为"发行总额不超过 1 亿日元且单个投资者的投资额在 50 万日元以下"。在采取这项措施时，还需要相配套的同时放宽对于非上市股票或私募的发行原则上予以禁止的日本证券业协会的现行自律监管规定，在非上市股票的发行或私募发行之中，针对通过互联网进行的小额项目予以解除禁止规定，从而使已有的第一种金融商品交易机构和特例的第一种金融商品交易机构可以从事该项业务。

众筹是一种借助于互联网渠道可以更为轻松地从多数人手中筹集资金的模式，基于众筹的这一特性，就必须防范众筹被欺诈性行为所恶意利用，在制度设计上要更为谨慎和全面。就这点而言，在现行的《金融商品交易法》中，针对股票和基金份额的发行或私募的发行是通过互联网所进行的部分，并没有特别设定基于众筹特性的监管。为此，对于通过互联网从事非上市股票和基金份额的发行或私募发行的中介机构（已有的金融商品交易机构以及上述的特例机构）应规定相应的义务，包括有义务完善体制以确保对发行人的尽职调查以及通过互联网披露适当的信息等，并且有义务通过互联网披露发行人和中介机构自身的相关信息，与此同时还需要完善对于上述信息的披露存在懈怠等情况时的惩罚制度。而且，在把通过互联网披露发行人信息等作为中介机构所要负有的义务时，针对通过互联网进行的基金份额的发行或私募的发行，从避免中介机构向投资者所披露信息的重复以及减轻中介机构负担的角度考虑，认为还应同时采取旨在实现签约前所提交资料的精简等在内的相关措施。

在防范投资型众筹被恶意用于欺诈性行为或被犯罪势力所利用，构建让投资者可以安心投资的外部环境方面，不能仅仅只依赖于相关主管部门的规制和监督，还应充分发挥自律监管机构的自律监管职能，两者的有机结合是非常重要的。从这一观点出发，要求今后自律监管机构（日本证券业协会以及第二种金融商品交易业协会）能和相关主管部门保持协作，推进自律监管规定完善方面的相关研讨工作，以期实现投资型众筹的适度推广普及。然而，截至 2013 年 9 月底，第二种金融商品交易机构加入自律监管机构的比率仅停留在大约 2.6%的程度，因此要实现自律监管机构发挥适度的自律监管职能的话，就必须提高第二种金融商品交易机构加入到自律监管机构的比率。

为此，针对准备注册登记为第二种金融商品交易业的机构不加入自律监管机构的情况，则应明确地规定该机构负有义务确保在制定公司内部规则时已将自律监管机构的自律监管要求涵盖在内，并完善公司体制以确保对公司内部规则的遵守等，通过全面完善监管以促进向自律监管机构的加入。同时，就第二种金融商品交易业协会的体制强化等也有必要同步推进。

（3）消费者委员会关于众筹相关制度改革的意见。针对金融审议会工作组的报告，日本消费者委员会提出了以下建议。

1）中介机构的准入监管。在众筹制度中，中介机构发挥着核心作用，因此其所肩负的职责义务也尤为重要。如果不能确保中介机构所提供信息的准确性，投资者就不可能作出正确的投资判断。

首先，就准入门槛的限制而言，《WG 报告》中提倡要放宽中介机构的准入条件。但是，日本消费者委员会认为对于准入的必要条件必须进行慎重的研讨。设定的准入条件首先必须要能防范不被欺诈性行为和犯罪势力所恶意利用，不仅如此，还必须要能确保稳健扎实且合理正当地开展中介机构的业务。《WG 报告》中要求中介机构有义务完善其体制以确保对发行人进行尽职调查以及通过互联网披露适当的信息等，并且有义务通过互联网披露发行人和中介机构自身的相关信息，因此中介机构首先必须是有能力切实履行这些义务的机构。这里所要求的尽职调查是指在进行投资时，对所投资的对象是否具有足够的价值，以及投资风险的具体情况等进行详细调查的工作。在《WG 报告》中并未详细论述对于新创企业的尽职调查所应包括的具体内容等，因此有必要进一步加以明确化。

其次，《WG 报告》就中介机构而言，希望对现行的第一种金融商品交易业以及第二种金融商品交易业设定注册登记的特例情形，并同时从保护投资者的角度出发建议设置的条件仅限于从事单个投资者的投资额和发行总额均为小额业务的机构。而小额的范围界定为"发行总额不超过 1 亿日元且单个投资者的投资额在 50 万日元以下"。但是，这个小额的条件如果是作为针对发行或私募发行对象的每一只非上市股票或每一只对象基金所设定的必要条件的话，那就有可能出现发行人和中介机构通过采取多种类的形式而轻易逃避监管的情况，因此在设定必要条件时还应考虑到防范被不法经营者滥用的可能性。

2）中介机构的信息提供义务。《WG 报告》中针对通过互联网进行非上市股票和基金份额的发行以及私募发行的中介机构（已有的金融商品交易机构以及特例的第一种金融商品交易机构和特例的第二种金融商品交易机构），"要求中介机构有义务完善其体制以确保对发行人进行尽职调查以及通过互联网披露适当的信息等，并有义务通过互联网披露发行人和中介机构自身的相关信息，而且对于披露相关信息存在懈怠的情况应制定相应的惩罚规则"，这一系列的措施都是非常有必要的。

与上市股票的买卖相比，投资于新创企业时，用以做投资判断的信息是非常缺乏的。具体到众筹的情况而言，互联网平台上所提供的信息就是作出投资判断的依据所在，因此信息的准确性就成为了众筹的生命线。

在欺诈性投资劝诱中，发行人往往会利用虚假信息或是与事实相反的信息，以及缺乏根据的预测等，因此就必须采取相应的措施以杜绝这类信息的发布。基于这一观点，有必要对于发行人所负有的提供准确信息的责任和中介机构所负有的确保信息准确性的责任进一步加以明确。具体而言，还应明确将这些责任界定为发行人以及中介机构对于投资者所应承担的民事义务，而且对于违反义务的行为，不仅仅只作为撤销注册登记等行政处罚和刑事处罚的对象，还要追究民事损害赔偿责任，并通过以法律的手段加以明确化来实现在排除不法经营者进入的同时，对于在互联网上所提供的信息存在瑕疵的情况能够进行损害赔偿请求。通过这一系列措施，必须要构建一个让投资者可以对信息充分予以信赖从而安心参与交易的市场。此外，为了确保在发生违反规定的情况时，能够实现毫无迟延地采取相应的行政处罚措施，非常有必要完善相关的检查和处分体制。

3）投资者对于面向新创企业的投资特性的理解以及对于投资者理解的确认。投资者对于非上市股票而言，无法像上市股票一样获取其市场价格。因此，即使是经验丰富的投资者对于非上市股票的价值判断也远比上市股票要困难很多。如果政府要推动促进经由互联网的风险资本的供给，那么构建一个仅限于对这种面向非上市股票进行投资的相关特性已有了充分的理解并已接受相关特性的、投资者自发参与的机制就是必不可缺的。

而对于基金份额的情况，还会有其他的问题存在。隐名合伙已被纳入基金的框架之中而加以利用。在隐名合伙的情况下，因为没有设置类似股份公司机制里的股东大会等机构的必要性，所以投资者的权利是极端微弱的。并且，了解资金是否被合理加以运用的信息获取手段也是非常有限的，仅限于日本《商法》（明治32年法律第48号）第539条所列举的借贷对账单的查阅、关于业务财产状况的检查的规定程度。因此，投资者必须在对上述投资基金的特质有充分理解的基础上作出判断。

鉴于以上情况，投资者必须在对于投资非上市股票和基金这一行为所具有的意义与特性，以及流动性风险和信用风险都已有充分理解的基础上作出投资判断，对此应采取措施规定由中介机构进行确认等。

4）对于推销的监管。依据《WG报告》，众筹是一种通过互联网向众多的资金提供者筹集小额资金的模式，但是在该报告中并未谈及是否要对使用电话和入户访问等推销手段加以禁止。

根据日本消费者委员会在2013年8月所发布的《关于欺诈性投资劝诱的相关消费者问题的调查报告》的数据显示，在2012年度与欺诈性投资劝诱相关的投诉中，就销售形式进行细分的话，电话推销占66.1%，邮件推销占15%，入户推销占12%。由此可知，在欺诈性投资劝诱中，电话推销、发放宣传材料、入户推销这些形式占据了绝大多数。因此，在导入众筹制度时，就必须要防范中介机构和发行人恶意利用众筹，将众筹变成欺诈性劝诱的手段，作为骗取投资者对其信任的工具。此外，中介机构也不得向主动联系的消费者不停地推销其他投资产品。

基于以上情况，在众筹制度中应禁止以电话和入户访问的形式向未取得同意或委托，或没有要求的消费者以及潜在消费者进行推销。

5）中介机构的自律监管。在《WG报告》中提出为了防范投资型众筹被欺诈性行为或犯罪势力所恶意利用，构建投资者可以安心进行投资活动的外部环境，因此"今后，期待自律监管机构（日本证券业协会以及第二种金融商品交易业协会）和相关主管部门保持协作的同时，以适度普及投资型众筹为目标，推进完善自律监管规则的相关研讨工作"。

但是对于不法经营者而言，不服从自律监管也是意料之中的事情，因此说自律监管和其实效性的确保都是有一定极限的。为此，将必要的规则以法令的形式加以规定是根本所在，同时绝不允许出现经营者逃避法律的行为，所以监管部门必须要适度地执行对经营者的监管。

总而言之，消费者委员会认为在放宽监管时，必须要采取完备措施以保护投资者，因此要求金融厅采取以下必要措施保护消费者免受损失（见图5-1）。

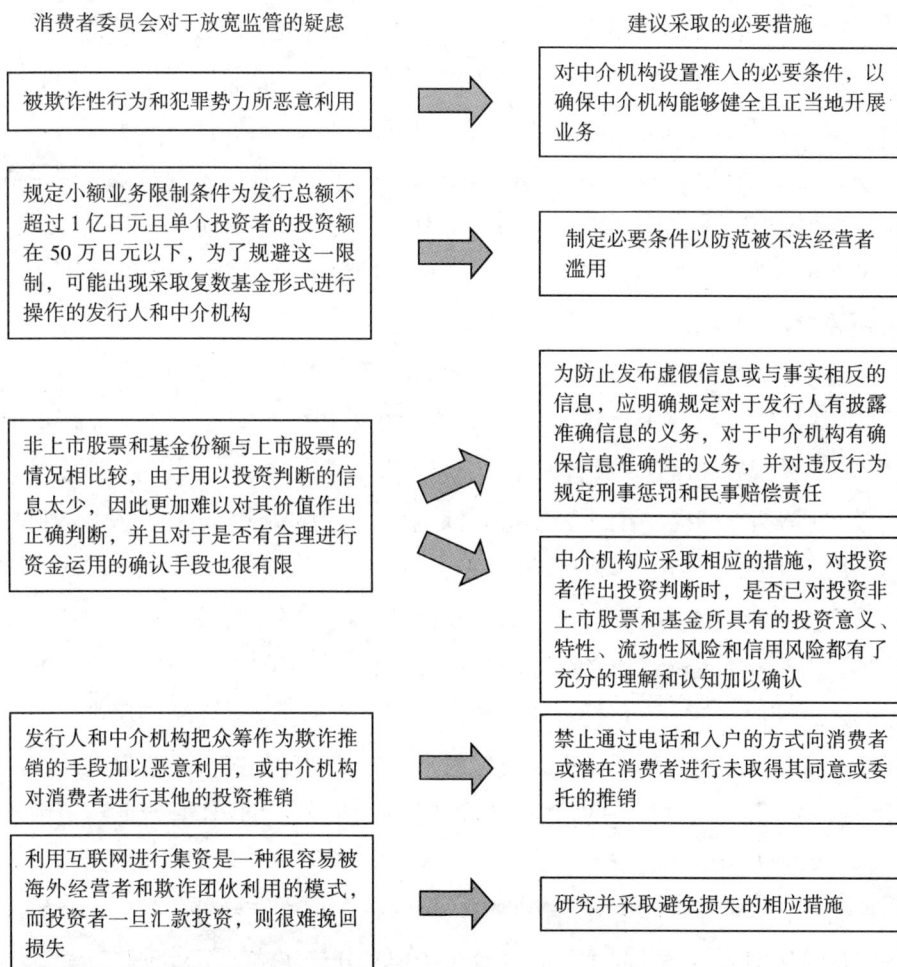

消费者委员会对于放宽监管的疑虑	建议采取的必要措施
被欺诈性行为和犯罪势力所恶意利用	对中介机构设置准入的必要条件，以确保中介机构能够健全且正当地开展业务
规定小额业务限制条件为发行总额不超过1亿日元且单个投资者的投资额在50万日元以下，为了规避这一限制，可能出现采取复数基金形式进行操作的发行人和中介机构	制定必要条件以防范被不法经营者滥用
非上市股票和基金份额与上市股票的情况相比较，由于用以投资判断的信息太少，因此更加难以对其价值作出正确判断，并且对于是否有合理进行资金运用的确认手段也很有限	为防止发布虚假信息或与事实相反的信息，应明确规定对于发行人有披露准确信息的义务，对于中介机构有确保信息准确性的义务，并对违反行为规定刑事惩罚和民事赔偿责任
	中介机构应采取相应的措施，对投资者作出投资判断时，是否已对投资非上市股票和基金所具有的投资意义、特性、流动性风险和信用风险都有了充分的理解和认知加以确认
发行人和中介机构把众筹作为欺诈推销的手段加以恶意利用，或中介机构对消费者进行其他的投资推销	禁止通过电话和入户的方式向消费者或潜在消费者进行未取得其同意或委托的推销
利用互联网进行集资是一种很容易被海外经营者和欺诈团伙利用的模式，而投资者一旦汇款投资，则很难挽回损失	研究并采取避免损失的相应措施

图5-1　日本消费者委员会对放松众筹监管的意见

资料来源：根据日本消费者委员会意见总结。

（4）《金商法等修订法案》的内容。日本《金商法等修订法案》的内容涉及面广，也与众筹发展密切相关，主要包括以下 6 部分的内容。

第一，针对通过互联网进行资金筹措融通的金融商品交易机构等的相关监管制度进行了重新审议修订，即完善相关政策、改进制度实施环境以促进投资型众筹的推广和应用。

第二，内控报告制度的重新修订，即旨在为公司的注册上市减负，就内控报告书，规定上市后 3 年内可免除公认会计师的审计义务。

第三，对于在流通市场中披露虚假信息资料的公司的损害赔偿责任进行修订，包括实行过失责任原则等。具体而言，当公司所提交的有价证券报告书等资料中存在虚假记录等时，则对该公司在流通市场上的损害赔偿责任的适用，由现行的无过失责任原则改为过失责任原则，即该公司如果能够证明对于虚假记录等不存在故意或过失，则该公司不承担损害赔偿责任。就提交了含有虚假记录等的有价证券报告等资料的公司而言，不仅是取得了所发行的有价证券的人，还包括处分了有价证券的人在内，都有权对该公司进行索赔，打破了现行法仅限于取得有价证券的人能够要求损害赔偿的局限。

第四，导入针对金融指标的相关监管制度。将金融指标之中那些会由于可信度下降而对日本的资本市场造成重大影响的金融指标规定为"特定金融指标"，对其实行特别规制和监管。并且，导入了特定金融指标的提供者的指定制度，完善对于特定金融指标的提供者的规制和监督框架。金融商品交易机构（或其职员）等严禁向特定金融指标的提供者出示与特定金融指标提供相关的不正当数据。

第五，对于大量持有报告制度的重新修订，包括将自有股份从大量持有报告制度的适用对象中剔除，以及废除同时提交变更报告书的义务等相关修改内容。

第六，其他。其中，包括对基金销售机构（第二种金融商品交易机构）的监管制度修订、第一种金融商品交易机构的事业年度制度的修订、金融商品交易所的业务追加、电子化股票等的没收手续的完善，以及对可操作有价证券范围的修订（和"新非上市股票的交易制度"相关部分）等。

根据《金商法等修订法案》附则第 1 条的规定，《金商法等修订法案》的主要部分将从该法案公布之日起 1 年以内政令指定日开始实施，但对于修订法案中的一部分规定则另行指定不同的实施日。具体规定为对第一种金融商品交易机构等的事业年度制度的修订以及对电子化股票等的没收手续的修订是从公布之日起 6

个月以内政令指定日开始实施，而对于金融商品交易所的业务追加部分则是从《金商法等修订法案》的公布之日起实施。

《金商法等修订法案》涉及从内控报告制度到金融指标监管制度的导入、第一种金融商品交易机构的事业年度制度改革、金融商品交易所业务的追加、电子化股票等的没收手续、发行有价证券的范围修订等多方面内容，而众筹的相关部分内容被置于了《金商法等修订法案》的第一部分，足见日本政府对众筹制度的高度重视。

与众筹相关的法条修改主要是指对现行《金融商品交易法》中涉及对通过互联网进行融资的金融商品交易机构等存在限制的相关法条进行修改，也就是说通过对存在限制的相关部分法条的修改，适当地放松规制以促进众筹的进一步发展和对投资型众筹的利用。

具体而言，首先，依据《金商法等修订法案》对《金融商品交易法》第29条第4款的2、第29条第4款的3等法条的修改，仅限于对从事满足一定条件的众筹业务（第一种小额电子募集发行业务、第二种小额电子募集发行业务）的第一种金融商品交易机构和第二种金融商品交易机构，予以放松部分业务规制（比如自有资本限制比率、兼营限制等）。

关于第一种小额电子募集发行业务和第二种小额电子募集发行业务有严格的界定，规定有关非上市股票、集团投资的电子募集发行业务（使用电子信息处理机构的方法以及利用其他信息通信技术的方法，内阁府令所规定的机构以募集发行业务），有价证券的发行价格总额以及取得有价证券的人所支付的金额都是小额的（《金商法等修订法案》对《金融商品交易法》第29条第4款的2第1项第1号、第29条第4款的2第10项、第29条第4款的3第4项）。同时，依据金融厅所发布的《关于〈对金融商品交易法等的部分内容进行修订的法律案〉的说明材料》（以下简称《金融厅说明材料》）中对于小额的判定标准，简单而言，"小额"是指发行价格的总额为1亿日元以下，且单个投资者的投资额在50万日元以下。

《金融厅说明材料》就自有资本限制中的最低资本金标准的修订加以对比说明，即规定第一种金融商品交易机构，由从前的5000万日元下调至1000万日元，第二种金融商品交易机构，由从前的1000万日元下调至500万日元。

其次，依据《金商法等修订法案》对《金融商品交易法》第43条第5款等的修改，针对进行众筹业务（电子募集发行业务）的金融商品交易机构，附加通过互联网适度披露信息等义务。其具体是指在签约前交付的书面资料所记载的事项中，对于电子募集发行业务的对方的判断造成重要影响的信息，由内阁府令所规定的事项。

3. 马来西亚

马来西亚于 2014 年 8 月底出台了对股权众筹监管的咨询报告，预计不久将正式出台针对股权众筹的监管政策框架。在马来西亚，股权众筹由马来西亚证券委员会（Securities Commission Malaysia，SCM）负责监管。马来西亚证券委员会认为，股权众筹有其促进中小企业融资、促进创新和促进经济增长与就业等有利的作用。但是，作为监管机构，委员会亦认识到股权众筹可能存在非法或不恰当行为并会引发金融风险，特别是使得投资者蒙受损失（SCM，2014）。

马来西亚对股权众筹的监管框架主要是基于 1965 年《公司法》，同时证券委员会会制定与众筹平台、在众筹平台融资的主体以及在众筹平台进行投资的主体等三类主体相关的特别监管要求，即以《公司法》为主、以特别监管要求为补充的众筹监管机制。

对于众筹平台，马来西亚证券委员会提出的监管建议：一是注册要求；二是规定业务禁止范围；三是设置平台的基本义务；四是投资者资金管理；五是资料信息的重大改变及其处置；六是在向募资者转移资金过程中要设置恰当的资金转移审核机制；七是投诉和冲突的处置机制；八是利益冲突处置方法；九是现有股东的股份出售及二手交易市场安排。

在众筹平台的注册要求上，委员会认为众筹涉及与证券市场相似的证券买卖行为，为此在公司法的基础上还需要特别受《2007 年资本市场与服务法》（Capital Markets and Services Act 2007）的监管，要求众筹平台必须符合电子交易平台注册标准：在注册程序要求方面，要求电子交易平台必须能够向委员会表明其平台具有足够的金融、人力和其他资源以保障其公平有序运行；而且，必须表明已经有恰当的程序或机制安排能够保证其运行，能够符合监管义务和市场义务；如果没有通过申请注册就运行电子交易平台，可能会被处罚上至 500 万林吉特或 5 年监禁。在条件条款及发行指引要求方面，电子交易平台必须确保委员会可以在任何时刻都能对其条件条款和发行指引作出监管调整。条件条款可能包括对投资者或参与者类型的限制，同时还可能是委员会认定的业务范畴限制。

在众筹平台的业务禁止范围。马来西亚证券委员会建议要对众筹平台的业务作出限制，不能从事以下业务：第一，承担股权发行任务；第二，为股权发行及其讨论提出任何的公共沟通机制；第三，教育或确保只有符合资格的特定投资者参与到众筹平台中；第四，提供辅助性服务，比如扫描、标准文件准备以及投资者关系管理等。

对于在众筹平台的发行人，马来西亚证券委员会亦建议进行合理的监管。一是被允许进行股权众筹的发行人标准。必须是马来西亚当地的私人股份制公司。二是禁止进行股权众筹的发行人。商业性或金融性较为复杂的机构（比如投资基金、金融机构）、上市公司、无明确商业计划的公司以及用于募集并购资金的公司、欲通过股权众筹融资而发放贷款的公司、认缴股本超过 500 万林吉特的公司。三是允许发行的证券类别。四是股权众筹的融资上限。每个公司 12 个月内融资上限为 300 万林吉特，可以用于不同的项目，通过众筹平台的融资上限不超过 500 万林吉特。五是超募情况的处置。在符合融资上限要求下，可以超募，但是必须进行超募资金使用的信息披露或进行特别募集。六是信息披露要求。七是销售及广告要求。八是财务信息要求。当募集超过 50 万林吉特，需要出具审计报告。九是重大信息披露要求。十是冷静期设置。在 6 个工作日内投资者可以撤回投资决定而不承担任何损失和责任。

4. 印度

随着信息产业在印度的蓬勃发展，众筹在印度也成为了一个新兴的互联网金融业务模式。根据印度证券交易委员会的咨询报告，印度目前对股权众筹的监管主要是基于现有的法律框架进行的，其中包括 2013 年《公司法》、1992 年《证券法》和 1956 年《证券合约法》等。但是，基于众筹融资可能存在的违约、欺诈、信息不对称、技术性问题甚至系统性风险，印度证券交易委员会（SEBI）建议强化对股权众筹的监管。

2014 年 6 月印度证券交易委员会发布了众筹监管的咨询报告（SEBI, 2014），提出了应该建立一个全面的监管框架，其中涉及众筹平台资格、众筹平台认证、众筹发行人资格、发行人信息披露要求、投资人资质、发行程序、二手市场、反洗钱以及税收政策等内容。

印度证券交易委员会建议，众筹的合格投资人包括以下几类：一是合格机构投资者。该名单由印度证券交易委员会根据资本和信息披露要求而公布。二是印度公司法规定下的股份制公司，净资产不得低于 2 亿卢比。三是高净值个人。净资产价值不得低于 2000 万卢比，其中不包括个人住宅价值或由住宅抵押获得的贷款。四是合格零售投资人。年收入不得低于 100 万卢比，提送所得税申报表不得少于 3 年，提供在每个众筹项目中投资不超过 6 万卢比的证明，并证明其投资众筹平台的所有资金不得超过其净资产的 10%。

印度证券交易委员会认为众筹不是一种公募发行，为此需要遵循私募行为来进行监管，印度法律规定了私募发行的认购有一个每人最低募集标准（Minimum Offer Value），为 2 万卢比。委员会建议在众筹的投资中：合格机构投资者至少要认购最低募集标准值的 5 倍，所有合格机构投资者所持有的份额不低于该证券发行的 5%。公司至少认购最低募集标准值的 4 倍。高净值个人投资者要至少认购最低募集标准值的 3 倍。合格零售投资人至少认购最低募集标准值，并且其在一个项目中的认购金额不得超过 6 万卢比，在所有众筹平台上的投资不得超过其净资产的 10%。

印度证券交易委员会建议对募资人进行更为严格的准入要求和更为全面的监管。

在资质方面：一是预期募集资金的公司在 12 个月内不能募集超过 1 亿卢比资本，如果希望募集超过 1 亿卢比，那将受到证券法的监管并要在中小企业板上市或交易所上市。二是希望进行众筹融资的公司不得与其他单个公司有超过 2.5 亿卢比以上的出资、赞助或关联交易。三是不得是上市公司。四是公司存续期不得超过 4 年。五是通过众筹融资的资金不得用于其他用途，比如贷款或投资企业实体。六是公司不得与房地产行业相关，或者从事印度政府工业政策所不允许的活动。

在希望通过众筹融资的公司高管资格方面：一是公司高管、发行人或关联人无人被处于资本市场禁入的处罚，或是委员会任何内容的市场行为限制。二是公司高管、发行人或关联人不能是印度央行及其他机构所认定的"违约人"或"恶意违约人"。三是高管和发行人具有相关的任职资质。四是公司高管、发行人或关联人是恰当的胜任人员。

在众筹融资的规范上：一是一个公司在 12 个月内，不能利用多家众筹平台进行融资。二是发行人不得直接或间接地对公众进行营销宣传或从公众中引诱投资。三是发行人必须在印度证券交易委员会认证过的众筹平台进行发行，并履行强制性程序。四是发行人不能直接或间接地诱使或补偿任何人以推进其发行。五是发行人必须提供超募条款。超募的额度不得超过预期募集额度的 25%，同时要披露超募资金的使用用途，超募资金留存余额不得超过 1 亿卢比。

在股权众筹的股份发行中，一是发行人根据相关的规范不得募集超过 1 亿卢比，且要在监管部门认可授权的众筹平台上根据相关的投资项目安排向合格的投资者募资。二是募集资金的公司要符合众筹平台的相关标准，在募资前后都要受这些标准约束并接受平台的动态质询。三是单一投资者不得持有超过公司 25% 的股份，发行人要求至少持有公司 5% 的股份，并持有至少 3 年。四是投资者将拥有公司法里所规定的所有股东权益。

四、对第三方支付的监管

1. 法国

在第三方支付方面，法国最有名的电子支付商也是总部位于美国的 PayPal。在法国，PayPal 有 700 万账户，占据法国 48% 的市场份额。Google 研发的在线支付商 Google Wallet 约占 8% 的市场份额。2013 年 9 月，为了与 PayPal 争夺在线支付市场，法国三大主流银行（巴黎银行、兴业银行和邮政银行）共同研发推出了新型的支付方式，即 Paylib。Paylib 的目标客户首先是三家银行的客户（共约 230 万），此外 Paylib 还将在法国最大的 8 家电子商务平台网站推出（温信祥等，2014）。

根据相关法律规定，法国金融审慎监管局（ACPR）于 2009 年起对支付机构进行监管，并有权对支付中介机构进行控制，从而履行维护法国支付系统稳定的职能。所有开展支付业务的机构，根据具体的支付业务性质和整体业务范围，需事先获得 ACPR 颁发的信贷机构牌照或者支付机构牌照。同时，法国法律也设定了一些豁免条款，允许满足条件的企业在不申请相关牌照的情况下开展支付相关业务。此外，根据欧洲单一护照制规定，符合条件的欧洲其他国家的支付机构或支付中介机构可在法国开展支付业务。

2. 澳大利亚

对于第三方支付机构，澳大利亚主要是基于授权存款机构和金融服务机构来进行监管。整体而言，澳大利亚对第三方支付机构的监管相对较为严格：一是牌照许可制度。澳大利亚审慎监管局负责第三方支付机构"授权存款机构"的牌照申请及授权，证券与投资委员会负责第三方支付机构"金融服务机构"的牌照申请及颁发，第三方支付机构受两个机构的监管。二是审查机制。虽然与英国等不一样的是，澳大利亚并不设置第三方支付机构的最低准入标准，但是两个监管机构在颁发牌照之时，确实采取逐个审查的模式，而不是英美的注册制或备案制模式。三是信息报告及消费者保护机制。澳大利亚要求第三方支付机构要积极主动报备各种重要信息，并进行信息公开披露，同时结合政府监管、行业自律等方式，保护消费者权益（张洪伟等，2013）。

3. 韩国

韩国对第三方支付的监管主要在于适度监察及消费者保护原则、信息隐私及安全原则。在韩国，第三方支付平台为网络交易提供信息平台，符合"电子交易者"中"与信息技术设施或信息系统的使用有关的服务供应商"要求，在此第三方交易平台属于"电子交易者"。第三方交易平台的法律适用主要是关于"电子交易者"的法律规定，主要适用于韩国《电子商务基本法》。《电子商务基本法》第13条主要基于信息披露及隐私目标，要求电子交易者在从事电子商业或相关服务中收集的个人信息（如有的话）的所有者说明其目的，并妥善保护个人信息。其第14条主要针对信息安全性原则，要求电子交易者应采取保护性措施以确保用于电子商业的信息系统的安全。而适度审查和消费者保护主要是通过韩国现行的消费者保护法来实现，没有出台与第三方支付或互联网金融相关的权益保护机制（阿里巴巴，2011）。但是，实际上，韩国电子商务基本法更像是一个产业促进法律而不是产业规范法律，其中设置了电子商业政策委员会、韩国电子商业研究所、工业能源部电子商业服务中心等机制或机构来促进电子商务机构第三方电子交易等的发展。

参考文献

阿里巴巴集团研究中心：《国内外电子商务法律法规环境研究之一：第三方交易平台的法律问题分析》。

艾瑞咨询：《海外第三方支付企业研究报告——PayPal》，2013年9月10日。

巴曙松、杨彪：《第三方支付国际监管研究及借鉴》，《财政研究》，2012年第4期。

陈敏轩等：《美国P2P行业的发展和新监管挑战》，《金融发展评论》，2013年第3期。

陈志武：《互联网金融到底有多新》，《新金融》，2014年第4期。

郭勤贵：《互联网金融商业模式与架构》，机械工业出版社，2014 年 10 月第 1 版。

胡剑波等：《互联网金融监管的国际经验》，《经济纵横》，2014 年第 8 期。

胡薇：《股权众筹与小微企业融资》，《中国社会科学院博士后研究工作报告》，2014 年 10 月。

胡吉祥、吴颖萌：《众筹融资的发展及监管》，《证券市场导报》，2013 年第 12 期。

李东卫：《美欧央行监管比特币的做法及其对我国的启示》，《北京市经济管理干部学院学报》，2013 年第 12 期。

李俊：《德国互联网金融对中国的几点启示》，《清华金融评论》，2014 年 2 月。

刘丽文：《中美第三方支付监管体制的比较研究》，北京邮电大学硕士学位论文，2011 年 1 月。

吕祚成：《P2P 行业监管立法的国际经验》，《金融监管研究》，2013 年第 9 期。

牛锡明：《互联网金融带给未来银行业的机遇》，2013 年 2 月 24 日在亚布力论坛上的演讲。

沈良辉、陈莹：《美国 P2P 网络借贷信用风险管理经验及对我国的启示》，《征信》，2014 年第 6 期。

王凤芝：《网贷融资平台发展的路径选择》，《金融时报》，2013 年 6 月 24 日。

王国刚：《从互联网金融看我国金融体系改革新趋势》，《红旗文稿》，2014 年第 8 期。

温信祥、叶晓璐：《法国互联网金融及其启示》，《中国金融》，2014 年第 4 期。

谢平、邹传伟：《互联网金融模式研究》，《金融研究》，2012 年第 12 期。

袁康：《互联网时代公众小额集资的构造与监管》，《证券市场导报》，2013 年第 6 期。

张芬、吴江：《国外互联网金融的监管经验及对我国的启示》，《金融与经济》，2013 年第 11 期。

张洪伟、张运燕：《国外互联网第三方支付的监管比较》，《金融科技时代》，2013 年第 6 期。

郑联盛：《中国互联网金融：本质、模式、影响与风险》，《国际经济评论》，2014 年第 5 期。

周学东等：《互联网金融：创新与监管的恰当选择》，《中国改革》，2014 年第 3 期。

Hall John：欧美在线支付及金融服务监管框架、规则和异同。John Hall 在中国金融学会的讲座，2014，http://www.weedai.com/newsdongtai/a6468.html。

消費者委員会：《クラウドファンディングに係る制度整備に関する意見》，内閣府，2014 年 2 月 25 日。

金融審議会：《新規·成長企業へのリスクマネーの供給のあり方等に関するワーキング·グループ報告》，日本金融庁，2013 年 12 月 25 日。

日本金融庁，《「金融商品取引法等の一部を改正する法律案」に係る説明資料》，2014 年 3 月 14 日。

Alois J. D., 2014, "Crowdfunding Regulation Proposal in France", http://www.crowdfundinsider.com/2014/03/32877-summary-crowdfunding-regulation-proposal-france/.

Abbey R. Stemler, "The JOBS Act and Crowdfunding: Harnessing the Power-and Money-of the Masses", Business Horizons 56, No.3 (May 2013), 271-275.

Bounds Andrew, 2013, "Peer-to-Peer Lending Fills Gap Left by Wary Banks", Financeial Times, 8 October.

EU, 2009a, European Commission-IP/09/637, 24/04/2009, http://europa.eu/rapid/press-release_IP-09-637_en.htm? locale=en.

EU, 2009b, Directive 2009/110/EC of the European Parliament and of the Council of 16 September 2009, http://eur-lex.europa.eu/LexUriServ/LexUriServ.do? uri=OJ: L: 2009: 267: 0007: 0017: EN: PDF.

FAS, 2011, Crowdfunding, Is your investment? http://www.fsa.gov.uk/fsa/consumerinformation/product_news/saving_investments/crowdfunding.

Government Accountability Office, 2011, "Person-to-Person Lending, New Regulatory Challenges Could Emerge as the Industry Grows", July.

Loizou Kiki, 2013, "Start-ups to the Power of Three", The Sunday Times, 20 October.

P2PFA, 2013, "Peer-to-Peer Finance Association Operating Principles", Updated 2nd July.

Richard Annabelle, 2014, "French Crowdfunding Laws to Change", http://www.out-law.com/en/articles/2014/october/french-crowdfunding-laws-to-change/.

SEBI, 2014, "Consultation Paper on Crowdfunding in India", June 17.

Securities Commission Malaysia, 2014, "Proposed Regulatory Framework for Equity Crowdfunding", Public Consultation Paper, No.2, August 21.

Standard, 2014, "How Safe is Peer-to-Peer Lending?" 12 June.

Thomas A. Martin, "The JOBS Act of 2012: Balancing Fundamental Securities Law".

UKCFA, 2013, "Code of Practice", http://www.ukcfa.org.uk/code-of-practice-2.

第六章

中国互联网金融发展的
基本格局

第一节　互联网货币

一、互联网货币在我国的发展简介

互联网货币是伴随着计算机网络信息技术的发展而产生的一种虚拟货币，其具有虚拟性、流通有限性、近似货币性等特点（芮晓武、刘烈宏，2014）。结合本书前面的分析，我们看到，互联网货币或虚拟货币大体可分为两类：第一类是由特定机构发行，往往是在网络虚拟社区中使用，如 Q 币；第二类则是一种全新的"去中心化"发行的互联网货币，如比特币、莱特币等。事实上，第一种互联网货币由来已久，除了发行主体不同，其集中式的发行方式并没有突破传统货币理论的解释范围，反之，第二种互联网货币由于体现了非集中式的特点，在一定程度上正在践行着哈耶克、弗里德曼等老一辈经济学家的某种非国家化的货币理念，因此备受人们重视。近两年，在国内愈炒愈烈的互联网金融热潮中，人们主要谈论的也是第二种互联网货币。

互联网货币在中国发展极为迅速。除了伴随着网络服务、游戏、社交平台的发展壮大，第一类互联网货币在中国得到飞速发展外，第二类互联网货币也在近两年成为了国人的宠儿。中国买家的狂热不仅带动了国际上比较主流的互联网货币（如比特币）的价格暴涨，并且国内自行模仿而生的各种山寨币也是层出不穷。仅聚币网首页上显示的可交易币种就有 18 种，而有国内权威媒体在 2014 年 6 月曾调查发现，国内交易的互联网货币已超百种，年发行总额动辄近亿元人民币，无外乎其感慨称现在在国内"开个网站就能发币"。[①]并且随着市场规模持续放大，金融权益类交易成为山寨币业务主体，其中甚至不乏涉嫌违规行为。比如，《中华人民共和国证券法》第十条规定，未经依法核准，任何单位和个人不得向不特定对象公开发行证券。但在一家名为"元宝联交所"的网站，其以虚拟币为交易币种，以拆分持有、权益分红的方式公开发行理财产品，还定期发起线上股东分红投票。

二、国内主要的互联网货币

1. 比特币

2011 年 6 月，比特币中国网站正式成立，这是中国最早的比特币交易平台。比特币中国的建立标志着比特币正式进入中国。从那以后，越来越多的中国网民通过网站、微博、QQ 群参与制造比特币和从事比特币交易，比特币在中国的影响力逐渐增大，中国比特币活跃节点[②]数目快速飙升，例如在四川省雅安地震后，公募基金壹基金甚至宣布接受比特币作为地震捐款。目前，国内排名前三的比特币交易平台为 OKcoin、比特币中国及火币网，事实上这也是全世界排名前三的比特币交易平台。

据中国数字货币交易平台比特币中国 2014 年 9 月 4 日披露，之前 30 天 71% 的比特币交易来自于人民币（CNY）的市场，数据分析来源为 Bitcoinity。排名第二位的是美元市场，第三位是欧元。事实上，仅仅一年前，市场主要还是以美元货币交易为主，当时人民币交易量和美元交易量比例大约是 1∶3，但这从 2013 年底开始发生变化，人民币交易量爆炸式增长。在 2013 年 11 月下旬，比特币在中国的日交易量达到 3.5 亿元人民币，从事二级市场交易的平台接近 30 家，总注册用户超过 20 万，日均交易用户近 4 万，中国比特币持有量已经稳居世界第

---

① 《开个网站就能发币 "山寨币"涌现潜藏坐庄套利祸心》，《经济参考报》，2014 年 6 月 12 日。
② 所谓"节点"，是指处于活跃状况的比特币客户端，但真正的用户数量远多于这些节点数。

二，交易量居世界第一。[1] 到 2014 年 9 月人民币交易量和美元交易量比例已经戏剧性地逆转为 3∶1，这使得国内的比特币交易情况成为影响比特币价格的最主要因素（见图 6-1）。

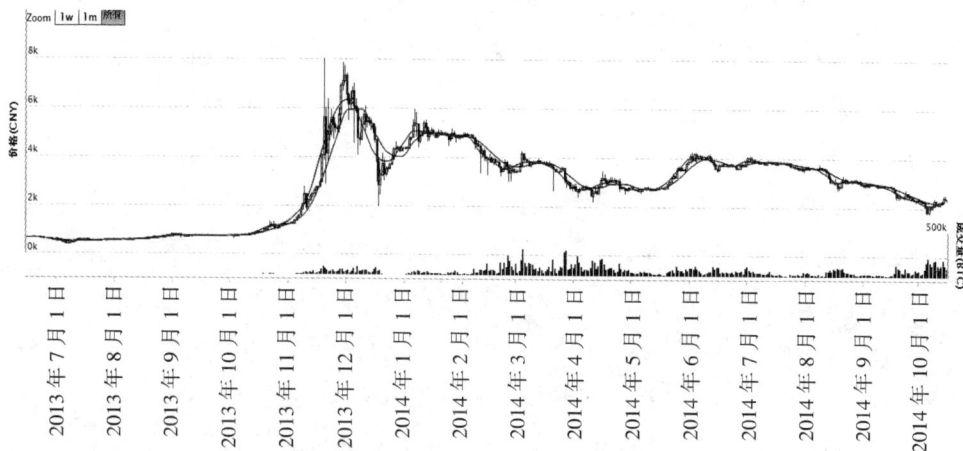

图 6-1　OKcoin 中国站比特币人民币价格走势

自进入 2013 年 11 月以来，中国投资者开始对比特币疯狂炒作，OKcoin 的比特币交易量从之前的数千个猛增至数万个，这之后，比特币的价格才真正开始出现火箭般的飙升，最高达到了 11 月 19 日的 7995 元。而随着 2013 年 11 月 20 日中国人民银行副行长易纲表示，暂时不可能承认比特币的合法性，比特币价格一度下探至 2888 元。2013 年 12 月 5 日，中国人民银行、工业和信息化部、银监会、证监会、保监会五部委联合发布了《关于防范比特币风险的通知》，比特币价格开始一路暴跌，最低探到 12 月 18 日的 2010 元。其后，比特币的价格始终是起伏不定，不过总体上延续着下跌的行情。

除了交易领域，在挖矿技术和矿场投资方面，中国在全球范围内也一直处于前列，最有代表性的证明就是 ngzhang（网名）率先生产出世界上第一台 ASIC 比特币挖矿机阿瓦隆（Avalon），并且按期迭代更新，挖矿效率一度领先全球。此外，挖矿行业优秀企业还有蚂蚁矿机等。

但是，如果将比特币作为一种货币来看待的话，可以说其最主要的支付功能在国内发展得并不顺利。2013 年 10 月 14 日，中国搜索引擎巨头百度宣布，其

---

①《比特币与国人扭曲的价值观》，中财网，2014 年 3 月 19 日。

用于提高网站的性能、速度和安全的"加速乐"服务接受比特币付款,这是国内首个接受比特币支付的服务。11月8日,百度加速乐成功接受了首笔比特币支付。2013年10月30日,盛大集团旗下企业果壳电子宣布开通比特币支付功能,成为国内第一家支持比特币购买实物的公司。当年"双11"期间,其完成了世界首例以比特币支付的商业零售订单,有顾客用大约0.8个比特币购买了一台价值1999元的智能手表。2013年10月25日,受上海自由贸易区利好辐射的上海张江板块"盛大天地青春里"项目开盘销售,首度接受比特币购房。此外,江苏电信也于11月底首推比特币预订三星W2014手机业务,最高接受0.1比特币,按发售当日的行情来折算现金。不过好景不长,随着12月5日,五部门联合下发《关于防范比特币风险的通知》,相应企业纷纷停止了比特币支付功能。

事实上,即便没有官方的文件,比特币的支付功能能否顺利推进也值得怀疑。有媒体于2013年11月25日刊载的对果壳电子CEO顾晓斌进行的专访中透露,截至当时仅有3名用户使用比特币购买了其智能手表;而另有媒体于11月22日报道,截至当时尚未有人真正用比特币来盛大天地购房。[①]

有两点原因造成比特币的支付功能受限。第一,其价格波动较大。百度加速乐在停止接受比特币支付的声明中明确指出:"停止原因系由于近期比特币价格波动较大,用户利益无法保障";而盛大天地副总裁王飞浪在接受媒体采访时也直言道:"其实刚开盘时有人说愿意用比特币来支付,当时我们定的汇率是1∶1000,后来涨到1∶1200,再后来1∶1400,今天你看到我们定的汇率已经是1∶2100了。因为买房存在一定的周期,如果按照下订单时的汇率来算的话可能有点儿亏,所以说到现在为止还没有人乐意来做这件事。"[②]第二,即便在比特币执行交换媒介功能时,其也并未执行计量单位功能,这增加了用其支付的复杂性。以果壳电子为例,在其官网上发布的比特币支付攻略中明确显示,购买手表的价格(1999元)是固定的,而若以比特币支付,则需按当天比特币兑换人民币的汇率将固定的人民币价格换算成为比特币价格,然后进行比特币支付,这意味着在此过程中充当计量单位的实际上还是人民币。

不过在官方发文之后,仍然有一些企业陆续想在比特币支付领域有所尝试,

---

①《果壳电子顾晓斌:开通比特币支付的意义大于"其它"》,《比特币之家》,2013年11月25日;《首例比特币购房现身上海》,《华商报》,2013年11月22日。

②《比特币还能买房?恐怕只是个噱头》,《深圳都市报》,2013年11月18日。

比如健康白酒"湘葛一号"推出的"比特币换健康"活动，荆州市监利县忆美国际公馆开通的比特币定金认筹通道等。这或许正如有评论指出的那样，比特币在营销工具方面的价值相比于其作为货币的价值得到了更为充分的体现（宋万雨，2014）。

2. 莱特币

随着莱特币陆续登陆到国内的交易平台，国内一部分炒家的资金开始从比特币向莱特币转移。随着国内莱特币交易量的迅速提升，莱特币的价格也开始暴涨。以国内较早的莱特币交易平台 OKcoin 为例，从 2013 年 9 月 12 日第一次有 0.35 个莱特币成交，一直到 11 月 6 日成交量突破 10 万个之前，莱特币的人民币价格始终稳定在 10~20 元；11 月 6 日成交量首次突破 10 万个（11.3 万个），而与此同时价格也突破 20 元大关（收盘 20.8 元）；而 11 月 18 日，平台上的莱特币交易量由之前的 10 多万猛增至 160 万，相应的价格也由之前 11 月 15 日收盘的 27.32 元一跃至（收盘）48.6 元；11 月 28 日，成交量达到 387 万，价格达到了最高点 380 元。不少媒体注意到，中国炒家基本上已经控制了全球的莱特币交易，中国 OKcoin 交易平台的莱特币交易数量超过全球其他所有交易平台交易量的总和。[①] 此后，虽然成交量在波动中进一步放大，但是价格逐渐趋于回落，

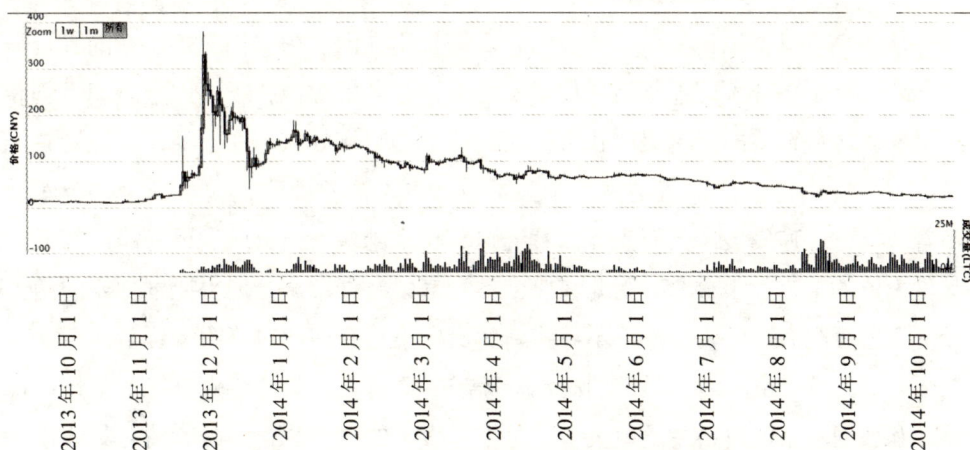

图 6-2 OKcoin 中国站莱特币人民币价格走势

[①]《比特币"兄弟"也疯狂 中国炒家"占领"莱特币》,《证券时报》, 2013 年 12 月 17 日。同名新闻被凤凰网、网易等国内 30 余家网站转载。

2014 年 10 月 15 日收盘于 24.66 元。这意味着莱特币价格的"过山车"基本上完全是由中国炒家推动的。

在国内，与莱特币相关的产业链至今仍是仅包含生产、储值、兑换环节，即莱特币完全是被视为一种资产而非货币被生产、持有和交易。

3. 瑞波币（Ripple 币）

Ripple 币并不是由算法发行，而是由 Ripple 的运行公司 OpenCoin 集中发行，因此事实上它应该被列入第一类互联网货币之列。

实际上 Ripple 的主要目标是提高银行小额跨境汇兑的支付清算速度，而 Ripple 币则是为 Ripple 网络实现更便捷的支付清算功能而设置的（详见后文），但是在国内，人们仍然主要将其与比特币、莱特币甚至其他"山寨币"相提并论，视为一种投资品。例如，在百度中搜索 Ripple 币，映入眼帘的仍然是如何获得 Ripple 币、Ripple 币价格走势、Ripple 币交易平台等相关信息。最令人哭笑不得是，由于 Ripple 币没有采用比特币的挖矿机制进行发行，因而受到了许多比特币爱好者的抨击（李钧等，2014）。

三、互联网货币的中国特色发展道路

1. 投资渠道狭窄与互联网货币投机

从上文可见，以比特币为代表的互联网货币在国内为人们提供了新的投资渠道，对这种现象并不能孤立地看待。实际上，究其根源便在于国内金融产品创新推进速度缓慢造成的投资渠道狭窄。人们创造的财富如果不在当期消费，则只能储存在各种资产中以保值增值，张五常（2011）形象地称这些资产为"仓库"。随着经济的高速发展，人们需要储蓄的财富越来越多，而金融发展的滞后却使得其可投资的渠道过于狭窄，因此在股市不景气以及楼市调控使得原本主要的两大投资渠道受阻后，游资便不得不寻找新的投资渠道，而此时互联网货币乃至互联网金融的出现恰恰可以满足人们的投资需求。不过与一般的金融资产不同，比特币等互联网货币的价格并不取决于其未来能带来的现金流，因此所谓对其的投资实际上便是纯粹的投机。

这种投机可能进一步引发诸多风险。中国人民银行的《中国金融稳定报告2014》将这些总结为三点：一是比特币的网络交易平台、过程和规则等都缺乏监管和法律保障，容易产生价格操控和虚假交易等行为，其账户资金安全和清算结算环节也存在风险；二是比特币价格缺少合理的支撑，其涨跌主要取决于参与者的信心和预期，其至主要依赖于比特币未来将成为"世界货币"这一假想，容易沦为投机炒作的工具，一旦市场或政策出现风吹草动，就有可能泡沫破裂；三是比特币交易具有较高的隐蔽性、匿名性和不受地域限制的特点，其资金流向难以监测，为毒品、枪支交易和洗钱等违法犯罪活动提供了便利。

2. 管制与金融产品创新受阻

进一步看，投资渠道狭窄又是源自金融体制改革的滞后。第一，在政府管制的金融监管体制下，监管部门对机构的设立、业务的许可、金融产品的设计、证券的发行等方面进行着严格的行政审批，静态来看这不仅影响了金融服务的有效供给，制约了金融功能的发挥，同时动态来看这也会对金融产品创新带来实质性的阻力。第二，在严格的管制体制下，现有的金融机构依靠牌照管理和价格保护的垄断地位便得以坐享收益，这会导致其创新动力有所不足。第三，随着金融发展的不断深化，各个金融机构之间的互相渗透，合作竞争日益广泛，金融混业已经成为一种必然的趋势，混业经营和分业监管之间的矛盾越来越突出，因此在分业监管的体系下，一些有益的金融产品创新或许仅仅是由于难以划分监管归属而受阻。这些因素均造成金融产品的创新推进缓慢。更令人担心的是，在管制严重的情况下，有时即便是出现了创新金融产品，其往往主要也不是用于完善金融功能，而是进行管制套利，这不仅助长金融机构不正当的盈利模式，同时制度套利创新的急剧膨胀，导致我国金融市场结构极度畸形化，蕴藏着巨大的风险。

互联网货币投机以及进一步由此产生的问题并不是孤立的，解决问题除了短期内要集中研究如何针对互联网货币的监管外（本书第七章重点讨论监管问题），长期来看更需要将其放在深化金融体制改革这个全局性的问题中来，消除金融创新的阻力，丰富金融市场的层次和产品，为人们提供更多的投资渠道。事实上，这也是中共十八大报告以及十八届三中全会《中共中央关于深化改革若干重大问题的决定》中都明确提出的改革要求。推动金融产品创新，首先就要减少行政审批，放松管制；同时，针对与创新伴生的风险，则需要靠加强监管来解决。特别是金融创新由于可能带来具有不同于传统的新业态、新特征，往往难以被现有的监管规则框架所涵盖，事实上这对监管能力提出了更高的要求。

3. 互联网货币的前景

对于互联网货币在国内的前景，我们的看法比较中立。首先我们认为目前以比特币为代表的互联网货币尚未成为真正的货币，更谈不上挑战现有的主权货币体系了。中国人民银行基于四点原因认为比特币不是真正意义上的货币。第一，比特币没有国家信用支撑，没有法偿性和强制性；第二，比特币规模存在上限，难以适应经济发展的需要，若比特币成为货币，会导致通货紧缩，抑制经济发展；第三，比特币缺乏中央调节机制；第四，比特币具有很强的可替代性，任何有自己的开采算法、遵循 P2P 协议、限量、无中心管制的数字"货币"都有可能取代比特币。

不过我们认为，之所以说比特币还不能成为真正的货币，根本原因还是在于其投资品属性上。并非投资品本身不能充当货币。从货币的发展历史来看，货币的职责起初是由实物来担当的，并且人们在不断摸索的过程中会寻找价值最具稳定性的实物来充当一般等价物，比如金银。[①] 实物货币的优点在于其本身具有价值和使用价值，因此价值稳定的实物便天然地具有用来衡量其他商品价值的价值尺度功能。但是到了符号货币时代，由于纸币或更为虚拟的电子货币本身没有实际的使用价值和价值，而完全是充当交易媒介的，因此其价格稳定性便会与投资品属性发生矛盾，因为人们的投资（或投机）一定会带来其价格的波动，这种不稳定使得投资品天然地就不具备衡量其他商品价格的职能。因此在现实中能够成为广义货币的金融资产，其存在的主要目的绝不是被大众用来投资，并且由于其期限短、收益较为固定或是其他种种原因，本身被用于炒买炒卖的价值不大。实际上，相比于股票等其他金融资产，比特币还有其更为特殊的属性，其投资价值基于其能否被认可为货币，而若要成为货币则需要价格的稳定，这又使其丧失了投资价值。实际上对于一种虚拟的符号来说，在现实中我们无法设想市场会自发地调和这种矛盾，或按经济学的术语讲，或许存在一个均衡，但这个均衡一定是不稳定的。因此，除非有某种外在于市场的力量去硬性规定其为货币，并且限制其与其他商品交换的相对价格，否则其根本不可能成为被人们普遍视为价值尺度和交易媒介的货币，但是一旦这种情况发生，那同时便意味着其失去了非主权货币的初衷。因此，无论怎样看，比特币都是一个悖论。

但是另一方面，我们却并不排除互联网的发展具有改造传统货币体系的可能性。货币的本质或许只是信息（姜奇平，2013），因此随着互联网的发展可以提

---

① 实际上马克思（2004）认为货币天然是金银，还有其他方面的考虑，如体积小、易分割等。

供更好的信息服务时，必然给人们带来无限的遐想。即便今天的比特币更多执行的并不是交易媒介的功能，而是沦为一种投机工具，但是这种尝试或许为将来探索出一种个人交易层面的"超主权货币"提供了经验。实际上互联网改造货币体系并不一定非要创造出一种新的货币，通过改造支付体系同样可达到目的，比如以支付宝为代表的第三方支付（详细介绍在本章第四节）。一些人可能会认为，表面上的支付宝账户，其背后只是一系列银行账户而已，但我们认为这只是因其目前覆盖的交易领域有限所致。如果未来网络平台支付可覆盖整个零售领域，甚至向上游延伸，如果阿里巴巴小贷公司的模式不再拘泥于使用自有资金，而是被改造为 P2P 网络借贷等其他中介形式，又或是由余额宝之类的类银行存款提供资金，进一步说，如果批发性支付与零售性支付的创新使其支付功能纷纷集中于网络平台，那么传统银行在支付领域便有可能不再发挥最基础性的作用，那么整个货币体系必然发生改变。我们无法预测未来的互联网金融将通过类似支付宝的形式或类似比特币的形式改变货币体系，但我们主要想要强调的是不能以机械的、既定的思维来考虑互联网在改造货币体系方面的创新。

第二节　互联网融资中介

P2P 网络借贷与网络众筹是两种主要的互联网金融业态，即便在国外，其自身模式也仍处于不断演变的过程中，但是其迅速的发展仍可被视为一种新的金融脱媒的表现。P2P 网络借贷与网络众筹均是依靠互联网的技术突破了地域的限制，使得原本只能存在于一定社会关系网络内的社会融资或民间融资模式得到全新的发展，本质上只是提供了一个资金供给者与资金需求者自行配对的平台。这类互联网金融企业对金融行业的影响在于创造了一个新的金融市场。

对于这些新的金融业态，国内跟进的步伐不可谓不快，但是由于种种原因，国内的 P2P 网络借贷和网络众筹与国外主流模式相比却发生了很大的改变。最为明显的区别便是，无论是 P2P 网络借贷平台还是众筹融资平台，总体上看更像是担当着新的融资中介的职能，而并非是推动着金融脱媒。因此，本部分探讨的所谓互联网融资中介，指的便是在国内已经发生变种的 P2P 网络借贷平台和众筹融资平台。

一、P2P 网络借贷平台

国内的 P2P 网络借贷行业起源于 2007 年，成立于上海的拍拍贷是中国最早的 P2P 网络借贷平台。2010 年以来，国内的 P2P 公司如雨后春笋般迅速扩展。如今比较重要的 P2P 网络借贷平台有信而富、宜信、点融网、陆金所、红岭创投、拍拍贷、人人贷、有利网。[①]

与国外相比，中国 P2P 行业的发展极具特点。在美国，由于 SEC 对于注册要求设立了很高的市场参与门槛，使得其行业集中度很高，P2P 网络借贷市场基本上完全被 Lending Club 和 Prosper 占领，其余平台可忽略不计，二者 2013 年交易量约 24 亿美元（零壹财经、零壹数据，2014）。而在中国，P2P 市场相当分散，据网贷之家发布的行业数据显示，2013 年 P2P 行业全年总成交额达 1058 亿元，在全国范围内活跃的 P2P 网络借贷平台超过 350 家，同时 2013 年新出现的 P2P 网站共 800 家。[②] 与之相伴的是，从 2013 年 10 月开始，P2P 行业出现倒闭潮，并在 2014 年继续延续，网贷之家数据显示，2014 年 1~9 月共出现问题平台数量 104 家。

更为重要的是，与国外典型的 P2P 网络借贷相比，国内的 P2P 网络借贷模式出现了严重的分化，并且有其自身的发展特点。除了拍拍贷等少数公司基本参照国外主流 P2P 网络借贷平台的发展模式外，大部分的 P2P 网络借贷公司则是采用有担保的线上模式（如红岭创投），以及线下模式（如宜信）。国外的平台大多从网络上直接获取借款人和投资人，直接对借贷双方进行撮合，不承担过多的中间业务，模式比较简单。而国内的 P2P 网络借贷行业则对借贷的各个环节予以细化，形成了多种多样的"P2P 网络借贷"模式，见表 6-1。

由表 6-1 可以看出，由于对 P2P 网络借贷涉及的主要环节进行了大量细分和差异化，这些环节类型的组合可产生上百种业务模式（零壹财经、零壹数据，2014）。

---

① 所列的 8 家公司是美国最大的 P2P 研究机构 Lend Academy 的创始人 Jason Jones 公布的调查报告《中国最重要的 P2P 网络借贷公司》中包括的 8 家公司。

② 据新华社旗下《金融世界》、中国互联网协会发布的《中国互联网金融报告（2014）》显示，截至 2014 年 6 月，全国 P2P 网络借贷平台数量达到 1263 家。

表 6-1　我国 P2P 网络借贷业务各个环节的细分

参与方			内容	特点
借款端	获客途径	线上	直接通过网络推广、电话营销等非地面方式寻找借款人，对借款人的征信与审核也大都在线上完成	获客成本相对较低，业务推广能力经常受限，对信贷技术要求高，在积累一定的经验之后，发展潜力较高
		线下	通过线下门店、地面销售人员寻找借款人	获客成本高，但是只要投入足够的资金，业务推广能力较强
		混合	同时拥有线上获客渠道和线下获客渠道	既可快速推广业务，又可积累数据审贷经验，管理复杂度高，对平台经营者的要求较高
		第三方	平台自身不直接开发借款人，而是通过第三方合作机构（例如小贷公司、担保公司）进行	平台与合作机构分工明确，有利于发挥各自的优势，但是业务流程的割裂增加了合作双方的道德风险
	借款人类型	普通个人	借款额小，一般 10 万元以下，多为信用借款，平台主要审查其个人信用和违约代价	由于金额小，客户开发成本和审贷成本相对较高
		小型工商户	借款额稍大，从几万元到几十万元，平台同时审查其个人信用和商铺经营情况	优缺点比较均衡，形成 P2P 网络借贷的中坚力量
		中小企业主	借款额较大，从几十万元到上千万元，甚至更高，平台主要考察其企业经营状况	要求平台有较强的信用评估和风险控制能力，由于单笔借款额大，投资标的少，投资者的风险不易分散
平台	撮合方式	直接撮合	借贷双方直接进行需求匹配	借款人的需求信息在平台上进行公开展示，与投资人的需求直接匹配，撮合成本较低
		债权转让	专业放款人先以自有资金放贷，然后把债权转让给投资人	多用于线下平台，可充分发挥专业放款人的能力优势和灵活性，加快放款速度
	产品类型	信用贷款	额度低，无须借款人提供任何抵押物，办理较方便	速度快、风险高、利率高
		抵押贷款	需要借款人提供一定的抵押物（多为房产或汽车）	多了抵押环节，额度较高，速度一般，风险较低，利率较低
		担保贷款	需要借款人寻找愿意为其提供担保的担保机构	多了担保环节，额度较高，借款人需要承担担保费用
	保障机制	风险保障金	由平台从每笔交易中提出一定比例的费用作为风险保障金，一般也匹配平台的部分自有资金，以风险保证金的总额为限，对投资者进行有条件的保障	投资者可获得的保障范围较明确，但应注意风险保障金账号的真实性和透明性
		平台担保	平台承诺以自有资金对投资者因借款人违约造成的损失进行全额本金或本息赔付	平台深度介入风险经营，实质上从事着担保业务，有踩线的风险

参与方			内容	特点
平台	保障机制	第三方担保	由担保公司或具备担保资质的小贷公司对借款进行全额担保	风险由平台转移至担保公司或小贷公司，对其担保资质、资金杠杆的审查极其重要
投资端	获客途径	线上	直接通过网络推广、电话营销等非地面方式寻找投资人	获客成本较低，但对策划、宣传、推广能力的要求较高
		线下	通过线下活动、地面销售人员寻找投资人	获客成本较高，但是指标易量化，易复制，较适用于特定人群
	投标方式	手动投标	投资人必须手动选择每笔投资标的和每笔投资金额	投资人拥有自主选择权，操作较繁琐，不宜抢到优质标的
		自动投标	投资人设定投资总额和投标条件，委托平台自动选择投资标的和每笔投资金额	操作简单，投资人无自主选择权，自动投标算法亦可能引起争议
		定期理财	对自动投标设置标准化的份额、期限和利率，投资者以购买定期理财产品的形式进行自动投标	操作简便，刚性兑付的暗示强，平台若操作不当，易引发有关资金池的争论，也可能给平台进行金额、期限错配留下空间

注：引自零壹财经、零壹数据（2014）。

造成国内 P2P 网络借贷发生变异的最主要原因，便在于国内 P2P 网络借贷面临严重的征信问题，因为对于借贷来说，信用风险的管理特别是风险的评估是最为核心的一环。第一，国内的个人征信体系十分不完善，并且央行的征信系统也不对 P2P 网络借贷平台开放；第二，国内的商业征信机构也是独立运作，独立采集数据内容，缺乏信息共享与分工协作机制，这使得商业征信的效力大打折扣；第三，依靠 P2P 平台自身积累数据虽然有助于评估借款人，但即便在国外主流模式中，这也只是被用于补充。外部征信支持的缺失造成国内 P2P 网络借贷平台不得不亲自承担征信职责，通过大量的尽职调查对借款人的信用材料进行搜集、整理和评估，事实上，这使得在国内，除了以拍拍贷为代表的极少数平台外，绝大部分平台都要以线下为主，或者亲力亲为，或者交由合作机构完成。并且，同样是由于信用体系的缺失，使得国内的 P2P 平台为了更多地吸引投资者，扩大业务规模以分散风险，不得不通过引入资金垫付、担保制度或准备金等方法来保障出借人利益，目前国内 P2P 网络借贷平台 95% 以上引入了垫付机制（王家卓、徐红伟，2014）。不过由于引入垫付机制会将风险由投资者转移至自身，从而使得平台被迫大大增加其风险控制的力度与成本。综上所述，由于征信的缺失，国内 P2P 网络借贷基本上做不到金融脱媒，事实上如果再考虑到借款人须提供资产抵押、无自主选择权的自动投标机制以及直接贷给企业的 P2B 模式等情况，我们基本上可以断言，国内的 P2P 网络借贷平台就是在扮演金融中介的角色。①

反观国外，P2P 网络借贷虽然模式也一直在改变，②虽然机构投资者在行业中已经变得越来越重要，也有平台介入具体的风险经营的情况，③但是 P2P 的核心却始终未改变，那便是通过互联网和信息技术进行撮合。国外之所以能做到这一点，根本原因在于良好的征信体系的支持，因此与传统金融机构会针对项目本身进行考察相区别，P2P 平台只需融合消费者信贷机构提供的数据，以及从先前贷款中收集而来的数据和个人借款者的信用得分，建立一套自己的风险评分系统，然后便可以根据资金供求调节利率达成投资者与融资者之间的匹配，同时再辅以审查借款者的收入信息和雇佣信息，便足以确保网络借贷的还款履约率。事实上，这种通过利用规范化的个人信息建立风险模型来对借款者进行甄别，相比于传统的针对差异化的一个个具体项目的甄别，大大节约了成本，虽然或许其风险的评估、控制水平较银行而言有差距，但是成本的节约却使其具有独特的竞争力，能够覆盖银行难以覆盖的小微金融领域。事实上，这才是互联网金融的本质。相比而言，国内绝大部分的 P2P 网络借贷平台基本上只是打着"互联网金融"幌子的融资中介，甚至一些平台的核心业务根本用不到互联网。

二、众筹融资平台

1. 发展历程与概况

众筹正式进入中国通常是从 2011 年 5 月"点名时间"作为国内第一家专门的众筹平台上线起算，此后陆续出现了淘梦网、积木盒子、JUE.SO 等各种侧重不同方向、具有不同特色的类似 Kickstarter 的众筹平台。再随后出现了天使汇、追梦网、众筹网、大家投、浙里投等，至今已有逾百家的众筹融资平台相继上线，并已形成了各自的特色。

目前，国内的众筹融资模式按照投资回报方式的不同主要可以分为两大类：一是以筹资者的实物产品或服务作为回报，如"点名时间"；二是以筹资者的股权或预期利息收益作为回报，如"天使汇"。类似国外的公益型众筹项目在国内

---

① 实际上这还并未考虑一些明显涉及非法集资的情况，如通过期限拆标构建资金池等。
② 比如从早期的拍卖模式到如今的预设利率模式，又比如中间曾尝试过但并未成功的社交网络模式。
③ 例如，Zopa 也设置了安全基金。

所占的比例目前尚且很小。

根据中国人民银行的《中国金融稳定报告（2014）》，[①] 2013 年我国约有 21 家众筹融资平台。其中，截至 2013 年 9 月底，点名时间共完成 497 个项目，成功 239 个，占 48.1%，成功筹资总额 830 万元，筹集到目标资金所需的平均时间为 22 天，平均每个成功项目的筹款金额约为 3.5 万元，单个项目的最高筹款额达到 158 万元（壹零财经、壹零数据，2014）。"天使汇"自创立以来累计入驻的创业项目已多达 8000 个，通过审核挂牌的企业超过 1000 家，注册的创业会员超过 20000 人，认证投资者达 840 人，融资总额已超过 2.5 亿元。

从国外经验来看，2011 年以后非股权类众筹代表性平台 Kickstarter 每月上线的项目数基本上超过 1000 个，最高接近 2000 个，而股权类众筹代表性平台每月上线的项目基本上保持在个位数，其他一些股权类众筹平台甚至存在一个月无新项目上线的情况。即便考虑到股权类项目通常单个项目筹款金额要远大于非股权类项目，如 Kickstarter 上平均每个项目的筹款金额不足 Crowdcube 上项目的 1/16（壹零财经、壹零数据，2014），股权类众筹项目仍在整个众筹融资领域处于较边缘的地位，众筹融资的重点仍然是支持和激励创新性、创造性、创意性的主题行业或主题活动。但是，据清科研究中心与众筹网联合发布的《2014 年上半年中国众筹模式运行统计分析报告》显示，2014 年上半年，中国众筹领域共发生融资事件 1423 起，募集总金额 18791.07 万元。其中，股权类众筹事件 430 起，募集金额 15563 万元。从数据可见，股权类众筹项目数占比达到 30%，募集资金可占到全部众筹募集资金的 80%以上。事实上，这与国外的情况完全不同，可以说股权类众筹成为支撑国内众筹行业的核心力量，满足投融资的需求取代支持主题行业发展成为了国内众筹融资的重点。

国内的众筹融资与国外相比除了目的不同外，其融资模式也出现明显的变异，其逐渐从线上走到线下，以贷帮网为例，其股权众筹项目不仅得到第三方公司提供的相关权益的担保，并且项目大部分是通过线下去主动挑选的，只有少部分是企业通过线上主动申请的。与上文分析的 P2P 网络借贷一样，这同样是由于征信体系的缺失，因此为保证项目的可行性，国内众筹融资平台不得不做更多的线下工作。不仅如此，为了吸引投资者，股权众筹往往还需要专业的投资人或机

[①] 中国人民银行金融稳定分析小组：《中国金融稳定报告（2014）》，中国金融出版社，2014 年。

构来担任领投人。

事实上，同样是作为人们新的投资渠道，同样是面对风险较高、较为虚拟的互联网，股权形式相比于 P2P 提供的固定回报率来说，进一步增添了收益的不确定性，加上在缺乏规则引导的背景下，国内的股权众筹容易触及制度"红线"，这使得众筹融资的影响力和交易规模还远不及 P2P 网络借贷。

案例 6.1　点名时间与天使汇

点名时间：我国第一家也是目前为止发展最为成熟的众筹平台，主要发起和支持游戏、影视、设计类创意项目，项目发起人通过平台寻求支持者或产业链合作伙伴的资金支持并享有项目 100% 自主权，为规避法律风险以产品实物、服务或者媒体内容等作为回报，不涉及债权、股份或分红性质。点名时间会提供项目上线的审核、沟通、包装、指导；项目筹资成功后，点名时间会通过分两笔资金转账的方式监督项目发起人执行项目，确保支持者的权益。点名时间运作流程是：①发起人确定项目内容、目标和回报，提交平台审核；②通过审核的项目进入平台预热阶段以争取关注、获得反馈并进行项目调整；③再次通过审核的项目正式进入平台筹资，期间可以进行项目推广和支持者互动；④获得支持筹资成功的项目将获得所有筹集款项，执行项目、与支持者互动并定期汇报进展；⑤给支持者寄送回报，项目完成。动画电影《大鱼·海棠》在一个半月内筹集到 158.26 万元制作资金是点名时间项目中的经典案例，资金来自 3593 位网民，项目的回报方式为电影票、海报、DVD、明信片、笔记本等物品。

天使汇：天使投资与创业融资对接的众筹平台，即多名投资者通过合投方式向中小微企业进行天使轮和 A 轮投资。天使汇投资者均经过审核并实行会员制，不向公众募资，不承诺固定回报，创业者可以在网站上发布创业计划以获得资金支持，以出让股权及分红方式回报。天使汇平台整个运作流程是：①投资者入驻平台；②创业者在线提交项目；③经平台专业分析师团队审核通过的项目在平台发布供投资者浏览并向特定投资者推荐；④投资者和创业者约谈；⑤投资者和创业者签约。平台的作用在于以下几点：一是对投资机构和专业投资人的严格筛选；二是对创业者融资前的专业指导；三是通过多种手段促成创业者和投资者双方约谈；四是宣传推广及后续融资。投资者每年在天使汇上的投资能力达65亿元，大家熟知的"滴滴打车"手机叫车软件和"黄太吉煎饼"都是通过天使汇成功融资的典型案例。

从运作模式来看，国内众筹平台基本上采用了 Kickstarter 平台的模式，不过在具体程序和要求上有所不同。例如，国内较早涉足互联网股权众筹的平台是2011年成立的"大家投"和"天使汇"。两者对项目的定位都是一些科技创新项目，但对投资者资格的要求差别却很大。"天使汇"主要针对专业投资人，对投资经验的审核非常严格，而"大家投"的投资者门槛很低，对投资者没有审核要求。与此相对应，2014年上线的"浙里投"互联网金融平台则根据投资者的金融资产对其进行分类管理。在收费方式上，"天使汇"对项目方和投资者均收取5%的服务费，"大家投"只针对项目方收取5%的服务费，对投资者不收费，"浙里投"的收费标准更低，只针对项目方收取3%的服务费，对投资者同样不收费（见表6-2）。

表6-2 "天使汇"、"大家投"与"浙里投"平台特征比较

对比项目		天使汇	大家投	浙里投
项目定位		科技创新项目	科技，连锁服务	消费，新经济
项目融资时限		30天，允许超募	没有限制，不允许超募	最长60天，允许超募
项目资料完善与估值		领投人协助完善项目资料与确定估值	平台方协助完善项目资料，估值先由创业者公开报价，议价由领投人负责	推荐人协助发起人完善项目资料与确定估值
投资者要求		要求有天使投资经验，审核非常严格	没有限制要求，不审核	根据金融资产证明，分为一类投资者、二类投资者
领投人规则	资格	至少参加过一个项目的投资，并且已经从此项目退出的投资者方可取得领投资格	有一定工作经验即可	暂无，由具体项目合约规定
	激励	项目创业者1%的股权奖励；跟投人5%~20%投资收益	只有项目创业者的股权奖励，具体激励股数不限制，由领投人与创业者自行约定	暂无，由具体项目合约规定

续表

对比项目		天使汇	大家投	浙里投
领投人规则	费用	平台收取投资收益5%	无任何费用，投资收益全归自己	暂无，由具体项目合约规定
跟投人规则	资格	尚未具体公布	没有任何限制	遵照《投资者适当性管理》
	费用	平台收取投资收益5%，领投人收取投资收益5%~20%	无任何费用，投资收益全归自己	无任何费用，投资收益全归自己
投资者持股方式		投资者超过10人按有限合伙，10人以下按协议代持	全部按有限合伙	根据具体项目要求决定
投资款拨付		一次性到账，没有银行托管	可以分期拨付，兴业银行托管	资金划转使用浙江股权交易中心第三方存管模式
手续办理		提供信息化文档服务	提供所有文档服务与所有工商手续代办服务，还提供有限合伙5年报税与年审服务	所有备案材料将存档
平台收费		收项目方5%的服务费；收投资者投资收益5%的服务费	收项目方5%的服务费；对投资者不收取任何费用	收项目方3%的服务费；对投资者不收取任何费用
项目信息披露		非常简单，没有实现标准化	完全实现标准化，要求项目信息披露非常详细	项目融资说明书具有标准化的格式，后续信息披露根据业务规则或遵从说明书约定
总结		专业投资人的圈子内众筹，普通投资者参与较难	门槛较低，普通投资者容易参与	平台运作更规范，更能保证投资者利益

资料来源：孙永祥、何梦薇、孔子君、徐廷玮：《我国股权众筹发展的思考与建议》，《浙江社会科学》，2014年第8期。

值得注意的是，尽管许多人对国内的众筹发展表示乐观，然而其实际的运营情况却仍存在许多问题。一个突出现象是，许多名义上的众筹项目，其实质活动却脱离了众筹的本质。例如，许多购买型众筹实际上仅仅是变相的团购，并且其中的消费者权益缺乏保障。与此同时，法律规范的缺失与运营者业务操作的不规范也使得许多股权众筹项目的合法性存在疑问。例如，2013年2月北京美微文化传播公司在淘宝网的店铺上以销售会员卡附赠股权的方式转让其"原始股"的行为，即在3个月后被证监会勒令中止，理由是其行为已经违反了《中华人民共和国公司法》（以下简称《公司法》）和《中华人民共和国证券法》（以下简称《证券法》）等法规的相关规定，构成了"非法证券活动"。同年，宜信重庆、汇中等五家从事P2P业务的众筹平台因涉嫌非法集资，被监管部门要求限期整改并清退现有债权债务。在这种情况下，股权众筹在国内的发展蒙上了很大阴影。2014年上半年，股权众筹完成募资 15563 万元，仅为预期值的 7.6%。缺少相关监管法规以及项目估值、领投人公信力、退出渠道等一系列问题的尚未解决，都成为了制约股权众筹发展的重要障碍。

2. 对股权众筹在中国本土化的进一步剖析

股权众筹在中国的快速发展有着复杂的原因，这其中除了互联网技术给金融发展带来的机遇之外，也有着传统金融体系不发达的"后发优势"和监管套利动机的驱动。就目前来看，我国的股权众筹发展仍然面临着许多不确定性，有待于促进社会信用环境、监管体制和其自身运营模式的完善。

与其他互联网金融形式一样，股权众筹在我国得到了迅猛发展，也同时遇到了由于特定国情导致的"水土不服"问题。对于中国股权众筹的长期发展而言，能否成功实现本土化是一个关键因素。

（1）国内股权众筹模式与国外模式的差异。随着我国经济的高速发展，居民经济收入不断提高，居民个人财富的积累不断增加，最近 20 年我国居民的金融资产存量增长了近 20 倍。然而，相对于绝对值巨大的民间资本存量而言，目前我国为居民所提供的投资理财渠道却非常有限。与此同时，小微企业和个人的创业投资一直徘徊在正式的金融体系之外，难以获得急需的资金。众筹融资模式提供了同时满足两者需求的创新途径，因而获得了人们的关注并开始获得迅速发展。

不过，尽管股权众筹在中国备受青睐，但是其实际发展仍处在"摸着石头过河"的阶段。由于众筹融资模式发源于国外，它在国内的环境中能否适应仍然是一个未知数。从目前我国众筹项目的发展情况来看，它确实与国外的众筹模式有所差异。[1]

首先是法律和文化的差异。在美国，《JOBS 法案》签署后，众筹的模式受到了法律保护。人人都可以作为天使进行投资并且可以以股权、资金作为回报的方式，而在中国，众筹目前更多的是物质回报方式，股权众筹模式还仅仅是处于摸索阶段。同时，中美在文化上也存在较大的差异，国内用户更多地倾向于"逐利"而非"投资"，这就使得众筹网站很难让创业者和投资方产生良性的互助。

---

[1]《从 IndieGoGo 融资 4000 万美元看中国众筹未来》，众筹网，2014 年 2 月 12 日。

因此，这些差异也使得国内众筹在现阶段的运营方式上略显单一，还没有充分发挥出众筹网站的实际作用。

其次是在项目选择上的区别。国内众筹平台面临最大的问题是创新项目的缺失。目前，国内的众筹融资项目规模非常有限，与国外类似项目还无法相比，因此，众筹平台只能寻找更适合于当前运营条件的项目。例如，目前国内众筹模式在农业电商方面非常活跃。

再次是盈利模式上的差异。尽管国外的众筹模式也在探索之中，但基本上盈利模式是靠收取 5%~10% 的服务费，例如 Kickstarter 目前是收取 5% 的项目佣金，Indiegogo 收取 4%，而国内的众筹网站因为还处于起步阶段，需要建立初期的信任机制，拉动更多的创业者和投资者，所以相当部分还是免费的。这其实也符合国内互联网产品"免费"的大环境。例如，旨在为大学生实现创业梦想的酷望网不向用户收取任何费用，只是作为第三方监管平台，通过提供其他增值服务等来盈利。

最后是在资金支付方式上的差异。通常，国外众筹平台的操作方式是在项目成功筹资后，便会马上将筹措的所有款项支付到项目上去执行。但是，在国内，出于对出资支持人资金安全的保障，同时也为了更好地在项目发起人和出资人之间建立信用平台，会把筹集到的资金分成两个阶段支付给项目的发起人。例如，"点名时间"的操作方式是在项目筹资成功后，先支付 50% 的资金用于项目启动，待项目完成并且所有支持者都已经收到了所约定的回报后，"点名时间"才会把剩余的款项交给项目发起人。另外，"点名时间"在项目的审核和监管方面也都要比 Kickstarter 更为严格。

（2）国内股权众筹的"领投+跟投"模式。为了适应国内经济与社会环境，众筹平台也在探索更为本土化的运作模式，尤其是普遍采用了"领投+跟投"业务模式，它包括以下要素：[1]

1）融资额范围。除了确定融资额度和出让股份外，股权众筹融资的额度范围也非常重要。在众筹融资的实际规模上存在着一定的不确定性，未必能够精确地实现设计金额，因此需要对融资成功的金额范围做相应的规定。例如，在实际融资额低于预期目标的情况下，多大比例的差额是可接受范围，多大比例的缺口

---

① 谢宏中：《如何设计股权众筹产品》，《证券时报》，2014 年 7 月 25 日，第 A03 版。

将视为募资失败，是需要在股权众筹产品设计时说明的。同样，融资比例的上限设定为多少，高于多少比例的认筹将不再接受，这些也需要在股权众筹产品设计时明确。

2）股权众筹时间。在股权众筹融资当中，其信息资料在有限时间内一般都不允许更改，因此通常需要设定募资时间。众筹期限一般是在正式对外公布后的两个月内，同时还需要注明的是，如果时间到期而募资额未完成的情况下，是否支持延长众筹时间，延长的期限为多久，等等。

3）领投人要求。在"领投+跟投"模式下，以众筹投资入股某个项目的主要方式为：全部投资者共同成立一个合伙企业，由合伙企业持有项目方的股权。执行合伙人代表有限合伙企业进入项目企业董事会，履行投资方的投后管理责任。在这一模式中，执行合伙人通常即是众筹领投人。在众筹项目说明书中可以对领头人或执行合伙人提出专业知识、业务资质、职业地位等方面的要求。除此之外，对领投人的认筹比例也可以设定一个范围值。

4）跟投人要求。在"领投+跟投"模式下，除领投人之外的众筹投资者都称为跟投人。根据我国《合伙企业法》的规定，有限合伙企业由2个以上50个以下合伙人设立，因此跟投人不能超过49人。在这一硬性限制范围内，众筹融资项目可以根据实际情况对跟投人的资质与数量作出规定，以适应项目的性质并提高融资与项目运营的效率。

5）信用机制。众筹融资通常需要一个过程，在这当中，如果某些投资者的意愿发生变化，不仅给项目推进造成困扰，也会影响其他投资人的利益。因此，在众筹机制设计中必须要考虑到信用机制，这其中较为常用的手段包括诚信评分机制和保证金制度等。

6）认筹投资者特定权益。众筹投资的一个主要特点就是投资者与项目之间的特殊关系，包括投资者与项目相关的非经济动机和社会网络资源等。因此，在众筹融资机制设计中，应充分考虑如何发挥投资者的相关资源优势，并使得其非经济动机尽可能得到满足。认筹投资者特定权益就是上述机制的重要组成部分，它包括产品试用权、服务终生免费权、网站金牌会员、代理分销权等。

（3）国内股权众筹本土化发展的主要问题。在国内股权众筹迅速发展的同时，人们公认的一个问题是市场秩序的混乱，同时许多风行一时的众筹项目也迅速走向衰落。例如，许多地区在2013年启动的众筹咖啡馆项目都由于经营不善和缺乏后续资金支持而失败。目前，国内以众筹模式开办的咖啡店都没有实现盈利，也没有一例成功的案例可供参考。^①这个现象也反映了国内股权众筹的一个重要问题，即仅仅将它作为一个快速融资的模式，而忽视了具体项目的管理经验与经营能力。

国内股权众筹本土化的一个主要难题是至今尚未形成自己的独特经营风格与盈利模式。目前，国内众筹网站的相似度极高，就算有些网站标称专注于某一类创意的众筹，但是因为在这些子类下并没有形成独特的网站体验与产品特色，其核心事实上相差并不大。这背后的一个原因也在于平台经营者缺乏专业知识与管理经验。众筹平台创始人背景良莠不齐，有的是从业经验丰富的金融创业团队做平台的创始人，有的则是懂互联网技术的个人作为平台的创始人。很多众筹平台建设的动机只在于抓住时机，迅速实现融资，而忽视了长远发展。

在缺乏独特经营风格与客户类型的情况下，股权众筹具体到各平台的投资模式则有所不同，有的采取"领投+跟投"的模式，有的采取投资团队的模式。目前，很多平台对投融资双方都是免费的，收入来源主要是服务费收入和平台的广告收入，还有众筹平台在项目后期为其提供的增值服务，但以上模式在国内奖励类众筹领域还未成规模。这种盈利模式上的困难也是众筹平台缺乏经营特色的一个必然结果。

在众筹平台缺乏特色、进行简单复制式竞争的市场结构中，缺乏高知名度的可靠众筹平台也成为了行业发展的一个掣肘。在国内很难找到类似美国Kickstarter这样具有知名度与号召力的平台，这直接影响了众筹融资行业的影响力和对于投资者的吸引力。中国与美国的一个重要社会差异是人际关系网络的重要作用，人们更愿意相信熟人，因此网上投资本身就面临着文化上的障碍，如果缺乏可信的网站，这种文化障碍就会更为严重。

国内信用体系的不完善也加剧了上述问题。在这种环境下，为了保证项目质量，众筹平台不得不对经济范围做各种限制。但即便如此，众筹平台也仍然缺乏公信力。目前，很多的众筹平台都是通过互联网建起的，往往缺乏资质，其担保体系以及风险控制体系也不够完善，倘若出现平台倒闭或跑路现象，将会给投资者造成严重的损失。

---

① 向劲静：《梦想交织困惑　众筹业探路前行》，《中国商报》，2014 年 8 月 5 日，第 P05 版。

三、互联网融资中介的中国特色发展道路

1. 民间金融由地下走到地上

目前国内 P2P 网络借贷以及众筹融资的发展存在着很大的风险隐患，无论是官方的表态还是学界的研究，对此探讨都比较多，普遍较为公认的最主要的风险在于信息泄露和操作风险、信用违约风险以及触及非法集资。其中，除了由互联网本身而生的信息泄露和操作风险外，信用违约、非法集资事实上都是国内传统的民间借贷长久以来固有的隐患，只不过这些隐患在此通过互联网融资中介更加明显地展示出来。

另外，上文提到国内的 P2P 网络借贷模式出现了严重的分化，或者很多人会说国内的 P2P 网络借贷模式创新频现，但结合表 6–1 不难看出，如果抛开其中极为有限的几个与互联网相关的环节，表 6–1 展现的正是一幅长期存在的民间借贷生态画卷。换句话说，并不是我们与国外相比在 P2P 网络借贷和众筹领域极富创造性，而是原本就存在的种种民间金融业态打着"互联网金融"的旗号由"地下"走到"地上"。

许多学者会高呼互联网金融对国内金融监管体系带来挑战，如吴晓求等（2014）将其总结为几点：监管体制与互联网金融发展趋势不匹配，规避金融安全性监管，引起金融波动，以及增加了金融消费者权益保障工作的压力。而我们认为这些挑战并不是全新的，而只是监管层被迫要正面应对那些原本被简单排除在外的民间金融业态。

2. 割裂的金融体系

在我国，由于公共征信机构与商业性征信机构之间的职能分工、定位不明晰，严重缺乏协作机制，因而信用信息形成了严重的条块分割，这使得我国的社会信用体系建设十分落后。但是，具体到 P2P 网络借贷与众筹的例子，体现出的不仅是信用体系建设的落后，更重要的是我国金融体系本身的割裂，因为国内最完善的征信系统——央行征信系统——尚未允许其充分利用。

事实上，我国的金融体系具有明显的外生性或外植性（王国刚，2014），这使其在一些方面与实体经济的金融需求并不能很好地吻合，而且由于管制的严格，金融体系内部也形成两个自行运转的子体系。一个是由官方主导的正规金融体系，另一个则是被官方排除在外的民间金融体系。事实上，在高速发展、复杂

多变的经济环境中，正规的金融体系必然无法满足全部的金融需求，因此需要民间金融体系的补充。民间金融的特点在于其灵活性与多样性，往往能更有针对性地解决民间的投融资需求，但这恰恰令其无法满足官方认定的成为现有任何一种金融机构的要求，并且民间金融往往还带有某种混业的色彩，使得监管难以协调。由此造成的结果是，虽然一大批民间的企业或组织实质上在从事金融服务，但却被简单地排除在监管范围之外，甚至多数会被认定为非法。这造成如下后果：第一，由于得不到金融机构的地位，致使合理的民间金融的发展受到阻碍；第二，两个体系的信息被人为地割裂无法共享；第三，由于疏于监管，增加了民间金融体系风险，特别是不规范及欺诈情况难以被有效遏制。

进而在这种体制下，为了维持金融体系稳定，监管者可以做的只有尽量切断内外两个体系间的联系，让外面的动荡不致影响内部的正常运行，同时加强对非法金融活动的打击力度。但由于法规本身就有外生的性质，会使得一些虽"踩线"但却是内生的金融服务不得不隐藏于"地下"，进一步增加了风险隐患；同时，金融体系本是一体的，只要套利空间存在，想要人为地隔断很困难，结果致使人们提高了交易成本，将更多的资源耗费在监管套利环节中。

事实上，上面的内容不仅仅是一个笼统的分析，国内 P2P 和众筹的发展同样遵循着这样的逻辑，我们不能孤立地看待国内 P2P 和众筹的变异，而应将其放在整个金融体制的大背景下。因此，我们要做的不仅仅是参照国外 P2P 和众筹的监管经验来制定我们相应的监管政策，更多地还需要考虑更为根本的体制改革问题，否则结果必然使得许多本已走到"地上"的民间金融业态再次潜回"地下"。中共十八届三中全会明确提出要完善金融市场体系，丰富金融市场层次，事实上在市场经济环境中，这个体系和层次并不是仅靠官方及其所认可的正规金融机构的力量就能够完善和丰富的，要充分调动分散于民间的智慧和力量，要正视民间金融在完善体系和丰富层次过程中的贡献，给予其合理合法的地位，促进、规范、引导其更加高效、安全地为实体经济服务。这首先需要监管者不能用已有的教条去限制民间金融的多样性，要鼓励至少是允许多样化金融服务的存在，不能为了监管的便利拿现有的分业的规则去硬套创新，而是要真正去判断其存在的价值，并且给其合理的地位。从根源上讲，还是放松管制与加强监管的问题。

第三节　新的运营方式和产品

——金融的互联网化

一、中国的金融互联网化简介

虽然互联网金融在国内被各界炒得沸沸扬扬，但是人们对于"互联网金融"这个概念应该如何界定尚未达成共识。支持互联网金融的人通常首先会对互联网金融和金融互联网进行区分，这个观点最初来自于马云（2013）的表述，他认为金融互联网是由金融机构主导的，而互联网金融则由"纯粹的外行"领导。吴晓求（2014）更加深入地指出，对于传统金融机构来说，互联网只是一个手段，它们吸纳、运用包括互联网技术在内的现代信息技术去创新金融工具、构建新的网络系统，与此同时，原有的运行结构和商业模式并没有相应地发生变化，这可称为金融互联网；互联网金融则是指以互联网为平台构建的具有金融功能链且具有独立生存空间的投融资运行结构，这是一种飞跃的"基因变异"，将会对现存金融体系的理念、标准、商业模式、运行结构、风险定义和风险管控等诸多方面提出挑战。这类观点给出了界定互联网金融概念的一个重要维度，即互联网金融是由非传统金融机构（外行）主导的金融。

但是另一些人则认为，所谓的互联网金融只是信息技术进步带来金融功能实现形式的某种改变。例如，本书前面提到过，殷剑峰（2014）提出，"互联网金融"就是"电子金融"的一类，其无非是利用互联网来提供金融服务。周宇（2013）也认为，从广义上讲，通过或依托互联网进行的金融活动和交易均可划归互联网金融，既包括通过互联网进行的传统金融业务，也包括依托互联网创新而产生的新兴金融业务。与之相似，阎庆民（2013）也认为互联网金融是以信息科技为基础的，传统金融机构也可以利用并且正在利用互联网金融。

我们则认为，传统金融机构应用互联网推出的金融业务，即金融互联网化应该划进互联网金融之列，这也是我们在本书开始就强调的互联网金融形态和要素之一 ——新的运营方式或产品。但同时，我们也承认金融互联网化与非传统金融机构推进的其他各类互联网金融之间存在着体制、机制、技术平台和业务模式等方面的重大区别。

实际上，伴随着电子商务的发展，我国的金融机构始终在推进着互联网化的进程，只不过以往的金融互联网化大多只是传统的金融机构或传统的金融服务向互联网的延伸，通过在互联网平台上降低交易成本增进了金融服务的可达性。而从2012年下半年"互联网金融"的概念被热炒开始，金融互联网化的发展轨迹明显发生变异，金融机构创新发展步伐加快，对互联网思维的理解增强，并且也与互联网企业开展了更为深度的合作。

二、主要业务的互联网化进展

1. 银行的互联网化

国内银行的互联网化起步于20世纪90年代中后期，1996年10月中国银行率先"上网"，2000年6月29日，由中国人民银行牵头，组织国内12家商业银行联合共建的中国金融认证中心全面开通，开始正式对外提供发证服务。移动支付最早出现在1999年，由中国移动与中国工商银行、招商银行等金融部门合作，在广东等一些省市开始进行移动支付业务试点。2000年，中国银行与中国移动通信集团公司签署了联合开发手机银行服务合作协议，开通了北京、天津、上海、深圳等26个地区手机银行服务。

与这些终端延伸相比，早期银行的互联网化更主要的体现在网络融资实践上。网络融资从2007年起步，到2012年已达到4600亿元的规模（见图6-3）。

通过网络渠道，银行可以更好地向个人用户和中小企业放贷，主要有如下几种模式。一种模式是银行直接在网上进行信贷业务。例如，交通银行2010年推出的"e贷在线"便为个人客户提供了一个通过互联网自主进行贷款申请、贷款审批状态查询的渠道，2012年又进而推出了小企业"e贷在线"；又如，招商银行2010年推出的"空中贷款"，创新打造了"在线受理"、"主动授信"、"电子化签约"三大业务模式，实现"足不出户，就能贷款"的全新客户体验。另一种模式是银行"跨界"开办电商平台，将金融服务渗透进去。例如，建设银行2012年推出的"善融商务"，便为银行业进军电子商务领域作了表率，面向广大企业和个人提供专业化的电子商务和金融支持服务。还有一种模式是由第三方建立中介平台，作为金融机构和客户的桥梁。例如，2007年成立的易贷中国，便是专

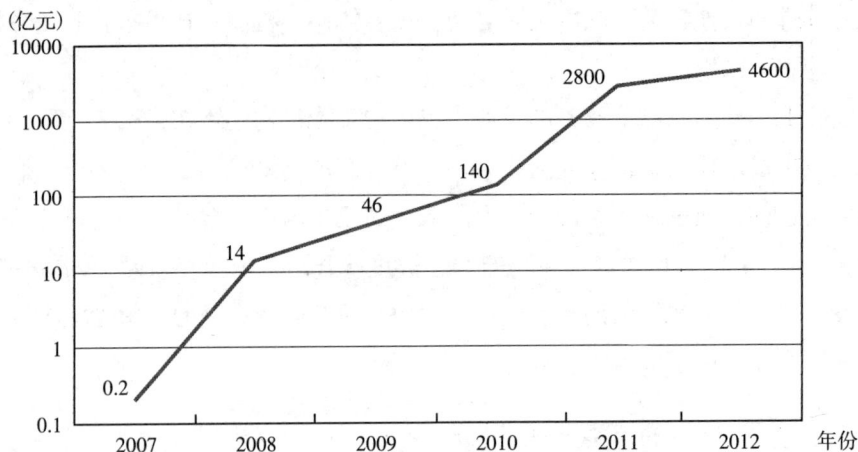

图 6-3　网络融资贷款规模（2007~2012 年）

资料来源：李海峰（2013）。

注于为中小企业和个人提供贷款咨询、贷款交易和相关信息服务的在线贷款服务提供商；又如，2009 年正式运营的数银在线，是国内首家 B2C 在线融资服务平台，在线整合了各家银行资源（李海峰，2013）。

在互联网金融效应的影响下，商业银行明显加快了创新和转型的步伐，并且更加深度地与互联网进行融合。除了支付领域的创新（在本章第四节详细介绍）以外，重点推进的领域是电商平台的建设。随着 2014 年初工商银行推出"融 e 购"，五大行的电商平台——建设银行的"善融商务"、中国银行的"中银易商"、工商银行的"融 e 购"、农业银行的"磐云"以及交通银行的"交博汇"——已全部上线，囊括了银行融资、支付、理财、清算、信息等各项综合金融服务。此外，银行也纷纷抢占 P2P 市场。现有的银行系 P2P 平台分为三种模式：一是银行自建 P2P 平台，如招商银行的小企业 e 家、包商银行的小马 Bank；二是由子公司投资入股新建独立的 P2P 公司，如国开金融设立的开鑫贷；三是银行所在集团设立的独立 P2P 公司，如平安集团的陆金所。其他围绕互联网金融方面的创新也是层出不穷，例如东莞农商银行的智能视频银行、招商银行的"智慧供应联金融平台"、平安银行的"商超发票贷"，等等。

2. 保险的互联网化

2000 年 8 月，中国太保和中国平安几乎同时开通了自己的全国性网站，从此专业保险电子商务网站纷纷涌现，不过直到现在网上保险仍处于初级阶段，大多数保险公司只是建立了自己的门户网站，网上销售和网上交易基本上还没形成气候。艾瑞咨询的一份统计资料显示，2012 年中国保险投资者在购买保险过程中使用过银行网站、保险官网和其他代销机构网站的比例分别为 22.2%、20.8% 和 13.2%，而主要用上述三类网站的购买者比例仅仅为 11.0%、9.2% 和 5.0%（雷耀、陈维，2014）。

不过，互联网保险在近些年发展仍可算是异常迅猛。《互联网保险行业发展报告》显示，2011~2013 年的 3 年间，我国国内经营互联网保险业务的公司从 28 家上升到 60 家，年均增长 40%；规模保费从 32 亿元增长到 291 亿元，3 年间增长幅度总体达到 809%，年均增长率达 202%；投保客户数从 816 万人增长到 5437 万人，增幅达 566%。特别是在被称为互联网金融元年的 2013 年，互联网保险取得了跨越式发展，以万能险为代表的理财型保险引爆第三方电子商务平台市场。2013 年"双 11"当天，寿险产品的总销售额超过了 6 亿元，其中国华人寿的一款万能险产品在 10 分钟内就卖出 1 亿元（中国保险行业协会，2014）。

目前，我国互联网保险已建立起以官方网站模式、第三方电子商务平台模式、网络兼业代理模式、专业中介代理模式和专业互联网保险公司模式五种模式为主导的基本互联网保险商业模式体系。特别值得一提的是，2013 年 10 月国内首家纯互联网保险公司"众安在线财产保险股份有限公司"正式成立，并于 12 月推出基于淘宝数据分析的"众乐宝—保证金计划"，意味着专业互联网保险公司模式取得突破性的发展；而 2014 年 2 月，苏宁云商正式获批保险代理牌照，则使之成为中国商业零售领域第一家具有全国专业保险代理资质的公司。

3. 证券的互联网化

证券的互联网化早在 20 世纪 90 年代末便已起步，1997 年 3 月，中国华融信托投资公司湛江营业部推出多媒体公众信息网网上交易系统，揭开了我国网络证券的帷幕，2000 年中国证监会正式公布了《网络证券委托暂行管理办法》。从网上交易到移动证券，再到现在的移动支付和网上金融商城，证券的互联网化始终在向前迈进。不过，伴随着互联网金融概念的兴起，证券与互联网的结合发生了质变，此前网络证券的发展主要是基于互联网构建销售平台，主要包括四种模式：一是在互联网上自建网上商城，如长城证券；二是利用手机终端进行创新，发展"一站式"金融管理服务，如国信、国泰君安等；三是利用网上开户进军互联网金融创新，如招商银行、中信证券；四是和银行对接，分业经营下的混业服务模式，券商代销发行银行理财产品，如光大、宏源证券（樊帆，2013）。

而现在的互联网证券则更多地希望尝试借助互联网的思维理念来实现证券的内涵。这目前更多地体现在产品创新上，特别是聚焦于低佣战。国金证券与腾讯合作推出的首只互联网证券服务产品"佣金宝"于2014年2月20日正式上线运行，为投资者提供万分之二（含股票交易规费）的沪深A股、基金交易佣金率，5月20日零时起，新开户客户佣金上调至万分之二点五，不过这仍然远远低于全行业万分之七[①]的水平。国金证券的市场份额也因此飙升，据Wind数据显示，国金证券2014年上半年股基交易量达到3965亿元，市场份额由2013年的0.69%升至0.87%，增幅高达26.09%，其增幅在100多家券商中高居榜首。与之相仿，华泰证券由于率先推动了互联网低佣开户，使其经纪业务的市场份额跃升行业第一，其他2014年上半年在互联网证券方面有所发力的券商如中信、海通、上海证券等，市场份额均有不同程度的增加。可以预期，随着越来越多的券商纷纷试水互联网金融，互联网证券引爆的券商佣金战将加速券商从通道中介定位向客户需求定位转型。

此外，证监会也在逐步推进互联网证券的发展。2014年4月4日，证监会首批敲定了中信证券、国泰君安证券、银河证券等6家证券公司进行互联网证券业务试点，截至9月19日，试点证券公司已有14家。

4. 余额宝及互联网理财

余额宝是由支付宝为个人用户打造的一项余额增值服务，于2013年6月上线。余额宝是支付宝推出的余额增值服务，把钱转入余额宝中就可获得一定的收益，实际上是购买了一款由天弘基金提供的名为增利宝的货币基金。余额宝内的资金还能随时用于网购消费和转账，支持支付宝账户余额支付、储蓄卡快捷支付（含卡通）的资金转入，目前不收取任何手续费。余额宝的主体框架见图6-4。

自上线之日起，余额宝就一直在创造奇迹。有统计发现，截至2014年2月底，余额宝从基金规模来看已跻身全球10大基金行列，位列第7，而单从货币基金规模排名来看，则名列第3。[②]而与之相伴，2012年在国内尚排名50开外的天弘基金，在2014年第一季度已然超越了华夏基金成为公募管理规模最大的基

---

① 2014年第一季度的水平，参见芮晓武、刘烈宏（2014）。

②《余额宝跻身全球10大基金排名第7 规模约5000亿元》，《证券时报网》，2014年3月11日。

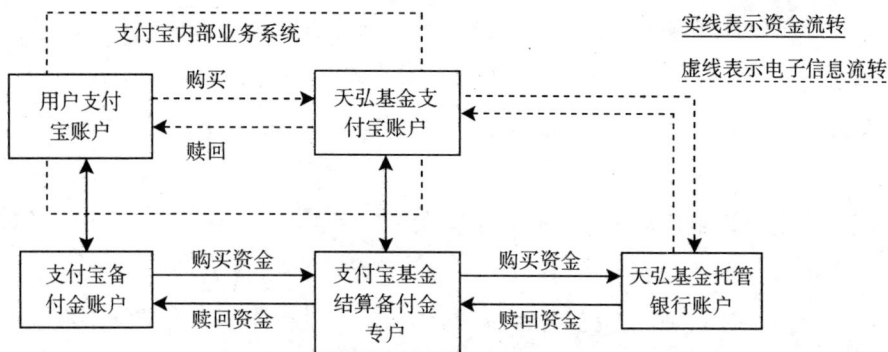

图 6-4　余额宝主体框架

资料来源：芮晓武、刘烈宏（2014）。

金公司。据天弘基金披露的余额宝 2014 年第三季度报告显示，第三季末余额宝规模 5349 亿元，用户数为 1.49 亿人。

余额宝的一大亮点是提供了投资理财、消费支付等多重功能和方便、快捷的用户体验。客户在支付宝网站内就可以随时完成基金开户、基金购买，不仅"当天赎回、当天到账"，更可"实时到账"，且认购费和赎回费均为零。目前，已有越来越多的余额宝客户是以现金管理和购物支付为目标，形成了发了工资转入、然后消费、再转入、再消费的使用习惯。2014 年第三季度用户用余额宝消费金额达 2068 亿元，消费笔数 4.28 亿笔。同时，再考虑到 1 元起售的低门槛，以及远高于活期存款的利率（2014 年 10 月 23 日为 4.1450%），余额宝确实对银行存款构成了挑战。

余额宝的成功使得各基金公司纷纷紧随其后，互联网理财得到了爆发式发展。从商业模式来看，主要有以下四种。第一，理财模式，基金公司与垂直财经门户或金融软件公司合作，代表性的有东方财富旗下天天基金网的"活期宝"、数米基金网的"现金宝"和同花顺的"收益宝"。第二，自销模式，即基金公司自己经营互联网货币基金品牌，代表性的有汇添富"现金宝"、民生加银"现金宝"、华夏"财富宝"以及汇添富"全额宝"。第三，支付模式，即基金产品绑定第三方支付平台，余额宝便是此类的代表，此外代表性的还有百度理财和网易理财。第四，电商模式，即基金公司利用电商网络平台进行基金销售，这一类以淘宝网销售基金为代表（芮晓武、刘烈宏，2014）。

以余额宝为代表的互联网理财给商业银行的存款带来了很大的冲击，在我国这种银行主导的金融体制下，自然引发了极大的争议，不少人指责其扰乱了正常的金融秩序。不过与此同时，各大银行自身也推出了各种类余额宝产品予以应对，如中国银行的"活期宝"、交通银行的"快溢通"、平安银行的"平安赢"、民生银行的"如意宝"，等等。

实际上，无论是余额宝，还是各种类余额宝产品，本质上都是货币市场基金的互联网化，只是新的竞争环境（例如 1 元甚至 0.01 元起购、T+0 等）对于基金管理特别是流动性管理能力提出了更高的要求。不过相比于大多数类余额宝产品而言，余额宝本身又确实有其特殊性。一方面，支付宝和淘宝上形成的数据可以用于支持大数据的分析，使得基金管理者可以通过把握余额宝购买者的资金使用习惯，从而增强其流动性管理的能力；另一方面，余额宝的类存款性质又使得更多资金从银行转移至支付宝—余额宝系统，由此降低了交易成本，从而达到进一步扩展支付宝及淘宝业务的目的。因此，可以说余额宝的成功并不是简单的管制套利，而是一种金融与实体经济的深度融合，而其他类余额宝产品若要复制余额宝的成功，则尚须探寻自身的特色竞争力。

三、金融互联网化的中国特色发展道路

1. 竞争与发展

通过上文的梳理，我们可以看到，伴随着互联网技术的发展，银行以及其他金融机构一直以来都在进行着金融创新，只不过在"互联网金融"出现以前，由于金融市场化、自由化改革推进缓慢，使得金融行业创新发展的速度难以提高。而现在"互联网金融"概念的兴起带给了传统金融机构前所未有的压力，这大大促进了传统金融机构加快创新转型的步伐。换句话说，正是有了互联网金融的风生水起，才带来了金融互联网化的进一步飞跃。

这在一定程度上使得我们需要对一些互联网界人士的看法进行商榷。例如，马云曾说："如果银行不改变，我们就改变银行。"一方面，这句话被许多人奉为圣经，在他们看来传统金融机构难以跟上互联网发展的节奏，这或是由于其本身缺乏互联网的思维，或是由于其固有的官僚体制与互联网的精神相违背。另一方面，事实证明，一旦放松约束和适应新思维，银行等传统金融机构跟进的步伐是相当迅速的。而曾经传统金融之所以被人们认为难以改变，缺少的就是一条"鲶鱼"。这应该可以给予决策者很好的启示，那便是只有竞争才能促进发展，而通

过管制带来的金融稳定，实际上是以牺牲发展为代价的。

2. 互联网金融的竞争与利率市场化

梳理各种互联网金融业态便会发现，目前对于银行主导的金融体系来说，冲击最大就是互联网理财，而诸如 P2P 网络借贷等其他业态更多地是起到补充的作用。从本质上讲，以各种"宝"为代表的互联网理财不过就是互联网化的货币市场基金。因此，与其说互联网金融颠覆传统银行，倒不如说是货币市场基金在冲击利率管制，实际上这是美国 20 世纪 70 年代利率市场化过程的翻版，只不过在中国，这个过程是被一种围绕互联网的金融创新所触发的。

从美国的经验来看，在金融脱媒发生的初期，美国货币当局曾经也试图用各种办法将资金从市场上拉回到银行体系中去，但实践证明，这样的做法不仅无法遏制脱媒趋势的进一步发展，而且还阻碍了美国的金融创新与金融现代化进程（李扬，2007）。随着 20 世纪 80 年代美国货币当局策略的转变，放松管制，推动利率市场化，打通银行与市场之间的联系通道，不仅促进了直接金融的发展，也促进了银行业自身的发展。①

我国的金融改革实际上也走到了这个重要的关口，利率市场化是整个改革的重中之重，互联网金融进一步加快了利率市场化进程中的各方利益协调。现在为了应对互联网金融的竞争，商业银行已经不得不主动求新求变，事实上如果利用得当，这可以使推进改革的阻力大大减小。但是如果监管者总是将着眼点放在限制余额宝类产品的"提前支取不罚息"等，以及对相应货币市场基金的同业存款征缴准备金等方面上，那结果只能是使得规则越来越复杂，因为在"资金价格双轨制"下，一定是堵一个漏洞又冒出另一个漏洞，监管会越来越吃力，由严格管制带来的监管便利将会不复存在。因此，对于决策者来说，或许应当更加积极地看待互联网金融产品的扩张，宜疏不宜堵，更多地鼓励而不是扼杀，并借机考虑扩大银行的经营范围，允许混业经营，以存款的基金化促进存款利率的市场化。堵偏门的最有效方式是开正门。

---

① 利率市场化短期内使得美国银行业竞争日益激烈，银行倒闭、被兼并频现，但是存活下来的银行则通过提供更优质、更能满足客户需求的服务，反而不断发展壮大，提升了自身的盈利能力。

第四节　互联网支付手段和模式

一、中国互联网支付发展简介

随着网络经济和电子商务的迅速发展，互联网正在加速改变着世界，改变着人们的生产生活方式，其中网络购物的普及是最为直观的改变之一。现代社会的人们越来越多地体验着网购带来的便捷，小到衣服、书籍、火车票，大到家具、汽车，甚至房屋，越来越多的东西可以通过在线购买与支付。据艾瑞咨询的研究数据显示，2013 年中国网络购物市场交易规模达 1.85 万亿元，同比增速超过42%（历年网络零售市场规模占社会消费品零售总额比例变化情况见图 6-5）；2013 年的"双 11"一天，仅阿里系的淘宝天猫销售额就突破 350 亿元，同比增长逾 80%，由互联网带来的人们消费行为的改变，似乎还远不能看到终点。

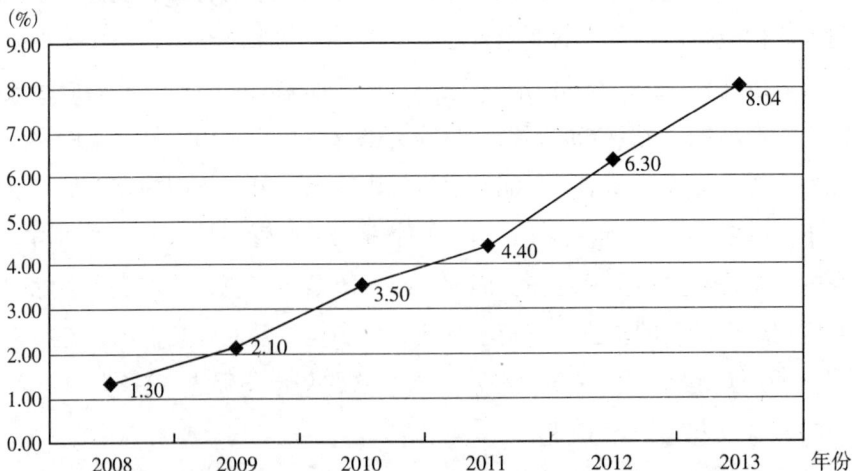

图 6-5　中国网络零售市场规模占社会消费品零售总额比例

资料来源：《2013 年（上）中国网络零售市场数据监测报告》及《2013 年中国网络零售市场数据监测报告》。

网络购物日益繁荣同时也催生了互联网支付的快速发展，以"支付宝"为代表的一批支付组织迅速成长起来。事实上，第三方支付也正是国内近两年炒得最火热的互联网金融的一种重要业态。由于这些支付组织带来交易成本的降低，使得便捷的支付服务可以覆盖更多相对落后的地区，促进了金融的普惠。例如，支付宝 2013 年度对账单显示最热衷于无线支付的是那些边疆偏远地区的用户，而三四线地区的支付宝用户在 2013 年持续壮大，同时消费力量在县域爆发。可以说至少在中国，互联网支付已经对传统的卡基支付方式构成挑战，并且从发展速度来看，互联网支付具有更为广阔的前景。同时，互联网支付，特别是移动互联网支付也更能与未来基于可穿戴设备的经济模式相吻合。

此外，无论从第三方支付还是银行或其他相关企业的角度来看，移动支付与移动金融都是最具生命力和挑战性的。中国的移动支付最早出现在 1999 年，由中国移动与中国工商银行、招商银行等金融部门合作，在广东等一些省市开始进行移动支付业务试点。2000 年，中国银行与中国移动通信集团公司签署了联合开发手机银行服务合作协议，开通了北京、天津、上海、深圳等 26 个地区手机银行服务。

对于国内的移动金融发展，从技术角度甚至是基础设施建设角度来讲，与欧美、日韩等地差距并不很大，但是据调查，2012 年全国地级及以上城市城镇人口中，个人手机银行用户比例仅为 8.9%，近场支付方面，仅有 3% 的人使用过手机刷 POS 机的支付方式，有 1% 的人使用过条码支付。虽然银行也早已开始大力发展手机银行，第三方支付企业也纷纷涉足移动支付，但是中国的移动金融仍处于起步阶段，仍然需要继续完善标准与政策法规，积极促进银行业、电信业、第三方支付企业的合作与探索。当前，移动互联网取代传统互联网的趋势已逐渐显现，今天的移动金融在国内虽然还只是金融机构和第三方支付的网络延伸，但是由于移动金融具有 3A（Anytime，Anywhere，Anyway）特性，以及融合近场与远程支付的潜力，其最有可能实现金融平台的全面融合，也最有可能给金融行业带来变革。

后文对于互联网支付的介绍主要围绕第三方支付展开，同时也会简要介绍银行进行的零售支付创新以及以 Ripple 为代表的跨境支付清算模式的创新。

二、主要的互联网支付模式创新

1. 第三方支付

我国的第三方支付机构，是推动 PC 互联网和移动互联网支付创新的重要主体，也是我们关注的核心对象。国内的第三方电子支付起源于 1998 年，北京市政府与中国人民银行、信息产业部、国家内贸局等中央部委共同发起首都电子商务工程，并确定首都电子商城为网上交易与支付中介的示范平台，1999 年 3 月首信易支付正式运行。2003 年后，伴随着我国电子商务的高速发展，国内以"支付宝"为代表的一批支付组织迅速发展，同时 PayPal 也于 2005 年进入我国的支付市场。2008 年，网上支付交易规模突破千亿元大关，达到 2356 亿元。2010 年 9 月，中国人民银行发布了《非金融机构支付服务管理办法》，标志着我国非金融机构支付市场全面进入规范化发展的监管时代。截至 2014 年 7 月 10 日，人民银行共发布第三方支付牌照 269 张，其中涉及互联网支付的企业共 112 家。2013 年中国第三方互联网支付市场交易规模达到 53729.8 亿元，同比增速为 46.8%（杨涛，2014），其中份额最大的企业为支付宝，占 48.70%，紧随其后的是财富通，占 19.40%（芮晓武、刘烈宏，2014）。历年第三方互联网支付交易规模变化趋势见图 6-6。

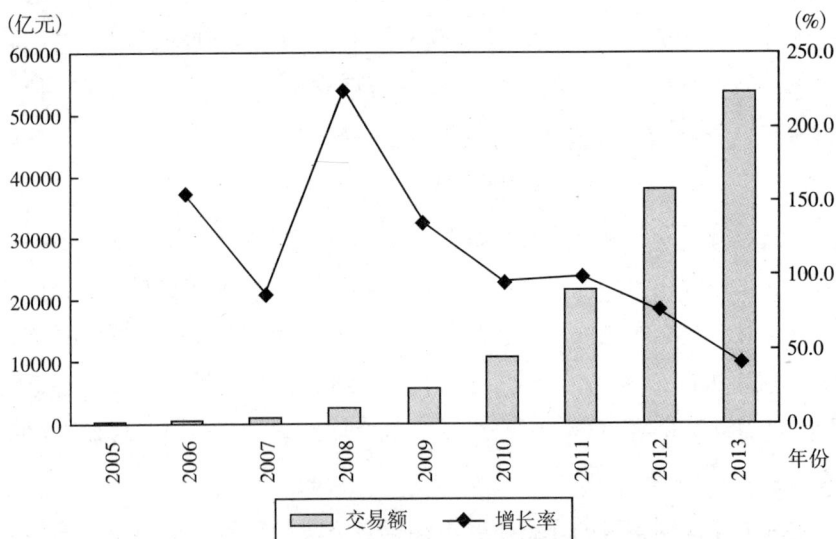

图 6-6　中国第三方互联网支付交易规模

资料来源：《中国第三方支付行业发展阶段及模式研究（简版）》与艾瑞咨询统计数据。

　　与国外相比，国内的第三方互联网支付在实现形式上有很大的区别，下面以支付宝为例来简要说明，实际上，国内各个第三方互联网支付机构的模式大同小异。

第一，与国外互联网支付机构和卡组织的深度合作不同，由于最初支付宝并未与国内的卡组织银联建立起合作关系，因此便选择与银行直接沟通，自行建设网络，又由于其不能利用央行的支付系统，因此只能通过在银行建立账户的形式完成支付流程。各个支付机构纷纷自建网络实际上造成了金融基础设施建设的浪费。具体的资金流动情况结合图示进行描述。例如，A（招行）向B（建行）转一笔资金，资金的实际流动过程为：A在招行账户→支付宝在招行的备付金账户→支付宝在建行的备付金账户→B的建行账户。而外在表现出的资金流动过程为：A在招行账户→支付宝在招行的银存账户（虚拟的）→A的支付宝账户→B的支付宝账户→支付宝在建行的银存账户（虚拟的）→B的建行账户（见图6-7）。若是A、B中只有一方拥有支付宝账户，比如A有支付宝账户而B没有，同样，A也是可以将资金从招行通过支付宝系统转给B在建行的账户，见图6-8。支付宝通过在各个银行的备付金账户实现在各个银行间的资金流转，从而达到转账的目的，在此过程中，其实际上不仅仅在执行支付功能，并且也在执行清算功能，甚至在执行一种"准结算"功能。

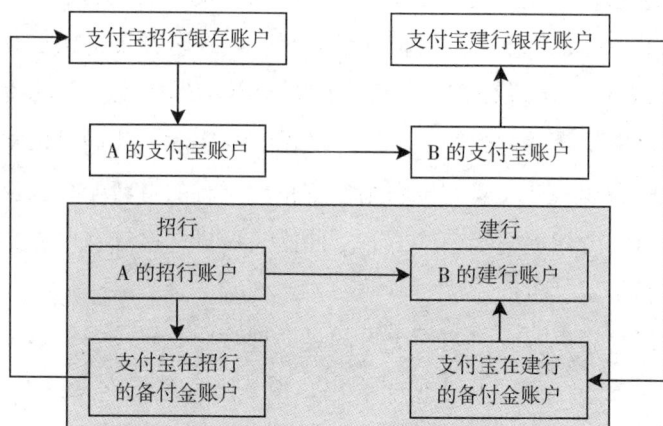

图6-7　支付宝转账资金流动模式（一）

第二，与PayPal不同，起初支付宝的创建是为了克服线上交易中钱货时空分离的限制，满足了线上交易各方的需要，这有利于推进网上交易规模的快速发展。但由于消费者将购物款汇划给第三方与第三方将这些购物款汇划给供货方之间存在着明显的时间差，在这个时间差内，购货款实际上沉淀于第三方账户之中，由此形成沉淀资金（王国刚，2014），我们可以称其为信用备付金，即为了

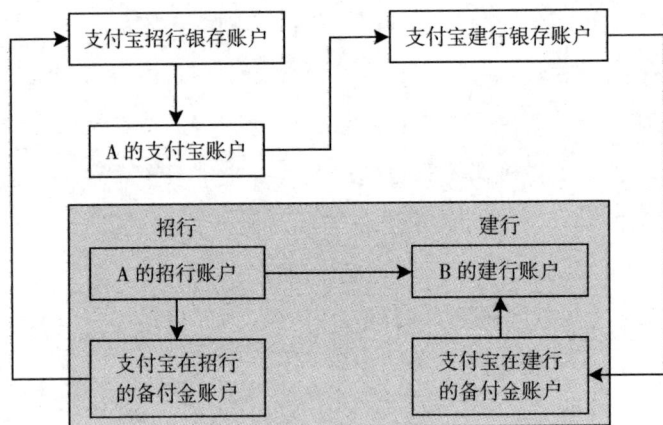

图 6-8　支付宝转账资金流动模式（二）

弥补信用缺失形成的备付金。但是在继续发展过程中，备付金的性质开始发生改变——逐渐由被动形成变为主动形成。为了提升支付宝账户及淘宝账户的活跃度，支付宝一方面不断地推出增值服务，丰富账户内容；另一方面则继续提升支付的便捷性，如推出快捷支付等。随着支付宝功能的不断强大，客户出于支付便捷的考虑，也愿意将部分资金存在支付宝账户中，实际上这也是一种流动性偏好的体现，由此形成的备付金可称为流动性备付金。在余额宝推出后，更是加速了人们的"存款转移"，虽说存在余额宝中的资金并不形成支付宝的备付金，但由于支付宝与余额宝本身便构成了一个统一的系统，实际上我们可以将存在支付宝与余额宝中的资金统一视为支付宝—余额宝系统持有的可转账存款。这样我们便会发现，以支付宝为代表的国内第三方互联网支付机构已经在向着美欧的货币服务机构和电子货币发行机构靠拢。

　　早先，银行与第三方支付之间更多的是一种合作共赢关系，这从银行愿意绕过银联规则与第三方支付合作中便可看出；但是随着第三方支付不断扩张版图，如推出快捷支付、争夺代销渠道等，二者合作的成分在下降，竞争的成分在上升；而在"存款转移"发生后，则竞争明显压过合作，一个典型的例子便是四大银行下调快捷支付限额。

　　不过我们需要明白所谓的"存款转移"实际上是个伪命题，因为第三方支付（包括其他互联网金融机构）并不是存款机构，资金转一圈后最终还是会回到银行，只不过对银行而言，这比将分散的个人资金沉淀在银行里的成本要高。

2. 银行零售支付创新

随着互联网技术的发展，银行始终在支付领域进行着创新，这在前文探讨银行的互联网化的内容中已有所反映，不过这里要介绍的银行零售支付创新，主要指的是在互联网金融概念兴起之后，银行为了应对互联网金融的挑战而进行的支付创新。

不可否认，银行的起源与支付息息相关，但是在现代商业银行的业务谱系中，支付绝对是非核心业务（见表 6-3）。因此将这种"脏活累活"外包，同时还能获得更多收益，银行何乐而不为？互联网金融的崛起使银行开始重新认识到支付业务的重要意义，但是互联网支付行业结构已然成型，想从第三方支付手中抢回渠道终端难度很大。不过移动互联网的蓬勃发展，则使银行看到了转机，因此银行纷纷加入到了争夺移动终端的竞争行列中。

表 6-3　银行业务构成

类别	业务特性	构成	业务收入占比（%）		
			国有银行	股份制银行	国外银行
负债业务	核心业务	存款业务、借款业务	81.98	86.43	55.34
资产业务	核心业务	贷款业务、证券投资业务、现金资产业务			
中间业务	非核心业务	交易业务、清算业务、支付结算业务、银行卡业务、代理业务、托管业务、担保业务、承诺业务、理财业务、电子银行业务	18.02	13.57	44.66

资料来源：马梅等（2014）。

2013 年 6 月，中国银联发布移动支付平台，这是将电子现金账户、电子借记账户或电子贷记账户加载在通信运营商 SWP–SIM 芯片卡上的金融应用；随后中信银行推出"异度支付"产品，将二维码支付作为重点产品，融合了线上线下的支付；7 月，招商银行推出国内首家"微信银行"……面对滚滚而来的互联网金融大潮，传统银行业的抢滩节奏明显加快：从手机银行、微信银行到 4G 自助银行，从网上支付拓展到 O2O 模式，银行在为客户提供更便捷的金融体验的同时，也为自身开辟了新的业务领域。

3. Ripple 的支付创新

前文从虚拟货币的角度讨论了瑞波币，实际上 Ripple 的更大价值是在支付清算领域的创新。据 Ripple Labs 的大中华区首席代表孙宇晨介绍，至 2014 年 8 月 Ripple 在中国有两家网关，分别是瑞博汇通（RippleCN）和 RippleChina。这些网关都属于起步测试阶段，从 2013 年底的峰值数据来看，中国网关的资金流量大约为每月 6000 万元人民币。[①]同时，Ripple 已经开始和国内一些银行商谈合作事宜，由于通过 Ripple 网络可以实现小额支付的逐笔实时，因此可作为央行清算系统的补充。不过与 Ripple 自身将其定位为 SWIFT2.0 不同，在国内目前人们更多地将 Ripple 币视为类比特币的投资品，而国内网关更多地也是用于虚拟货币交易平台。

三、互联网影响支付的中国特色发展道路

1. 银行与支付机构的利益之争

伴随着以第三方支付为代表的互联网支付的飞速发展，银行与支付机构之间已渐渐由单纯合作转向有所竞争。这并非偶然性的发生，而是创新发展过程的必然结果。当一种针对互联网支付的新需求诞生时，对于传统机构来讲市场前景不明，业务量可忽略，因此进入动力不足，新机构便可作为补充进入市场；但随着新业务的迅速扩展，业务量越发可观，传统机构便要重新估计新市场的重要性，竞争的苗头由此产生；反过来，新机构在发展过程中逐渐掌握了新的核心竞争力，并发觉可以此侵蚀传统机构的原有业务，这便更加激化了二者的竞争。于是无论是新机构还是传统机构都希望能够改变原有的市场格局。但是，当这个故事发生在中国这样一个金融外生化的国家时，行业结构的变革本身便意味着政策的调整。互联网金融的概念在这个时机被热炒，其背后不无相关主体试图借此获取"话语权"的缘由。许多人会批评包括第三方支付在内的互联网金融企业在有意低报其风险，但另外，为了阻止竞争者，银行又何尝不会高报互联网金融风险，至少是刻意强调风险。这便需要监管者更加冷静，保持中立，要明白对于创新风险的舆论之争的背后实际上是创新者和在位者之间的利益之争。

不过在我国政策想要保持中立并不容易，因为银行与支付机构在决策层眼中的地位明显不同。对于决策者而言，支付机构或许只是央行—银行支付体系的补充，因此似乎形成央行、银监会管银行，银行管支付机构的层级结构。[②]但从发

---

① 《Ripple 来袭》，《法制周末》，2014 年 8 月 27 日。
② 例如，针对近两年来第三方支付机构发展过程中出现的问题，中国银监会、中国人民银行发布《关于加强商业银行与第三方支付机构合作业务管理的通知》，要求商业银行加强与第三方支付机构合作业务的管理。

达国家经验来看，情况似乎并非一定如此。以美国为例，监管部门直接对类似我国第三方支付机构的货币服务机构进行严格的日常动态监管，并且由于机构性质的不同，对其监管是以消费者保护为监管目的而不是以控制风险为目的，但对于沉淀资金规模大的货币服务机构则同样视为系统重要性机构，并进行压力测试，甚至提高监管标准。事实上，在欧美国家，此类机构也并非只是作为商业银行的补充。2011 年末，美国的非银行结算中介持有可转账存款总值 11995 亿美元，而银行结算中介（包括中央银行准备金、商业银行可转账资金）为 15653 亿美元；在欧盟国家里，前者甚至超过了后者。这都表明，非银行机构在支付体系中的作用相当大，尤其在零售支付领域，非银行使用的支付工具交易规模已经与银行的支付工具相比肩（中国社会科学院金融研究所支付清算研究中心，2014）。在现代支付体系中，第三方支付机构与商业银行之间的合作是支付体系分工深化的体现，而并非前者是后者的补充，这意味着并不是后者不能做或不愿做的事才应交给前者做，而是双方需要各自重塑自身专业化竞争力。

2. 促进支付体系由外生转向内生

我国在建立金融体系的过程中，一贯采取的思路是借鉴发达国家经验，这相当于把金融体系从外部植入实体经济部门，其中也包括央行—银行主导的支付体系。从安全性上讲，这个体系自然是经过了各国特别是发达市场经济国家的检验，但是这却并不一定适合中国独特的市场环境；并且经济高速发展带来市场环境不断改变，既有的法律框架及法律法规条款并不能总是跟上环境的变化。因此，在金融领域包括支付领域改革的过程中，重在将金融体系由外部植入转变为市场内生。

市场机制是实现和维持零售支付效率和安全的首要推动力，中央银行政策目标应该是解决法律和法规对市场发展和创新的阻碍，促进竞争性市场条件和行为的形成，支持开发切实有效的标准和基础设施安排，以对具体市场最有效的方式提供中央银行服务（十国集团中央银行支付结算体系委员会，2005）。从前面一直在强调的支付机构与银行之间的关系来看，内生性则意味着要创造二者平等竞争的环境，不能单纯靠机构属性（银行或支付机构）来判断其在支付体系中的重要性，而应视其在金融系统中的实际作用而定，这意味着我们需要认识到或许未来有特定的第三方支付机构会成为比银行还要重要的系统重要性机构。

当然，同时也须防范创新可能带来的系统性风险积累，但这靠的是游戏规则的统一和完善，应直接强化对第三方支付业务风险的监管而非通过对其市场化经营设限来降低风险。监管的目的是促进发展，而不是阻碍发展，要分类识别、量化分析由创新所带来的支付清算体系风险（杨涛，2014），但在认识尚不明确时，应力求逐步规范，特别是对某些有待观察并且暂不会触发系统性风险的方面，则应尽量避免制定阻碍发展的政策。

第五节　与商业实体或流程的更紧密结合

—— 大数据金融

一、中国大数据金融简介

最后介绍的一类互联网金融业态，是基于互联网的创新——主要是大数据技术，使金融与商业实体或流程更紧密地结合，一些学者将其称为"大数据金融"（吴晓求等，2014）。事实上我们认为这种称谓并不十分确切，因为所有能称得上互联网金融的业态基本上都是建立在大数据的基础上，只是现在要讨论的一类金融服务更加需要以实体经济提供的大数据为支撑，不过鉴于目前缺乏一个学界普遍认可的概念，因此我们沿用了"大数据金融"的说法。

伴随信息获取和加工技术的不断进步，来自互联网的海量、非结构化数据将更全面准确地反映行为模式、个人动机、同级评价、是否值得信赖等，比单纯的过往信贷数据更具经济价值和社会价值。传统的征信数据以结构化数据为主，据估计，只有5%的数字数据是结构化的且能适用于传统数据库（迈尔·舍恩伯格、库克耶，2012），而大量的影像资料、办公文档、扫描文件、Web页面、电子邮件、微博、即时通信以及音频等非结构化数据则难以有效利用。但是借助大数据和云计算等创新科技，这些信息数据之中的隐藏价值正在逐渐被挖掘利用。所谓大数据金融，就是集合海量非结构化数据，通过对其进行实时分析，得到客户全方位信息，通过分析和挖掘客户的交易信息掌握客户的消费习惯或商业运行情况，并准确预测客户行为，使金融服务平台在营销和风控方面能够"有的放矢"。从目前来看，大数据金融在沿着两个不同的方向发展，一是走向一体化的电商金融,二是走向专业化的互联网征信和其他信息服务。

二、主要的大数据金融业态

1. 电商小贷

目前,除商业银行自己推出的电子商务平台外(见本章第三节),电商小贷主要有两种模式:一是以阿里巴巴和苏宁为代表的直接放贷模式,一般通过成立小额贷款公司取得开展贷款业务的牌照,并由旗下的小额贷款公司直接向客户发放贷款;二是以慧聪、京东为代表的与银行合作放贷模式,电商主要负责提供客户源并将平台数据转化为一定的信用额度,银行依次进行独立审批并发放贷款(见表6-4)。据中国电子商务研究中心的监测数据显示,2013年中国电商小贷累计贷款规模超过2000亿元(芮晓武、刘烈宏,2014)。

表 6-4　主要电商小贷基本情况

	阿里小贷	苏宁小贷	百度小贷	京东小贷	腾讯财付通小贷
目标客户	阿里巴巴B2B业务、淘宝、天猫三大平台的商家	苏宁集团产业链上的中小微企业	百度金融用户等	京东集团自营平台及POP开放平台的供应商	腾讯旗下的电商企业和个体工商户
业务类型	信用贷款、订单贷款等	供应链金融、小额信贷、消费信贷等	车贷、房贷、消费贷款、经营贷款以及信用卡搜索	供应商融资、网上信用贷款等	在深圳市辖内专营小额贷款业务
备注	阿里巴巴首只信贷资产证券化产品于2013年9月登陆深圳证券交易所		通过搜索寻求贷款的客户,推送自身的小贷公司产品		接入央行征信实时系统

资料来源:芮晓武、刘烈宏(2014)。

其中,最有代表性的是阿里小贷,其由三家小贷公司组成,分别是2010年6月成立的浙江阿里巴巴小额贷款股份有限公司、2011年6月成立的重庆阿里巴巴小额贷款股份有限公司以及2013年8月成立的阿里巴巴小微小额贷款公司。据央行年报数据显示,截至2013年末,阿里金融旗下三家小额贷款公司累计发放贷款已达1500亿元,累计客户数超过65万家,贷款余额超过125亿元,整体不良贷款率约为1.12%。

阿里小贷是在阿里巴巴电商平台和数据业务基础上发展起来的新型金融业务模式,如图6-9所示。其中,特别值得强调的是它从贷前、贷中和贷后等多个层面建立起一套较为完善的风险预警和控制体系。在贷前阶段，一方面运用淘宝和阿里平台等收集的详细客户交易数据进行分析评级；另一方面借助第三方数据认证服务取得客户的海关、税务验证数据。此外，客户评级还要结合客户软信息、上下游评价等，从而完成对小微企业客户的全方位综合评价。在贷款使用期间，阿里的系统将动态监控企业的贷款使用情况，并且根据客户的平台流量、营业额和利润等变动情况来判断和评估贷款是否真正投入生产经营，如果评估结果变差，将提前预警并收贷。在贷后阶段，阿里通过网络店铺关停机制提高客户的违约成本，有效控制贷款风险；若客户逾期还款，按合同将被罚息，通常是日息的1.5 倍（芮晓武、刘烈宏，2014）。

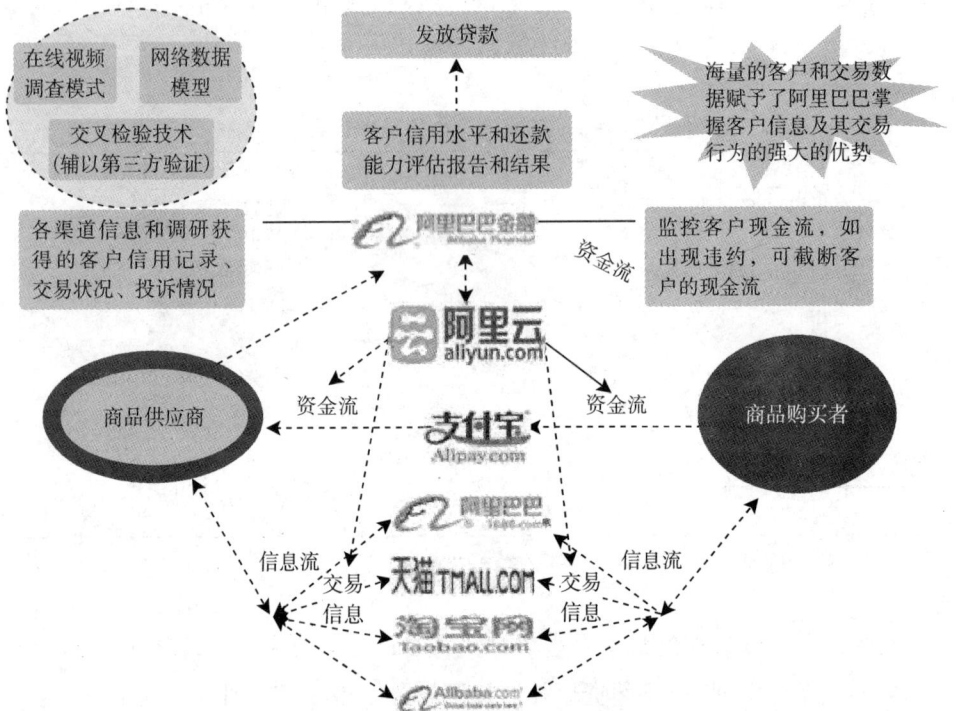

图 6-9　阿里小贷运行模式

资料来源：黄飙（2013）。

与传统金融行业相比，互联网金融更多地依赖于数据分析，这在团队成员构成上也能明显反映。越接近互联网金融的模式，数据分析人员的占比越高。根据阿里巴巴的"微贷事业部"及"风险管理车间"在 2013 年 4 月的相关情况，其数据分析人员占比分别为 19%和 57%，远高于传统金融机构。图 6-10 和图 6-11

进一步反映了阿里巴巴小贷公司的风险管理架构及大数据运用情况。[①]

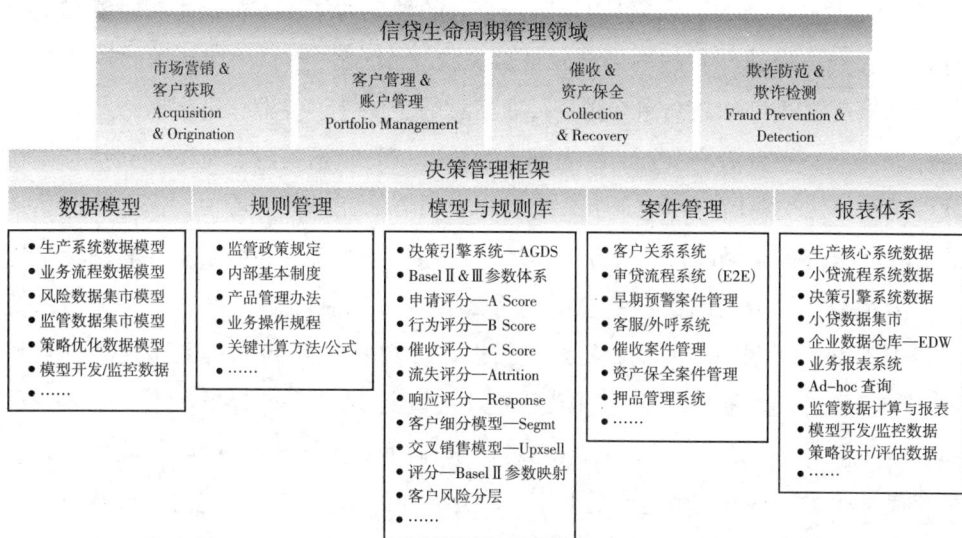

信贷生命周期管理领域			
市场营销& 客户获取 Acquisition & Origination	客户管理& 账户管理 Portfolio Management	催收& 资产保全 Collection & Recovery	欺诈防范& 欺诈检测 Fraud Prevention & Detection

决策管理框架				
数据模型	规则管理	模型与规则库	案件管理	报表体系
• 生产系统数据模型 • 业务流程数据模型 • 风险数据集市模型 • 监管数据集市模型 • 策略优化数据模型 • 模型开发/监控数据 • ……	• 监管政策规定 • 内部基本制度 • 产品管理办法 • 业务操作规程 • 关键计算方法/公式	• 决策引擎系统—AGDS • Basel II & III 参数体系 • 申请评分—A Score • 行为评分—B Score • 催收评分—C Score • 流失评分—Attrition • 响应评分—Response • 客户细分模型—Segmt • 交叉销售模型—Upxsell • 评分—Basel II 参数映射 • 客户风险分层 • ……	• 客户关系系统 • 审贷流程系统（E2E） • 早期预警案件管理 • 客服/外呼系统 • 催收案件管理 • 资产保全案件管理 • 押品管理系统 • ……	• 生产核心系统数据 • 小贷流程系统数据 • 决策引擎系统数据 • 小贷数据集市 • 企业数据仓库—EDW • 业务报表系统 • Ad-hoc 查询 • 监管数据计算与报表 • 模型开发/监控数据 • 策略设计/评估数据 • ……

图 6-10　阿里小贷的风险管理框架

数据分析在整个阿里金融业务决策中，处在一个核心位置，向公司的管理决策层提供科学客观的分析结果及建议，并对业务流程提出优化改进方案。

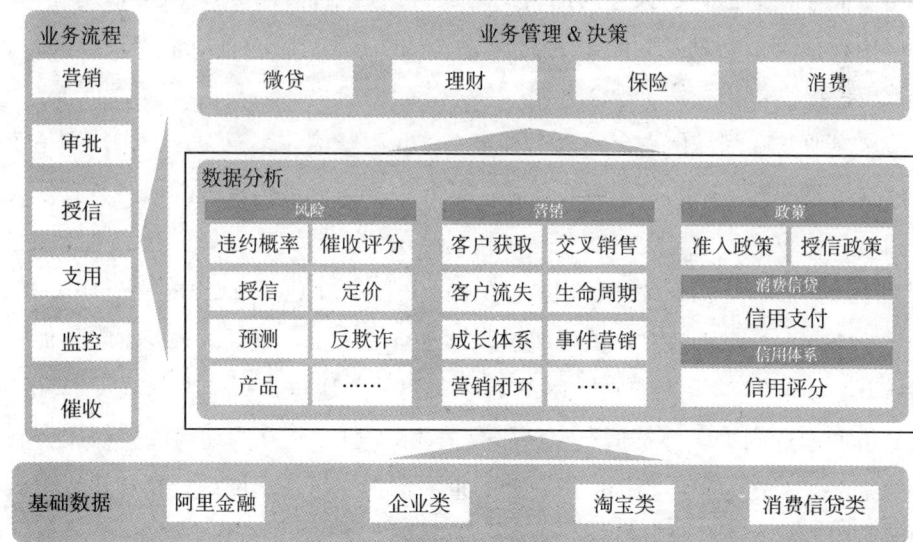

图 6-11　数据对于阿里小贷的意义

[①] 数据资料引自娄建勋：《我们是如何做互联网金融的?》,《阿里小微金服微贷业务介绍标准对外版》，2014 年。

2. 互联网征信

目前，国内已经出现了针对互联网金融的独立的第三方征信平台。2013 年 6 月，上海资信设计开发的网络金融征信系统（NFCS）正式上线运营，成为中国首个基于互联网共享 P2P 网络借贷行业信息的全国性、专业化电子服务平台。该系统采集 P2P 平台借贷双方的个人基本信息、贷款申请信息、贷款开立信息、还款信息和特殊交易信息，记录个人线上线下融资的完整债务历史，向加入该系统的互联网信贷企业提供查询服务，其最终目标是打通线上与线下、互联网金融等新型金融与传统金融的信息壁垒。截至 2013 年 12 月 31 日，网络金融征信系统已与 102 家 P2P 网络借贷企业签约，已报数机构累计达 49 家，共报送客户数超过 11.5 万人，黑名单人数达 1034 人，入库记录达 140.95 万条，入库率达84.63%，已为 23 家机构开通了查询权限（芮晓武、刘烈宏，2014）。此外，另一个有代表性的第三方征信平台是北京安融惠众征信有限公司创建的"小额信贷行业信用信息共享服务平台"（MSP），它采用封闭式的会员制共享模式，主要为 P2P 公司、小额贷款公司、担保公司等各类小额信贷机构提供同业间的借款信用信息共享服务。还有，2014 年 10 月，众多媒体报道阿里巴巴集团即将推出"芝麻信用"体系，通过分析大量的网络交易及行为数据，可对用户进行信用评估，这些信用评估可以帮助互联网金融企业对用户的还款意愿及还款能力作出结论，继而为用户提供快速授信及现金分期服务。

虽然专业互联网征信平台的出现对于完善我国征信体系意义重大，特别是可很好地支持互联网金融的进一步发展，但是受数据信息可得范围的限制，其发展水平相对是比较落后的，更多的还是在利用结构化数据，难以如上述的电商金融般可利用海量非结构化数据。反之，在国外，如 Connect. Me、TrustCloud、Briiefly、Reputate 等新型中介机构通过说服 eBay、LinkedIn、Facebook 或其他社交网络开放资料，结合用户在各网站的活动记录，通过自行开发的软件、算法等，分析客户的同事、好友信息（特别是信用状况），建立归纳与收集信用资料的标准化格式，作为客户获得信用评分的重要依据，将社交网络资料转化成个人互联网信用（雷曜、陈维，2014）。

三、如何看待国内的大数据金融探索

一方面，以阿里金融为代表的电商金融正在展示着大数据带来的金融与实体经济深度融合的力量，在阿里金融的体系中（如图 6-9 所示），任何环节或许都很难被人为地割裂开来。随着电子商务的进一步发展，随着供应链上越来越多的环节得以"上网"，这种纯粹的电子商务平台或许可以主导一种更加先进的供应链金融模式。而另一方面，专业化的金融信息服务则又可以使得大数据被更多的专业金融服务提供者利用，甚至可以被更多的其他经济领域利用，这意味着专业化的发展对于实体经济来说将会具有更强的包容性以及正外部性。

围绕分工而展开的经济学理论告诉我们发展实际上是分工深化的体现，但是分工并不能简单地理解为"对工作的细分化"，而是为了获得分工净收益而产生的一项工作分类或工作类型划分，既可以是在原有的工作中细分出来的，也可以是与原有的工作没有关系而新出现的，或者是把新旧两方面工作综合起来形成的（王诚，2012）。因此从目前来看，很难判断大数据金融所带来的分工深化应该会走向一体化还是专业化，又或者会出现有分有合的混合发展态势。实际上在这种前景极不明确的情况下，尤其在此领域又无国外先进经验可供参考，更加切忌人为前置性地为创新发展划定某种路径框框，在发展道路选择上应更加相信市场的力量。

大数据金融或许是互联网金融中最有前景的业态之一，因为它加深了实体经济与金融之间的相互联系。目前，官方对发展大数据金融的态度总体看是比较支持的，这从批准阿里、腾讯等主导试点民营银行便可看出。实际上，以促进互联网金融发展为契机，在金融领域推进深化改革战略部署是一个不错的选择，不仅有利于打破传统金融机构垄断格局实现真正的市场化竞争，而且有利于促进多方形成多层次、差异化的金融服务，更有助于推动多层次、立体而丰富的商业和个人信用数据体系建设，可以说具有制度创新意义。不过监管者尤需注意的是，针对差异化的金融服务，监管政策切莫"一刀切"，要致力于形成差异化监管政策，而这又突出考验着我国的金融监管能力。

参考文献

樊帆：《券商互联网金融战国策：四大创新模式》，21 世纪网，http：//www.21cbh.com/20-13/8-7/5MMzE2XzczODM5MQ.html。

黄飙：《网络时代的产业链中小贷——网络新金融系列专题报告之二：阿里小贷与线上供应链金融》，《长城证券研究报告》，2013 年 3 月 29 日。

姜奇平：《把握支付的基因变异：解析互联网金融的 DNA》，《互联网周刊》，2013 年第 9 期。

雷曜、陈维：《互联网时代：追寻金融的新起点》，机械工业出版社，2014 年。

李海峰：《网络融资：互联网经济下的新金融》，中国金融出版社，2013 年。

李钧、龚明、毛世行、高航：《数字货币：比特币数据报告与操作指南》，电子工业出版社，2014 年。

李鑫：《互联网支付的跨行转接清算模式及其前景》，《海南金融》，2014 年第 6 期。

李鑫、徐唯燊：《对当前我国互联网金融若干问题的辨析》，《财经科学》，2014 年第 9 期。

李鑫、徐唯燊：《从金融功能视角看互联网金融》，《新金融》，2014 年第 9 期。

李扬：《脱媒：中国金融改革发展面临的新挑战》，《新金融》，2007 年第 11 期。

零壹财经、零壹数据：《众筹服务行业白皮书（2014）》，中国经济出版社，2014 年。

零壹财经、零壹数据：《中国 P2P 网络借贷服务行业白皮书 2014》，中国经济出版社，2014 年。

马克思：《资本论（第一卷）》，人民出版社，2004 年。

马梅、朱晓明、周金黄、季家友、陈宇：《支付革命：互联网时代的第三方支付》，中信出版社，2014 年。

马云：《金融行业需要搅局者》，《人民日报》，2013 年 6 月 21 日。

［英］舍恩伯格、库克耶：《大数据时代》，浙江人民出版社，2013 年。

芮晓武、刘烈宏：《中国互联网金融发展报告（2014）》，社会科学文献出版社，2014 年。

十国集团中央银行支付结算体系委员会：《支付体系比较研究》，中国金融出版社，2005 年。

孙永祥、何梦薇、孔子君、徐廷玮：《我国股权众筹发展的思考与建议》，《浙江社会科学》，2014 年第 8 期。

宋万雨：《比特币作为营销工具的价值分析》，速途网，http://www.sootoo.com/conten-t/472930.shtml。

王诚：《促进就业为取向的宏观调控政策体系研究》，中国社会科学出版社，2012 年。

王国刚：《从互联网金融看我国金融体系改革新趋势》，《红旗文稿》，2014 年第 8 期。

王家卓、徐红伟：《2013 中国网络借贷行业蓝皮书》，知识产权出版社，2014 年。

吴晓求：《中国金融的深度变革与互联网金融》，《财贸经济》，2014 年第 1 期。

吴晓求等：《中国资本市场研究报告（2014）——互联网金融：理论与现实》，北京大学出版社，2014 年。

谢平、邹传伟、刘海二：《互联网金融模式研究》，CF40 课题报告，2012 年。

谢平、邹传伟、刘海二：《互联网金融手册》，中国人民大学出版社，2014 年。

谢宏中：《如何设计股权众筹产品》，《证券时报》，2014 年 7 月 25 日，第 A03 版。

阎庆民：《新金融发展对金融监管政策的挑战》，《21 世纪经济报道》，2013 年 7 月 29 日。

杨涛：《中国支付清算发展报告（2014）》，社会科学文献出版社，2014年。

杨涛：《加强支付风险的量化分析》，《中国金融》，2014年第9期。

杨东、苏伦嘎：《股权众筹平台的运营模式及风险防范》，《国家检察官学院学报》，2014年第22卷第4期。

殷剑峰：《"互联网金融"的神话和现实》，《上海证券报》，2014年4月22日。

张五常：《经济解释（神州增订版），卷二：收入与成本——供应的行为（上篇）》，中信出版社，2011年。

支付清算研究中心课题组：《新技术革命下的跨行转接清算组织创新及监管研究》，《中国社科院金融所研究报告》，2014年。

中国保险行业协会：《互联网保险行业发展报告》，中国财政经济出版社，2014年。

中国人民银行金融稳定分析小组：《中国金融稳定报告2014》，中国金融出版社，2014年。

中国社会科学院金融研究所支付清算研究中心：《第三方支付：理论、实务与政策辨析》，《支付清算评论》，2014年第2期。

周宇：《互联网金融：一场划时代的金融变革》，《探索与争鸣》，2013年第9期。

Hemer J., "A Snapshot on Crowdfunding", Working Paper, Working Papers Firms and Region, No. R2/2011.

第七章
中国互联网金融的监管
现状及改革方向

从积极的角度来看，互联网金融将互联网技术与金融服务业务相融合，提高了信息透明度，降低了交易成本，将互联网"开放、平等、协作、分享"的精神延伸到金融业态，使得金融业更具开放性和竞争性，扩大了金融服务的覆盖面。然而以互联网为代表的现代信息技术对金融业产生的深刻影响是多方面的，除了给现代金融业带来变革发展，也给传统金融机构、金融市场以及金融监管等带来了新的潜在风险和重大挑战。

高风险性的金融与涉众性的互联网结合，必然使互联网金融比传统金融更具涉众性风险，风险面更广，传染性更强。从风险防范角度看，对互联网金融活动实施监管不仅必要，而且意义重大。对金融活动实施审慎监管，是大多数国家为防范金融风险所普遍采取的做法，互联网金融也不例外。通过本书前面的分析，可以看到欧美主要国家已陆续对互联网金融活动着手规制。

互联网金融监管是金融监管体制的一部分，应当契合中国金融监管体制的整体变革。互联网金融交易的虚拟性使金融业务突破了时间和地域的限制，交易对象的广泛性和不确定性使交易过程更加不透明，资金的真实来源和去向很难辨别，大量无纸化交易给监管机构进行的稽核审查带来困难。互联网金融的发展，导致不同金融机构之间、金融机构与非金融机构之间的界限趋于模糊，金融业务综合化的发展趋势不断加强，金融工具和融资形式日益多样化、复杂化，风险跨机构、跨市场、跨时空关联和交叉"感染"的可能性显著上升，金融风险扩散速度加快，在现行"分业经营、分业监管"体制下，金融监管难度大大增加，给金融监管的统一性和协调性带来了较大挑战（陶娅娜，2013）。可以说，互联网金融业的出现，使得我国金融监管体制从主体监管向行为监管，从分业监管向综合监管的过渡显得更加迫切。

第一节　互联网金融的风险类别

一、互联网金融风险的产生

互联网金融具备互联网和金融双重属性。然而，互联网金融的核心还是金融，互联网仅仅是手段和方法，因此互联网金融也将面临传统金融所面临的风险：流动性风险、信用风险、操作风险、法律风险、经营风险等。金融活动与风险相伴而生，任何金融活动都有风险。

相比传统金融模式，互联网金融是技术与业务较为超前的金融创新模式，具备独特的风险特点。互联网的信息技术特点决定了互联网金融风险的特征（刘英、罗明雄，2014）：

一是金融风险扩散速度较快。互联网金融主要依托于云计算、物联网等信息技术平台进行金融活动，具备高科技的网络技术所具有的快速、远程处理功能，为便捷、快速的金融服务提供了强大的 IT 技术支持，反过来看互联网金融的高科技也可能会加快支付、清算及金融风险的扩散速度，加大了金融风险的扩散面积和补救成本。

二是对于金融监管提出了较高要求。在互联网金融技术环境中存在所谓"道高一尺，魔高一丈"，这对于互联网金融的风险防控和金融监管提出了更高的要求。互联网金融中的交易、支付与服务均在 PC 互联网或移动互联网上完成，交易的虚拟化使金融活动失去了时空约束，交易对象变得模糊，交易过程更加不透明，金融风险形式更加多样化。由于被监管者和监管者之间信息不对称，金融监管机构难以准确了解金融机构资产负债的实际情况，难以针对可能的金融风险采取切实有效的金融监管手段。

三是金融风险交叉"传染"的可能性增加。由于互联网金融业务可能因网络黑客等破坏而受影响，因此防火墙的建设更需加强。随着我国多家金融银行机构的综合金融业务的开展和完善，互联网金融业主与客户之间的相互渗透，使得金融机构间、各金融业务种类间、国家间的风险相关性日益增强，由此互联网可能引发的金融危机的突发性概率在增加。

二、传统金融风险在互联网金融中的体现

1. 流动性风险

金融机构的功能之一是将资金进行期限错配，短期资金的长期化运用，而其中关键因素是期限错配的程度，一旦受到负面的冲击，资金的流动性就会出现危机。互联网金融本质上也是金融活动，因此其资产与负债期限的不匹配同样可能出现流动性风险。不论是第三方支付，还是网贷平台，都极易受到流动性风险的冲击。

以"余额宝"为例，"余额宝"作为客户购买的基金产品，不属于客户备付金的缴存范围，支付宝公司就不必为转存的资金缴存备付金。在以转出或支付的形式赎回基金的过程中，支付宝公司只能利用本公司的自有资金或客户备付金垫付基金赎回资金，才能实现实时到账。在利率上下限进一步开放的情况下，若银行通过上调存款利率而使收益水平达到或超过互联网相关投资理财的收益水平，就将吸引大量资金从互联网融资平台回流至银行，由此可能会引发流动性风险。

2. 信用风险

互联网金融的信用风险多发于 P2P 网络借贷平台。如网络融资平台未纳入央行征信系统，平台在进行交易撮合时，主要是根据借款人提供的身份证明、财产证明、缴费记录、熟人评价等信息评价借款人的信用。一方面，此种证明信息极易造假；另一方面，无法全面了解借款人信息。互联网金融机构普遍在银行或第三方支付机构开设中间资金账户，实现大量碎片化资金的转移和清算。但资金账户往往处于监管真空，资金调配权在互联网金融机构手中，存在资金被挪用的风险。例如，据报道，平安陆金所的董事长计葵生表示，按照行业通行的 90 天逾期率，陆金所在 1.5% 以下，如果转化成年化坏账率在 5%~6%，坏账中大概有50% 来自欺诈，找到客户后发现其提供的很多数据是假的。[①] 再如，支付结算风险是第三方支付过程中的信用风险。当支付方向第三方支付平台虚拟账户充值后，

---

① 计葵生：《P2P 行业坏账率将远超 5% 至 6%》，腾讯财经，2014 年 11 月 26 日。

资金从买方账户划至第三方支付平台的虚拟账户，由于支付和结算过程中往往都会有或短或长的周期，客户的资金将会在第三方支付平台延迟或者停留，无形中加重了在途资金的在途时间，该段时间内实际由第三方支付平台控制，从而为第三方支付平台从在途资金中获取更大的收益提供了便利的条件，降低了第三方支付结算系统的有效性，存在资金被挪用的风险，造成支付结算过程中的在途资金风险。

3. 操作风险

操作风险来源于金融业务的操作人员或投资者操作不当。对于互联网金融机构而言，技术操作风险的产生，主要鉴于互联网金融依靠软件、网络等特殊介质开展金融业务，而其软硬件配置和技术设备的可靠性以及操作人员的专业技能和道德风险成为了技术操作风险高低的主要衡量标准。

外部技术支持使得部分互联网金融公司运营成本降低，但由此导致外部支持者的道德风险或财务困难终止服务使得无法提供高质量的虚拟服务。如 2013 年 8 月 16 日，光大证券套利策略系统中的订单执行系统出现问题，程序员对高频交易进行市价委托时，可用资金额度未能进行有效校验控制，导致生成巨量预期外订单，投资者损失惨重。此外，还包括黑客的入侵、互联网络故障以及互联网金融公司的服务器故障等因素都会造成频繁的技术操作风险。

4. 法律风险

互联网金融在我国尚处于探索发展阶段，缺少相关的法律法规约束和明确的监管主体。在互联网金融准入、交易双方的身份认证、电子合同的订立、电子签名的合法性等方面都没有明文规定，处于无门槛、无标准、无监管的状态，使得部分互联网金融公司处于合法和非法的灰色区域，尤其是一些 P2P 网络借贷平台，在产品设计和运作模式方面，如果不严格遵守现有法律法规，就极有可能"越界"触碰"非法吸收公众存款"和"非法集资"的法律底线，因而积聚了较高的法律风险。

未来的法律政策不确定性成为互联网融资平台发展的巨大潜在风险，如对于 P2P 网络融资平台，我国法律在资金监管信贷双方的信用管理、个人信息保护业务范围等领域均没有作出明确、具体的规定，一旦出现基于网络融资的诈骗非法套现等纠纷，平台和交易双方的权利都难以得到有效保护；再如，目前国内部分第三方网络支付机构试图将自身定位为向用户提供网络代收代付的中介服务机构，业务包括收款、付款、电子资金账户等。从实际业务运营来看，这种支付中介服务实质上类似于银行的结算业务。在为买卖双方提供第三方担保的同时，平台上积聚了大量的在途资金，主要表现为资金存储功能，还可以用于资金充值和交易支付，上述表现更倾向于"吸收存款"。但随着非金融机构支付服务管理办法的颁布，第三方支付机构被界定为非金融机构，两者存在一定偏差。而《商业银行法》明确规定，吸收存款发放贷款办理结算是银行的专有业务，第三方支付目前所从事的业务经营活动似乎已经超出了原有规则的界定。

5. 经营风险

互联网金融机构的经营风险表现在两个方面：

一是互联网金融企业的高杠杆率。互联网金融平台中高杠杆率带来的经营风险较为突出，尽管大多数互联网企业承诺包赔本金，却没有相应的资本约束和保证。如有互联网金融机构随意建立"资金池"，不提取或任意提取准备金；忽视流程管理，信息安全保护水平较低，存在个人隐私泄露风险（张芬、吴江，2013）。

二是潜藏洗钱套现风险。对于部分互联网金融企业来说，对金融业务的经营管理并不十分熟悉。在业务高速发展期，可能片面追求业务拓展和盈利能力，采用一些有争议、高风险的交易模式，没有建立严格的客户身份识别、全面真实的信用评估、信息披露、交易记录保存和可以交易分析的报告机制，容易为不法分子利用平台进行洗钱等违法活动提供条件。与银行机构相比，部分互联网金融机构对用户的身份审查不够严格，对交易真实性的核实缺少有效手段，不法分子完全可以实现匿名交易。在实际操作中，网络交易的买卖双方只需在平台上注册虚拟账户，并通过虚假商品交易，就可完成洗钱套现等非法行为。

三、互联网金融的特殊风险及其表现形式

基于互联网金融的特殊性和不同经营模式，其特殊风险需要尤为重视。互联网金融有两个突出风险特征在监管中应注意。

1. 信息科技风险

互联网金融的技术风险指的是互联网金融机构的网络系统遭到技术性外部攻击而造成的损失。互联网金融的主要业务是传统金融业务的互联网化，线上交易和大量的资金转移以数据传输作为支撑，很容易遭到黑客的攻击。随着互联网技

术的不断发展和防火墙、杀毒技术发展的滞后（一般情况下先产生病毒才研制出相应的杀毒技术），互联网金融首先要防范的就是技术风险。互联网金融平台设计中的缺陷、计算机硬件和软件的障碍以及用户客户端的操作错误均有可能给金融互联网的安全造成威胁（陆岷峰、王虹，2014）。

阎庆民（2013）提出，对于信息科技风险，按风险来源分为四类：自然原因导致的风险、信息系统风险、管理缺陷导致的风险、由人员有意或无意的违规操作引起的风险。按风险影响的对象分为三类：数据风险、运行平台风险、物理环境风险。按对组织的影响分为四类：安全风险、可用性风险、绩效风险、合规风险。主要监管手段包括：非现场监管、现场检查、风险评估与监管评级、前瞻性风险控制措施，也可以使用数理模型来计量信息技术风险（如基于损失分布法的计量方法）。

互联网金融建立在大数据、云计算基础之上，一方面，集中数据处理使得信息不对称问题得到部分有效解决，并根据客户的需求和喜好提供有针对性的金融产品和服务。但另一方面，由于互联网金融行业集中了庞大的客户数据，一旦信息遭到人为泄露、篡改，将会对客户的权益、隐私甚至人身安全构成严重威胁。信息科技风险在互联网金融中非常突出，比如，计算机病毒、电脑黑客攻击、支付不安全、网络金融诈骗、金融钓鱼网站、客户资料泄露、身份被非法盗用或篡改等。

技术或系统上的缺陷对交易安全产生的影响也属于信息科技风险。例如，由于缺乏必要的监督和规范，在业务实践中发生在航空售票类的第三方支付商户。受益人并非持卡人本人的情况不在少数，给持卡人造成实际损失，引发大量投诉。而通常在航空、售票、保险类使用的非面对面收单交易，被延伸到购买游戏币、彩票、电话费充值业务中，也使得交易风险不断升高。

2. "长尾"风险

互联网金融的经济学特征是利用长尾理论。长尾理论的基本原理是聚沙成塔，将传统上的小市场累积创造出大的市场规模。长尾价值重构的目的是满足个性化市场需求，通过互联网平台经济，在创意上具备个性化价值内容的产品更易获得顾客并激发其隐性需求，开创一种与传统大众化完全不同的、面向固定细分市场的、个性化的商业经营模式。在互联网金融时代，传统的金融品种能够满足小微客户而产生亏损的情况，很可能将在大数据和云计算的支持下演变成利润丰厚的增长点。

传统经济属于典型的供给方规模经济，在资源稀缺假设前提下，表现为帕累托分布的需求曲线前部，实际上购买行为并不完全反映需求。主流产品的销售量大并不等同于客户群或者潜在客户群大。随着互联网和移动互联网的发展，多种类商品、细分市场得到满足，这些用户群除共性外还追求个性化需求，企业可以利用大数据来满足用户多品种的需求，使其成长为自己的目标客户群，电子商务日益普及也聚集了客户群，并大幅度降低了交易成本（刘英、罗明雄，2013）。

互联网金融因为拓展了交易可能性边界（谢平、邹传伟，2012），服务了大量不被传统金融覆盖的人群（即"长尾"特征），具有不同于传统金融的风险特征。互联网金融服务人群的金融知识、风险识别和承担能力相对欠缺，他们的投资额度小而分散，作为个体投入精力监督互联网金融机构的成本远高于收益，"搭便车"问题更突出，针对互联网金融的市场纪律更容易失效。一旦互联网金融出现风险，从涉及人数上衡量（涉及金额可能不大），对社会的负外部性更大。鉴于互联网金融的"长尾"风险，强制性的、以专业知识为基础的、持续的金融监管不可或缺，而对金融消费者的保护尤为重要（谢平、邹传伟、刘海二，2014）。

互联网金融运作具有便捷、快速的特点，但同时使得支付清算风险波及范围广，传播速度快，可能会放大金融风险；又因其参与者众多，带有明显的公众性，很容易引发系统性金融风险。金融交易处于"虚拟化"过程，也可能使得交易过程的不透明度增强，监管难度加大，导致集中出现的风险不能及时地被发现和规避。由于不受地域、国别的限制，金融风险可以广泛交叉传染，增加了金融危机的风险。

四、主要互联网金融业态的风险识别

互联网金融有多种业态形式，每种业态都会面临不同的金融风险。

1. 互联网融资平台的风险

P2P 网络借贷和众筹是基于互联网的金融中介的创新。互联网融资平台由于其资金门槛低以及监管和法律的空白而风险频发。在经过野蛮式增长后，互联网融资平台堆积的风险通过提现难、跑路、倒闭而集中爆发。许多幸存的企业也未做到规范运营，酝酿着建立资金池集资、关联交易、圈钱甚至庞氏骗局等问题。

据调查，互联网融资平台给投资者的收益年化利率为 10%~16%，给贷款者的年化利率一般为 18%~25%，在没有任何监管的前提下，高收益背后隐藏的巨大风险一旦集中爆发，势必引发信任危机和系统风险。

具体而言，互联网融资平台主要面临五大风险：一是信用风险，是互联网融资平台的借款人无力偿还贷款而造成投资人损失的风险，也包括平台负责人将投资者的资金汇集成资金池挪作他用或卷款跑路的风险，以及在交易支付结算环节中借贷双方资金的划拨需经过中间账户，但对于中间账户的监管处于空白状态而引发的风险。二是技术风险，指由于缺乏技术门槛而导致的网贷平台数据遭到攻击而使客户发生损失的风险。三是法律风险，指网贷平台缺乏法律支撑与约束，其业务模式游走在法律边缘，极易触碰红线的风险。四是监管风险，目前整个行业没有明确规定监管主体和监管责任、缺乏监管法律，多头监管等于没有监管。五是系统性风险，这是由于经济下行而带来的所有金融机构都可能面临的风险，但风险控制能力相对较弱的行业更难消化系统性风险。

2. 互联网理财产品的风险

当互联网与传统的存款、保险以及证券产品相融合以后，便成为基于互联网的投资产品或投资方式，如电子银行、网络保险产品、余额宝类产品及其他网络理财产品。各类互联网投资理财产品上线以来虽几乎没有发生违约事件，但是其运营的背后也隐藏着风险。自余额宝推出并取得不错反响后，"宝宝类"互联网理财产品纷纷以高收益作为吸引客户的方式占据市场。实际上，宣传的收益率只是预期收益率而不是实际收益率，根据银监会的规定，理财产品的销售不能承诺固定的收益率。在互联网投资理财产品销售火爆的同时，必须透过现象看到理财产品的本质，警惕理财产品的风险。

互联网投资理财产品主要有四大风险：一是市场风险，互联网投资理财产品大多是通过互联网渠道销售的基金产品，而基金产品是具有不确定性收益或损失的，与银行存款相比，互联网投资理财产品并不能保本保收益。二是技术风险，与银行账户相比，互联网投资理财产品的账户安全要低，被盗和被非法转移财产的风险更大。互联网投资理财产品是互联网和基金公司的合作，牵涉的环节多，其中任何一方出现信用问题都可能导致客户遭遇损失。三是经营风险，互联网投资理财产品以互联网公司为支撑，一旦所依托的货币市场基金运行出现问题，或者互联网公司破产倒闭，将对投资者的信心产生影响，行业类的互联网投资理财产品不分良莠都会遭遇信任危机。四是系统性风险，当经济运行出现类似金融危机等系统性风险时，货币市场违约会带来互联网投资理财产品违约进而引发投资者恐慌。

3. 互联网支付手段和模式的风险

虽然在互联网支付领域的规范程度要相对好一些，截至 2014 年 7 月 15 日，央行已经给 269 家第三方支付企业发放经营牌照，但是第三方支付平台也出现了一些问题。除了资金沉淀以及利息归属等问题尚未厘清的情况，另外部分代表性支付企业的泄密事件也引发了第三方支付平台的信任危机。第三方支付企业与用户的资金安全息息相关，随着电子商务和互联网金融的急速发展，第三方支付的安全问题应该引起更多的重视。

第三方支付具有三大风险：一是支付结算风险。在第三方支付的运营过程中，买方先将货款转入第三方支付的账户中，等到买方确认收到货物没有异议再将第三方支付账户中的货款打入卖方账户，这其中第三方支付账户中由于时间差而集中的资金就是沉淀资金。数额巨大的沉淀资金若用作其他投资，一旦发生风险，将给客户带来损失。二是技术风险。第三方支付是依赖互联网技术的行业，互联网的开放性使其一旦遭遇黑客攻击篡改资金数字或者泄露客户资料，都将对客户产生难以估量的损失。三是经营风险。第三方支付的现金流并不受到人民银行反洗钱的监管，容易被不法分子利用进行洗钱和诈骗等非法行为。

4. 其他互联网金融主体的风险

一方面，在金融与商业实体或流程的更加密切结合过程中，许多互联网企业（电商企业）都积极设立金融机构开展金融业务，即根据网络经济的发展需求，利用互联网平台经济和商业大数据的支持进行资源配置类金融服务，包括针对平台产业链客户的服务，以及针对消费者的服务等。虽然对于这些往往被纳入现有监管体系的金融活动来说，其业务相对比较规范且有法有规可循，风险较小。但这并不意味着这种互联网金融的结合模式绝对安全可靠，金融与互联网都是高风险的行业，互联网渠道不仅给金融服务降低成本、提供便利，也带来了一些新的风险。例如，基于网络的小额贷款公司业务运营，或者互联网企业主导的民营银行建设，都面临规则的完善问题。

另一方面，在金融机构进一步互联网化的过程中，可能面临的主要风险包括两方面。一是技术风险。传统金融机构主要以提供传统金融服务为主，互联网技术并非其核心竞争力。当传统金融机构将其金融服务互联网化，数据传输将必须以互联网技术为支撑，互联网平台设计中的缺陷、外购软件中的缺陷、计算机硬件的"瓶颈"都可能导致出现被黑客攻击、病毒入侵、信息泄露、交易系统崩溃等信息技术风险，给互联网企业和客户带来损失。二是法律风险。对传统金融机构的监管法律不能完全覆盖新型的加入互联网因素的金融业务，在法律缺失的情况下可能最终产生传统监管框架之外的问题而产生风险。目前互联网金融机构的立法尚不完备，其性质缺少明确的法律进行界定，使得方兴未艾的互联网金融产业走进了监管的灰色地带。例如，我国的《商业银行法》中并没有针对网上银行、手机银行和银行电商平台的专门规定，《电子支付指引》和《电子银行安全评估指引》等规章缺乏有效的约束力。

第二节　互联网金融的监管现状

通过上一节的分析可以看到，互联网金融蕴含的风险较传统金融更为复杂，对于监管提出了更高的要求。互联网金融监管涉及面广、监管主体多，既包括中国人民银行、银监会、证监会、保监会等，也包括工业和信息化部、公安部等。随着互联网金融的快速发展，国内也逐步出台、颁布了一些与互联网金融相关的监管规则。然而由于法律法规相对滞后且互联网金融涉及面更加广泛、业务更为多元化、创新层出不穷、风险更难防控，现有金融监管体系存在着一定的缺位。国内学者也开始关注这一迫切的改革难题，如冯娟娟（2013）对我国当前互联网金融监管的现状做了细致分析，并系统性地评述了现有的监管政策。

一、虚拟货币的监管现状

电子货币尤其是虚拟电子货币的发展，使传统的货币理论体系受到了冲击。传统的货币理论体系将货币等同于商品或实物资产，认为货币金融体制严格受法律限制和政府管理。在网络货币时代，电子货币、数字货币作为纯价值体与其他商品交换，作用是完全自发的，不像现行的纸币制度必须依靠国家强制力。我国尚处于电子货币发展的初级阶段，电子货币主要指网络虚拟货币，近年来虽然零星发布了几份"通知"，但并没有实现真正意义上的电子货币的监管。

2008 年 10 月 29 日，国家税务总局对北京市地税局《关于个人通过网络销售虚拟货币取得收入计征个人所得税问题的请示》的批复，主要从虚拟货币的交易方面做了相应的规定。其中明确表示，个人通过网络收购玩家的虚拟货币，加价后出售取得的收入属于个人所得税应税所得，应按照"财产转让所得"项目计算缴纳个人所得税。2009 年 6 月 4 日，经中国人民银行会签同意，文化部、国家工商行政管理总局、公安部、信息产业部等 14 个部门联合发布的《关于进一步加强网吧及网络游戏管理工作的通知》的重点内容在于规范网络游戏秩序，尤其"要加强对网络游戏中虚拟货币的规范和管理，防范虚拟货币冲击现实经济金融秩序"，提出了虚拟货币对现实经济金融秩序的冲击问题。

2013 年 12 月 5 日，中国人民银行等五部委联合印发了《关于防范比特币风险的通知》（以下简称《通知》）。《通知》明确比特币作为虚拟商品的性质，提出比特币存在的风险。"从性质上看，比特币是一种特定的虚拟商品"，"不是真正意义的货币，不具有与货币等同的法律地位，不能且不应作为货币在市场上流通使用"。出于对金融系统的风险防范考虑，《通知》限制了金融机构和支付机构对于比特币相关活动的参与。但是《通知》认为，"比特币交易作为一种互联网上的商品买卖行为，普通民众在自担风险的前提下拥有参与的自由"。所以，比特币并没有被国家禁止，个人、一般商户、互联网公司等非金融支付机构参与比特币的买卖合法合规。同时，在参与比特币买卖时也需要认识到比特币存在的风险，避免过度炒作。《通知》也对比特币行业公司提出了风险控制和反洗钱的要求，《通知》认为，比特币等虚拟商品具有匿名性和跨境流通等特征，并提示其洗钱风险。

电子货币的发展是一个不可阻挡的趋势，电子货币的立法应该跟上其发展速度，监管和立法同步，不仅要加强对电子货币安全的控制，还要通过立法加强对电子货币发行资格认定、流通规则及安全支付标准、消费者保护等方面的监管，加强对电子货币隐私权的保障和反洗钱方面的立法，弥补国内对电子货币进行监管的空白。

二、P2P 网络借贷平台的监管现状

目前，在国内成立一家经营性网络借贷平台一般需要三个步骤：第一，获得由工商行政机关颁发的营业执照；第二，向通信管理有关部门申请并获得《电信

与信息服务业务经营许可证》);第三,向工商行政机关申请增加"互联网信息服务"经营范围并办理相应的经营性网站备案,这一过程并不需要金融监管部门的介入。而且,我国尚未出台民间借贷的相关法律法规,网络借贷处于监管的真空地带。

2011 年 8 月,银监会印发了《关于人人贷有关风险提示的通知》,警示银行业金融机构要与 P2P 网络借贷平台之间建立防火墙,防止民间借贷风险向银行体系蔓延。2013 年 5 月,《温州民间融资管理条例》由浙江省金融办上报至浙江省政府,由浙江省人大常委会审议。该条例对于民间融资公共服务机构、民间资金经营管理机构和民间融资信息服务机构的设立、市场准入条件、经营模式和特殊规制,以及出借人资金来源、自然人借款金额、民间融资利率等作出明确规定。

我国的 P2P 网络借贷平台自成立以来,一直游走于法律的灰色地带与监管的空白地带,存在着准入门槛过低、借贷资金监控缺位、信贷审核与风险评价机制不健全、内控制度不完善、信息披露机制缺失等诸多问题。由于现行法律并没有明确网络借贷平台的性质和地位,也没有赋予金融监管部门监管的权限,因此政府各部门一般将其作为从事中介服务的企业法人进行管理,忽略了其提供金融服务的本质,这导致了对投资者的合法利益疏于保护、信贷业的市场秩序遭到破坏、宏观调控政策的执行效果受到影响。近年来,P2P 网络借贷平台"卷款跑路"的现象多次出现,如贝尔创投、安泰卓越、淘金贷等,影响非常恶劣。因此,我国亟待明确网络借贷平台的监管主体并制定相关监管政策。

2014 年以来,根据国务院层面确定的监管分工原则,银监会开始加快推动 P2P 网络借贷平台的监管细则制定。2014 年 11 月,据媒体报道银监会对于监管细则的研究工作接近尾声,尽管上报和审核工作还将耗费一段时间,但监管原则已初步拟定,包括了对机构性质、资本金门槛、技术门槛和人员配备等方面的全维度规范。除严禁涉足资金池、仅为信息中介等多次强调的原则外,银监会还对第三方托管、注册资本金门槛、人员素质背景、信息披露原则等做了详尽规定。

三、股权众筹的监管现状

由于非股权性众筹更多具有一般实体企业特征,因此这里更加关注股权众筹的监管问题。虽然目前已经明确由证监会来主导股权众筹的规则制定,但是在现有制度环境下，仍然面临对于投资型众筹融资的法律性质以及各类参与主体法律地位的厘清难题，这其中的两个核心问题是：①融资方面向公众进行小额集资是否属于《证券法》调整的证券发行范畴；②众筹中介平台与证券经纪商、证券投资顾问和交易场所有何区别。

1. 股权众筹的相关法律适用性[①]

在我国与股权众筹监管最为相关的法律是《证券法》。中国对于证券的界定极其狭窄，并具有鲜明的行政中心主义特征。如《证券法》第二条规定，在中国境内，"股票、公司债券和国务院认定的其他证券的发行和交易，适用本法"。《证券法》强调证券在法律语义学上的独特性，并刻意与现实市场中的"类证券"保持距离。由此造成的后果是，某一未被法律明文规定的证券，极有可能被认定为非法集资。这一规定有其历史背景：第一部《证券法》颁布于 1998 年底，时值 1997 年亚洲金融危机之后不久，防范金融危机为主流共识；而国务院于 1998 年 6 月已经颁布了《非法金融机构和非法金融业务活动取缔办法》（以下简称《取缔办法》），这就为《证券法》仅仅调整股票和公司债券创造了条件。问题在于，一部仅调整股票和公司债券的证券法和一部旨在取缔非法金融机构和非法金融业务的行政法规之间存在广阔的模糊地带。因此，股权众筹的法律归属就成为了问题。

就投资型众筹而言，如果发行人（即项目发起人）明确说明，其发行的是股票或公司债券，则适用《证券法》和国务院办公厅颁布的《关于严厉打击非法发行股票和非法经营证券业务有关问题的通知》（以下简称《打击通知》）。根据《证券法》第十条，"公开发行证券，必须符合法律、行政法规规定的条件，并依法报经国务院证券监督管理机构或者国务院授权的部门核准；未经依法核准，任何单位和个人不得公开发行证券"。由于"公开发行"包括"向不特定对象发行证券"，就意味着此类投资型众筹均直接违反了《证券法》。此外，根据《打击通知》，如果发行股票后股东累计超过 200 人，即为公开发行，应依法报经证监会核准；如果股东累计不超过 200 人，则为非公开发行，不得通过广告、公告、广播、电话、传真、信函、推荐会、说明会、网络、短信、公开劝诱等公开方式或变相公开方式向社会公众发行。反之，如果发行人未明确相关金融工具的性质而

---

① 这一部分的主要观点来自彭岳：《众筹监管论》，《法治研究》，2014 年第 8 期；左坚卫：《网络借贷中的刑法问题探讨》，《法学家》，2013 年第 5 期。

公开募集资金，则相关投资合同很可能违反《取缔办法》第四条第一款第二项，即"未经依法批准，以任何名义向社会不特定对象进行的非法集资"，或者违反同条第一款第一项中的"变相吸收公众存款"。而对于此类活动，由中国人民银行予以取缔。因非法金融业务活动形成的债权债务由从事非法金融业务活动的机构负责清理清退，因参与非法金融业务活动受到的损失由参与者自行承担。

同样的问题也出现在众筹平台的法律地位上。由于众筹平台以撮合和执行项目发行人与投资者的资金交易为主要业务，一个直观的印象是众筹平台似乎发挥着证券交易所的功能。如果众筹平台被认定为证券交易所，将承担较重的法律义务。中国《证券法》第一百零二条第二款明确规定，"证券交易所的设立和解散，由国务院决定"。大多数学者认为，尽管众筹平台与交易所类似，但存在本质区别。根据中国《证券法》第一百零二条第一款，"证券交易所是为证券集中交易提供场所和设施，组织和监督证券交易，实行自律管理的法人"，众筹平台并未就证券的"集中交易"提供场所和设施，因此不构成法律意义上的交易所。

尽管众筹平台不是证券交易所，并且众筹平台也不为项目发起人提供承销服务，但因其在"一对多"模式中所发挥的关键作用，仍有可能被认定为从事了证券经纪业务或证券投资咨询业务，进而引发相应的监管问题。以证券经纪业务为例，该业务指一方接受另一方的委托，前者按照后者要求代理后者买卖证券并提供相关服务，前者收取佣金作为报酬的证券中介业务。根据《证券法》第一百二十四条，设立证券公司需满足较为严格的法定条件，特别是需要满足"法律、行政法规规定的和经国务院批准的国务院证券监督管理机构规定的其他条件"，这使得设立证券公司困难重重。此外，根据第一百二十五条，只有在得到国务院证券监督管理部门批准的前提下，证券公司方可经营证券经纪业务。众筹平台多以盈利为目的而运营，其撮合和执行众筹投资合同的行为为其常规业务之一，因此符合"从事业务"这一要素。然而，就众筹平台的业务是否为"实施证券交易"，仍存在若干疑点有待澄清。例如，典型的实施证券交易行为应是在"多对多"模式中为其客户出售和购买证券，众筹平台的"一对多"模式与此无关。

对于股权众筹，一个敏感问题是，它可能触犯非法吸收公众存款罪。最高人民法院于2010年发布的《最高人民法院关于审理非法集资刑事案件具体应用法律若干问题的解释》（法释［2010］18号），在第一条对《刑法》第一百七十六条规定的非法吸收公众存款行为以及其他非法集资行为设置了四项必须同时满足的条件：①未经有关部门依法批准或者借用合法经营的形式吸收资金；②通过媒体、推介会、传单、手机短信等途径向社会公开宣传；③承诺在一定期限内以货币、实物、股权等方式还本付息或者给付回报；④向社会公众即社会不特定对象吸收资金。在对众筹融资中上述条款的适用性进行分析时，一些学者试图采用将融资方与众筹平台分成融资过程中不同主体的方法来证明其合法性，[①] 但是这种解释不是很有说服力，在实践上，更多的众筹平台主要通过避免触及"向社会公众即社会不特定对象吸收资金"这一条款的方法来规避法律风险。

2. 相关法律风险及对于众筹融资经营的影响

对众筹平台来说，一旦相关众筹投资合同被认定为证券，则其所面临的法律成本将更为高昂。《证券法》对于证券经纪业务实施特许经营，非经国务院证券监督管理部门的批准，不得从事经纪业务。如上所述，在"一对多"融资模式中，众筹平台经营者的行为极有可能被认定为经纪业务的一种。这意味着，如果众筹平台未得到有关部门批准，则属于擅自设立证券公司或者非法经营证券业务。根据《证券法》的规定，某一众筹平台提供证券经纪服务，需同时满足主体资格要求和业务资质要求，而要满足这两个要求必须获得相关政府部门的批准。按照《证券法》严格监管的思路，众多的众筹平台只有被改造为证券公司方能符合上述规定。由于《证券法》第一百二十四条关于证券公司的设立条件远远严格于一般公司的设立条件，如果严格按照《证券法》的规定要求所有众筹平台满足主体资格要求，则会对现有的众筹业造成毁灭性的打击。

即使众筹投资合同不构成《证券法》意义上的证券，仍会受到适用范围更广、管制手段更为严格的《取缔办法》的约束。根据《取缔办法》第五条，"未经中国人民银行依法批准，任何单位和个人不得擅自设立金融机构或者擅自从事金融业务活动"。第三条对于非法金融机构作出了界定，即"指未经中国人民银行批准，擅自设立从事或者主要从事吸收存款、发放贷款、办理结算、票据贴现、资金拆借、信托投资、金融租赁、融资担保、外汇买卖等金融业务活动的机构"。尽管众筹机构可以自身业务不属于第三条所列举的范畴为由而免于被认定为非法金融机构，但是，众筹中的"一对多"的融资属于向社会不特定对象进行集资的活动直接构成了《取缔办法》第四条项下的非法金融业务活动。对于此类活动，《取缔

---

① 左坚卫：《网络借贷中的刑法问题探讨》，《法学家》，2013 年第 5 期。

办法》第二条规定，"必须予以取缔"。

上述法律风险已经给股权众筹的实践带来了很大影响。尤其在前几年证监会干预某些通过互联网进行的股权融资活动，并将其定性为"新型非法证券活动"之后，众筹平台的活动变得更为谨慎，一些知名的众筹平台已经明文规定不接受以股权、债券、分红、利息形式作为回报的项目。与此同时，在有"刚性兑付"的金融背景当中，如果项目风险暴露，非理性的投资者难免会怪罪于众筹平台，进而要求平台赔偿，这也使众筹平台对于项目的选择更为小心，从而在很大程度上背离了众筹服务于创意和创业的初衷。

3. 监管当局的态度

当前，监管环境对于股权众筹的发展至关重要。尤其在中国行政主导的监管体系中，监管当局的态度更决定着股权众筹未来的发展空间。

长期以来，总体上监管当局对于众筹的发展持有默许的态度。虽然股权众筹存在着监管与法律上的不确定性，有相当多的众筹平台的业务活动处于灰色地带，但除了一些明显违规或涉嫌欺诈的案例之外，监管当局并未对众筹平台采取强硬的执法举动，并且即使是那些被叫停业务的众筹平台也未受到进一步的行政处罚。由此可见，监管当局对于包括众筹在内的互联网金融等新兴金融形式还是相当宽容的。

在监管当局的官方文件中，我们也可以看到上述态度。例如，在中国人民银行发布的《中国金融稳定报告（2014）》当中，专题二即为"互联网金融的发展及监管"，其中强调了互联网金融的五个正面积极意义，包括"有助于发展普惠金融，弥补传统金融服务的不足"，"有利于发挥民间资本作用，引导民间金融走向规范化"，"满足电子商务需求，扩大社会消费"，"有助于降低成本，提升资金配置效率和金融服务质量"，"有助于促进金融产品创新，满足客户的多样化需求"，并且对包括众筹在内的互联网金融业态进行了逐一介绍。从中可以看到监管当局对于股权众筹发展的总体态度是正面的。

到2014年下半年，监管部门已经把众筹监管规则作为工作重点之一。2014年11月19日，国务院总理李克强主持召开国务院常务会议，决定进一步采取有力措施，缓解企业融资成本高问题。还要求建立资本市场小额再融资快速机制，并首次提出"开展股权众筹融资试点"。12月18日，中国证券业协会终于发布了《私募股权众筹融资管理办法（试行）（征求意见稿）》。

四、基于互联网的新金融运营方式或产品的监管现状

对金融产品的网络销售，监管重点是金融消费者保护，严控误导消费、夸大宣传、欺诈等问题。所谓基于互联网的、新的金融运营方式或产品，主要包括网络银行、网络保险和网络证券、网上金融超市及网络投资理财产品。

在金融互联网化方面，网络银行、手机银行、网络证券公司、网络保险公司和网络金融交易平台，核心是互联网对银行、证券公司、保险公司和交易所等传统金融中介和市场的物理网点和人工服务的替代（谢平，2014）。大数据在信用评估、网络贷款（不管是以银行为载体，还是以小贷公司为载体）、证券投资、保险精算中的应用，主要是改进相关金融活动的信息处理环节。相对传统金融中介和市场而言，这些互联网金融主体尽管信息更透明、交易成本更低、资源配置效率更高，但金融功能、风险特征变化不大，所以针对传统金融中介和市场的监管框架和措施也都适用，但需要加强对信息科技风险的监管。

1. 网络银行的监管

2001 年 6 月，为规范和引导我国网上银行业务健康发展，有效防范银行业务经营风险，保护银行客户的合法权益，中国人民银行发布实施《网上银行业务管理暂行办法》。此办法对网上银行业务的市场准入、风险管理、法律责任等作出了规定，为网上银行业务监管提供了基本依据，但是，此办法中原则性的规定较多、缺乏量化标准、可操作性较差，于 2007 年 1 月 5 日废止。2005 年 11 月，在总结国内商业银行电子银行业务发展与监管历程、借鉴国际电子银行监管经验的基础上，银监会制定了《电子银行业务管理办法》，进一步明确电子银行业务的申请与变更、风险管理、数据交换与转移管理、业务外包管理、跨境业务活动管理、监督管理以及法律责任等细则。此外，为了推动电子银行系统的安全建设工作，银监会还发布了《电子银行安全评估指引》，从 2006 年 3 月 1 日起施行。

值得注意的是，2014 年 9 月 29 日消息，中国银监会下发通知同意在浙江省杭州市筹建浙江网商银行，阿里巴巴的蚂蚁小微金融服务集团有限公司作为占总股本 30% 股份的发起人。该银行的试点将来能否真正依托互联网技术，突破原有银行账户设立、银行卡发行的基本原则，走向国外的"直销银行"模式，还有待

观察，因为这里涉及对于网络银行的监管规则能否突破的问题。①

2. 网络保险的监管

2011 年 4 月，为促进互联网保险业务规范、健康、有序发展，防范网络保险欺诈风险，切实保护投保人、被保险人和受益人的合法权益，保监会起草了《互联网保险业务监管规定（征求意见稿）》，针对互联网保险业务开展的资质条件、经营规则、监督管理、法律责任等方面作出了具体的规定。同年 9 月，保监会印发《保险代理、经纪公司互联网保险业务监管办法（试行）》，对互联网销售保险的准入门槛、经营规则以及信息披露作出了规定，并于 2012 年 1 月 1 日起施行。2014 年 4 月 15 日，保监会发布的《关于规范人身保险公司经营互联网保险有关问题的通知（征求意见稿）》则显示，互联网保险的销售可以突破保险公司分支机构的区域限制。

此外，进入 2014 年以来，由于多家保险机构推出的互联网保险产品不够规范，如短期高现金价值产品，预期收益高，信息披露不完善，甚至具有了博彩性质，因此被中国保监会叫停。为规范互联网保险经营行为，保护保险消费者合法权益，促时互联网保险业务健康持续发展，中国保监会已在 2014 年 12 月 10 日就《互联网保险业务监管暂行办法》向社会公开征求意见。

3. 网络证券的监管

在证券发行方面，我国现行立法不允许网上证券直接发行。2012 年 5 月 18 日，证监会审议通过的《关于修改〈证券发行与承销管理办法〉的决定》中规定，首次公开发行股票的发行人及其主承销商应当在网下配售和网上发行之间建立双向回拨机制，根据申购情况调整网下配售和网上发行的比例。在证券委托方面，2000 年 3 月，证监会制定了《网上证券委托暂行管理办法》，对证券网上委托的业务规范、技术规范、信息披露、资格申请等作出了具体的规定，为网上委托业务的开展提供了法律依据。同年 4 月，证监会依据此办法制定《证券公司网上委托业务核准程序》。

4. 余额宝类网络理财产品的监管

余额宝类网络理财产品是互联网和货币基金结合的理财产品创新，应当按照

---

① 例如在银行的业务中，开立账户和银行卡发行审核，都需要针对客户实现"三亲"原则，即亲见申请人本人、亲核申请人身份证原件、亲见申请人本人签字，网络银行或直销银行都期望在此方面能够突破。

《证券投资基金销售管理办法》进行监管。《证券投资基金销售管理办法》第三十五条规定："基金宣传推介材料必须真实、准确，与基金合同、基金招募说明书相符，不得有下列情形：（一）虚假记载、误导性陈述或者重大遗漏；（二）预测基金的证券投资业绩；（三）违规承诺收益或者承担损失……（五）夸大或者片面宣传基金，违规使用安全、保证、承诺、保险、避险、有保障、高收益、无风险等可能使投资人认为没有风险的或者片面强调集中营销时间限制的表述；（六）登载单位或者个人的推荐性文字。"银监会对理财产品和信托产品等也有明文规定，绝对不能保证收益率，只能是预期收益率，并要向投资者反复强调，投资有风险，买者自负的基本原理。2014年1月，浙江证监局开出了针对互联网理财产品的首张罚单，认定数米基金公司宣传资料中存在"最高可享8.8%年化收益"等不当用语，责令其限期改正。

5. 对通过互联网平台向客户提供"一揽子"金融产品与"一站式"金融服务的网络金融超市的监管

目前，在市场准入方面，监管部门已出台相关政策，如2012年12月，证监会公布了《证券投资基金销售机构通过第三方电子商务平台开展证券投资基金销售业务指引（试行）（征求意见稿）》；但是在具体管理措施方面，现行监管政策仍留有空白。我们看到，在越来越多的金融机构或互联网融资中介试图打造"网络金融超市"的背景下，监管规则的完善变得更加迫切。

国内网上银行、网上证券和网上保险发展起步较早，配套监管政策较为完善，目前已初步构建起相关金融监管框架。但是，随着网上金融业务内涵的不断丰富、外延的不断拓展，相关监管制度有待于进一步更新、细化和完善。首先，在《中国人民银行法》、《商业银行法》、《证券法》和《保险法》等法律中鲜有涉及互联网金融相关内容，需要适时补充网络金融条款。其次，《电子银行业务管理办法》和《网上证券委托暂行管理办法》分别制定于2005年和2000年，由于近几年来互联网金融新模式、新载体的发展速度不断加快，特别是手机银行、超级网银、掌上证券等普及率日益提高，现有管理办法需要做相应的修订或增补。《互联网保险业务监管规定（征求意见稿）》最早启动于2011年，至今没有公布实施。保监会要在听取意见和实地调研的基础上尽快出台正式规定和监管细则，严防监管真空。此外，现行监管政策中缺少对金融消费者隐私保护、金融门户网站监管以及跨国监管合作等的相关规定，需要进一步完善。

网络金融超市属于混业经营范畴，在这种模式下，不仅传统金融机构跨行业提供服务，银行、证券、保险公司等之间的关联交易会带来风险的传染和蔓延，而且非金融机构也开始提供"一揽子"金融服务，这大大增加了分业监管模式下金融监管的难度，容易出现监管真空与重复监管。面对混业经营、分业监管的矛盾，当前亟待加强各监管机构之间的交流与合作，定期召开联席会议，互通有无，实现对网络金融超市的协同监管。

五、新的互联网支付手段或模式的监管现状

对移动支付和第三方支付为主的互联网支付，国内已建立一定的监管框架，如反洗钱法、电子签名法和《关于规范商业预付卡管理的意见》等法律法规，以及人民银行的《非金融机构支付服务管理办法》、《支付机构预付卡业务管理办法》、《支付机构客户备付金存管办法》和《银行卡收单业务管理办法》等规章制度。

2005年10月，为规范电子支付业务，防范支付风险，保证资金安全，维护银行及其客户在电子支付活动中的合法权益，促进电子支付业务健康发展，中国人民银行制定了《电子支付指引（第一号）》，明确将电子支付业务纳入监管范畴。2010年，中国人民银行发布《非金融机构支付服务管理办法》和《非金融机构支付服务管理办法实施细则》，依据办法和细则向符合条件的非金融机构发放《支付业务许可证》，并对其行为进行监督和管理。2011~2012年，中国人民银行发布《支付机构反洗钱和反恐怖融资管理办法（征求意见稿）》、《支付机构预付卡业务管理办法（征求意见稿）》、《支付机构客户备付金存管暂行办法（征求意见稿）》及《支付机构互联网支付业务管理办法（征求意见稿）》，在征集社会公众意见和建议的基础上出台对应管理办法，逐步构建起网络支付监管体系。

我国网络支付尽管发展时间不长，但是监管体系的构建却非常迅速。自2010年开始，人民银行密集出台一系列管理办法，从第三方支付的准入门槛、监管范围与细则、反洗钱与反恐怖融资、预付卡管理、备付金存管、互联网支付管理等方面对网络支付进行全面的监管。进入2014年，根据网络支付市场快速发展的风险管理和业务规范需要，央行进一步推动相关规则的制定，先后发布了《支付机构网络支付业务管理办法（征求意见稿）》和《关于手机支付业务发展的指导意见（征求意见稿）》。

此外，2011年5月，中国支付清算协会成立。作为行业自律组织，中国支

付清算协会先后印发《网络支付行业自律公约》、《预付卡行业自律公约》、《移动支付行业自律公约》、《支付机构互联网支付业务风险防范指引》等一系列规范性文件，对支付清算服务行业进行自律管理，有效地维护了网络支付清算服务市场的竞争秩序，有力地防范了网络支付清算服务风险。

但是需要看到，在新兴网络电子支付模式与第三方支付机构的快速发展中也存在一些监管层面的制度与规则缺失，需要深入探讨和剖析。监管中存在的典型问题包括：[①]

第一，网络交易带来的支付安全问题。随着第三方支付市场竞争日趋激烈，为抢占市场份额和客户资源，第三方支付机构频频推出更为简单、便捷的支付工具。在简化用户操作界面和支付流程的同时，交易安全控制上的风险漏洞也逐步暴露。第三方支付并不需要通过银行支付网关，也没有银行卡密码验证环节，而是在首次签约时，客户在输入身份证件号、银行卡号和在银行预留的手机号码等信息后，第三方支付公司会向客户办卡时预留的手机号码发送随机验证码，然后客户填入验证码，就完成了第三方快捷支付账户与银行卡账户的绑定。在之后的交易中，客户只需输入第三方支付账户支付密码和手机验证码即可完成支付。在此种情况下，一旦不法分子掌握了客户的身份证号、银行卡号和预留手机号码信息，就可以通过第三方快捷支付平台窃取客户银行卡资金。除此，由于第三方机构掌握大量客户信息，如果内部控制不严，客户信息，甚至是核心的账户信息很容易被泄露、倒卖。

在移动互联网交易中，支付安全更令人关注。例如，手机病毒或木马的侵袭，或者支付软件自身存在的漏洞，很可能会造成支付隐患。同时，移动支付所追求的就是便捷的用户体验，甚至比互联网支付的程序更加简易，这就降低了支付安全性，因为在支付环节中，便捷与安全往往是此消彼长的关系。还有，由于移动支付的门槛更低，因此也会带来对灰色交易的担心，例如行贿受贿等腐败行为。

第二，混业经营多重角色转换带来的管理问题。目前，第三方支付企业已经在向多元化综合性经营的方向发展，除了支付结算职能，越来越多的支付机构开始拓展电子商务服务商、金融产品交易经纪人、信用评估、担保咨询等方面的职

---

① 杨涛：《中国支付清算发展报告（2014）》，社会科学文献出版社，2014 年。

能，并逐步涉足基金、证券等传统金融领域。众多的商业角色容易产生道德风险、关联风险和监管套利风险。目前，很多支付机构都体现出重发展、轻管理的模式，风险防范意识薄弱，风险管控水平较低。客观上讲，除了少数行业领先的支付机构，大多数第三方支付机构无论是在人员配置、资源投入，还是在内控机制建设和风险管理能力上，都与传统的金融机构有着相当大的差距，这也是造成支付机构经常出现诸如套现、洗钱、欺诈等案件的主要原因。如果第三方支付机构通过掌握的信息操纵市场，通过单方改变服务条款来提高服务收费标准，或是企业内部人员勾结作案，都将会给整个第三方支付行业的有序竞争带来严重的负面影响，不利于整个行业的发展。

第三，分业监管带来的监管越位和缺失问题。可以说，我国目前已经初步形成政府监管、行业监督和企业自律的监督管理格局，监管框架体系的形成无疑为促进这一行业的健康、可持续发展起到了重要作用。但是在现实中，现有分业监管模式容易出现监管越位和监管缺位并存的情况。由于第三方支付机构有着广阔的支付平台、大量的数据信息和先进的技术支持，致使其业务规模和服务范围扩张速度迅猛，不断向结算服务、证券基金、保险销售领域延伸，现有的分业监管模式很难跟上行业发展的步伐。如何通过现有的监管机制建立起跨部门的第三方支付运营、风险等方面的信息共享、沟通和监管协调机制，是提高监管有效性的关键。

第三节　互联网金融监管的制度设计与模式构建

一、完善与互联网金融监管相关的法律法规

从法律理论的角度考虑，监管的根本意义在于用国家（政府）的信用来为金融行为背书。金融价值的根基是信用，而国家信用则是最安全最为公众认可的，实现国家信用的重要途径就是制定完备的法律体系并严格遵守。从业人员和机构以及监管当局都必须依法办事，即"有法可依、有法必依、执法必严、违法必究"。

应该说，互联网金融发展已经呈现出混业经营的态势，且发展速度越来越快，风险也进一步积聚。2014年1月6日，国务院办公厅印发107号文《关于加强影子银行监管有关问题的通知》，虽然把新型网络金融公司作为影子银行的第一类，明确由央行牵头，统一各部门协调监管，但目前还只是一个宏观框架，没有出台具体细则。鉴于此，我国应当尽快完善相关基础性法律。

然而，我国目前还缺乏比较完整、具体的互联网金融监管规则，互联网金融基本上还处于无规则约束的状态。现有金融法律规范规制的是传统金融业态下的传统金融业务，鲜有涉及互联网金融的，即使涉及的，也因制定时间早而需要加以修订。互联网金融发展亟须的金融消费者权益保护、社会征信体系构建、信息网络安全维护、金融隐私权保护等基础性法律规范也尚有待制定或完善。立法的滞后，使得我国互联网金融处于"无序生长"状态。

实际上，当前由于缺乏专门用于规范互联网金融发展的法律法规，难以对互联网金融形成有效、系统的监管。完善的互联网金融法律法规是实现对其有效监管的基础，应适时修订和完善现有使用法律法规体系，加快研究制定专门针对互联网金融的法律法规，保障我国互联网金融健康长远发展。

总体上，从我国的现实情况来看，有必要通过法律层面界定互联网金融，建立合适的行业准入门槛，规范市场主体交易行为；通过修正完善互联网金融配套法律体系，对促进互联网金融发展涉及的框架性、原则性内容进行细化立法，推进个人信息保护、征信、电子签名、电子票据等方面的立法；通过制定互联网金融相关的部门规章和国家标准，比如支付技术、客户识别技术、身份验证技术等，为网络金融平台运营商等参与者提供具体的规范引导。

第一，通过立法界定互联网金融范畴，明确监管主体。

立法监管首要的是应从法律层面界定互联网金融范畴，厘定发展方向，明确行业准入门槛，明晰各交易主体的权利和义务等。对互联网金融的法律监管，完全可以通过对相关互联网金融活动具体业务的定位，来解决相关监管部门的监管职责划分。

对于互联网金融的法律监管，我们一方面应当通过完善相关法律监管制度，明确什么人有资格从事互联网金融活动（即明确准入条件），明确何种行为可以做、何种行为不可以做，同时应当在进一步完善理论支撑和国际经验借鉴的基础上，进一步探讨相应的互联网金融活动，准确把握应分别由何种部门（央行、银监会、证监会、保监会等）进行监管，或者是进行跨部门的协调监管。在完善法律体系的基础上，整合或新设相关机构，形成既专业分工又统一协调的互联网金融监管机构体系，以平衡创新与安全，维护公平竞争秩序。只有在全面的法律保障和完善的行业监管之下，互联网金融的发展才能焕发出更大活力。

第二，完善和修订现有监管法律法规。

互联网金融创新层出不穷，变化快、形式多样，急需法律规制，但制定法律必须全国统筹、深入研究、综合考虑，这就出现了互联网金融监管的立法相对滞后的状态。互联网金融对商业银行法、证券法、票据法、担保法等法律都提出了新问题，面临互联网金融的挑战，将来许多法律法规都需要考虑进行修订和完善，也出现了必要的、新的立法工作。

例如，对 P2P 网络借贷在监管立法时可以从以下几个方面入手：一是对经营主体进行备案，并设立信息披露标准。二是第三方资金托管。用户资金结算由第三方托管机构的清结算系统完成，在整个交易过程中实现清算与结算分离，信息流与资金流分离，使平台仅仅成为一个中介，不直接接触客户资金，保障客户资金的安全性。三是完善社会征信体系，实现信息共享。四是实行黑名单制度，黑名单加入全社会整个征信系统，增加违约方的违约成本。五是借鉴国外的立法经验，建立适合我国国情的监管体制。例如，美国 P2P 网络借贷的监管主要是证监会主导的，监管的核心要素是信息披露。监管法律主要包括证券监管法案、银行监管法案和消费者信贷保护法案、1933 年证券法案、蓝天法案、公平借贷法等。

在我国现行法律律规中，当下亟须加快现有《商业银行法》、《证券法》、《保险法》、《票据法》等金融法律法规的修订，以适应互联网金融的发展特征；同时，尽快出台《放贷人条例》、《电子资金划拨法》、《网络购物条例》、《网络借贷行为规范指引》等相关的法律法规、部门规章、规范性文件，明确各方权利和义务，赋予相应合法地位，有效控制风险。

第三，加强对金融消费者的立法保护。

当前，《消费者权益保护法》主要是针对普通商品和服务而言，对金融商品和服务这一特殊形式，仅有修改后的第二十八条这一个条款，并不能满足金融消费者保护的需要。一些国家和地区对金融商品和相关服务进行了专门立法，如日本 2006 年的《金融商品交易法》、我国台湾地区 2011 年的"金融消费者保护法"。我国对互联网金融进行针对性立法，既有利于行业的发展壮大，也有利于消费者权益的保护。对金融服务者和消费者，应进行双层管理。虽然产品应遵循买者自慎、卖者有责的原则，但由于金融产品的复杂性和高风险性，一般消费者专业知识不足，处于弱势地位，必须加强对消费者的财产权、信息权、隐私权、公平交易权、诉讼权的保护。

具体而言，互联网金融服务者应尽到以下几方面的义务：一是风险提示清晰，充分的产品说明义务。产品风险提示必须清晰明了，让客户了解产品属性，做好心理预期，根据自身资金情况和风险承受能力进行理性投资，防止从众状态的跟风涌入、跟风涌出造成的流动性风险。二是信息披露义务。保证信息的公开透明，要做到信息披露必须真实、准确、完整、及时，确保客户的知情权。三是格式合同注意对客户权益的保护。对于重点条款要明示标出，让客户容易发现。网络合同的显示尽量清晰明了，便于客户完整阅读和理解合同内容。四是隐私权的保护。客户的个人资料、账户信息、交易记录等都被平台掌握，应注意防止资料丢失和不当使用对客户权益造成侵害，对恶意出卖客户信息的行为，应予以严厉制裁。

二、互联网金融监管模式的构建

对于互联网金融这个"新事物"，金融监管总体上应当体现开放性、包容性、适应性，同时坚持鼓励和规范并重、培育和防险并举，维护良好的竞争秩序、促进公平竞争，构建包括市场自律、司法干预和外部监管在内的三位一体的安全网，维护金融体系稳健运行。互联网金融作为一些新兴的金融业态或要素，为探索金融创新的有效监管模式提供了一个不可多得的机遇。应当立足我国金融发展实际，把互联网金融作为践行良好金融创新监管理念的试验田，积极探索未来新金融监管的范式。

只要引导其规范发展，互联网金融创新在当前就能够有利于落实普惠金融功能，并且有旺盛的市场需求，应当给予积极支持，也应当占有相应的市场份额。监管部门对一些新的业务要留有观察期，冷静地分析总结，一切有利于服务实体经济和促进创业增长的金融创新均应受到尊重和鼓励。但必须清醒地认识到，互联网金融有怎样的金融功能属性和金融风险属性，把创新可能引发的风险控制在可预期、可承受的范围内。这需要坚持底线思维，加强规范管理，促进以创新为动力的这一新型金融服务业态在可持续的轨道上健康发展。

互联网没有边界，风险容易快速传播和蔓延，金融和互联网结合以后，把创新的思路和风险控制在可控的范围内，是我们必须坚持的原则。中国人民银行已经明确了互联网监管的五大原则：创新必须坚持金融服务实体经济的要求；创新应符合宏观调控；切实维护消费者的合法权益；维护公平竞争的市场秩序；处理好政府监管和自律管理的关系。目前，人民银行正在会同有关部门积极开展互联网金融工作，主要是牵头制定《关于促进互联网金融健康发展的指导意见》，并且推动作为自律组织的中国互联网金融协会的建设。对此，要主动引导行业自律组织确定标准，完善内部管理。同时，互联网金融行业自律组织要致力于构建高效行业自律管理体系，搭建沟通桥梁，促进行业持续健康发展。

由此可见，逐步建立一套"功能监管+行业自律"的监管模式，才能保证互联网金融的持续健康长远发展，该监管模式是他律监管和自律监管相结合的混合监管架构。

其一，互联网金融有很多种模式，不同模式的特点和风险特征、风险监控都不一样，所以无法建立统一的监管标准，应该具有针对性的明确监管主体，按照经营业务的性质来划分监管对象的金融监管模式，即"功能监管"。

一方面，功能监管是按照经营业务的性质来划分监管对象的金融监管模式，如将金融业务划分为银行业务、证券业务和保险业务，或者是类似的"准"业务，监管机构针对业务进行监管，而不管从事这些业务经营的机构性质如何。其核心是根据互联网金融的业务和风险来设定监管，优势在于：监管的协调性高，监管中发现的问题能够得到及时处理和解决；金融机构资产组合总体风险容易判断；可以避免重复和交叉监管现象的出现，为金融机构创造公平竞争的市场环境。

互联网金融机构如果实现了与传统金融类似的功能，就应该接受与传统金融一致的监管；不同的互联网金融机构，如果从事了相同业务，产生了相同风险，就应该受到相同的监管。否则，就容易造成监管套利，既不利于市场公平竞争，也会产生风险盲区。

另一方面，与功能监管相对应的是机构监管。国内监管体系主要还是依托机构监管，往往难以纳入新的互联网金融机构或业务，形成了部分互联网金融企业和活动的套利空间。"功能监管"是以企业行为而不是主体为标准的监管模式。这一监管模式此前在基金法修订等环节中多次被提起，被认为是金融混业时代的监管方向。以贷款或"准"贷款业务为例，无论是银行还是互联网企业，都应该建立资本金、损失、拨备、征信管理制度；如果开展存款类业务，则都应该建立存款准备金制度。

其二，互联网金融虽然已经被社会所认可，但是真正的监管措施出现还需要很长一段时间。在这段时间里，行业自律将是保障互联网金融健康发展的看门人。在互联网金融发展初期，对于探索行业经验建立各方顺畅的沟通机制，形成切实可行且有效的监管经验，将起到非常关键的作用。

行业自律的优势在于：作用范围和空间更大、效果更明显、自觉性更强。今后一段时期互联网金融行业的自律程度、行业发展的有序或无序在很大程度上影响着监管的态度和强度，从而也影响着整个互联网金融行业未来的发展。为此，在政府的引导下，行业领头的企业必须发挥主动性，尽快带头制定自律标准，建立行业内部自我约束机制，不应一味等待政府的强制性干预。

近期成立的中国互联网金融协会应当在引导行业健康发展方面尽快发挥影响力。特别是要在全行业树立合法合规经营意识，强化整个行业对各类风险的管控能力，包括客户资金和信息安全风险、IT风险、洗钱风险、流动性及兑付风险、法律风险，等等。监管层应鼓励和支持行业自律组织在消费者和投资者利益保护机制、禁止不正当竞争、打破行业中的陋习与潜规则、建立行业职业道德规范等方面发挥积极作用。

其三，协同监管是"功能监管+行业自律"监管模式顺利实现的前提和保障。若互联网金融的监管由单一机构进行监管，往往会顾此失彼，难以适应复杂的金融业务创新需要。对互联网金融一定要协同监管，减少监管套利，以避免出现监管真空地带，同时保证监管的灵活性；要适度监管，给定一些基本的、最低的条件和门槛；要创新监管，打破传统，不断探索。

从宏观审慎角度考虑，互联网金融整体监管政策框架由央行牵头，"三会"配合制定。比如，正在进行中的《关于促进互联网金融健康发展的指导意见》作为顶层设计，将成为中国互联网金融监管体系的制度基础。至于功能监管的具体制度可以根据业务分类分别由"三会"牵头制定，但制度方向和口径一定要与互联网金融整体监管政策框架相一致。监管制度的着力点应主要放在应对互联网金融产品的信息透明度、系统安全性、后台稳定性等方面。同时，监管机构还需要与行业协会合作、沟通，规范和引导自律组织发挥其主要职能。只有这样，才能充分发挥金融监管协调部际联席会议的作用，加强协同监管，进而达到有效防控互联网金融风险的目的。

总之，随着互联网信息处理技术的进步，互联网金融在未来的几年里势必会拥有更为广阔的发展空间。作为"行走在边缘与主流之间"的新型金融运营模式，互联网金融能否健康、持续地发展，发挥其独特的魅力与优势，在很大程度上依赖于该行业所受到的引导和规范。若互联网金融得到良好的引导和规范，在发展的过程中扬长避短，充分利用其降低交易成本、提升信息透明度的优势，拓展交易可能性边界，以弥补现有金融体系的"短板"为导向，贯彻"开放、平等、协作、分享"的普惠精神，那么它将从真正意义上引领一场更加长远的金融变革。

参考文献

安邦坤、阮金阳：《互联网金融：监管与法律准则》，《金融监管研究》，2014 年第 3 期。

戴小平、陆范佳：《论互联网金融有效监管体系的构建》，《上海金融学院学报》，2014 年第 2 期。

邓建鹏：《互联网金融时代众筹模式的法律风险分析》，《江苏行政学院学报》，2014 年第 3 期。

冯娟娟：《我国互联网金融监管问题研究》，《时代金融》，2013 年第 10 期。

龚映清：《互联网金融对证券行业的影响与对策》，《证券市场导报》，2013 年第 11 期。

胡剑波、丁子格：《互联网金融监管的国际经验及启示》，《经济纵横》，2014 年第 8 期。

胡吉祥、吴颖萌：《众筹融资的发展及监管》，《证券市场导报》，2013 年第 12 期。

胡晓炼：《完善金融监管协调机制促进金融业稳健发展》，《金融时报》，2013 年 9 月 7 日第 1 版。

李文韬：《加强互联网金融监管初探》，《时代金融》，2014 年第 2 期。

李有星、陈飞、金幼芳：《互联网金融监管的探析》，《浙江大学学报》（人文社会科学版），2014 年第 7 期。

李真：《论互联网金融监管——给予美国监管经验的考察及审慎思考》，《商丘师范学院学报》，2014 年第 7 期。

刘英、罗明雄：《互联网金融模式及风险监管思考》，《中国市场》，2014 年第 43 期。

陆岷峰、王虹：《互联网金融与金融互联网的监管研究》，《河北金融》，2014 年第 2 期。

彭岳：《众筹监管论》，《法治研究》，2014 年第 8 期。

孙永祥、何梦薇、孔子君、徐廷玮：《我国股权众筹发展的思考与建议》，《浙江社会科学》，2014 年第 8 期。

陶娅娜：《互联网金融发展研究》，《金融发展评论》，2013 年第 11 期。

魏鹏：《中国互联网金融的风险与监管研究》，《金融论坛》，2014 年第 7 期。

吴晓灵：《互联网金融应分类监管区别对待》，第七届中国银行家高峰论坛，2013 年。

谢平、邹传伟：《互联网金融模式研究》，《金融研究》，2012 年第 12 期。

谢平、邹传伟：《银行宏观审慎监管的基础理论研究》，中国金融出版社，2013 年。

谢平、邹传伟、刘海二：《互联网金融手册》，中国人民大学出版社，2014 年。

阎庆民：《银行业金融机构信息科技风险监管研究》，中国金融出版社，2013 年。

杨宏芹、王兆磊：《互联网金融监管的难点和突破》，《上海商学院学报》，2014 年第 4 期。

杨东、刘翔：《互联网金融视域下我国股权众筹法律规制的完善》，《贵州民族大学学报》（哲学社会科学版），2014 年第 2 期。

杨东、苏伦嘎：《股权众筹平台的运营模式及风险防范》，《国家检察官学院学报》，2014 年第 22 卷第 4 期。

姚伟琪：《股权众筹法律监管亟待完善》，《中国证券报》，2014 年 2 月 21 日。

于宏凯：《互联网金融发展、影响与监管问题的思考》，《内蒙古金融研究》，2013 年第 9 期。

张芬、吴江：《国外互联网金融的监管经验及对我国的启示》，《金融与经济》，2014 年第 11 期。

张晓朴：《互联网金融监管的原则：探索创新金融监管模式》，《金融监管研究》，2014 年第 2 期。

左坚卫：《网络借贷中的刑法问题探讨》，《法学家》，2013 年第 5 期。

第八章
互联网金融发展的总结
与展望

第一节　全球互联网金融的本质特征与发展前景

一、互联网金融的本质特征

本书的研究主线始终围绕互联网金融"做什么"和"是什么"这两大问题，虽然出现在全球各地的种种互联网金融业态或要素看似令人眼花缭乱，但其本质特征却是高度一致的。我们可以从两个角度来进一步归纳这些互联网金融业态或要素的本质，一是其技术特征，二是其金融本质。

首先，从技术特征一端可以清晰地看到，互联网金融活动是以互联网为载体，依靠新兴的信息技术发展起来的。在 21 世纪初新经济泡沫破灭之后，信息技术随后在网络层面展示了无穷的潜力，大数据、移动互联网、社交网络、搜索引擎等方面的创新代表了人类交流方式或思维方式的革命性转变。

在金融交易中，由于交易双方价值收付时间并不一致，而未来存在诸多不确定性，使得金融交易的信息不对称程度比一般商品或要素市场更为严重。降低信息不对称程度的重要手段之一，就是资金供给者事先收集、整理、分析过去的相关信息，从而估算出金融资产的未来价值流。信息收集与处理模式的创新，正是互联网金融具有竞争力的关键环节。互联网环境下的电子商务、社交网络等新平台能够传递、收集和发掘更全面、更新颖的海量数据信息，而在搜索引擎和云计算等技术手段的保障下，互联网企业又能够以较低的成本进行大数据分析，从中提炼出各类行为主体的行为模式，进而对其信用等级进行评估，并以此为基础构建较为完备的金融交易信息平台。由此可见，互联网金融机构利用了新的技术手段和新的平台，形成了一套独特的信息收集、处理、评价和分配使用系统。信息成本的下降，直接导致融资成本的下降，风险定价与风险管理效率的改进，以及金融交易边界的扩展，构成互联网金融的核心竞争力。

其次，技术层面的创新只是为互联网金融的壮大提供了基础条件，抓住其金融本质才是理解互联网金融的关键所在。粗略地看，由于互联网金融由多种金融服务构成，履行多重金融功能，其金融本质并不容易被发现。不过，如果从金融体系的特性和功能入手来思考，这一难题便可迎刃而解。

这里要明确一点：各种互联网金融机构与传统金融机构一样，都是金融组织；互联网技术的运用并不能改变其作为金融组织的根本属性；只不过互联网金融机构发挥作用的机制与传统金融机构有着本质差异，是一种新型金融组织而已。与此类似的是，各类新型的互联网金融产品，同样也是某种风险与收益结构配置的重新组织。互联网金融的创新性主要体现在运用互联网平台对金融产品进行重新组合与再造，其履行的基本功能与传统金融并无二致。

根据现代金融功能理论，一个金融体系只有有效地配置资金，才能产出最多的社会剩余，资金的回报率才会最高，经济总体的系统性风险才会最小；而如果把金融资源比作经济运行的血液，那么支付清算系统就是输送"血液"的管道，其重要性也无须赘言。因此，经济学家通常认为，金融资源配置和支付清算是金融体系最基本的核心功能。本书提及的第三方支付、P2P 网络借贷、众筹融资、金融互联网化、金融与商业实体的密切结合等相关业态，其主体功能都体现为资源配置或支付清算。特别是以 PayPal、余额宝为代表的互联网理财产品，还将金融资源配置与互联网支付两大核心功能有机结合起来。当然，许多互联网金融业态同时也兼有风险管理、信息提供等其他功能，但这都是在实现金融资源的优化配置和支付清算的顺利完成的基础上才可能履行的功能。

互联网金融所具有的透明度高、参与广泛、中间成本低、支付便捷、信用数据丰富和信息处理效率高等一系列优势，都有助于金融体系更好地履行其资源配置、支付清算的功能，从而更好地为实体经济服务，这就是互联网金融最大的价值所在。

二、互联网金融的基本发展前景

从各国实践情况看，对于互联网金融能否真正提供从基础理论上来说全新的金融组织或产品，相关的研究证据还不充分。在多数情况下，互联网金融还是依托于互联网对金融服务的方式进行改造。但是，从金融功能改善的角度看，基于大数据的互联网金融必然会带来金融服务的巨大改进，从而很可能会带来整个银行业甚至金融业的重大变革，使得金融业与大数据更加有效地结合在一起。换句话说，我们认为互联网金融的发展过程中，最令人兴奋的还是大数据带来的挑战，不仅可能在将来对于金融学的分析方法和范式产生影响，而且长远来看，在更多外在条件具备时，大数据可能对于金融组织、金融市场和金融产品带来更加深远的冲击。

这主要是因为，基于大数据的互联网金融可以改进和完善金融体系的大部分功能。已经被充分改造过的支付体系自不必说，互联网金融还可以通过降低交易成本，使得原本很难发生的资金转移得以发生，并且能更好地执行归集资金的功能。当然，更重要的还在于互联网金融对管理风险方面的改进。以贷款为例，互联网金融通过使用实时数据，可以提升评估的精确性；通过完整掌握借款者的商业运行状况，可以整体把握其资金运转情况；通过实时跟踪贷款者的商业运行及资金使用情况，可以更好地避免坏账损失。而在存款方面，互联网金融通过对存款者资金使用习惯的把握可以更好地进行流动性管理。此外，与传统金融运行过程相比，互联网金融可以提供更加细分的价格数据以及更加透明的交易数据，因此在提供信息这个"副产品"方面也可以比传统金融运行表现得更好。当然，如上的变革，都建立在真正的大数据革命基础之上，而非那些披着大数据"外衣"的传统商业模式的"变种"。

另外，大数据虽然可以通过更好的数据处理来管理日常经营性风险，但代表未来的创新风险却无法用历史数据来进行分析，"管理未来"仍然离不开人类智能的高度参与。大部分与此相关的金融业务（事实上也是金融业的核心业务），如资产管理、投融资顾问和产品设计等都需要高度的专业性，这些都是互联网金融无法通过技术进步带来的低廉成本获得的。从这个意义上说，传统金融中介是无法被完全取代的。

因此，虽然从产业结构及组织形式上讲，互联网金融必然会引领全球金融业的大变革，但是从功能上讲，传统金融的真正专业领域则无法被取代，金融的专业性与大数据的有效结合才是未来金融业的发展方向。

另外，就中国而言，许多互联网金融产品并非基础性的金融创新，而是利用互联网技术、借鉴发达经济体实践经验，并根据中国市场特性进行局部流程创新的产物。以阿里巴巴的余额宝为例，其在特定阶段得以快速发展的制度条件是：①一般性存款利率受到管制，但同业存款利率已经放开；②大银行主导的金融结构仍未发生变化，金融资源主要作为储蓄集中于银行体系之中；③金融业尚未实现充分的混业经营，银行不能开设货币市场存款账户；④直接金融发展不足，普通居民手中的小额资金缺乏投资渠道。在上述条件约束之下，余额宝等互联网理财产品携互联网技术之力，利用了两种市场利率之间的利差，为广大金融产品的消费者提供了比银行存款更好的投资渠道，给银行体系带来了改进服务、提高效率的压力。

可见，许多互联网金融组织或产品的兴起，恰恰源自中国金融管制的大环境。如果金融管制的大环境不改变，由此带来的某些非均衡，必定促使互联网金融发展中一部分带有监管套利色彩的金融创新源源不断地产生，想要单纯靠完善监管去遏制恐怕绝非易事，因此互联网金融的一个最重大的意义便在于倒逼金融体制改革，推动构建一个更为高效、更加鼓励创新的金融市场。

随着各项金融改革的推进，各个不同市场之间的利差将逐步消失，银行的经营范围将不断扩展，资金也越来越多地走向市场，新的金融产品越来越多，金融体系运行效率越来越高。这些因素交织在一起，会发生连锁反应，如使得货币市场基金的收益率下降至行业平均利润水平附近，互联网理财产品也终将从万众瞩目的地位回归到普通金融产品行列之中。再如，互联网融资中介也暂时回归其中小金融服务提供者的本来面貌，成为现有金融体系的重要补充。应该说，这些过渡性金融组织或产品向常态的回归，并不代表着它的失败，而恰恰是中国金融改革取得巨大成功的表征。到那时，谁冲击谁便不再那么引人注目，因为无论是现有的金融机构，还是希冀进入金融业的互联网企业，谁都可以在统一的金融监管原则和框架下实施公平有序的竞争，而不必借着炒作概念去要政策。到了那时，如果进一步放长眼光，那么互联网金融能否对金融体系掀起更大的冲击，则有赖于互联网对于经济模式、社会结构、政府架构带来新的、飞跃式的革命性变化。

第二节　主要互联网金融形态或要素在我国的趋势展望

一、比特币不应与理想主义渐行渐远

进入 2014 年以来，据报道，国内多家银行发表声明禁止用银行账户交易，这也被许多人看作是自 2013 年底以来，央行加强比特币风险防范的延续。同时，美国证券交易委员会于 2014 年 5 月 7 日也发布通知，警告投资比特币等虚拟货币存在诸多风险。由此看来，虽然不同国家监管者对于比特币的态度仍存差异，但却已经出现了普遍的谨慎趋势，这在很大程度上也是由于比特币交易价格的大起大落，加上 2014 年初日本的比特币平台 Mt.Gox 倒闭所造成的安全担忧。

对于比特币来说，最大的风险是其看似疯狂的需求背后，仍然存在巨大泡沫。不可否认的是，曾经寄托着提升互联网时代交易中介便利性的比特币，已经成为疯狂的投机炒作对象。虚拟货币的特质已经成为投机者的"皇帝新衣"，在这种狂热的概念追逐之下，其价格已经远远超出了自身价值，陷入"庞氏骗局"的游戏是必然的。

当然，目前比特币仍然不具有现代货币的完整功能，但也具有了新型电子货币的萌芽。对于各国央行来说，比特币提出了未来对于现有货币体系进行挑战的可能性。

首先，货币发行是中央银行最基本的特征，自 1694 年英格兰银行成立开始，独占货币发行权是各国货币制度中最基本的特征，这是由中央银行制度所决定的。谈到中央银行的职能，一般会归纳为三大基本职能，即发行的银行、银行的银行、政府的银行。"发行的银行"是放在第一位的，所谓"发行的银行"，就是指国家赋予中央银行垄断货币的发行权，没有货币发行，就没有中央银行。央行之所以运用货币政策对经济、金融进行宏观调控，就在于它垄断了货币发行权并在支付结算体系中起到决定性作用，这是央行得以制定和实施货币政策的基础，对稳定一国的金融秩序具有十分重要的意义。一旦这个前提不存在，中央银行的存在性就会受到质疑。比特币并不是由中央银行发行，而是由网络生成，这会对

中央银行的货币发行地位造成影响。当然，这只是长远可能出现的情况，就目前来看，比特币等虚拟货币还远未到达冲击央行货币发行权的地步。

其次，在传统的货币政策传导机制理论中，银行扮演着重要的角色。如果比特币等虚拟货币的发展规模足够大，银行或许被迫向非中介业务发展，证券业务、表外业务和服务性业务比重将会逐渐增大，这无形中削弱了银行作为货币政策导体的重要性和功能性。而且，比特币等各类虚拟货币的大量使用，可能会改变金融机构和社会公众的行为，使货币需求和资产的结构处于复杂多变的状态，从而加重了货币政策传导时滞的不确定性，使货币政策的传导在时间上难以把握，传导过程的易变性很高，给货币政策的效果判定带来困难。另外，比特币的发行具有明显的非权威性、分散性和局部性。其发行无法充分考虑经济金融环境下的各种复杂因素，自然会影响央行货币政策调控的效果。

必须承认的是，无论最初的比特币设计者存在怎样的货币"去中心化"理想，当前其货币属性都在逐渐消逝，而越来越像是五花八门的金融创新"超市"中的某种"价格不稳定"的资产。无论是相信货币阴谋论者，还是各种投机炒作者，抑或是极少数真正的货币理性主义者，都认为各国监管者对比特币的"冷处理"，是看到了其对自身地位的威胁。但实际上，对于各国当局来说，其实应该并不担心比特币之类的虚拟货币对于央行货币发行权的影响，因为正如我们指出的那样，虽然其具有了某种新型货币的萌芽，但距离真正的非央行信用货币，还有遥不可及的距离。从根本上看，各国当局最担心的，还是对比特币盲目崇拜的背后，会造成不断涌现的金融风险积累与泡沫破灭，进而对金融稳定产生严重负面冲击。

当然，虽然各国政府的监管日趋严格，比特币仍然有其不断发展的适用空间，归根结底是源于两方面的因素。其一，在经过日本东京 Mt.Gox 倒闭的冲击及监管政策收紧之后，剩下的比特币"游戏者"更多是忠实"粉丝"，支撑他们的应该不是货币理性，而是难以消逝的"求富"心理。因为无论说得如何天花乱坠，当前大多数持有比特币的人，其最终目的还是换成现实中的各国法定货币，而不会去购买商品或进行消费。其二，令某些货币理性主义者觉得尴尬的是，比特币的"去央行"特点在现实世界中也是把"双刃剑"，因为缺乏监管和约束，其更多地与各国的灰色经济联系在一起，如赌博、贩毒、色情等交易活动。

如果按照传统的货币定义，通常功能包括价值尺度、流通手段、价值贮藏和支付手段。对比来看，当前比特币除了在价值贮藏方面体现了功能，其他三个层面却难堪其责。根据《新帕尔格雷夫经济学大辞典》，货币被定义为通常可以被接受和使用的作为交换媒介的任何物品，我们更看到随着比特币"造富神话"的流行和价格大起大落，其作为交换媒介的适用性已经极度弱化，往往成为带有宣传性的噱头。

我们并不否认互联网信息技术对货币体系产生惊人影响的前景，只是在可预见的未来，由于支撑现代法币存续的主权国家、政府架构等仍然稳固，还需政府的权威支撑社会交易，"最后贷款人"的央行仍然存在，使得真正"去中心化"的虚拟货币就不可能占据主流地位。从根本上看，现有法币都属于信用货币，是以国家或政府信用作为最后保证，通过信用扩张渠道发行和流通。比特币同样也是信用货币，在缺乏国家信用保障的情况下，只能依靠人们的信心，因此其天生具有"情绪化"的价值不稳定。另外，比特币缺乏信用扩张渠道来"润滑"经济，虽然似乎有助于解决现代国家的货币泛滥，但也走向另一个极端，难以承载日益复杂的经济活动。

需要看到的是，过于吸引眼球的炒作已经在无形中毁掉了比特币的未来。只有进一步回归理性，强化自身的货币属性，比特币才不至于成为虚拟货币实验的"先烈"。对于各国监管者来说，比特币只有变成"好孩子"并避免风险失控，才能获得更广泛的生存和发展空间，否则在历史长河中，比特币只能成为货币体系变革的"乌托邦式"失败案例。

二、P2P 网络借贷需要进行价值回归

从技术层面看，不可否认 P2P 网络借贷具有互联网时代金融市场虚拟化发展的新特点，体现出特有的金融交易效率与金融信息交互价值。借助于扑面而来的大数据时代，确实能够为改革缓慢的我国金融体系增加一些活力。此外，拥有全球领先的网络人群的我国，在居民财富管理工具奇缺的当今，P2P 网络借贷也成为中产阶级人群探索理财和体验放贷的途径。

但是需要承认，P2P 网络借贷的积极作用虽然突出，但如果任其无序发展，必然成为互联网金融风险集中爆发的重灾区。要理性认识和应对 P2P 网络借贷，还需回到其民间融资的本质。我们看到，民间融资亦可分为直接融资和间接融资，个人之间、个人与企业之间、企业之间的直接借贷属于直接融资，通过各种

基金会、合作社及其他类金融组织开展活动属于间接融资。当然在直接融资过程中，可以出现各种中介组织，如同投行和券商一样，来促进交易的完成。按照相对规范的P2P网络借贷发展方向来看，其更接近于民间直接融资的中介，因此也被许多国家监管部门作为证券中介来加以监管。

因此，在分业监管的框架下，按照机构监管的逻辑思路，实际上无法管好包括P2P网络借贷在内的、越来越多的新兴金融组织。按照现在可能的P2P网络借贷监管思路的演进，其将来很可能仍重蹈农村资金合作社的乱局，即一方面，纳入监管内的资金互助社增长非常缓慢，另一方面在监管之外，市场上充斥着大量开展合作金融业务的主体，包括农民专业合作社、资金互助社、供销社，分别由工商部门、农业部门、供销合作总社、地方政府金融办等进行管理。通俗地说，如果作为投资信息中介，P2P网络借贷似乎该由证监会多管些。即便是出台严格的规则，那么众多都有所违规的P2P网络借贷平台，是如农村合作社一样摒除到监管责任之外，还是需要有司法和执法层面的配合取缔？这显然也是难以处理的困局。

或许从机构监管到功能监管，才是解决这类矛盾的关键。作为出发点，就是需要进一步厘清P2P网络借贷的业务性质与定位，即究竟其经营的是"信息"还是"资金"。经营信息显然更符合国外主流P2P网络借贷的特点，也属于民间直接融资中介的范畴，这就需要在监管中始终以信息互动、披露、透明、评估等为核心，并回到其在多数国家作为类证券监管为主的特质，且推动民间直接借贷游戏规则的制定。对于监管部门所批评的资金池、自融、自用型平台，显然属于民间间接融资主体，其风险控制和市场规范要回到类金融组织的准入和监管上，只是多了个网站渠道而已。当然，对于依靠网站来"挂羊头卖狗肉"的欺诈行为，则要回到司法层面解决。如此，以业务功能甄别为核心，实现多部门协调监管，并且注重自律组织的作用、地方金融监管的责任，似乎是P2P网络借贷监管的可行选择。

应该说，P2P网络借贷的真正价值，一是服务于小微企业融资和个人创业，二是提供给居民丰富的投资产品，三是增加金融交易信用建设与信息积累，四是促进民间融资的"虚拟"阳光化。迄今为止，P2P网络借贷除了在吸引投资方面"魅力四射"，其他领域都还有所不足。客观地说，包括P2P网络借贷在内的我国互联网金融探索，确实能够走出自己的特色，成为金融体系的重要补充，但要避免各种夸大和扭曲，也不应机械地把商业模式与金融普惠等道德层面的"高大上"纠缠起来。当淘宝上的"P2P网络借贷站点套餐"都在热销的时候，现在更需要多泼点冷水，促使P2P网络借贷回到应有的、弥补现有小微金融服务"缺失"的价值轨道，而非在狂热中被毁掉。

三、促使众筹成为小微金融试验田

1. 本土化的理性认识与功能定位

虽然众筹模式的火爆程度与P2P网络借贷还有差距，其在国内发展也远不及欧美，但是同样成为了国内互联网金融热潮中的"亮点"。似乎一夜之间，在许多人的微信朋友圈里都出现了各种各样的"众筹"宣传，从个人创作艺术品到书籍作品的五花八门，令人对于其内涵更感到迷惑。

通过本书的分析，我们看到，在当前流行的、最令人关注的股权众筹兴起之前，早期国外的众筹实际上更多体现在利用网络为各种创意、创作、产品进行小额筹资。例如，著名的Kickstarter旨在帮助回报有限的项目获得融资，并且一直反对转向股权众筹。除此之外，在欧美还有一些旨在推动公益和慈善活动的网站平台，有时也被纳入众筹模式里。本书前面也提到，从更加广义上看，在有的国家还把P2P网络借贷也作为一种债权式的众筹平台。

应该说，从众筹的英文"Crowdfunding"来看，本意是指向大众进行集资，也是"凑份子"，但是这种筹资与传统模式的区别在于它是通过互联网平台进行，不仅把零散的资金更容易集聚起来，而且提供了相较传统风险投资更加灵活的机制。本质上看，P2P网络借贷与股权众筹的模式及风险特征差异巨大，前者归为所谓债权类众筹，实际难以区分出二者的不同特质。

进一步来看，在我国的经济社会环境下，真正值得关注的，无非是以股权对应的众筹活动，以及以商品或服务返还的众筹。对于后者，是近些年来国内存在规则约束的情况下，为了避免触及政策"红线"，许多众筹平台所采取的模式。就其实质看，体现出了"团购"、"预购"的特点。与融资性的金融功能相比，这些模式更接近于商业运营模式，只是结合了一部分商业信用因素。对于前者的命运，则在很大程度上取决于监管规则的可能变化。主要红线有两方面：一是是否公开发行，对不特定的对象发行；二是发行对象是否超过200人。否则的话，就可能陷入非法集资或非法证券活动的陷阱。如果在政策支持的"东风"下，证监会能够尽快出台类似美国《JOBS法案》等用来规范股权众筹的法规，则这一领域将迎来巨大的发展空间。

综合来看，互联网信息技术的快速发展为股权众筹提供了可能，但作为这类线上金融创新的基本支撑，还是充足的信用环境与约束机制，这也是P2P网络借贷和众筹之所以在欧美出现和繁荣的原因。《纽约客》1993年7月5日刊登的一则由彼得·施泰纳所做的漫画中提出了"在互联网上，没人知道你是一条狗"这样一个令人深思的命题。如今时过境迁，互联网变成了能够发掘信息、整合信息、利用信息、披露信息的重要场所，尤其是企业和居民的金融信用信息，当然其前提条件，是有特定的制度规则来予以保障。与欧美相比，我国的信用信息环境、企业和个人信用环境等都还处于"初级阶段"，各种各样的"线上"金融创新都还离不开"线下"传统方式的直接或间接支撑。

与其他服务于资金配置的金融模式一样，众筹涉及三方面的主体：资金供给者、资金需求者和资金中介。

一则，从资金供给者来看，虽然美国已在降低股权众筹的投资者资格，但正如美国证监会曾经的解释表明，股权众筹比较适合年收入超过20万美元的富人，或者是有超过100万美元净资产（不包括他们的房产价值）的人。应该说，股权众筹在一定程度上需要投资者具有对投资项目的鉴别力，以及额外风险的承担能力。特别在我国，股权众筹可能短期内不应走向社会化和大众化，还应坚持适度的投资人门槛。在此过程中，加强金融消费者保护成为重中之重，从而彻底改变过去的金融创新思路，即在资金供给、需求、中介三者中更注重后两者的利益。

二则，从资金需求者来看，众筹的根本还是坚持"小而美"，即服务于小微企业的金融需求。小微企业融资难是全球性难题，即便在美国这样发达的金融体系中也还存在金融支持的"空白区"。应该说，我国发展众筹的合理定位仍然是多层次资本市场中的草根金融部分，而非服务于房地产、工业项目等大型、中长期资金需求领域。当然，实践中的很多案例也证明，这种"线上VC"的项目和企业可能并非最拔尖的，或许是线下VC认为风险较高的，所以加强信息披露和防欺诈也是监管重点。

三则，从资金中介来看，考虑到股权众筹等中介平台的金融服务性质，也应当给予特定的行业或牌照约束。例如，在美国众筹监管的核心还是针对中介机构，法律规定其必须在证监会注册为经纪自营商或集资门户，还要求其必须提供包括风险披露、投资者教育等其他材料。

需要注意的是，众筹的兴起也有特定的环境支撑。正如 Crowdfunder 联合创始人 Chance Barnette 认为，众筹的流行与硅谷活跃的创投环境有关。在我国目前有大量创业者在找投资、众多投资人在看项目的背景下，众筹便成为了重要的沟通平台。

俗话说："橘生淮南则为橘，生于淮北则为枳"，在充斥着做大做强的我国经济金融文化背景下，更需要在包括众筹在内的互联网金融狂热中保持冷静和谨慎。例如，与基于互联网开放型、广泛性的大平台发展思路相比，短期内把众筹作为开拓社区金融服务的一个组成部分，作为区域小微金融创新的试验田，或许更容易实现效率与风险的平衡。

2. 业内竞争态势与市场结构变化

由于缺乏经营特色，目前国内的股权众筹平台还处于简单复制和同质竞争的状况，这也使得行业的盈利能力面临很大困难。如果监管环境改善，法律风险消除，相信融资平台会有更多创新，市场结构也会有相应的变化。

目前来看，约束国内股权众筹发展的一个重要因素是需求不足，市场规模太小。由于市场规模的限制，众筹平台很难通过机制创新和改善管理做大做强，这就使得市场进入同质竞争的恶性循环。在消除监管方面的不确定性之后，市场需求将会逐渐走向稳定增长，从而给众筹平台一个突破"瓶颈"的机会。导致同质竞争的另一个重要因素是众筹平台的监管套利和短期行为。在众筹作为互联网金融的新兴形式刚刚出现的时候，一些平台利用民众对于它的新鲜感将其作为规避监管套取资金的工具。对于这些所谓的众筹平台，作为标的的创意项目仅仅是一个包装，实质在于通过其宣称的高回报来吸取资金。由于这种活动本身有着很高的风险，不仅随时可能被监管当局叫停，而且有可能由于投资者对项目质量的质疑或资金链断裂而无法持续，所以这些众筹平台完全没有长远发展意识，更无积极性进行治理结构建设和经验管理能力的改善。这类"伪"众筹平台的存在不仅挤压了真正众筹平台的市场空间，也给整个众筹行业的声誉带来了负面影响。因此，股权众筹监管环境正规化的积极作用之一也是促进这类劣质众筹平台的淘汰，恢复良好的市场秩序。

在获得足够市场深度之后，股权众筹的业态也会相应发生变化。股权众筹作为一种股权筹资的形式，一个优势就在于把专业的价值判断、投后管理工作与财务投资工作分开，从而实现分工协作与集合管理。也就是说，股权众筹只有作为整个金融体系的一份子，与其他金融形式密切合作，才能获得更大发展。在这种情况下，股权众筹未来业态的发展可能会有两个特征：其一是市场分工的细化，即不同类项的众筹平台专注于特定类型的项目、融资者与投资者。其二是众筹服务的综合化，即其使命不仅仅是帮助创业项目获得资金，而且要着眼于帮助融到资的创业项目成长，提高创业的成功率，提高投资者收益机会和比率。相应地，众筹的流程，从筹资开始，要到退出才结束，覆盖一个完整的创业服务过程。而将上述两个特征统一起来的，是高度分工与专业化的金融市场，其中存在大量的专业化金融中介与服务机构，众筹平台则是其中的关键节点甚至枢纽。

在市场结构上，互联网行业的特点是会通过激烈的竞争形成高度集中的市场结构，其中少数大企业和大量小企业共同存在，并且行业"领头羊"的位置可能经常发生激烈变动。这种市场形态目前已经在股权众筹中有所显现，但由于整个行业还在发展初期，因此没有非常明显的表现。在市场结构的变化中，大型互联网平台的介入也是一个重要的推动因素。目前，由于市场规模的限制与发展的不确定性，掌握大批客户的许多门户型网站，还没有真正进入众筹市场，而一旦监管环境明朗化，这些行业巨头的深度进入将可能导致市场结构的巨大变化。

四、互联网财富管理时代带来金融运营方式的挑战

互联网技术和渠道的发展，确实给金融带来了新的运营方式与产品，这可以从整个大财富管理时代的视角来加以解读。实际上，经历了 1978 年之后的"跨越式"发展，一方面，中国经济金融体系仍然存在很多"拔苗助长"后的"短板"，如现代化财富管理体系的缺失；另一方面，却同时充满了令人眼花缭乱的"后现代"要素，如与国外几乎同步出现的、互联网技术对于金融体系的冲击。

进入 21 世纪，加入 WTO 后的全球化融合、房地产的商品化、银行业的股改、股市的大起大落、高增长带来的居民收入迅速分化，种种因素都激发了中国人被压抑多年的财富渴望。2000 年 9 月，外币利率管理体制改革使得外汇理财产品成为财富管理主要工具；2004 年 9 月，光大银行推出了"阳光理财 B 计划"，成为首只人民币理财产品；2005 年 2 月 1 日，建设银行在四大行中首推"利得盈"人民币理财产品。以 2005 年 9 月中国银行业监督管理委员会颁布《商业银行个人理财业务管理暂行办法》和《商业银行个人理财业务风险管理指引》

为标志，银行理财产品的发展进入快速成长期，中国的财富管理进入了"大众化时代"。到 2007 年，因中国银行、招商银行、中信银行等机构中资私人银行部的成立，业界又高呼面向高端客户的私人银行"元年"终于到来。

然而，在缺乏财富管理文化的积淀、有效金融市场竞争与制度环境的保障下，无论是高端还是大众化的财富管理，都逐渐出现了异化。一方面，私人银行的"跑马圈地"已经留下了恶果，逐渐沦为商业银行的零售部门，而距离综合化的财富管理服务平台依旧甚远，无法满足日益庞大的高收入人群的需求。另一方面，在缺乏透明和约束的发展中，银行理财产品逐渐成为其规避监管的途径和手段，客户需求往往难以被放在产品设计的首要位置。虽然监管部门的各项新规对于大众化理财的引导有正面作用，但能否促使银行真正面向客户财富管理需求来构造产品及服务，还有很长的路要走。

自 2012 年以来，很多业内人士都在强调一个"大财富管理时代"的到来，背后原因，一是在居民收入水平提高、通货膨胀等因素引发财富贬值风险加大、跨境资产配置可能性逐渐提升的情况下，公众对于财富管理的需求迅速膨胀；二是传统金融业态边界的模糊、机构综合化经营的深入等，都使得面向客户提供"系统性、多元化财富管理解决方案"越发变得可操作。

在此背景下，互联网金融的技术和理念，突如其来地震撼着传统金融体系的财富管理模式，并且在挑战中带来巨大发展机遇。我们认为，其对于财富管理的挑战主要体现在如下几方面。

第一，激发了主动财富管理模式的创新，使得大众化财富管理需求得到更大满足。一方面，互联网金融具有"去中心化"、"民主和分散化"等特点，新的信息与金融技术不仅使得资金供给者（财富管理需求者）与财富管理媒介更容易对接和配置，而且使原先只能被动接受金融机构财富管理服务的公众，以及难以投资门槛较高的财富管理产品的普通人都能够更加主动地进行财富管理活动。例如，在货币市场基金的网络化销售逐渐流行之际，越来越多的普通人可以把零散的资金投入到其中。其中，余额宝就满足了许多网络购物者在资金待用闲暇之时，运用主动财富管理获得额外投资回报的需求。另一方面，通过互联网化、电子化、虚拟化的发展，传统金融机构不仅能创新和完善专业化和便利性的财富管理产品与服务，并且更容易通过互联网进行销售，而且可以开发和培育更多适应"e 时代"的客户，还可以不通过设立分支机构和配置营销人员，而在传统薄弱环节以低成本开发潜在客户，如满足广大的农村领域财富管理需求。

第二，通过技术与财富管理的有效结合，赋予了财富管理工具全新的吸引力。例如，在美国等发达国家，投资者可以刷货币基金卡进行消费支付，刷卡后货币基金的赎回资金自动被划拨到消费商户的账户中，这样大大增加了货币基金的功能，促使大批投资者将零散资金投资到货币基金上。2013 年底以来，部分证券公司、基金公司推出基于证券资金账户、货币基金的消费支付服务。可以预见，这一基于支付领域的工具创新，将会对证券和基金业产生深远的影响，并深刻改革居民的投资与财富管理需求结构。

再比如，互联网的出现使得居民财富管理活动不需要投入太多的时间成本，智能手机的兴起让理财者能实时通过 APP 应用、移动互联网办理业务，社交媒体的出现让理财者能够实时与财富管理机构进行互动。同时，互联网吸引投资者的另一个优势，是把财富管理服务的流程完整展现出来，服务更加透明化、标准化。

第三，促使财富管理工具的平台化融合成为可能。一方面，互联网加速了混业经营时代的降临。随着将来我国金融业综合经营程度不断提高，有的机构会越来越专业化，有的可能会转向金融控股或银行控股集团。互联网信息和金融技术飞速发展，一是促进了以支付清算为代表的金融基础设施的一体化融合，二是使得网络金融活动同时深刻影响银行业、证券业、保险业等传统业态，并且给其带来类似的风险和挑战，由此，使得涵盖不同金融业态的大财富管理平台在制度和技术上逐渐显现。

另一方面，除了第三方财富机构，互联网时代还促使新型企业也逐渐加入到财富管理的产业链中。例如，通常认为互联网公司拥有较大的黏性用户和流量，一旦互联网公司获得资产管理牌照，可能对传统的行业格局形成颠覆。实际上，在互联网技术的推动下，财富管理平台将逐渐跳出传统模式，如投行、信托、资产管理的服务平台，或多层次资金池平台，而成为面向机构、企业、个人等不同客户，提供融资、资本运作与资产管理、增值服务、消费与支付等在内的"金融与消费服务超市型"综合平台。

第四，通过大数据时代的信息发掘与整合，形成更准确的客户定位。互联网最重要的功能之一就是提供信息支撑，而信息又是信用形成和金融交易的基础。例如，就国内以银行为代表的财富管理机构来说，或许在渠道和客户源方面并不缺乏，关键是能否抓住客户需求，提升财富管理业务的竞争力，及时打造出客户订单式的、技术含量较高的财富管理产品。对此，大数据基础上的商业智能和大数据分析应用，完全可以帮助专业财富管理机构挖掘和提升数据价值，更及时准确地满足客户需求，并且有效把握客户的信用状况。诸如此类的业务开拓，能够为财富管理机构的资金运用开拓空间，形成新的良性投资回报与循环。

此外，互联网时代也对商业银行提出挑战，因为金融数据的快速增长和高处理成本导致了数据处理模式必须有所改变，银行除了关注内部数据，还需要纳入互联网数据，互联网数据记录了银行客户的痕迹和行为，从中分析出客户的风险喜好、投资偏好、个性特征等。通过传统银行金融机构、非银行金融机构、支付企业、互联网企业的有效数据整合，可以为新型社会信用体系建设与财富管理模式创新奠定基础。

总之，互联网金融从根本上完善了传统金融体系的功能，并对中国财富管理的体系、模式、环境产生了深刻影响，因此有助于一个贴近各类客户需求的、灵活多样的财富管理时代的到来。

五、新的支付手段和模式改变经济与生活

1. 网基电子支付的兴起与促进消费

从早期的"物物交换"到以货币为媒介的"钱货两清"，从现金交易到转账支付，金融支付工具的创新深刻改变着经济金融效率，也对人们的生活与习惯产生着潜移默化的影响。

20世纪末期以来，电子支付以前所未有的发展速度，为传统支付体系带来了令人瞠目的冲击。所谓电子支付，就是指用户通过各类电子服务终端，直接或间接向支付机构发出支付命令，从而实现货币支付与资金转移。我们可以从支付工具和支付渠道两方面来看电子支付的内涵。

根据前者，可以把电子支付分为两类：一是电子账户，如借记卡、信用卡、预付费卡、电子钱包、第三方机构账户等；二是电子货币，[①] 如电子现金、数字贵金属、比特币等。对于后者，以电子支付指令发起方式进行区分，包括网上在线支付、电话支付、移动支付、销售点终端支付、自动柜员机支付等。

---

① 与本书前面的分析相比，这里的电子货币的概念更窄一些，主要基于从支付清算的角度来与纯粹账户形式加以区分。

在各类电子支付工具中，信用卡可以说是"鼻祖"，早在 1915 年就起源于美国。但是，最早发行信用卡的机构并不是银行，而是一些百货商店、饮食业、娱乐业和汽油公司。直到今年，卡支付（借记卡和信用卡）依然是全球非现金支付增长的主力。同时，各类新兴的电子支付和移动支付逐渐被人们所接受。相对来看，传统非现金支付则有日暮西山之势，如在发达经济体中，曾经一度占据重要地位的支票支付则呈现下降趋势。

所谓电子支付，顾名思义就是指各种电子化、数据化、虚拟化的支付手段，既包括传统的信用卡、借记卡，也包括近年来不断兴起的新兴电子支付工具，如 PC 互联网支付和移动互联网支付等。有大量实证研究表明，电子支付所代表的现代支付体系创新显著降低了交易成本，提高了资源配置效率。例如，Pulley 和 Vesala 在 2000 年研究发现，在美国，传统支付方式（包括支票）耗费的成本大约是其 GDP 的 3%，而电子支付估计比纸质支付要节省 1/2~2/3 的成本。

同时，电子支付创新也给各国中央银行货币政策的有效性带来了很大冲击，因为"货币"的可控性、可测性都在发生变化，当然也给货币政策操作带来了新的机遇和挑战。对于老百姓来说，最为关心的则是电子支付对于生活带来的便利，例如在购物、转账、缴费等环节里，人们都享受到了更加轻松便捷的体验。

近年来，随着互联网技术的迅速发展，网络经济、信息经济、电子商务成为每个人生活中不可或缺的组成部分，这些新型经济与交易模式要求支付的便捷化、人性化、效率性，因此基于互联网的新兴电子支付便应运兴起，对于传统的银行卡、信用卡支付也产生了巨大冲击。目前常见的网基电子支付手段，以网上支付、电话支付和移动支付为代表，后者这两年更是在我国取得了突飞猛进的发展。

首先，新兴电子支付的创新发展，逐渐由最初服务于电子商务的支付"瓶颈"，演变为进一步刺激客户网络消费。例如，各种移动应用服务让居民消费变得更加灵活方便，也为广大企业提供了新的盈利模式。由于支付成功率决定电子商务的运行收益，所以新兴电子支付更面临效率与风险的权衡难题。但是无论如何，其不仅带来了支付效率的提升，而且给予了消费者全新的支付体验、新奇的支付文化尝试，对于促进消费的作用不言而喻。

其次从间接影响来看，一是弥补了消费信用缺失，如支付宝的担保交易解决了电子商务中交易双方的信任问题。二是电子商务平台和电子支付服务提供者积累了大量的与客户消费交易相关的数据信息。合理有效地运用这些数据，可以分析出客户的消费偏好、能力以及潜在需求，进而挖掘、培育和促进消费。三是可以依托电子支付工具，更有效地提供与居民生活有关的便利与增值服务。四是与电子支付密切相关的互联网金融增值服务的创新，对于增进其客户消费能力和倾向都有所促进。

最后，新兴的电子支付还能促进特定领域的消费增长。例如，在新型城镇化背景下，要加强农村支付体系建设、改善农村支付环境，实质上应将电子支付资源向农村有效配置，为农村居民消费创造更好的条件。再如，由于交易成本的降低，同样使得便捷的支付服务可以覆盖更多相对落后的地区。又如，据阿里巴巴支付宝的年度对账单显示，2013 年移动支付占比最高的地区是青海玉树藏族自治州，这里移动支付渗透率惊人，占比达 38.3%，紧随其后的是西藏阿里地区，第三名是同样位于青海的黄南藏族自治州。事实上，移动支付排名前十的地区全部位于青海、西藏、内蒙古等几个边疆少数民族地区。由于可以得到便捷的支付服务，较不发达地区的消费潜力也得以激发。

总之，新兴电子支付不仅是金融基础设施，而且也是支撑电子商务的"道路与桥梁"，在有效控制风险、保障安全的前提下，能够有助于打造新型的居民消费生态环境。

2. 移动互联网支付时代的挑战

2014 年中后期，苹果公司推出的移动支付手段 Apple Pay 引起了各国广泛关注，虽然在推广过程中也遇到一些问题，但在数量庞大的苹果手机用户支持下，很可能成为移动电子支付创新的标志性产品。

从技术终端来看，移动互联网支付一定是最具发展前景的。第一，移动设备的普及率使得其本身具备成为普遍性支付终端的可能；第二，从物质属性来看，它具备将近场支付和远程支付合二为一的得天独厚的优势；第三，移动金融具备任何时间（Anytime）、任何地点（Anywhere）、任何方式（Anyway）的 3A 优势。这些优势将使得移动互联网支付具有广阔的前景，移动互联网平台或可成为最完美的金融超市。

我们看到，随着智能手机为主的移动设备进一步普及，人们的消费、交易、支付习惯将越来越离开台式机和笔记本，因为毕竟前者可以随时更方便地携带和使用。在此大环境下，移动支付的巨大发展前景是不言而喻的，市场蛋糕也将逐渐增大。在我国,无论是支付宝侧重的远程支付,还是微信所偏重的近场支付,都深刻冲击着传统零售支付体系的格局,当然后者对传统卡支付媒介的潜在威胁似乎更大。

现在制约移动支付普及化的瓶颈问题,突出表现为安全问题。对许多消费者来说,支付安全性是其是否选择移动支付的核心因素。早在 PC 互联网支付时代,普通公众就经常为媒体报道的各种负面事件所困扰,而对于相对陌生的移动支付,公众的戒心就更可以理解。实际上,移动支付存在安全问题的根源之一,就是长期缺乏规范、统一的技术标准和安全标准。现在,这一障碍也逐渐得到缓解,如 2014 年 5 月 1 日,移动支付的国家标准正式实施,而央行的移动金融安全可信公共服务平台已于 2013 年底建成并通过了验收评审,从而有利于"山头林立"的不同机构的移动支付系统"联网通用"。

同样,移动支付的兴起,也带来了移动理财、移动财富管理的活跃。可以预见,依托电脑为主的互联网渠道、依托手机为主的移动渠道,将成为网络理财的两大主要模式。当许多人还在关注互联网上的理财产品时,更多人却已经开始关注手机上的财富管理,这给了用户以更加便捷、直接、及时的体验。

如果深入剖析现有的移动理财模式,大致可以分为如下几类。一是传统金融产品与支付企业的结合,现在主要表现为互联网货币市场基金,在带来投资回报的同时,更多是融合了消费支付功能,同时降低了门槛;二是传统金融机构设立的电子平台,进一步向移动端拓展,利用移动支付方式来沟通银行理财产品、保险产品等;三是新兴的 P2P 网络借贷、众筹融资等在移动场景的应用;四是某些非规范的、处于灰色地带的投融资行为在披上"互联网金融"外衣之后可能进一步赶上"移动金融"的时髦。

长远来看,就在 PC 互联网的支付模式对传统金融体系带来冲击之时,移动互联网支付将展现为更加前沿的创新。从零售支付体系结构来看,当前银行走入后台,支付机构走上前台似乎是市场发展、分工深化的结果,而并非由技术优势决定。因此,目前银行在大力推进移动支付创新,试图争夺资金入口,当然这有利于移动支付本身的发展,但或许最终还是无法左右市场格局。相比于银行,支付机构可以更好地利用大数据提供增值服务,更容易做到资金流、物流和客户信息流三流协调,并且更加具备针对变化的环境而作出调整的灵活性。事实上,在分工深化的趋势下,对于银行来说,除了努力去争夺零售移动支付终端,或许更应提前考虑如何应对利率市场化以及业务模式的转型。

六、大数据金融的挑战与信用重构

1. 另一个视角看大数据

本书在分析中多次提到，互联网金融的重要表现之一，就是金融与互联网商业实体更加密切的结合，也就是互联网基础上的"产融结合"，与其他互联网金融模式相比，这一形态的生命力在很大程度上更加依赖于大数据带来的机遇与挑战。

大数据是当下最时髦的话题之一，在迈尔·舍恩伯格及库克耶编写的《大数据时代》一书中，被定义为不用随机分析法（抽样调查）这样的捷径，而运用所有数据的方法。

在中国市场化改革过程中，大数据之所以引起如此大的关注，也是由于在传统文化理念中，"大概齐、差不多"的习惯深入人心，也使得公共决策、商业选择、个人行为中充斥着"拍脑袋"现象。正如历史学家黄仁宇在《赫逊河畔谈中国历史》里写道，"西欧和日本都已以商业组织的精神一切按实情主持国政的时候，中国仍然是亿万军民不能在数目字上管理。"当然，这种模糊管理下的信息不对称，亦成为另外一种既定利益格局的存在基础。正因为此，当信息爆炸时代快速来临之时，对于数据信息的渴望迅速在社会不同层面体现出来。

要看大数据的历史，可追溯到19世纪末，美国统计学家赫尔曼·霍尔瑞斯为统计1890年的人口普查数据，发明了一台电动器来读取卡片上的洞数，从而该设备用1年时间就完成了原本耗时8年的人口普查，由此引发了数据处理的新纪元。进入21世纪，随着信息技术、云计算的高速发展，以及社交网络的普及化，使得大数据被赋予了全新的含义。应该说，在数据化严重不足的背景下，我国经济社会发展中强调大数据的作用，其积极意义非常深远。但与此同时，也要避免走向另外的某些极端，这就需要相应的冷思考。

首先，在大数据的推动者之中，一方面各类新兴互联网企业成为主力，另一方面传统企业也在着力跟随，其根本动力都是在于发掘新的商业利润来源，以弥补中国经济转型期的投资迷茫。在此过程中，对于个人的利益和诉求还缺乏合理的认识和定位。虽然大数据对于进一步理解和服务消费者起到了重要作用，但是从其他侧面看，一是无序的、低效的、无用的信息轰炸，往往给个人带来"信息过度"的不佳体验，二是在数据成为财富的狂热驱动下，对于个人信息权利的侵犯几乎无处不在，尤其在我国缺乏个人信息保护规则的条件下，数据渴望和采集很可能成为激怒消费者的动因，且拉大了与真正的消费者主权社会的距离。

另外，值得我们思考的是，如果信息产生基础或其环境存在问题，那么大数据的技术能否产生更大的信息扭曲？从金融市场的角度来看，大数据在深刻改变高频交易方式、信贷风险判断等环节的同时，也带来了其他潜在风险的积累，如信息误读造成的市场波动突然被放大，以及难以监管的新型金融产品创新。可以说，在诸多领域都缺乏法律游戏规则约束，更缺乏职业道德约束的情况下，如果初始数据存在问题，那么在此基础上的大数据分析手段只能起到"南辕北辙"的效果。从大处说，各类统计数据造假问题历年来都是被质疑的焦点；从小处说，在很多领域数据失真已经成为常态。例如，据 2014 年 5 月 7 日的《北京青年报》报道，由于受到利益绑架，北京地区的收视率数据或许已经被污染。无论如何，一旦基础数据本身的问题太多，那么即便是改变了数据分析方法，也难以排出海量的"信息扭曲"，仍然可能带来许多大数据的灾难。

我们知道，信息不对称的后果是扭曲了市场机制的作用，误导了市场信息，造成市场失灵。如果处在普遍的信息数据缺乏状态下，经济行为的不确定性也会增加，往往会降低市场效率。反之也是过犹不及，即便是 20 世纪末所谓"信息爆炸"年代，也没有当前阶段如此快速的信息积累。据统计，互联网上的数据每两年翻一番，而全球绝大多数数据都是最近几年才产生的。面对似乎逐渐"供大于求"的数据，如何找到有用的信息成为了利用大数据的关键问题。正如美国颇有影响力的预测专家纳特·西尔弗在《信号与噪声》一书中指出，"如果信息的数量以每天 250 兆亿字节的速度增长，其中有用的信息肯定接近于零。大部分信息都只是噪声而已，而且噪声的增长速度要比信号快得多。"由此看来，当数据信息铺天盖地而来之时，也可能距离真相与知识越来越远。在现实中，对于一哄而上追求大数据的企业来说，也需要冷静思考下，在信息过度充分的年代，如何把数据真正变成真正的价值。

大数据如同一把"双刃剑"，正如许多好莱坞电影中政府对公众无所不在的监控，也表达了现代人对个人信息安全失控的担忧。斯诺登和棱镜事件，则进一步在全球范围的国家之间提出这一疑问。一方面，在不可避免地拥抱大数据时代之前，可能更需要加强对其潜在风险的认识，做好基础性建设工作，如基础数据净化、个人信息保护、国家信息安全等。另一方面，大数据既可用来推动新商业模式的演进，也需要用来通过"抓坏蛋"，间接促进社会信息环境的完善，从而夯实大数据的根基。

2. 大数据与金融信用体系建设

大数据除了对于社会组织、公共服务、人们生活的重大影响之外，这一热潮背后的关注焦点，其实还是商业模式，即相关数据仓库、数据安全、数据分析、数据挖掘等围绕大数据的商业价值利用。

应该说，大数据与互联网技术的飞速发展是分不开的，并带来金融信息的高速集聚和流动，且催生了一批大型金融信息提供商，如成立于1981年的美国彭博资讯。大数据、金融信息与信用管理之间具有天生的内在联系，尤其随着发达国家的小微企业融资和消费金融的迅速发展，金融信息管理日益与信用管理结合起来，多层次的信用信息供给体系更加完善，这对于推动金融交易效率、降低成本和风险起到了重要作用。

需要看到的是，依托互联网环境我们更容易发掘、集聚信息和低成本地建设金融交易信息基础。例如，运用大数据方法，通过构建小微企业信用评估体系，从而有效支持小微企业融资。当然与国外相比，国内的社会信用管理、金融信息管理都还处于起步阶段。一方面，金融信息企业发展、金融信用平台建设还非常滞后。另一方面，也出现了部分积极的探索，如在阿里巴巴集团的小额贷款公司发展中，充分运用了其电商平台的信息支撑。而商业银行也在积极成立电商平台，试图把信息、信用与业务充分结合起来。

所谓"人无信不立"，经济、社会、金融的健康运行，也离不开健全的金融信用环境，这也是当前我们亟待解决的问题。党的十八届三中全会明确指出，建立健全社会征信体系、褒扬诚信、惩戒失信，2014年中期国务院又发布了《社会信用体系建设规划纲要（2014~2020年）》。在信用时代的建设中，大数据理应能够发挥更大的作用，能够改革过去"模糊化"的信用生态体系，使其逐渐走向"丰富性、精准化"。但是再次需要强调的是，在"软"环境存在约束的情况下，也不能对大数据信息过于迷信。如果普遍产生的都是存在虚假质疑的数据，那么"大数据"只能带来更大的信用风险扭曲。对此，除了尽快推动信用体系制度建设，短期内促进信息"公开透明"，并且注重大数据技术应用的有效性，都是需要充分重视的问题。

参考文献

杨涛：《比特币何以处境尴尬》，《人民日报》，2014 年 11 月 15 日。

杨涛：《比特币的命运面临全球挑战》，《21 世纪经济报道》，2014 年 5 月 12 日。

杨涛：《力促 P2P 网络借贷在狂热中回归价值轨道》，《上海证券报》，2014 年 8 月 27 日。

杨涛：《让"中国式"众筹成为小微金融试验田》，《中国证券报》，2014 年 6 月 18 日。

杨涛：《互联网金融挑战大财富管理》，《上海证券报》，2013 年 7 月 23 日。

杨涛：《电子支付能助力新型的消费生态环境》，《21 世纪经济报道》，2014 年 10 月 28 日。

杨涛：《从另一个视角看大数据》，《上海证券报》，2014 年 6 月 4 日。

［美］纳特·西尔弗：《信号与噪声》，中信出版社，2013 年。

［英］舍恩伯格、库克耶：《大数据时代》，浙江人民出版社，2013 年。

Humphrey D. B., Pulley L. B. and Vesala J. M., 2000, "The Check's in the Mail：Why the U.S. Lags in the Adoption of Cost‑Saving Electronic Payments", Journal of Financial Services Research，17，17–39.